Nie mehr unsicher bei kniffligen Vermieterfragen

Liebe Vermieterin, lieber Vermieter,

wie hoch dürfen Sie bei Ihrer **Kleinreparaturen-Klausel** greifen? Was müssen Sie in Ihren Mietvertrag schreiben, damit Ihr Mieter beim Auszug die Wände wieder **hell streichen** muss?

Von wem können Sie die Miete fordern, wenn sich Ihre Mieter plötzlich **scheiden lassen** und **wie viel** können Sie vom Mieter verlangen, wenn der neue **Teppichboden** schon nach 3 Jahren völlig verfleckt ist und unangenehm nach **Rauch stinkt?**

Typische Vermieterfragen, die Sie ab sofort **ganz leicht selbst** beantworten – mit nur einem Griff zu meinem neuen Buch „Vermieter-Tipps *kompakt*".

So entscheiden Sie **richtig**, wenn Ihnen Ihr Mieter ankündigt, dass seine neue Lebensgefährtin schon nächste Woche bei ihm einziehen will. Oder wenn Sie sich über die **13 Bohrlöcher ärgern**, die Ihnen Ihr Exmieter hinterlassen hat. *„Darf der das?"*, werden Sie sich vielleicht insgeheim fragen.

Die **richtigen Antworten** auf diese und viele andere Mietrechtsfragen, die mir als Vermieter-Anwältin immer wieder gestellt werden, habe ich jetzt gesammelt. Herausgekommen sind 441 Praxis-Tipps aus dem „**wahren Vermieter-Leben**". Keine graue Theorie, sondern Vermieter-Alltag pur!

Ganz gleich, ob Sie einen Kündigungsverzicht, ein Hundehaltungsverbot oder eine Staffelmiete vereinbaren wollen: Das kriegen Sie jetzt **schnell** und **rechtssicher** vom Tisch und halten sich so unnötigen Ärger vom Leib.

Viel Erfolg beim Umsetzen der Tipps aus diesem Buch wünscht Ihnen

Ihre

[Unterschrift]

Heidi Schnurr
Rechtsanwältin & Chefredakteurin

D1726399

Vermieter-Tipps

Abdingbarkeit

Fragen Sie sich, ob Sie sich strikt ans Gesetz halten müssen, stoßen Sie oft auf die Erklärung, dass diese Norm „abdingbar" ist.

„Abdingbar" heißt dann nichts anderes als: Die Regelung lässt sich vertraglich ändern!

Das **typische Beispiel**: Laut Gesetz muss der Vermieter im Rahmen seiner Instandhaltungspflicht Schönheitsreparaturen ausführen. Allerdings können Sie im Mietvertrag regeln, **dass der Mieter** statt Ihnen die Schönheitsreparaturen ausführen muss.

Das **Gegenteil** von „abdingbar" ist „**zwingend**". Es geht dabei um gesetzliche Bestimmungen, die sich auch nicht mit einer noch so ausgefeilten Klausel aus den Angeln heben lässt.

Versuchen Sie es dennoch, nützt Ihnen das wenig: Es bleibt bei der gesetzlich vorgegebenen Regelung.

Abfluss, verstopfter

Sie müssen den Klempner holen, weil das Wasser aus der Spülmaschine des Mieters im 3. Stock beim Erdgeschossmieter in die Badewanne drückt.

Der Klempner kommt und stellt fest: „*Abfluss verstopft!*" Ein paar Tage später schickt er Ihnen die Rechnung. Sind das Betriebskosten? Nein, da es sich **nicht** um **regelmäßig** anfallende Kosten handelt, zählen sie als **nicht** umlegbare, reine Instandhaltungskosten.

Nur wenn Sie einen **konkreten Verursacher** im Haus ausfindig machen und ihm zudem noch nachweisen können, dass **er** schuldhaft gehandelt hat, können Sie von ihm Schadensersatz verlangen.

Allerdings ist es **sehr schwierig,** den Verschuldensnachweis erfolgreich zu führen. Fragen Sie einfach mal den Klempner, was den Abfluss verstopft hat (z. B. eine Babywindel) und ob es vielleicht auch bauseits (zu kleine Rohre) bedingt sein könnte – bei Letzterem haben natürlich dann Sie die schlechteren Karten!

Wichtig bei der **Schuldfrage**: Entsteht die Verstopfung nur durch einen vertragsgemäßen Gebrauch der Mietsache wie z.B. durch **Haare**, die üblicherweise beim Duschen in den Abfluss gelangen, liegt noch kein Verschulden vor. Anders ist es, wenn Ihr Mieter z.B. Frittenfett über den Abfluss entsorgt.

→ **Praxis-Tipp**

Klempnerkosten sind keine umlegbaren Betriebskosten

Die Kosten für das Beseitigen einer Rohrverstopfung dürfen Sie **nicht** allen Mietern im Rahmen der Betriebskostenabrechnung auf die Rechnung setzen.

Sie müssen hier vielmehr den Schuldigen ausfindig machen und ihm auch ein Verschulden vorwerfen können. Gelingt Ihnen das **nicht**, bleiben die Kosten leider **an Ihnen** hängen!

Abflussprinzip

Beim **Abflussprinzip** geht es um die Kostenerfassung. Oder einfacher ausgedrückt: Welche Rechnung Sie welcher Betriebskostenabrechnung zuordnen müssen. Spricht jemand vom **Verbrauchsprinzip**, meint er genau dasselbe!

Legen Sie Ihre Betriebskosten strikt nach dem **Abflussprinzip** um, dürfen Sie nur alle innerhalb des Abrechnungszeitraums **tatsächlich bezahlten** Rechnungen dem Mieter auf die Betriebskostenabrechnung setzen. Ganz gleich, ob die Kosten den laufenden, einen abgelaufenen oder einen noch nicht abgelaufenen Abrechnungszeitraum betreffen.

Beispiel: Wie Sie Rechnungen richtig zuordnen

Sie erhalten die Grundsteuerabrechnung für den Zeitraum April 2013 bis März 2014. Sie bezahlen sie im April 2014. Sie rechnen für 2013 über die Betriebskosten ab.

Den Grundsteuerbescheid, den Sie erst 2014 erhalten und bezahlt haben, hat in Ihrer Abrechnung für 2013 noch nichts zu suchen!

Auch nicht, obwohl darin noch die Kosten für die 9 Monate April 2013 bis Dezember 2013 stecken.

Wenn Sie die Kosten danach umlegen wollen, in welchem Abrechnungszeitraum sie verbraucht wurden, müssten Sie diese **nicht** nach dem **Abflussprinzip**, sondern nach dem **Leistungsprinzip** (auch Zeitabgrenzungsprinzip genannt) umlegen.

Es ist allerdings so, dass Sie in einer Abrechnung **nicht beide** Abrechnungsmethoden (Abfluss- und Leistungsprinzip) **mischen** dürfen.

Wollen Sie jedoch in einem Jahr von der einen zur anderen Abrechnungsmethode springen, geht das sogar **ohne** sachlichen Grund (BGH, Urteil v. 28.5.2008, VIII ZR 261/07).

! **Wichtig**
Sie müssen bei einer Abrechnungsmethode bleiben

Was Sie wissen sollten: Es gibt bisher **keine** gesetzliche Regelung, die vorschreibt, ob Sie nach dem Abfluss- oder Leistungsprinzip abrechnen müssen (BGH, Urteil v. 20.2.2008, VIII ZR 49/07).

Das gilt jedoch **nicht** für die Heizkosten: Die müssen Sie nach dem Leistungsprinzip abrechnen (BGH, Urteil v. 1.2.2012, VIII ZR 156/11).

Vermieten Sie eine Eigentumswohnung, sollten Sie im Mietvertrag unbedingt vereinbaren, dass Sie die Betriebskosten nach dem **Abflussprinzip** abrechnen dürfen. Schließlich erstellen die meisten Verwalter ihre Jahresabrechnung ebenfalls nach diesem Prinzip.

 Praxis-Tipp
Wenn Sie eine Eigentumswohnung vermieten

Ablesekosten

Die Ablesekosten zählen grundsätzlich zu den **Abrechnungskosten** und damit zu den **nicht** auf den Wohnungsmieter umlegbaren Verwaltungskosten.

Sie dürfen die **Abrechnungskosten** nur dann auf Ihre Betriebskostenabrechnung setzen, wenn es laut Gesetz ausdrücklich erlaubt ist.

So, wenn es um

– den Wasserzähler (§ 2 Nr. 2 BetrKV),

– die Müllentsorgungskosten (§ 2 Nr. 8 BetrKV) oder

– die Messgeräte für die Erfassung der Heiz- und Warmwasserkosten (§§ 7, 8 BetrKV) geht.

Tauchen sonst noch Ablesekosten auf, bleibt es dabei: Die sind **nicht** umlegbar.

Ablesetermine

Nach der aktuellen Heizkostenverordnung, die seit dem 1.1.2009 gilt, müssen Sie Ihrem Mieter möglichst zeitnah die erfassten Verbrauchswerte **schriftlich** mitteilen (§ 6 Abs. 1 HeizKV). Das muss schon **innerhalb eines Monats** nach der Ablesung bzw. Erfassung der Werte geschehen!

Haben Sie also noch Heizkostenverteiler mit einer **Verdunsterampulle** oder elektronische Geräte, die **keine Werte** speichern, müssen Sie dem Mieter die Verbrauchswerte innerhalb eines Monats zukommen lassen. Dafür reicht es schon, wenn Sie dem Mieter die Ablese-Quittung aushändigen.

Um diese Informationspflicht kommen Sie nur herum, wenn Ihre Geräte die Verbrauchsdaten **speichern**, sodass Ihr Mieter die Daten jederzeit selbst nachprüfen kann (§ 6 Abs. 1 HeizKV).

Von der Informationspflicht über die Verbrauchswerte sind Ihre Warmwasserzähler **ausgenommen**.

! Wichtig
Warum Sie schnell sein müssen

Vergeht zu viel Zeit zwischen dem Abrechnungszeitraum und dem Ablesetermin, müssen Sie zwar **keine** Kürzung nach § 12 Abs. 1 HeizKV hinnehmen, allerdings bringen Sie sich damit in **Beweisnot**, denn Sie müssen nun beweisen, dass Ihre Zahlen richtig sind!

Kündigen Sie Ihren Ablesetermin **mindestens 10 bis 14 Tage** vorher korrekt an! Entweder per gut sichtbarem Aushang im Treppenhaus oder besser: Lassen Sie die Mitteilung durch einen Boten in den Hausbriefkasten der Mieter werfen. In die Mitteilung müssen die Adresse, die Telefonnummer und der Name des Ablesers rein.

→ Praxis-Tipp
Bieten Sie immer einen Ausweichtermin an

Schreiben Sie immer 2 Termine in Ihr Mitteilungsschreiben hinein. Üben Sie dadurch „moralischen" Druck auf den Mieter aus, dass Sie zumindest einen der Termine für **verbindlich** erklären.

Weisen Sie den Mieter auf Ihre Rechte bei einer **nicht rechtzeitigen Absage** des Termins hin: Sie können den Verbrauch schätzen bzw. sich den Zutritt per einstweiliger Verfügung verschaffen.

Abmahnen

Ihr Mieter feiert mitten in der Nacht lautstarke Partys, schlägt die Türen zu und hält sich nicht an die Hausordnung. Die ersten Mitmieter haben sich bereits beschwert. Zeit, etwas dagegen zu unternehmen!

Bei **einmaligen** Vorfällen und guten Mietern gilt: Suchen Sie vor jeder Abmahnung erst einmal das **persönliche Gespräch** mit dem Mieter. Vieles lässt sich schon dadurch klären.

Wiederholt sich der Zwischenfall, bringt Sie oftmals nur eine **schriftliche Abmahnung** ans Ziel. Gerade, wenn sich Ihr Mieter als wahrer Störenfried entpuppt, können Sie später nur erfolgreich kündigen, wenn Sie ihn wegen **jedem** Vertragsverstoß nachweisbar abgemahnt haben. Wollen bzw. müssen Sie später tatsächlich kündigen, fallen nur die ausdrücklich aufgeführten Vertragsstörungen beim Beurteilen darüber, ob Ihre Kündigung gerechtfertigt ist, ins Gewicht.

Eine Abmahnung ist eine rechtserhebliche Erklärung. Das bedeutet zwar **nicht**, dass sie **schriftlich** erfolgen muss. Zu Beweiszwecken ist es aber auf jeden Fall besser!

→ **Praxis-Tipp**

Mahnen Sie schriftlich ab

Wollen Sie später tatsächlich kündigen, können Sie anhand der schriftlichen Abmahnungen **beweisen**, dass Ihr Mieter trotz der Abmahnungen sein vertragswidriges Verhalten fortgesetzt hat.

Je **mehr Abmahnungen** Sie also haben, umso größer sind Ihre Erfolgsaussichten auf eine spätere Kündigung. Führen Sie Ihrem Mieter mit einem Abmahnscheiben vor Augen, dass sein konkretes Verhalten notfalls eine **Kündigung** nach sich ziehen kann.

Schreiben Sie in Ihre Abmahnung hinein, welches **konkrete Verhalten** Sie abmahnen und was Ihr Mieter künftig unterlassen bzw. tun soll. Geben Sie auch einen konkreten Termin an, die Intensität der Störung, die Dauer und Folgen für die Mitmieter bzw. Sie!

Wollen Sie nicht gleich kündigen, sondern lieber Ruhe im Haus oder ein geputztes Treppenhaus, können Sie Ihren Mieter auch auf **Unterlassen bzw. Vornahme der gewünschten Tätigkeit verklagen**. Das bringt Ihnen ein vollstreckbares

Urteil ein. Verstößt der Mieter dann gegen diese gerichtlich auferlegte Pflicht, können Sie ihm immer noch kündigen.

Wegen einer „Kleinigkeit" dürfen Sie selbstverständlich nicht gleich kündigen. Sie müssen dem Mieter mit einer Abmahnung vielmehr nochmals eine **letzte Chance** geben, sein Verhalten zu ändern.

Erst wenn dies nichts hilft, können Sie kündigen oder auf Unterlassung des vertragswidrigen Verhaltens klagen.

Allerdings gibt es auch Fälle, bei denen Sie sich eine Abmahnung samt Fristsetzung **sparen** können:

1. Wenn sich der Mieter in Zahlungsverzug befindet,

2. wenn eine Frist oder Abmahnung offensichtlich keinen Erfolg verspricht,

3. wenn eine sofortige Kündigung aus besonderen Gründen unter Abwägung der Interessen von Mieter und Vermieter gerechtfertigt ist.

Das typische Beispiel: Der Mieter legt ein Verhalten an den Tag, das auch eine **Straftat** darstellt. So z. B., wenn er Sie tätlich angreift, Sachen beschädigt oder Sie oder Ihre Familienangehörigen aufs Übelste beleidigt.

Abmahnen, Mietrückstand

Wenn Sie Ihrem Mieter wegen eines Zahlungsrückstands nach § 543 Abs. 3 Nr. 3 BGB **fristlos kündigen** wollen, müssen Sie ihn vorher nicht einmal abmahnen.

Nur ausnahmsweise müssen Sie den Mieter dennoch abmahnen, **bevor** Sie ihm fristlos kündigen.

So beispielsweise, wenn Sie Ihrem Mieter wegen **unpünktlichen Mietzahlungen** nach § 543 Abs. 1 BGB fristlos kündigen wollen und Sie bisher die nachlässige Zahlungsweise des Mieters kommentarlos hingenommen haben.

Der Extremfall sieht hier so aus: Sie haben es über einen langen Zeitraum (hier: 24 Jahre) **widerspruchslos** hingenommen, dass der Mieter die Miete unpünktlich, z. B. statt am 3. Werktag immer erst zur Monatsmitte, zahlt.

Sie mahnen den Mieter deswegen ab und er zahlt daraufhin **nochmals zu spät**. Hier reicht natürlich **eine** weitere unpünktliche Mietzahlung noch **nicht** für eine fristlose Kündigung nach § 543 Abs. 1 BGB aus (BGH, Urteil v. 4.5.2011, VIII ZR 191/10, NJW 2011 S. 2201).

Sie müssen den Mieter auch dann **zuvor abmahnen,** wenn für Sie aufgrund der gesamten Umstände leicht erkennbar war, dass der Zahlungsrückstand des Mieters auf einem Versehen beruht. So beispielsweise, wenn der Dauerauftrag bei einem langjährigen Mietverhältnis plötzlich nicht mehr funktioniert und so die Mietzahlungen ausbleiben.

Kündigen Sie einem Mieter „nur" ordentlich wegen seiner **unpünktlichen Zahlungsweise,** ist es eine Frage des Einzelfalls, ob Sie ihn vorher abmahnen müssen oder nicht. Schaden kann es jedenfalls nicht!

 Praxis-Tipp
Besser, Sie mahnen vorher ab

Schreiben Sie in Ihre Abmahnung hinein, dass Sie dem Mieter kündigen werden, wenn er weiterhin **unpünktlich** seine Miete zahlt.

Zahlt er nun trotz der Abmahnung weiterhin in einem zusammenhängenden Zeitraum die Miete **erheblich zu spät,** können Sie ihm sogar fristlos kündigen (§ 543 Abs. 1 BGB). **„Erheblich"** ist eine Verspätung von mehr als einer Woche und einer 6-maligen verspäteten Zahlung trotz Abmahnung des Vermieters.

Der Bundesgerichtshof ist da erheblich strenger: Gehen der Abmahnung **wiederholt** Zahlungsverzögerungen über einen längeren Zeitraum voraus (**11-mal**), so kann ein fristloser Kündigungsgrund i. S. v. § 543 Abs. 1 BGB bereits dann vorliegen, wenn der Mieter nach der Abmahnung auch **nur einmal** die Miete unpünktlich zahlt (BGH, Urteil v. 14.9.2011, VIII ZR 301/10; BGH, Urteil v. 11.1.2006, VIII ZR 364/04, NZM 2006 S. 338).

Abmahnung, unberechtigte

Sie haben Ihren Mieter abgemahnt, weil Sie ihn als den Schuldigen eines Mieterstreits ausgemacht haben. Kurze Zeit später stellt sich raus: Er war es doch nicht.

Was wird jetzt aus Ihrer Abmahnung: Müssen Sie die zurücknehmen? **Nein!** Auch nicht, wenn sich später herausstellt, dass Sie Ihren Mieter zu Unrecht abgemahnt haben (AG Luckenwalde, Urteil v. 18.4.2000, 2 C 290/99, WM 2000 S. 673).

Denn: Ihr Mieter hat grundsätzlich **keinen Anspruch** darauf, dass Sie Ihre Abmahnung widerrufen.

Allerdings: Kündigen Sie Ihrem Mieter und stellt sich später heraus, dass Ihre Abmahnung **zu Unrecht** ergangen ist, müssen Sie zwar Ihre Abmahnung nicht widerrufen, Ihre Kündigung ist aber wegen der fehlenden – weil **unwirksamen** – Abmahnung dahin!

Abnutzung

Auf dieses Wort stoßen Sie häufig, wenn Sie bei Mietvertragsende einen **Schaden** in Ihrer Wohnung entdecken: Eine Abplatzung im Waschbecken, einen Fleck im Teppichboden oder einen Rostfleck auf der Fensterbank.

Meist müssen Sie sich dann mit Ihrem Mieter darum streiten, ob das noch als **entschädigungslos** hinzunehmende „normale" Abnutzung gilt oder ob bereits eine **schadensersatzpflichtige** Beschädigung der Mietsache vorliegt.

Eine vertragsgemäße Abnutzung müssen Sie als Vermieter hinnehmen. Diese wird nämlich nach Ansicht der Gerichte durch die monatlichen **Mietzahlungen** Ihres Mieters abgedeckt. So steht es in § 538 BGB ausdrücklich drin.

Ob der vorgefundene Schaden noch zur vertragsgemäßen Abnutzung zählt, lässt sich meist nur schwer beurteilen. Landet Ihr Fall vor Gericht, zieht der Richter häufig einen **Sachverständigen** heran, um dies zu klären.

 Praxis-Tipp

Abgenutzt oder beschädigt? Was Ihnen ein Streit bringt

Feste Kriterien, was **nicht mehr** als übliche Abnutzung zählt, gibt es leider nicht. Lassen Sie es hier auf einen Rechtsstreit ankommen, ist das immer recht risikobehaftet und endet zu 50 % in einem Vergleich.

Abrechnungskosten

Abrechnungskosten sind **nicht** umlagefähig. Eine Ausnahme gilt nur bei den Heizkosten, wenn Sie Heizkostenverteiler installiert haben, und bei den Wasserkosten, wenn Sie Einzelwasserzähler verwenden.

Berechnen Sie hier die Kosten pro Mieter, dürfen Sie die Kosten dafür auf die Mieter umlegen (§ 2 Nrn. 2 und 3 der BetrKV).

Ansonsten können Sie die Kosten für das Erstellen der Betriebskostenabrechnung **nicht** auf die Mieter umlegen (AG Köln, ZMR 1996 S. 269). Das gilt auch, wenn Sie z. B. die Stromkosten, die auf mehrere Zwischenzähler laufen, auf die jeweiligen Mieter umlegen.

Das Gleiche gilt, wenn Sie beispielsweise die Hausmeisterabrechnung von einem Steuerberatungsbüro durchführen lassen. Das sind typische Verwaltungskosten, die **nicht umlegbar** sind!

Abrechnungsreife

Bei der Abrechnungsreife geht es darum, wann Ihre Abrechnung bereits mehr als **überfällig** ist!

Ist Ihre Abrechnung „reif" und bleiben Sie dennoch untätig, verlieren Sie nicht nur Ihre Nachzahlung, sondern Ihr Mieter kann Sie auf Abrechnungserteilung verklagen und sogar seine Vorauszahlungen für das **laufende Jahr zurückhalten.**

Beispiel: Wie schnell Sie abrechnen müssen

Sie rechnen über die Betriebskosten für Januar 2013 bis Dezember 2013 ab. Dazu haben Sie eigentlich nur bis zum 31.12.2014 Zeit. Ab dem 1.1.2015 ist Ihre Abrechnung damit (über-)reif.

Nach Eintritt der Abrechnungsreife (also nach Ablauf der Abrechnungsfrist) können Sie Ihre Abrechnung **nicht** mehr zu Ihren Gunsten **korrigieren.**

Schlimmer noch: Haben Sie bis jetzt **nicht** abgerechnet, können Sie auch mit Forderungen, die Ihr Mieter an Sie stellt, nicht mehr aufrechnen!

Abrechnungssäumigkeit

Als Wohnungsvermieter müssen Sie innerhalb eines Jahres nach Ablauf des Abrechnungszeitraums über die Betriebskosten abrechnen.

Versäumen Sie die Frist, muss Ihr Wohnungsmieter **keine** Betriebskosten mehr nachzahlen. Daneben hat Ihr Mieter noch die folgenden Rechte:

- Er kann Sie auf Abrechnungserteilung **verklagen** und das Urteil mittels Androhung von Zwangsgeld und Zwangshaft gegen Sie vollstrecken (BGH, Urteil v. 11.5.2006, I ZB 94/05).

- Er kann die laufenden Vorauszahlungen so lange **zurückhalten**, bis Sie endgültig über den vorangegangenen Abrechnungszeitraum abgerechnet haben.

Abrechnungszeitraum

Mit dem Abrechnungszeitraum legen Sie fest, von wann bis wann Sie über die Betriebskosten abrechnen. Er darf **maximal 12 Monate** betragen. Er beginnt meist im Januar und endet im Dezember desselben Jahres (= kalenderjährliche Abrechnung). Der Abrechnungszeitraum muss **nicht** zwingend über ein Kalenderjahr laufen.

Sie können als Abrechnungszeitraum eine Abrechnung der Heiz- oder Betriebskosten z.B. von April bis März vereinbaren – Hauptsache, Sie überschreiten nie die maximale 12-Monats-Grenze.

Die Abrechnungszeiträume können auch variieren: Sie können für die Heizkosten einen anderen Abrechnungszeitraum vereinbaren als für die übrigen Betriebskosten. 2 **unterschiedliche** Abrechnungszeiträume sind nämlich erlaubt.

Längere Abrechnungszeiträume sind dagegen **nicht** erlaubt.

Ein einmaliger, **kürzerer** Abrechnungszeitraum nur, wenn Sie dafür einen wichtigen Anlass vorweisen können. Ein Vermieter- bzw. Eigentümerwechsel zählt dabei allerdings **nicht** als wichtiger Anlass (LG Berlin, Urteil v. 11.2.2005, 65 S 342/04, GE 2005 S. 433).

Ein kürzerer Abrechnungszeitraum (= Rumpfzeitraum) ist erlaubt, wenn Sie die 2 **unterschiedlichen Abrechnungszeiträume** für die Heiz- und Betriebskosten vereinheitlichen wollen (LG Berlin, Urteil v. 7.5.2009, 67 S 475/08, GE 2009 S. 780). Dafür dürfen Sie einmalig einen sogenannten **Rumpfzeitraum** (= ein kürzerer Abrechnungszeitraum als 12 Monate) erstellen.

Rechnen Sie über einen falschen Abrechnungszeitraum ab, gilt das lediglich als **materieller Fehler** Ihrer Abrechnung. So wenn Sie z. B. kalenderjährlich statt von Mai bis April abrechnen (LG Berlin, Urteil v. 17.2.2012, 65 S 406/11, GE 2012 S. 489).

→ **Praxis-Tipp**
Ein falscher Abrechnungszeitraum ist noch kein Beinbruch

Abschließen

Sie haben diese leidige Diskussion vielleicht auch schon mit Ihren Mietern geführt: Muss die Haustür nun **nachts abgeschlossen** werden oder nicht?

Die einen sagen: *„Unbedingt!"*, denn so erschwert man Unberechtigten den Zutritt zum Haus. Das erhöht in den Nachtstunden die Sicherheit der Hausbewohner und schützt vor möglichen Einbrüchen und Überfällen.

Die anderen sagen: *„Nein, bloß nicht!"* Denn im Notfall ist die Haustür als **Rettungs- und Fluchtweg** versperrt. Die Bewohner kommen nicht raus, die Rettungskräfte nicht rein.

Wer hat recht? **Beide!** Und was heißt das für Ihre Haustür: Abschließen oder nicht?

Um es kurz zu machen: Es gibt zu diesem Thema weder **Gesetze** noch **Verordnungen** oder **Urteile**, die regeln, ob die Haustür nachts verschlossen werden muss oder nicht.

Die einen sagen: Ist die Hauseingangstür der **einzige Fluchtweg** im Haus, darf die Tür schon aus Brandschutzgründen nachts **nicht** abgeschlossen werden. Sonst gilt: Kommt jemand zu Schaden, **haften Sie** als Hauseigentümer.

Allerdings: Der Einbau eines **„Panikschlosses"** würde diese Sorge schon etwas abmildern!

Andererseits: Eine abgeschlossene Hauseingangstür sorgt für **mehr Sicherheit** im Haus. Als einzelner Hauseigentümer sind Sie sogar **verpflichtet**, bei längerer Abwesenheit Ihre Haustür abzuschließen, um Ihren Versicherungsschutz nicht zu verlieren!

Ihnen als Vermieter und Eigentümer der Mietsache gestehen die Gerichte beim Thema „Abschließen oder nicht" einen **Gestaltungsspielraum** zu.

Sprich: Sie müssen das entsprechend der Bedürfnisse Ihrer Hausbewohner in der Hausordnung angemessen regeln. So, dass für jeden Mieter noch ein vertragsgemäßer Gebrauch der Mietsache möglich ist.

In einem Fall aus Hannover bedeutete das: Der Vermieter durfte per Hausordnung regeln, dass die Haustür für die Nachtstunden beginnend ab 22 Uhr **verschlossen** wird. Das ist eine Zeit, in der erfahrungsgemäß die Gefahr von Einbrüchen und Überfällen gegenüber der Tageszeit **erhöht** ist (AG Hannover, Urteil v. 20.3.2007, 544 C 8633/06).

Dass es jeweils auf den Einzelfall und die Hausgemeinschaft ankommt, zeigt dieser Fall aus Itzehoe. Weil eine **Arztpraxis** im Haus war, musste die Haustür während der üblichen Sprechzeiten **geöffnet** bleiben. Begründet wurde dies damit, dass eine offene Haustür zum **vertragsgemäßen Gebrauch** von Mieträumen gehöre, wenn die zum Betrieb einer Arztpraxis gemietet wurden (LG Itzehoe, Urteil v. 9.7.2009, 7 O 191/08).

→ **Praxis-Tipp**

Warum sich ein Streit ums Abschließen nicht lohnt

Sie können **per Hausordnung** regeln, dass in einem Wohnhaus die Erdgeschossmieter die Haustür beginnend mit den Nachtstunden ab 22 Uhr abschließen müssen (LG Köln, Urteil v. 25.7.2013, 1 S 201/12).

Ob ein Verschließen der Haustür auch **während des Tages** angebracht ist, richtet sich nach den Bedürfnissen Ihrer Mieter im Haus!

Bei einem **Gewerberaummieter** im Haus können Sie die Haustür tagsüber nur abschließen lassen, wenn der Gewerberaummieter zustimmt. Ansonsten ist es so, dass die Haustür für Patienten während der üblichen Sprechstundenzeiten **zumindest per Türdrücker** zu öffnen sein muss.

Abschreibungskosten

Ihre Abschreibungskosten können Sie genauso **wenig** auf Ihre Mieter umlegen wie Herstellungs-, Modernisierungs-, Kapital-, Verwaltungs- oder Instandhaltungskosten.

Abstandszahlung

„Abstandszahlungen" waren Anfang der 1990er-Jahre sehr beliebt. Die zahlte meist ein Mieter an seinen **Vorgänger**, damit er ihm die Wohnung überlässt.

Teilweise wird auch von Abstandszahlungen gesprochen, wenn Ihr Mieter auszieht und Ihnen oder dem Nachmieter dabei z. B. seine Küche gegen ein geringes Entgelt überlassen will.

Lassen Sie sich darauf besser **nicht** ein! Denn wenn Sie als Eigentümer solche Gegenstände übernehmen und in der Wohnung lassen, sind Sie gegenüber dem neuen Mieter auch verpflichtet, diese **instand zu halten.**

Deswegen: Lassen Sie das Ihren ausziehenden Mieter und den neuen Mieter unter sich klären! Sie sparen damit **Zeit** und später noch **Instandhaltungskosten.** Ohnehin ist die Übernahme solcher Gegenstände vom Vormieter weder für Sie noch für den Nachmieter ein „Muss".

Klären Sie unbedingt bei Beginn des Mietverhältnisses, **wem** die hinterlassenen Gegenstände nach Auszug des Mieters gehören! Am besten schreiben Sie dies klarstellend ins **Übergabe-Protokoll** oder den **Mietvertrag** Ihres neuen Mieters hinein.

Sonst kann Ihr Nachfolgemieter Gegenstände wie z. B. einen verschlissenen Teppichboden oder seine alte Einbauküche bei seinem Auszug in den Mieträumen lassen.

Teuer wird auch das: Geht während der Mietzeit der Herd der von Ihnen übernommenen Einbauküche kaputt, kann Ihr neuer Mieter auf eine Reparatur bzw. Ersatz pochen.

 Praxis-Tipp
Warum Sie keine Mietereinbauten übernehmen sollten

Abwasserkosten

Zu den Abwasserkosten gehören die Gebühren für öffentliche sowie **private** Haus- und Grundstücksentwässerungsanlagen. Die dürfen Sie als Betriebskosten auf den Mieter umlegen.

Gleiches gilt, wenn die Entwässerungsgebühren bei Ihnen **Kanal- oder Sielgebühr** genannt werden.

Mancherorts wird eine einheitliche Gebühr für das Abführen des Schmutzwassers des Hauses und des Oberflächenwassers erhoben. Teilweise wird auch eine extra Gebühr für das **Oberflächenwasser** ausgewiesen. Egal wie das Ihre Gemeinde nennt: An der Umlagefähigkeit der Kosten ändert das nichts! Nach einem BGH-Urteil dürfen Sie auch die Kosten für Frischwasser und Schmutzwasser **in einer Summe** zusammenfassen und einheitlich abrechnen, wenn Sie die Umlage dieser Kosten einheitlich nach dem durch **Zähler** erfassten Frischwasserverbrauch vornehmen (BGH, Urteil v. 9.7.2009, VIII ZR 340/08).

Neuerdings verlangen einige Gemeinden zusätzlich eine **Niederschlagsgebühr**. Auch die ist als Unter-Kostenart der Entwässerungskosten auf den Mieter umlegbar.

Betreiben Sie eine hauseigene Abwasseranlage und muss die Sammel- oder Sickergrube entleert werden, zählen diese Kosten zu den umlegbaren Entwässerungskosten.

→ **Praxis-Tipp**

Schmutzig oder verstopft? Das ist nicht umlegbar

> Die Kosten, die Ihnen für einen Installateur entstehen, der Ihnen eine **Rohrverstopfung** im Haus beseitigt, zählen dagegen **nicht** mehr zu den umlagefähigen Entwässerungskosten. Das Gleiche gilt für **vorbeugende Rohrreinigungskosten.**
>
> Die zählen zu den **nicht umlegbaren** Wartungskosten.
>
> Ebenso müssen Sie die Kosten für den **einmaligen Kanalanschluss** von Ihrer Betriebskostenabrechnung streichen!

Abwesenheit des Mieters

Ist der Mieter abwesend z.B. weil er in Urlaub ist oder im Krankenhaus, dürfen Sie natürlich nicht einfach seine Wohnung **ungefragt** betreten. Tun Sie es dennoch, ist das ein strafbarer Hausfriedensbruch und berechtigt den Mieter zur fristlosen Kündigung (LG Berlin, Urteil v. 9.2.1999, 64 S 305/98, GE 1999 S. 572).

Der Mieter **kann** Ihnen als Vermieter während seiner urlaubsbedingten Abwesenheit einen Schlüssel da lassen, er muss das aber **nicht**! Allerdings muss er Ihnen mitteilen, **wer** einen Notfallschlüssel für seine Wohung besitzt.

Schicken Sie Ihrem Mieter während seines Urlaubs z.B. die Kündigung oder eine Mieterhöhung per **Übergabe-Einschreiben**, gilt das erst **mit der Zustellung** als zugegangen. Die Frist beginnt also erst dann zu laufen, wenn Ihr Mieter das Schreiben beim Postamt **abholt**.

Umgekehrt ist es so: Als Vermieter von **mindestens 3 Wohnungen** sollten Sie einen Bekannten beauftragen, während Ihres Urlaubs **Ihre Post** regelmäßig durchzusehen. Das gilt natürlich besonders für die Zeit um den 3. Werktag eines Monats, wo Ihnen Kündigungsschreiben Ihres Mieters zugehen könnten.

Genügen Sie dieser Pflicht **nicht**, müssen Sie sich nach Treu und Glauben so behandeln lassen, als ob Ihnen die Erklärung zum Zeitpunkt des **ersten möglichen Abholtermins** zugegangen wäre (AG Rendsburg, Urteil v. 22.1.2001, 18 C 188/00, WM 2001 S. 240). Ansonsten würde sich ja die Kündigungsfrist zulasten Ihres Mieters verlängern.

Als Privatvermieter mit nur **maximal 2 Wohnungen** müssen Sie dagegen bei einer urlaubsbedingten Abwesenheit **nicht** mit wichtiger Mieterpost rechnen.

Praxis-Tipp

Lassen Sie Ihren Briefkasten regelmäßig leeren

Ist Ihr Mieter längere Zeit abwesend, können Sie **nicht** von ihm verlangen, dass er den **Hauptwasserhahn** schließt oder alle Wasserleitungen **leerlaufen** lässt. Auch muss er nicht sicherheitshalber alle **Elektrosicherungen** ausschalten.

Allerdings: Die Spülmaschine muss Ihr Mieter natürlich **abschalten!** Kommt es während seiner Abwesenheit nämlich zu einem **Wasserschaden**, weil der Zulaufschlauch zu seiner Wasch- oder Geschirrspülmaschine unter Druck gehalten wurde, muss er Ihnen den entstandenen **Schaden ersetzen** (OLG Oldenburg, Urteil v. 18.10.1995, 2 U 135 / 95, NJWE-MietR 1996 S. 194).

Für die Treppenhausreinigung gilt: Der Mieter muss bei Urlaub oder Krankheit **für Ersatz** sorgen.

Meist bietet sich ein **Tausch** mit einem Mitmieter im Haus an. Kommt Ihr Mieter seiner Pflicht jedoch **nicht** nach, können Sie ihn deswegen **abmahnen** und ihn zum **Nachholen** seiner Pflicht auffordern.

Bleibt er noch immer **untätig**, können Sie eine **Ersatzvornahme** vornehmen. Das heißt, Sie beauftragen ein Reinigungsunternehmen und verlangen von Ihrem Mieter, Ihnen die Rechnung zu ersetzen.

Will Ihr Mieter wegen eines längeren Urlaubs **weniger Betriebskosten** vorauszahlen, müssen Sie sich darauf **nicht** einlassen! Ist Ihr Mieter **längere Zeit** abwesend, **sinken** automatisch seine verbrauchsabhängigen Betriebskosten für die

Praxis-Tipp

Die Betriebskosten muss Ihr Mieter weiter zahlen

Wohnung, z. B. die Kosten für Heizung, Warm-, Kalt- und Abwasser.

Das liegt in der Natur der Sache: Wer **wenig** heizt oder wenig Wasser verbraucht, spart Energie. Das schlägt sich am Jahresende in der Betriebskostenabrechnung nieder. Kommt am Jahresende ein dickes Guthaben zugunsten des Mieters heraus, kann er seine Vorauszahlungen senken.

Abzug „neu für alt"

Hat Ihr Mieter z. B. Ihren Teppichboden beschädigt, muss er Ihnen keinen neuen kaufen. Noch dazu, wenn Ihr Teppichboden bereits ein paar Jahre auf dem Buckel hat. In diesem Fall müssen Sie einen **Abzug „neu für alt"** hinnehmen.

Die Gerichte rechnen dann so: Je nach der Qualität des Teppichbodens gehen sie bzw. ein Sachverständiger von einer maximalen **Lebensdauer von 10 Jahren** aus.

Ist also der beschädigte Teppich, den Sie damals für 1.000 EUR gekauft haben, zum Zeitpunkt des Auszugs des Mieters bereits 8 Jahre alt gewesen, ist der Boden 8 von 10 Jahren abgewirtschaftet.

Die 2 verbliebenen Lebensjahre bis zur **maximalen Lebensdauer** von 10 Jahren bedeutet: Sie können vom Mieter immerhin noch 2/10 ersetzt verlangen.

2 Jahre weitere Lebensdauer zu 10 Jahren Gesamtlebensdauer machen 20 %. Deswegen können Sie magere 200 EUR an Schadensersatz vom Mieter fordern.

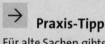

Praxis-Tipp

Für alte Sachen gibts kein Schadensersatz

Zieht Ihr Mieter nach 15 Jahren aus und hat Ihr Teppich zu diesem Zeitpunkt bereits die maximale Lebensdauer von z. B. 10 Jahren überschritten, gehen Sie beim Schadensersatz **leer** aus!

Zieht Ihr Mieter also nach 15 Jahren aus und weist der Teppichboden z. B. **Rotweinflecken** auf, hat Ihr Mieter „nur" eine ohnehin aus ökonomischer Sicht bereits abgewirtschaftete Sache beschädigt. Ihr Schaden liegt daher bei null!

Aktenzeichen

Wie bekommen Sie raus, ob das Urteil, das Ihnen Ihr Mieter präsentiert, nicht schon Schnee von gestern ist? Ganz einfach: Sie können es am Aktenzeichen ablesen. Beispielsweise das Aktenzeichen **12 S 3755/05** sagt Ihnen, dass die Klage, auf der dieses Urteil basiert, die 3755. war, die im Jahr 2005 bei diesem Gericht eingereicht wurde.

Der **Buchstabe „S"** bedeutet, dass es sich um eine Berufung in einer Zivilsache vor dem Landgericht handelte. Die meisten Mietrechtsurteile tragen das Aktenzeichen „C" für eine allgemeine Zivilsache vor dem Amtsgericht.

Die „12" vor dem Buchstaben bestimmt sich danach, welche Kammer des Gerichts nach dem Geschäftsverteilungsplan das Urteil gefällt hat.

Präsentiert Ihnen Ihr Mieter ein „brandaktuelles" Urteil mit dem Aktenzeichen **7 C 34/81**, können Sie ihm gleich den Wind aus den Segeln nehmen. Denn neu – das zeigt Ihnen die Jahreszahl 1981 – ist dieses Urteil bei Weitem **nicht**!

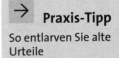 **Praxis-Tipp**

So entlarven Sie alte Urteile

Allgemeine Geschäftsbedingungen

Allgemeine Geschäftsbedingungen – kurz AGBs – sind **einseitig** vorformulierte Vertragsbedingungen, die ein Vertragspartner zum Bestandteil der Vertragsbeziehung macht. Das Gegenteil einer Allgemeinen Geschäftsbedingung ist eine **Individual-Vereinbarung**. Manche Vertragswünsche wie beispielsweise der, dass Ihr Mieter bei Auszug renovieren soll – lassen sich **nur** per Individual-Vereinbarung regeln.

Deswegen prüfen die Gerichte ganz genau, ob eine solche Regelung im Mietvertrag individuell vereinbart wurde oder ob es sich dabei um eine Klausel handelt.

Bis zum 31.12.2001 gab es für Allgemeine Geschäftsbedingungen sogar ein eigenes Gesetz: Das Gesetz zur Regelung der Allgemeinen Geschäftsbedingungen. Die darin enthaltenen Regelungen sind zum 1.1.2002 ins **Bürgerliche Gesetzbuch** gewandert, ohne dass sich inhaltlich Wesentliches geändert hat (§§ 305 bis 310 BGB). Einzige Ausnahme: bei den Haftungsausschlüssen.

→ **Praxis-Tipp**
Aushandeln ist was anderes als verhandeln

Um den **strengen** AGB-Regelungen zu entkommen, müssen Sie mit Ihrem Mieter jede einzelne Klausel eines Vertrags **aushandeln**. Dabei bedeutet „Aushandeln" **mehr** als Verhandeln.

Es genügt also nicht, dass Sie Ihrem Mieter lediglich den Inhalt der gewünschten Regelung erläutern und erörtern.

Widerspricht Ihre Vereinbarung den Regelungen der §§ 305 bis 310 BGB, ist sie meist **unwirksam**.

Die Folge für Sie: Sie gilt als **nicht** vereinbart und an ihre Stelle tritt die gesetzliche Regelung – und damit fahren Sie als Vermieter meist schlechter!

Beispiel: Ab wann aus Ihrer Vereinbarung eine Klausel wird

Sie schreiben in 3 Mietverträge handschriftlich sinngemäß hinein: *„Der Mieter muss bei Auszug renovieren."* Als Formularklausel ist das **unwirksam**.

Die Folge: Ihre **gesamte** Schönheitsreparaturen-Vereinbarung ist nach der überwiegenden Ansicht der Gerichte **unwirksam**.

Damit bleibt es dabei, was zur Instandhaltungspflicht, und dazu zählen auch die Schönheitsreparaturen, im Gesetz steht: **Sie** als Vermieter bleiben dafür zuständig und notfalls müssen Sie jetzt sogar Ihrem Mieter die Wohnung renovieren.

Amtsgericht

Wohin müssen Sie sich wenden, wenn Sie Ihren Wohnungsmieter verklagen wollen? Zunächst einmal an das **Amtsgericht** in dem Gerichtsbezirk, in dem Ihre vermietete Wohnung liegt.

Beispiel: An welches Gericht Sie sich wenden müssen

Sie haben eine Eigentumswohnung in Freiburg vermietet, wohnen aber selbst in Köln. Ihr Mieter hat schon seit 2 Monaten keine Miete und die Betriebskostennachzahlung nicht bezahlt.

Sie müssen Ihre Zahlungsklage beim Amtsgericht Freiburg einreichen.

Will Sie Ihr Mieter im Gegenzug zur Rückzahlung der Kaution verklagen, muss er ebenfalls vor dem Amtsgericht in Freiburg klagen.

Ziehen Sie mit Ihrem Mieter vor Gericht, werden Gerichtsgebühren fällig. Die bemessen sich nach einer gesetzlich festgelegten Gebührentabelle. Wie viel Gebühren anfallen, hängt vom „Streitwert" der Angelegenheit ab.

Verklagen Sie Ihren Mieter auf Räumung, beträgt der Streitwert normalerweise eine Jahresnettomiete. Das ist die Miete **ohne** die Heiz- und Betriebskostenvorauszahlung.

Beispiel: Mit wie viel Gerichtskosten Sie rechnen müssen

Bei einer Monatsmiete von 1.000 EUR und monatlichen Betriebskostenvorauszahlungen von 100 EUR beläuft sich der **Streitwert** auf 12.000 EUR. Die **Gerichtskosten** werden nach dem Gerichtskostengesetz berechnet und belaufen sich auf rund 801 EUR (3 Gebühren bei einem Streitwert bis zu 13.000 EUR), sofern keine Partei anwaltlich vertreten wird.

Nehmen Sie sich einen **Anwalt**, müssten Sie noch mit Anwaltsgebühren in Höhe von 1.510 EUR und Auslagen von ca. 20 EUR rechnen plus der Mehrwertsteuer (19 %) von 290,70 EUR. Insgesamt also mit Anwaltskosten von 1.820,70 EUR.

Die Kosten treffen Sie allerdings nur, wenn Sie den Prozess verlieren!

Die Gerichtskosten müssen Sie schon beim Einreichen der Klage vorausbezahlen. Dazu werden **Gebührenmarken** auf die Klage geklebt bzw. gestempelt.

Das Amtsgericht ist nur in 1. Instanz zuständig für alle Wohnungsmietsachen (§ 23 Nr. 2a GVG) und für alle Gewerbemietsachen, deren Streitwert **unter** 5.000 EUR liegt (§§ 23 Nr. 1, 71 GVG).

Dagegen ist das **Landgericht** für Gewerberaum-Streitigkeiten zuständig, sofern es um einen Zahlungsanspruch geht und der Streitwert 5.000 EUR **übersteigt**.

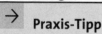

Praxis-Tipp

Wann Sie einen Anwalt brauchen

Bei den Amtsgerichten herrscht **kein Anwaltszwang**, das bedeutet, Sie oder Ihr Mieter können sich selbst vor Gericht vertreten.

Dagegen herrscht vor dem Landgericht Anwaltszwang. Das bedeutet, dass weder Sie noch Ihr Mieter sich dort selbst vertreten können. Sie benötigen dafür **zwingend** einen Rechtsanwalt.

Änderungskündigung, Gewerberaum

Von einer Änderungskündigung haben Sie sicher auch schon gehört – aber auch davon, dass es die auch im Mietrecht gibt? Zugegeben: Nur wenn Sie **Gewerberaum** vermieten. Beispielsweise dann, wenn Sie keine Mieterhöhungsvereinbarung mit Ihrem Mieter getroffen haben, hilft so eine Änderungskündigung weiter.

Damit kündigen Sie das alte Mietverhältnis mit der gesetzlichen bzw. vereinbarten Kündigungsfrist und bieten Ihrem Mieter **gleichzeitig** einen neuen Mietvertrag an – natürlich zu einer höheren Miete.

Eine Änderungskündigung hilft Ihnen natürlich nur bei einem **unbefristeten** Mietvertrag weiter.

Bevor Sie aber so eine Änderungskündigung aussprechen, sollten Sie die Risiken für sich genau abwägen. Haben Sie eine Änderungskündigung nämlich erst einmal ausgesprochen, gibt es **kein Zurück**: Kalkulieren Sie also mit ein, dass Ihr Mieter die Kündigung akzeptiert und schlimmstenfalls mit Sack und Pack auszieht. Er muss sich **nicht** auf den neuen Mietvertrag zu den von Ihnen geänderten Konditionen einlassen.

Ist Ihnen also eine sichere Miete **wichtiger** als eine Mieterhöhung, sollten Sie besser keine Änderungskündigung riskieren.

Anfechtung

Ihr Mieter täuscht Ihnen beim Mietvertragsabschluss vor, einen guten Job zu haben. Tatsächlich ist er arbeitslos und ein Mietnomade. Das merken Sie allerdings erst, nachdem der Mietvertrag unterschrieben ist. Was jetzt?

Sie können den abgeschlossenen Mietvertrag anfechten. Juristisch ausgedrückt fechten Sie nicht gleich den ganzen Mietvertrag an, sondern nur Ihre eigene Willenserklärung zum Abschluss des Mietvertrags.

Fechten Sie oder Ihr Mieter die **eigene Willenserklärung** an, passiert Folgendes: Da es sich bei Verträgen um ein gegenseitiges Rechtsgeschäft handelt, bricht eine der 2 tragenden Säulen des Vertrags weg. Und somit fällt das gesamte Vertragsgebilde wie ein Kartenhaus in sich zusammen. Oder im Juristendeutsch ausgedrückt: Der **gesamte** Vertrag wird **unwirksam**.

Allerdings brauchen Sie dafür einen Anfechtungsgrund. Den haben Sie nach § 123 BGB, wenn Sie beim Vertragsabschluss vom Mieter **arglistig getäuscht** wurden oder Sie sogar durch eine widerrechtliche Drohung zum Vertragsabschluss gezwungen wurden. Letzteres ist allerdings äußerst selten.

Der typische Fall ist der: Ihr Mieter behauptet wider besseren Wissens **falsche Tatsachen**, um Sie zum Abschluss des Mietvertrags zu bewegen.

Macht Ihr Mieter auf die Frage nach seinem Einkommen bewusst unrichtige Angaben, können Sie den Mietvertrag anfechten. Dabei ist es unerheblich, ob Ihr Mieter Sie **schriftlich** in einer sogenannten Selbstauskunft oder **mündlich** anlügt.

Beweissicherer ist es natürlich, wenn Sie im Ernstfall eine schriftliche Mieterselbstauskunft vorlegen können, in der Ihr Mieter falsche Angaben gemacht hat.

→ Praxis-Tipp

Bis wann Sie den Mietvertrag anfechten können

Den Mietvertrag können Sie jedoch nur anfechten, solange er noch **nicht** vollzogen wurde. Also bis zu dem Zeitpunkt, zu dem Sie die Wohnung an Ihren Mieter **übergeben** haben.

Ist der Mieter erst einmal eingezogen, genießt er den besonderen Schutz der Mieterschutzvorschriften. Sie können den Mietvertrag dann nur noch wegen Zahlungsrückstands **kündigen**, wenn sich Ihre Bonitäts-Befürchtungen leider bewahrheitet haben und Ihr Mieter tatsächlich in Zahlungsrückstand gerät.

Außer mit einer **Anfechtung** oder **Kündigung** kommt Ihr Mieter nicht so leicht aus einem einmal geschlossenen Mietvertrag wieder raus – es sei denn, Sie sind damit einverstanden!

Angehörigen-Mietvertrag

Mietverträge mit Angehörigen oder Bekannten gehören zu den beliebtesten „Steuerspar-Modellen" unter „kleinen" Steuerzahlern. Das weiß auch das **Finanzamt!** Deswegen müssen Sie ein paar Spielregeln beachten, damit das Finanzamt Ihren Mietvertrag bzw. Ihre Ausgaben als Werbungskosten steuerlich anerkennt.

Die oberste Regel bei Angehörigen-Mietverträgen lautet: Machen Sie alles genau so, wie Sie es auch bei **jedem x-beliebigen Fremden** tun würden.

Schließen Sie unbedingt einen **schriftlichen Mietvertrag.** Nehmen Sie dazu ein Formular, zu dem Sie auch bei jedem „fremden Mieter" greifen würden.

Doch mit dem richtigen Vertrag allein ist es noch nicht getan: **Beide Seiten** müssen sich auch genau an das, was im Mietvertrag steht, **halten!** Das gilt besonders für die Mietzahlungen: Die müssen immer **pünktlich** und **vollständig** überwiesen werden.

→ **Praxis-Tipp**
Vermeiden Sie Barzahlungen

Vermeiden Sie **Barzahlungen,** denn das erweckt das Misstrauen des Finanzamts.
Besser: Lassen Sie sich vom Angehörigen die Miete per Dauerauftrag überweisen bzw. lassen Sie sich eine Einzugsermächtigung geben.

Aus Ihrem Mietvertrag muss klar hervorgehen, ob Ihr Mieter eine **Warm- oder Kaltmiete** zahlt. Lässt sich das **nicht** eindeutig anhand Ihres Mietvertrags ablesen, erkennt das Finanzamt Ihren Mietvertrag **nicht** an (BFH, Urteil v. 28.7.2004, IX B 50/04, BFH/NV 2004 S. 1531).

Damit Ihr Fremdvergleich **nicht wackelt,** sollten Sie immer eine Miete **plus** Vorauszahlungen vereinbaren!

Damit auch wirklich **alles** so ist, wie bei jedem x-beliebigen fremden Mieter, sollten Sie regelmäßig über die entstandenen Betriebskosten abrechnen. Kommt unterm Strich eine **Nachzahlung** für Ihren Mieter heraus, sollte das Geld **nachweisbar** vom Konto Ihres Mieters auf Ihr Konto fließen.

Verzichten Sie auf keinen Fall auf die Betriebskostennachzahlung, denn **das** würden Sie bei jedem anderen Mieter sicherlich auch **nicht** tun!

→ **Praxis-Tipp**

Tappen Sie nicht in die Nachzahlungsfalle

Hüten Sie sich davor, dass die gezahlte Miete wieder quasi hinterrücks an Ihren Mieter **ohne Grund** zurückfließt. Denn auch darauf achtet Ihr Finanzamt!

Erlaubt ist es aber, dass Sie z. B. Ihrer studierenden Tochter einen monatlichen Unterhalt zahlen und sie davon ihre Miete bestreitet.

Vorsicht, wenn Sie eine teure Luxuswohnung an Ihren studierenden Sohn oder Ihre Tochter vermieten: Das Finanzamt schaut nämlich auch darauf, ob sich Ihr Verwandter die Miete überhaupt finanziell leisten kann, **ohne** damit seinen sonstigen Lebensunterhalt zu gefährden (BFH, Urteil v. 28.1.1997, BStBl II 1997 S. 655).

Vermieten Sie zum Freundschaftspreis, merkt das auch das Finanzamt – und kürzt Ihnen schlimmstenfalls ganz oder teilweise Ihre Werbungskosten!

Verlangen Sie von Ihrem Wohnungsmieter **weniger als 66 %** (bis 31.12.2011: 56 %) der ortsüblichen Miete, teilt das Finanzamt die Nutzungsüberlassung in einen entgeltlichen und einen unentgeltlichen Teil auf. Es streicht Ihnen dann den Werbungskostenabzug für den unentgeltlichen Teil.

Beispiel: Wann das Finanzamt Ihre Werbungskosten kürzt

Verlangen Sie von Ihrem Mieter beispielsweise nur 60 % der ortsüblichen Vergleichsmiete, greift das Finanzamt zum Rotstift und erkennt auch nur 60 % Ihrer Werbungskosten aus Vermietung und Verpachtung an.

Haben Sie also beispielsweise 10.000 EUR in die **Badrenovierung** einer Mietwohnung gesteckt, dürfen Sie nur 60 % davon von der Steuer absetzen. Sprich: Das Finanzamt wird Ihnen davon sehr wahrscheinlich nur 6.000 EUR als Werbungskosten anerkennen!

Um den vollen Werbungskostenabzug zu erhalten, sollte Ihre Miete **mindestens 75 %** der ortsüblichen Miete betragen.

Behalten Sie deswegen bitte immer die ortsübliche Vergleichsmiete im Auge: Nicht nur bei Mietvertragsabschluss, sondern **während** des gesamten Mietverhältnisses!

Wie **hoch** die ortsübliche Vergleichsmiete liegt, können Sie entweder dem **Mietspiegel** Ihrer Stadt entnehmen oder bei Ihrer **Stadtverwaltung** oder einem örtlichen **Haus- und Grundeigentümerverein** erfragen.

Damit Sie nicht ungewollt **unter** die 66-%-Grenze rutschen, sollten Sie **regelmäßig Ihre Miete erhöhen.** Dafür reicht es schon, wenn Sie im Mietvertrag eine Staffel- oder Indexmiete vereinbart haben.

Haben Sie das jedoch versäumt, bleibt Ihnen als Wohnungsvermieter immer noch das **gesetzliche Mieterhöhungsrecht** nach § 558 BGB, um Ihre Miete zu erhöhen.

→ **Praxis-Tipp**

Wie Sie schnell und unkompliziert Ihre Miete erhöhen

Weil das Mieterhöhungsrecht im Einzelnen **recht kompliziert** ist und Sie zudem die Miete innerhalb von 3 Jahren nur um **maximal 20 %** bzw. in Gebieten mit Wohnungsknappheit sogar nur um 15 % erhöhen dürfen (= Kappungsgrenze), gibt es auch eine **einfachere Möglichkeit:**

Sie können sich mit Ihrem Mieter **einvernehmlich** auf eine höhere Miete einigen. Dazu genügt schon ein einfaches Schreiben, in dem sich Ihr Mieter mit einer neuen Miethöhe, beginnend ab einem konkret festgelegten Zeitpunkt, einverstanden erklärt.

Mit so einer einvernehmlichen Mieterhöhung umgehen Sie auch geschickt die Kappungsgrenze von 20 bzw. 15 %.

Anlage 3 zu § 27 II. Berechnungsverordnung

Die Anlage 3 zu § 27 II. Berechnungsverordnung gilt bereits seit dem 1.1.2004 **nicht mehr.** An ihre Stelle ist heute die **Betriebskostenverordnung** (= BetrKV) getreten. Der Betriebskostenkatalog der Anlage 3 wurde fast 1 : 1 in den Betriebskostenkatalog von § 2 BetrKV übernommen, deswegen gibt es kaum inhaltliche Unterschiede in den Umlagemöglichkeiten.

Auf diese neuere Verordnung verweist jetzt auch § 27 II. Berechnungsverordnung. Die Anlage 3 enthielt eine Aufzählung der Betriebskosten, die Sie auf den Wohnungsmieter umlegen durften. Diese Vorschrift finden Sie häufig noch in alten Mietverträgen, wenn es um die Umlage der Betriebskosten geht.

! **Wichtig**
Wenn in Ihrem Mietvertrag noch die Anlage 3 drin steht

Besitzen Sie noch einen **älteren Mietvertrag** und ist dort geregelt, dass Sie die Betriebskosten nach der alten Anlage 3 mit ihren 17 Betriebskostenpositionen umlegen dürfen, **gilt:** Darauf können Sie sich heute noch berufen, wenn es um die umlegbaren Betriebskosten geht!

Allerdings ist die Umlage nur in dem Umfang zulässig, in dem es die **alte Anlage 3** erlaubt. Unterschiede ergeben sich dazu allerdings kaum!

Anschaffungskosten

Anschaffungskosten für Anlagen und Geräte dürfen Sie **nicht** auf den Mieter umlegen. Diese werden ohnehin meist noch zu den **Baukosten** gezählt. Einzige gesetzlich geregelte Ausnahme: die Erneuerungskosten bei der Gartenpflege.

So wurden beispielsweise die Kosten für den **Kauf** eines Schneeräumgeräts und eines Laubsaugers als umlegbare Betriebskosten anerkannt (LG Berlin, Urteil v. 9.3.2000, 62 S 463/99, GE 2000 S. 539).

Die Begründung der Richter: Nach § 20 Abs. 1 NMV darf der Vermieter solche Betriebskosten auf den Mieter umlegen, die bei gewissenhafter Abwägung aller Umstände und bei ordentlicher Geschäftsführung gerechtfertigt sind. Darunter fallen nach § 1 Abs. 1 BetrKV auch **Sachleistungen** des Eigentümers wie z. B. Streu- und Reinigungsmittel.

 Praxis-Tipp
Bei den Anschaffungskosten kommt es auf die Größe an

Ob sich der Kauf eines Schneeräumgeräts noch im Rahmen ordnungsgemäßer Verwaltung hält, beurteilt sich in erster Linie nach der **Größe** der Wohnanlage.

Je größer die Wirtschaftseinheit, umso größer Ihre Umlagechancen.

Legen Sie dagegen die Anschaffungskosten von **Reinigungsgeräten** (Besen, Schrubber) oder Geräte zur Gartenpflege (Rasenmäher, Spaten, Rechen usw.) als Betriebskosten um, beißen Sie damit nach wie vor bei vielen Amtsgerichten auf Granit.

Dagegen dürfen Sie den Strom für den Rasenmäher oder das Benzin als Betriebskosten umlegen.

Pech hatte ein Vermieter, der die Kosten für einen **Häcksler** auf seine Mieter umlegen wollte. Das Gericht lehnte die Umlage ab (AG Starnberg, Urteil v. 17.9.2002, 1 C 1209/02, NZM 2002 S. 910).

Anschlussgebühren

Die Kosten für den Anschluss an das kommunale Wassernetz sind **keine** Betriebskosten.

Ebenso wenig wie die Kosten für den Anschluss an die Fernheizung.

Anwaltssuche

Anwälte gibt es viele – doch wie finden Sie einen, der sich **wirklich** im Mietrecht auskennt? Nehmen Sie einen Fachanwalt für Mietrecht und Wohnungseigentumsrecht oder mindestens einen Anwalt mit dem **Tätigkeitsschwerpunkt** Mietrecht.

Am schnellsten und seriösesten werden Sie auf der Internetseite **www.anwaltauskunft.de** fündig.

Wählen Sie dort in der Suchmaske unter der Rubrik „Fachanwalt für" den **„Fachanwalt für Mietrecht und Wohnungseigentumsrecht"** aus.

Gibt es keinen Fachanwalt für Mietrecht und Wohnungseigentumsrecht in Ihrer Nähe, gibt es einen zusätzlichen Trick, den nur wenige Vermieter kennen und mit dem Sie bei der Anwaltssuche die Spreu vom Weizen trennen: Gehen Sie über die Rubrik **„Mitglied der Arbeitsgemeinschaft"**.

Setzen Sie dort Ihren Mausklick unter „Arbeitsgemeinschaft Mietrecht und Immobilien". Damit wird Ihnen ein Anwalt angezeigt, der Mitglied dieser Arbeitsgemeinschaft ist. Wer dort **Mitglied** ist, dokumentiert damit seinen Interessenschwerpunkt auf diesem Rechtsgebiet. Um dort aufgenommen zu werden, muss der Anwalt sogar Beiträge zahlen.

Mit dem **Fachanwalt** und der **Arbeitsgemeinschaft** haben Sie schon 2 weniger bekannte und gute Auswahlkriterien an der Hand, die Ihnen gewährleisten, dass Sie einen kompetenten Anwalt finden!

Bei dem Such-Service wird nicht getrennt nach Anwälten, die nur für die Mieter- oder Vermieterseite tätig sind!

Aber Sie wissen ja: Darauf kommt es eigentlich **nicht** an, denn für **beide Seiten** gilt das gleiche Mietrecht – und Anwälte halten ihr Fähnchen im Ernstfall ohnehin meist in Richtung des Windes ...

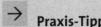

Praxis-Tipp

Es wird nicht zwischen Mieter- oder Vermieteranwalt unterschieden

Aperiodische Kosten

Darunter sind Aufwendungen zu verstehen, die nicht jährlich, sondern **nur alle paar Jahre**, also in unregelmäßigen Abständen, anfallen.

Diese Kosten können Sie entweder „in einem Aufwasch" im Jahr ihres Anfalls auf den Mieter umlegen oder Sie können sie auf mehrere Jahre verteilen.

Ein typisches Beispiel dafür sind die Kosten für den Austausch eines Wasserzählers oder für das Fällen von Bäumen.

Aufbewahrungsfrist

Wie lange Sie Betriebskostenrechnungen aufbewahren müssen, klärte das Amtsgericht Hamburg: Orientieren Sie sich hier an den Aufbewahrungsfristen für Belege im Steuer- und Handelsrecht. § 257 Abs. 4 HGB sagt:

Mindestens 6 (z. B. Betriebskostenabrechnungen, Mietverträge), **maximal 10 Jahre** müssen Sie z. B. Lohnabrechnungsunterlagen aufbewahren.

Gleiches gilt für „alte" Mietverträge und sonstige mietrechtlich rechtserhebliche Erklärungen (AG Hamburg, Urteil v. 17.7.2002, 46 C 74/02, WM 2002 S. 499).

Aufrechnung

Hinter dem Begriff „Aufrechnung" verbirgt sich schlicht und einfach Folgendes: Ein Schuldner stellt statt die Rechnung des Gläubigers zu bezahlen eine **eigene Forderung** dagegen.

Indem der Schuldner erklärt, dass er „aufrechnet", will er erreichen, dass die noch offenen Ansprüche miteinander verrechnet werden.

Beispiel: Wie eine Aufrechnung funktioniert

Eine Aufrechnung sieht im Vermieter-Alltag so aus: Ihr Mieter hat gegen Sie z.B. einen **Guthabenanspruch** aus der Betriebskostenabrechnung. Sie haben gegen Ihren Mieter jeden Monat einen Anspruch darauf, dass er seine Miete zahlt.

Statt die **volle Miete** zu zahlen, verrechnet Ihr Mieter sein Betriebskostenguthaben einfach mit der laufenden Miete.

Nach § 387 BGB müssen die sich gegenüberstehenden Forderungen „**gleichartig**" sein. Damit ist eigentlich klar, dass es in der Praxis eigentlich immer nur um **Geld** geht. In Ihrem Vermieter-Alltag stoßen Sie dabei am häufigsten auf die folgenden 3 Aufrechnungssituationen:

– Bei **bestehendem** Mietverhältnis: Sie verlangen die Miete von Ihrem Mieter. Ihr Mieter hat aber noch eine eigene Geldforderung gegen Sie, z.B. ein Guthaben aus der Betriebskostenabrechnung oder eine von ihm verauslagte Reparaturrechnung. Er erklärt die Aufrechnung.

– **Nach Mietvertragsende:** Ihr Mieter verlangt seine Kaution zurück. Jetzt können Sie mit Ihren Geldforderungen, z.B. unbezahlten Mieten oder Betriebskostennachzahlungen kontern.

– Bei den **jährlichen Betriebskostenabrechnungen:** Je nachdem, wie das Abrechnungsergebnis ausfällt, können Sie oder Ihr Mieter versuchen, die Zahlungspflicht durch Aufrechnen mit eigenen Gegenforderungen zu erfüllen.

Weil die Forderungen **gleichartig** sein müssen, können Sie Ihren Anspruch auf das Durchführen von Schönheitsreparaturen zunächst einmal **nicht** mit dem Kautionsrückzahlungsanspruch Ihres Mieters aufrechnen.

Anders sieht es aus, wenn Ihr Mieter die Nachfrist erfolglos verstreichen lässt. Weil sich dann Ihr Renovierungsanspruch in einen Schadensersatzanspruch in Geld gewandelt hat.

Aufrechnen können Sie im Übrigen auch nur mit **eigenen Forderungen** und nicht mit abgetretenen aus einem anderen Mietverhältnis (BGH, Urteil v. 11.7.2012, VIII ZR 36/12).

Zahlt der Mieter nur scheibchenweise und befindet er sich irgendwann mit mehreren Mietzahlungen in **Verzug**, kann er bestimmen, mit welcher der fälligen Mieten seine Zahlung verrechnet werden soll.

Trifft er **keine** Bestimmung, müssen Sie seine Zahlung auf die **älteste** Schuld anrechnen (§ 366 Abs. 2 BGB).

Praxis-Tipp

Was bei mehreren offenen Posten gilt

Aufzugskosten

Auf Ihren Mieter können Sie folgende Kosten umlegen:

- den Betriebsstrom,
- die Kosten für die Beaufsichtigung, Bedienung, Überwachung, Reinigung und Pflege,
- die Kosten für die regelmäßige Prüfung der Betriebsbereitschaft,
- die Kosten für die regelmäßige Prüfung der Betriebssicherheit,
- die Kosten, die Sie für die Einstellung durch einen Fachmann aufwenden müssen.

Wichtig: Lassen Sie den Fahrstuhlschacht reinigen, fällt das unter die Rubrik „Reinigung des Aufzugs". Dagegen gehört das Reinigen des Fahrstuhls selbst und der Türen zur Hausreinigung.

Nicht umlegen können Sie dagegen die Kosten für den Stördienst (AG München, WM 1978 S. 87). Ebenso wenig die Kosten, die für das Instandsetzen und für das Liefern von Ersatzteilen anfallen (AG Hamburg, WM 1987 S. 274).

Aufzugskosten, Erdgeschossmieter

Spätestens seit einem Grundsatzurteil des BGH dürfte auch dem letzten Erdgeschossmieter klar geworden sein, dass sich ein Streit um die Umlage der Aufzugskosten **nicht** lohnt!

Jedenfalls, wenn er eine Klausel in seinem Mietvertrag stehen hat, nachdem er unter anderem **auch** die Betriebskosten für den Aufzug zahlen muss. Dann muss sich auch der Erdgeschossmieter an den Aufzugskosten beteiligen. Solche allgemeinen Betriebskostenklauseln gelten nämlich auch für einen Erdgeschossmieter (BGH, Urteil v. 20.9.2006, VIII ZR 103/06; AG Köln, Urteil v. 8.10.1997, 220 C 137/97, WM 1998 S. 233).

Aufzugskosten, Stördienst

Bleibt der Aufzug einmal stecken, sind sich die Gerichte uneins, ob Sie die Kosten dem Mieter auf die Abrechnung setzen dürfen.

Das Landgericht Duisburg unterschied danach: Kann die Betriebsstörung im Rahmen einer ohnehin anstehenden Wartung **ohne** Mehraufwand mit beseitigt werden, ist der Rechnungsbetrag **umlegbar**. Schließlich wird der Mieter dadurch nicht mehr belastet, als wenn der Monteur lediglich die Wartungsarbeiten durchgeführt hätte.

Werden dagegen **wiederholt** Betriebsstörungen durch Wartungen behoben, dürfen die Kosten **nicht** auf die Betriebskostenabrechnung des Mieters.

In diesem Fall muss sich der Vermieter an die ausführende Firma halten: Die muss ordentlicher arbeiten, damit nicht so oft Wartungsarbeiten anfallen (LG Duisburg, Urteil v. 2.3.2004, 13 S 265/03, WM 2004 S. 717).

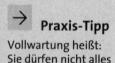

→ Praxis-Tipp

Vollwartung heißt: Sie dürfen nicht alles umlegen

Bevor Sie die Wartungskosten für den Aufzug auf die Mieter umlegen, sollten Sie prüfen, was in Ihrem Wartungsvertrag mit der Aufzugsfirma steht.

Begriffe wie „Vollwartung" oder „Vollunterhaltungsdienst" sind für manch einen kritischen Mieter ein willkommener Anlass, die Wartungskosten **um bis zu 50 % zu kürzen** – falls Sie das vorher nicht ohnehin schon freiwillig getan haben!

Wichtig: Falls Sie was abziehen, müssen Sie den Abzug in Ihrer Abrechnung begründen. Dazu gehört, dass Sie den ungekürzten Betrag und den bereinigten Betrag in Ihrer Abrechnungen angeben und begründen.

Ausländer als Mieter

Ganz gleich, ob Sie einen Mietvertrag mit einem **Ausländer** oder einem Deutschen abschließen: Es gilt das Gleiche! Geben Sie als Vermieter eine rechtsgeschäftliche Erklärung wie eine Mieterhöhungserklärung, eine Abmahnung oder Kündigung ab, spielt es keine Rolle, ob Ihr Mieter die Erklärung verstehen kann.

Deshalb gelten z. B. für die Kündigung ausländischer Mieter **keine** Besonderheiten. Sie müssen also **nicht** extra Ihre rechtsgeschäftlichen Erklärungen in die Muttersprache des Ausländers übersetzen lassen.

Um sich davor abzusichern, dass sich auch Ihr ausländischer Mieter der Tragweite seiner Unterschrift bewusst ist, können Sie sich um einen **Dolmetscher** bemühen. Das ist aber kein Muss. Als Dolmetscher kann z. B. ein Bekannter oder Verwandter, der Ihrem Mieter den Vertragsinhalt in seine Heimatsprache übersetzen kann, fungieren.

Manchmal reicht es auch schon, wenn Ihr Mietinteressent einen deutschsprachigen Bekannten mitbringt. Nehmen Sie den Dolmetscher in die Pflicht. Lassen Sie ihn diesen kleinen **Zusatz im Mietvertrag** unterschreiben:

Ich, Frau/Herr .... (Dolmetscher), wohnhaft in der .... Str. Nr. ...... in ...., habe dem Mieter, Frau/ Herrn ...., den Vertragsinhalt übersetzt.

Lassen Sie sich **zusätzlich** von Ihrem neuen Mieter **schriftlich** quittieren, dass er den Vertragsinhalt mithilfe des Übersetzers verstanden hat. Am besten mit diesem Zusatz:

Ich, Frau/Herr .... (Mieter), habe aufgrund der Übersetzung durch Frau/Herrn .... (Dolmetscher) den Vertragsinhalt verstanden.

So nehmen Sie Ihrem Mieter den Wind aus den Segeln, wenn er später behauptet: *„Ich wusste gar nicht, was ich da unterschreibe!"*

Der Mieter ist auch dann an den von ihm unterschriebenen Vertrag **gebunden**, wenn er den Inhalt nicht verstanden hat. Selbst dann kann er ihn hinterher **nicht** mit der Begründung anfechten, er hätte ja nichts verstanden.

 Praxis-Tipp

Nichts verstanden: Wann Ihr Mieter anfechten kann

Etwas anderes gilt nur dann, wenn Ihr ausländischer Mieter Ihnen nachweisen kann, dass Sie ihn über den Inhalt seines Vertrags oder einzelner Vertragsklauseln **getäuscht** haben.

Auszug, verspäteter

Kündigt Ihnen der Mieter zum Monatsende, zieht er aber tatsächlich erst 15 Tage später aus, muss er Ihnen für diese Zeit eine Nutzungsentschädigung zahlen. Umstritten war bisher immer, ob der Mieter nur bis zum Tag der Rückgabe oder gleich für den ganzen Monat ein **Nutzungsentgelt** zahlen muss.

Ein Grundsatzurteil des BGH sagt dazu: Der Mieter muss **nur** bis zum Tag der Rückgabe **Nutzungsausfall** zahlen (BGH, Urteil v. 5.10.2005, VII ZR 57/05, NZM 2006 S. 52). Selbst wenn Sie mitten im Monat **keinen** neuen Mieter mehr finden!

 Praxis-Tipp

Widersprechen Sie unbedingt einer Vertragsfortsetzung

Schauen Sie **nicht** tatenlos zu, wenn Ihr Mieter trotz Mietvertragsende nicht auszieht.

Widersprechen Sie sofort der Weiternutzung, sonst setzt sich Ihr Mietvertrag automatisch mit dem Mieter fort. **Drohen** Sie gleichzeitig dem Mieter für die Dauer der Vorenthaltung der Mietsache mit einer **Nutzungsentschädigung**.

Badewanne

Speziell zur Badewanne gibt es einige **Urteile**, die Sie kennen sollten. Das Amtsgericht Köln hat z. B. entschieden, dass die Emaillierung einer Badewanne frühestens nach einem **12-jährigen Gebrauch** abstumpfen kann (AG Köln, WM 1984 S. 197).

Die Gerichte setzen normalerweise für eine Badewanne eine **durchschnittliche Nutzungsdauer** von mindestens 20 Jahren an.

Doch selbst wenn Ihre Badewanne schon **20 Jahre alt** und ziemlich stumpf ist, kann Ihr Mieter **nicht** von Ihnen verlangen, dass Sie ihm eine neue einbauen (AG Coesfeld, Urteil v. 11.2.2003, 4 C 525/02, WM 2003 S. 206).

Wird die Wanne trotz vertragsgemäßer Nutzung schon vor Ablauf von 20 Jahren so rau und stumpf, dass ein Frotteehandtuch farbige Fusseln hinterlässt, müssen Sie die Wanne zwar **nicht austauschen**, aber doch so **reparieren**, dass sie wieder vertragsgemäß ist!

Selbst eine **14 Jahre alte Wanne** muss so beschaffen sein, dass der Mieter darin wahre Badefreuden genießen kann (AG Hannover, Urteil v. 16.4.2009, 414 C 16262/08).

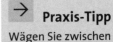

Praxis-Tipp

Wägen Sie zwischen Mieter und Wanne ab

Beschwert sich Ihr Mieter über seine alte Badewanne, sollten Sie gut abwägen, was Ihnen wichtiger ist: Ein zufriedener Mieter oder die Investition für die neue Badewanne.

Die können Sie wenigstens von der **Steuer** absetzen. Dagegen können Sie eine Modernisierungserhöhung bei einem schlichten Austausch alt gegen neu vergessen.

Stoßen Sie beim Mieterauszug auf **schwarze Fugen** am Badewannenrand, ist es so: Damit müssen Sie bereits nach **6 Mietjahren** rechnen – und das leider auch so hinnehmen (AG Köln, WM 1995 S. 312).

Aufgepasst: Manche Gerichte urteilen sehr **mieterfreundlich**, wenn es um Emaille-Abplatzungen geht: Gewisse geringfügige Abplatzungen während des Mietverhältnisses zählen hier noch als **vertragsgemäße Abnutzung**.

Darunter fallen jedenfalls Abplatzungen in Stecknadelkopfgröße bis zu einem Durchmesser von 1 bis 2 mm (AG Neustadt, Urteil v. 26.9.2001, 40 C 687/01, WM 2002 S. 233). Auch wenn Sie sich beim Mieterauszug darüber ärgern: Halten Sie sich vor Augen, dass Sie bei einem Streit vor Gericht deswegen nur eine Chance von **maximal 50 %** haben!

So zeigte sich das Amtsgericht Osnabrück mieterfreundlich, als es um eine Abplatzung am Waschbecken ging. *„Ein Loch!"*, behauptete der Vermieter. Außerdem empfand er das Waschbecken als **verkalkt** und **verdreckt**. Auf den Fotos war jedoch kein Schmutz zu erkennen und das vermeintliche Loch entpuppte sich nur als **sehr kleine Abplatzung** am äußeren Rand.

„So etwas kann selbst bei sorgfältigster Benutzung immer mal passieren!". Schadensersatz ade (AG Osnabrück, Urteil v. 3.9.2003, 47 C 9/03 (XXXII), WM 2007 S. 406).

Ist die Badewanne in der Mietwohnung unbenutzbar, darf
der Mieter Ihnen deswegen die Miete um 20 % mindern
(AG Goslar, WM 1974 S. 53).

Badewasser

Von wegen zu **heiß** gebadet: Ihr Mieter beschwert sich über
sein Badewasser, weil er ewig darauf warten muss, bis die
Wanne voll ist.

Laut einem Urteil ist es dem Mieter **nicht zumutbar**, 42 Minuten darauf zu warten, bis seine Badewanne mit ausreichend
warmem Wasser vollgelaufen ist.

Die **Wasserbefülltemperatur** muss mindestens 45 Grad betragen, damit noch eine Badetemperatur von 41 Grad erreicht
werden kann (AG München, Urteil v. 26.10.2011, 463
C 4744/11).

Das Badewasser muss laut dem Urteil **heißer** werden als die
vom Vermieter angebotenen lauen 38 Grad. Ein angenehmes
Bad – so beurteilte es das Gericht „aus eigener Erfahrung" –
setze mindestens 41 Grad voraus!

Ihr Mieter darf die Miete mindern, wenn sein Badewasser
nur einen **Fließdruck von 2 Bar** hat und der zu erwartende
Kaltwasserdurchfluss nur 18 l/min beträgt. Auch am
Wasch- und Spültisch sind 10 l/min zu wenig (LG Berlin,
Urteil v. 5.1.2010, 65 S 322/09, GE 2010 S. 520).

Balkon

Ihr Mieter darf es sich so lange auf seinem Balkon gemütlich
machen, solange nicht Mitmieter, der Nachbar oder Ihr Eigentum darunter leiden. So darf Ihr Mieter Tische und Stühle
rausstellen und auch Gäste auf seinen Balkon einladen.

Bohrt der Mieter allerdings in den Balkon über seinem eigenen Balkon kleine Löcher und befestigt daran Vorhangschie-
nen und einen Vorhang, geht das **zu weit** (AG Münster, Urteil
v. 18.7.2001, 48 C 2357/01, WM 2001 S. 445). Der Mieter
darf seinen Balkon vielmehr nur so nutzen wie seine Mitmieter und die Nachbarn rundherum.

Will Ihr Mieter eine **Markise** an seinen Balkon anschrauben, können Sie dem Einhalt gebieten: Schließlich beschädigt er dadurch Ihr Eigentum und das darf er nur, wenn Sie zustimmen!

Dagegen ist es vom erlaubten vertragsgemäßen Gebrauch der Mietsache noch gedeckt, wenn Ihr Mieter am **Balkongeländer** einen **Sichtschutz** anbringt, der nur bis zur Höhe des Handlaufs reicht und die Außenfassade des Gebäudes nicht verunstaltet (AG Köln, Urteil v. 15.9.1998, 212 C 124/98, WM 1999 S. 331).

Ihr Mieter darf an den Seitenbegrenzungen des Balkons ein **Wäschetrockengestell** anbringen – vorausgesetzt, der optische Gesamteindruck der Hausfassade wird dadurch nicht verunstaltet (LG Nürnberg-Fürth, Urteil v. 19.1.1990, 7 S 6265/89, WM 1990 S. 199; AG Nürnberg, Urteil v. 27.6.1989, 28 C 2514 / 89, DWW 1997 S. 47).

Den meisten Vermietern geht es ohnehin um die optische Beeinträchtigung, die beispielweise die im Wind wehende **Wäsche** mit sich bringt. Geht der Mieterbalkon zum Hinterhof hinaus, können Sie als Vermieter deswegen allerdings schlecht etwas sagen.

Ebenso, wenn Ihr Mieter auf dem Balkon in ungefährer Brüstungshöhe einen **Wäscheständer** aufstellt, um dort seine Wäsche zu trocknen. Auch das ist noch erlaubt. Dadurch leidet nach Ansicht des Amtsgerichts Euskirchen noch nicht der optische Gesamteindruck Ihres Hauses (AG Euskirchen, Urteil v. 11.1.1995, 13 C 663/94, WM 1995 S. 310).

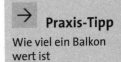

Praxis-Tipp
Wie viel ein Balkon wert ist

Wie **hoch** der „Wohnwert" eines Balkons ist, sehen Sie schon an der Mietminderungsquote. Ist der Balkon der Mietwohnung unbenutzbar, müssen Sie mit einer Minderung von 3 % rechnen (LG Berlin, MM 1986, Nr. 9, S. 27).

Kann Ihr Mieter seinen Balkon **nicht** nutzen, weil dort Katzen umherstreunen, die der Nachbar angelockt hat, darf er bis zu 15 % von der Miete abziehen (AG Bonn, WM 1986 S. 212).

Balkon, Wohnfläche

Die Frage, mit welchem Flächenanteil Sie den Balkon, die Terrasse oder eine Loggia bei Ihren Wohnflächenberechnungen mitrechnen dürfen, regelt § 4 Nr. 4 Wohnflächenverordnung.

Danach dürfen Sie die Fläche von Balkonen, Loggien, Dachgärten und Terrassen in der Regel zu einem Viertel, höchstens jedoch zur Hälfte anrechnen.

Ob Sie die Grundfläche von Terrassen und Balkonen nur zu einem **Viertel** oder sogar bis zur Hälfte anrechnen dürfen, hängt beispielsweise von der **Lage** Ihres Balkons (Ausrichtung), der **Nutzbarkeit** oder einer aufwendigen Balkon- oder Terrassengestaltung ab.

Grundsätzlich bleibt es jedoch beim ungeliebten Viertel, wenn Sie **nicht** die besonderen Umstände des Einzelfalls dazu berechtigen, doch die Hälfte anrechnen zu dürfen.

Wo es Abweichungen nach oben gibt, müssen Sie natürlich auch mit Abweichungen nach unten leben. So beispielsweise, wenn der Balkon Ihres Mieters Hochparterre an einer stark befahrenen Straße liegt – wer will da schon zum Frühstück draußen sitzen?

Ist der Balkon deswegen nicht oder nur sehr eingeschränkt nutzbar, müssen Sie sogar vom an sich ansetzbaren Viertel Abstriche machen.

Balkonbepflanzung

Ein Mieter darf seinen Balkon mit Blumenkästen, Blumentöpfen und anderen Gefäßen bepflanzen, wie es ihm gefällt.

Blumenkästen sind allerdings nur an der Innenseite des Balkons erlaubt (LG Berlin, Urteil v. 20.5.2011, 67 S 370/09, GE 2011 S. 1230). Und auch dann nur, wenn sie ordnungsgemäß befestigt wurden, sodass sie auch bei starkem Wind nicht herabstürzen und Passanten oder Nachbarn gefährden können.

Mitmieter müssen den damit verbundenen **üblichen** Pflanzenabfall bzw. das heruntertropfende Gießwasser hinnehmen.

Allerdings: Beim Bepflanzen und Gießen seiner Balkonkästen muss der Mieter Rücksicht auf seine Nachbarn bzw. Mitmieter nehmen. „**Rücksichtnahmegebot**" nennen das die Juristen.

Dazu gehört, dass die Bepflanzung nicht buschartig über die Balkonbrüstung wächst. So wie beispielsweise Knöterich. Fallen **übermäßig viele** Blütenblätter, Stängel und sonstige Pflanzenteile auf den darunterliegenden Balkon und beschwert sich der darunter wohnende Mieter, müssen Sie als Vermieter einschreiten.

Der darunter wohnende Mieter könnte Sie sogar darauf **verklagen**, etwas gegen den Gartenfreund über ihm zu unternehmen. Sie müssen dann dafür sorgen, dass der Knöterich-Besitzer seine Pflanze **zurückschneidet** (LG Berlin, Urteil v. 28.10.2002, 67 S 127/02, GE 2003 S. 188).

Bankgebühren

Diese Kosten finden Sie meist auf der Eigentümerabrechnung für Ihre Eigentumswohnung. Die dürfen Sie allerdings **nicht** auf Ihren Mieter umlegen!

Barrierefreiheit

Im Mietrecht gibt es seit der Mietrechtsreform vom 1.9.2001 ein neues Wort: „Barrierefreiheit" heißt es.

Dahinter verbirgt sich das **behindertengerechte Umbaurecht** des Mieters oder seines Mitbewohners.

Bisher war es so: Ungefragt durfte Ihr Mieter **in** den Mieträumen **nichts** baulich verändern. Wollte er statt der Badewanne eine Dusche einbauen, musste er Sie um Erlaubnis fragen.

Außerhalb der Mieträume, z. B. im Flur oder vor dem Haus, durfte er so gut wie gar nichts verändern.

§ 554a BGB regelt nunmehr, dass Sie behindertengerechten Umbauten **zustimmen müssen**. Immer dann, wenn die Umbauten notwendig sind, um die Wohnung behindertengerecht nutzen zu können. Oder sie dem behinderten Mieter **oder** seinen Angehörigen den Zugang zur Wohnung erleichtern.

Wann gilt Ihr Mieter als „behindert"? Wenn er in seiner Bewegungsfreiheit erheblich oder dauerhaft eingeschränkt ist. Ob die Behinderung bereits bei Mietbeginn vorlag oder erst später auftritt, spielt dabei **keine Rolle**. Ebenso wenig, ob sie wegen eines Unfalls, einer Krankheit oder altersbedingt auftritt.

Nur in ganz **engen Ausnahmefällen** können Sie „Nein" zu den Umbauplänen Ihres Mieters sagen. Beispielsweise wenn **Ihr**

Interesse als Vermieter an der unveränderten Erhaltung der Mieträume **überwiegt**. Meistens überwiegt aber das Interesse des Mieters an der behindertengerechten Nutzung.

Praxis-Tipp

Verlangen Sie eine Mietsicherheit für den Rückbau

Selbst wenn Sie um ein „Ja" nicht herumkommen, gehen Sie künftig **nicht leer** aus: Sie können vom Mieter eine **angemessene zusätzliche** Sicherheit für den Rückbau verlangen.

Die Höhe hängt von den Rückbaukosten ab. Denn: Endet der Mietvertrag, muss Ihr Mieter den ursprünglichen Zustand natürlich wiederherstellen und etwaige Schäden beseitigen (§ 546 BGB)!

Baumfällkosten

Ob und wann Sie das Fällen eines Baums in Ihrem Garten auf die Mieter umlegen dürfen, ist umstritten.

Muss der Baum gefällt werden, weil der Baum den **Mitmietern** im gleichen Haus die Licht- und Luftzufuhr abschnitt, darf der Vermieter die Kosten dafür den Mietern auf die Betriebskostenabrechnung setzen (AG Düsseldorf, Urteil v. 19.7.2002, 33 C 6544/02, WM 2002 S. 498).

Die Kosten gehören laut Gericht zu den **umlagefähigen** Gartenpflegekosten. Denn dazu zählt auch das Beseitigen durch Alter, Witterungs- oder Umwelteinflüsse abgängiger Bäume.

Andere Gerichte, andere Meinungen. So ist das Landgericht Krefeld der Ansicht, dass Kosten, die durch das Fällen von Bäumen verursacht werden, schon **nicht** das für die Betriebskosten typische Merkmal der „laufenden Entstehung" erfüllen und damit **nicht** unter den Begriff der Betriebskosten fallen (LG Krefeld, Urteil v. 17.3.2010, 2 S 56/09, WuM 2010 S. 357).

Müssen Sie allerdings einen Baum nur entfernen, weil sich Ihre **Nachbarn** über den Sicht- und Lichtmangel beschweren, dürfen Sie die Kosten **nicht** auf Ihren Mieter umlegen.

Gleiches soll gelten, wenn Sie einen Baum **ersatzlos** fällen, weil dies eine Gartenumgestaltung und keine Gartenpflege sei (AG Potsdam, Urteil v. 27.12.2011, 23 C 349/11, GE 2012 S. 493). Es fehlt am Erneuern von Pflanzen.

Steht der Baum zu nah am Haus und müssen Sie befürchten, dass die Wurzeln Ihr Mauerwerk beschädigen, sind die Fällkosten ebenfalls **nicht** umlegbar (AG Sinzig, Urteil v. 18.2.2004, 14 C 879/03, ZMR 2004 S. 829).

Belegeinsichtsrecht

Schicken Sie Ihrem Mieter die Betriebskostenabrechnung, müssen Sie der nicht gleich die zugrunde liegenden Belege beifügen.

Auch dann nicht, wenn Ihr Mieter nach Erhalt der Abrechnung verlangt, dass Sie ihm die Belege zusenden (BGH, Urteil v. 8.3.2006, VIII ZR 78/05).

Ihrem Mieter steht zunächst **nur** ein Einsichtsrecht zu. Das bedeutet, Sie müssen ihm lediglich alle Originalbelege sowie alle Dokumente, die Einfluss auf das Abrechnungsergebnis haben, vorlegen. Dazu gehören beispielsweise:

– Rechnungen

– Verträge z. B. vom Hausmeister, Reinigungskräften oder auch Wartungsverträge

– Ablese-Protokolle

– Berechnungsgrundlage für den Vorwegabzug

– Schätzgrundlagen

– Wohnflächenberechnungen

– Quittungen.

Sie müssen die Rechnungen **am Ort der Wohnung** vorlegen. Das bedeutet, wenn Sie in Hamburg wohnen und eine Wohnung in Berlin vermieten, müssen Sie Ihrem Mieter die Belege in Berlin vorlegen. Allerdings nicht **in** seiner Wohnung, sondern nur am gleichen Wohnort!

Sie können den Mieter **nicht** auf persönliche Einsichtnahme in die Abrechnungsunterlagen in Ihrem Büro verweisen, wenn er alt und sehbehindert ist. Ist weder der Mieterverein in der Lage, die Einsichtnahme statt Ihres Mieters wahrzunehmen und ist es Ihrem Mieter aus Kostengründen **nicht zumutbar**, einen Rechtsanwalt zu beauftragen, müssen Sie ihm die Belege **ausnahmsweise** zusenden (AG Dortmund, Urteil v. 12.10.2011, 411 C 3364/11, WM 2011 S. 631).

Der Mieter kann auch dann **ausnahmsweise** auf das Zusenden der Belege bestehen, wenn das Verhältnis zum Vermieter durch andere Vorkommnisse zerrüttet ist. Übersenden Sie dann dem Mieter nicht die Belege, erlöscht Ihr Nachzahlungsanspruch (AG Bergisch-Gladbach, Beschluss v. 7.11.2011, 68 C 230/07).

Sie müssen dem Mieter auch dann die Belege zusenden, wenn er zwischenzeitlich in eine weiter entfernte Stadt gezogen ist (BGH, Urteil v. 19.1.2010, VIII ZR 83/09).

Neu ist: Der Mieter darf die Belege mit dem Handy bzw. einer Kamera abfotografieren (AG München, Urteil v. 21.9.2009, 412 C 34593/08; AG Berlin-Charlottenburg, Beschluss v. 6.8.2010, 216 C 111/10).

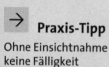

Praxis-Tipp

Ohne Einsichtnahme keine Fälligkeit

Ist Ihnen der Weg zu Ihrer Immobilie zu weit oder scheuen Sie ein Zusammentreffen mit dem Mieter, können Sie ihm auch anbieten, die Belege zuzusenden.

Solange Sie Ihrem Mieter **kein** Einsichtsrecht gewährt haben, wird Ihre Nachzahlung auch nicht fällig! Sie verweigern das Einsichtsrecht schon dadurch, dass Sie von Ihrem Mieter beispielsweise **zu viel Geld** für das Zusenden von Kopien verlangen.

Beleuchtung

Sie dürfen die Kosten für den Allgemeinstrom auf den Mieter umlegen. Das betrifft die Kosten des Stroms für die Außen- und Innenbeleuchtung der Gemeinschaftsflächen wie Zugänge, Flure, Treppen, Keller, Bodenräume und Waschküche. Hauptsache, Sie beleuchten Räume, die gemeinschaftlich genutzt werden.

Nicht zu den umlagefähigen Kosten zählen natürlich die Stromkosten, die Ihrem Mieter in seinen eigenen 4 Wänden entstehen. Ebenso wenig die Kosten für Glühbirnen, Leuchtstoffröhren oder sonstige Beleuchtungsmittel. Dabei handelt es sich nämlich um **Instandhaltungskosten**, und die sind nicht umlagefähig.

Gleiches gilt für die Beleuchtung in einer Garage, die nur an einen **einzelnen Mieter** vermietet ist. Läuft der Strom über den Allgemeinstromzähler, müssen Sie Zwischenzähler einbauen.

Ist eine Garage dagegen **an alle Mieter** mitvermietet, dürfen Sie die Kosten auch auf alle umlegen.

Stellen Sie Ihre bisherige Beleuchtung auf Energiesparlampen um, dürfen die Kosten dafür ebenfalls **nicht** auf die Mieterabrechnung wandern. Bei diesem „Glühbirnenaustausch" handelt es sich nämlich um nicht umlegbare Instandsetzungskosten (AG Köln, ZMR 1993, IV Nr. 21).

Sie können allenfalls über eine Modernisierungserhöhung oder über Ihre Kleinreparaturen-Regelung versuchen, doch noch an Ihr Geld zu kommen.

Die Kosten für neue Lichtschalter, einen Glühbirnenwechsel, Leuchtstoffröhren, Sicherungen und Stromzähler sind **keine** Betriebskosten, sondern Instandsetzungskosten und damit vom Vermieter zu zahlen!

Praxis-Tipp

Wie lange Ihr Treppenhauslicht brennen muss

Vielleicht haben auch Sie in Ihrem Mietshaus einen Bewegungsmelder installiert, um Stromkosten zu sparen. Vorsicht: Erlischt die Beleuchtung zu früh und kommt es zu einem Unfall, können Sie **schadensersatzpflichtig** gemacht werden.

Ihr Treppenhauslicht muss so lange brennen, dass Ihr Mieter problemlos mindestens 2 Etagen erreichen kann, ohne dass er das Licht erneut einschalten muss. Brennt Ihr Treppenhauslicht nur 20 Sekunden, um gerade mal das nächste Stockwerk zu erreichen, ist das **zu kurz** (OLG Koblenz, Urteil v. 12.10.1995, 5 U 324/95).

Beschwerdefrist

Seit dem 1.9.2001 gibt es eine gesetzliche Frist, innerhalb der Ihr Mieter gegen Ihre Betriebskostenabrechnung Einwände vorbringen kann. Diese steht in § 556 Abs. 3 Satz 4 BGB und beträgt **1 Jahr**, gerechnet ab dem Zugang der Abrechnung.

Versäumt Ihr Mieter diese Frist, gilt Ihre Abrechnung als **anerkannt**. Spätere Einwendungen kann er nur vorbringen, wenn er die Frist **schuldlos** versäumt hat.

Die beliebteste **Mieterausrede** ist dabei meist: *„Ihre Abrechnung? Habe ich nie erhalten!"* Deswegen sollten Sie stets auf einen beweisbaren Zugang Ihrer Abrechnung beim Mieter achten.

Praxis-Tipp

So beugen Sie der häufigsten Mieterausrede vor

Haben Sie Ihrem Mieter Ihre Abrechnung zugeschickt und läuft langsam die Abrechnungsfrist ab, ohne dass Sie etwas vom Mieter gehört haben bzw. er seine Nachzahlung überwiesen hat, sollten Sie ihm eine Mahnung schicken.

Fügen Sie vorsichtshalber Ihrer Mahnung noch eine **Kopie** der Abrechnung bei und schicken Sie Ihre Mahnung noch **vor** Ablauf der Abrechnungsfrist Ihrem Mieter zu.

Achten Sie jedoch jetzt auf einen **beweisfesten Zugang**, damit Ihr Mieter nicht behaupten kann, er hätte Ihre Abrechnung nicht erhalten.

Besenrein

In vielen alten Mietverträgen steht unter „Schönheitsreparaturen" noch drin, dass der Mieter die Wohnung „**besenrein**" verlassen muss.

Unter „besenrein" fällt nur das Beseitigen von **grobem Schmutz**. Dazu zählen **nicht** die Fenster (BGH, Urteil v. 28.6.2006, VIII ZR 124/05-2).

Die Richter drückten das viel juristischer aus: Der Mieter muss **keine** horizontalen Flächen einzelner Raumteile oder obere Flächen vermieterseitiger Einrichtungen reinigen.

Dagegen muss er in seinem Kellerraum Spinnweben entfernen.

Ansonsten muss er die Wohnung **sauber**, d. h. gefegt, verlassen.

Renovieren muss Ihr Mieter dann nicht. Also weder die Wände streichen noch tapezieren.

Unterm Strich ist es also das **Schlechteste**, was Sie vereinbaren können!

→ **Praxis-Tipp**
Besenrein: Stellen Sie sich einfach dumm

Wenn nun schon das Kind in den Brunnen gefallen ist und in Ihrem Mietvertrag „besenrein" steht, sollten Sie versuchen, das Beste für sich herauszuholen – vielleicht weiß Ihr Mieter ja gar nicht, dass er eigentlich nur fegen müsste!

Deshalb: Erhalten Sie die Kündigung von Ihrem Mieter, fragen Sie ihn, wie es mit der Renovierung aussieht.

Viele Mieter renovieren freiwillig. Falls **nicht**: Darauf klagen, dass der Mieter renoviert, **lohnt** sich bei der Vereinbarung „besenrein" jedoch **nicht**!

Besichtigungsrecht

Viele Vermieter glauben noch, sie könnten unangekündigt beim Mieter zum **Kontrollbesuch** auftauchen und sind empört, wenn der sie vor der Tür stehen lässt.

Ganz so einfach ist es nicht mit dem Besuchsrecht. Hier die **5-Punkte-Checkliste** für Ihren erfolgreichen Besuch beim Mieter:

1. Werfen Sie einen Blick in Ihren **Mietvertrag,** ob Sie dort ein Besichtigungsrecht geregelt haben und prüfen Sie, ob diese Regelung Ihre Besichtigungspläne unterstützt.

2. Kündigen Sie Ihrem Mieter **schriftlich** Ihr Kommen an. Am besten mindestens 8 Tage **vorher,** wenn es sich z. B. um eine reine Routine-Besichtigung handelt.

3. Geben Sie in Ihrem Ankündigungsschreiben immer den **Grund** für Ihren Besuch an. Selbst wenn Sie nur nach dem Rechten schauen möchten: Schieben Sie besser Instandhaltungsarbeiten oder Ähnliches vor, denn kein Mieter mag es, kontrolliert zu werden.

4. Machen Sie in Ihrem Ankündigungsschreiben einen **Terminvorschlag.** Nennen Sie gleich einen Alternativ-Termin. Die ortsübliche Besuchszeit ist in der Regel werktags von 10 bis 13 Uhr und von 15 bis 18 Uhr, ausnahmsweise bis 20 Uhr. Auf berufstätige Mieter müssen Sie Rücksicht nehmen und eher einen späteren Termin vereinbaren.

5. Sorgen Sie für einen **beweisfesten Zugang** Ihres Ankündigungsschreibens beim Mieter. Insbesondere dann, wenn Sie mit einem Handwerker kommen wollen und fürchten, Ihr Mieter könnte Sie versetzen. Nur so haben Sie die Chance, später wenigstens die Anfahrtskosten des Handwerkers vom Mieter als Schadensersatz zu bekommen.

Treffen Sie Ihren Mieter **nicht** an und hat er den Termin auch nicht abgesagt, können Sie ihn wegen der Nichteinhaltung des Termins **abmahnen** und – weil er sich in Verzug befindet – **Schadensersatz** für die Ihnen dadurch entstandenen Kosten verlangen.

Mehr als 2 Personen muss der Mieter **nicht** reinlassen. Ebenso muss es der Mieter **nicht** dulden, dass der Vermieter zur Unzeit kommt (werktags von 9 bis 12 Uhr und von 15 bis 19 Uhr ist üblich!) und noch dazu ungefragt **Fotos** anfertigt.

Praxis-Tipp

Spätestens alle 2 Jahre dürfen Sie eine Routinekontrolle machen

Für Ihr Besichtigungsrecht brauchen Sie einen **konkreten Anlass**. Geht es allerdings nach den Gerichten, dürfen Sie alle 1 bis 2 Jahre zwecks Routinekontrolle die Wohnung Ihres Mieters betreten.

Doch selbst das geht nur, wenn Sie Ihre Besichtigung – außer in Eil- und Notfällen – **mindestens 3 bis 4 Tage** vorher ankündigen. Aber Vorsicht: Manche Gerichte bestehen sogar auf mindestens 8 Tage (LG Tübingen, Urteil v. 21.12.2007, 7 O 404/07).

Sie dürfen dazu eine zweite Person mitbringen, z. B. einen Handwerker oder den Hausverwalter. Allerdings dürfen Sie nicht mit einer Vielzahl von Begleitpersonen beim Mieter aufkreuzen.

Besucher des Mieters

Dass Ihr Mieter Besuch bekommt, können Sie ihm nicht verbieten! Doch was tun, wenn der Besuch länger bleibt und Sie dahinter eine ungenehmigte Untervermietung vermuten? Ganz einfach: Fragen Sie Ihren Mieter.

Besuch darf **längstens 6 bis 8 Wochen** bleiben. Ab diesem Zeitpunkt wird Ihr Besucher von den Gerichten als **ungenehmigter Untermieter** betrachtet bzw. eine unerlaubte Daueraufnahme in seinen Mieterhaushalt darin gesehen. Darüber muss Sie Ihr Mieter informieren.

Ganz gleich, ob es sich dabei um einen nahen Angehörigen oder einen fremden Dritten handelt. Allerdings: Bei einem fremden Dritten braucht er zusätzlich noch Ihre **Zustimmung**.

Der Mieter muss Ihre Zustimmung **nicht** einholen, wenn er beispielsweise nahe Familienangehörige, seinen Partner und dessen Kinder oder seine Eltern mit in die Wohnung aufnimmt. Hier genügt es, wenn Ihr Mieter Ihnen dies nur anzeigt.

Ausnahmsweise kann bei nahen Angehörigen sogar noch ein **mehrmonatiger Aufenthalt** als Besuch gewertet werden. Allerdings: So einen Extrem-Besuch muss Ihnen Ihr Mieter vorher anzeigen.

Nimmt Ihr Mieter einen Untermieter oder einen Mitbewohner **dauerhaft** in seine Wohnung auf, muss er Sie darüber informieren – und zwar ganz gleich, ob es sich dabei um einen **nahen Angehörigen** oder irgendeinen, Ihnen fremden Dritten handelt.

Für „fremde Dritte" gilt: Ihr Mieter braucht dafür zusätzlich noch Ihre **Zustimmung**.

Geht es dagegen um einen nahen Familienangehörigen, seinen Partner oder seine Kinder oder nimmt Ihr Mieter seine Eltern oder einen Elternteil mit in die Wohnung auf, muss er Sie zuvor **nicht** um Erlaubnis fragen.

> → **Praxis-Tipp**
> Nahe Familienangehörige dürfen ohne Ihre Zustimmung einziehen

Betriebskosten

Wenn Sie wissen wollen, ob es sich bei der vor Ihnen liegenden Rechnung um „Betriebskosten" handelt, werfen Sie am besten einen Blick in die Betriebskostenverordnung. Diese ist für Wohnraummieter **abschließend**.

Sie dürfen eine Rechnung als Betriebskosten auf den Mieter umlegen, wenn die folgenden 3 Voraussetzungen zutreffen:

– Die Kosten sind **objektbezogen,** also durch das Eigentum hervorgerufen und betriebsdienlich,

– die Kosten sind tatsächlich **entstanden,**

– es handelt sich um **regelmäßig** entstehende Kosten.

Nicht zu den umlagefähigen Betriebskosten zählen:

– Instandsetzungskosten

– Verwaltungskosten

– Kapitalkosten

Betriebskosten, Abrechnungsfrist

Die Abrechnungsfrist ist der Zeitraum, innerhalb dem Sie über Ihre Betriebskosten abrechnen müssen. Sie beginnt mit dem Ende des Abrechnungszeitraums und **beträgt 1 Jahr** (§ 556 Abs. 3 BGB).

Die Frist halten Sie ein, wenn die Abrechnung bei Ihrem Mieter bis spätestens zum Ablauf des 12. Monats nach Ende des Abrechnungszeitraums im Briefkasten liegt.

Es reicht **nicht,** wenn Sie die Abrechnung rechtzeitig zur Post gegeben haben: Die Abrechnung muss dem Mieter vielmehr rechtzeitig **zugehen** (BGH, Urteil v. 21.1.2009, VIII ZR 107/08).

Beispiel: Wie schnell Sie abrechnen müssen

Die Abrechnung für den Zeitraum Januar bis Dezember 2014 muss bis spätestens zum 31.12.2015 bei Ihrem Mieter sein.

Die einjährige Abrechnungsfrist ist für Sie als Wohnungsvermieter eine **Ausschlussfrist.** Versäumen Sie diese Frist, dürfen Sie keine Betriebskosten mehr nachfordern!

Dagegen behalten Sie jedoch noch Ihren Nachforderungsanspruch, wenn Sie Ihre Abrechnung nur wegen eines **inhaltlichen Fehlers** nachbessern müssen.

Das gilt jedenfalls, sofern Ihre erste Abrechnung **formell korrekt** war und sie fristgerecht beim Mieter eingegangen ist. Dann lässt sich auch noch nach Ablauf der Jahresfrist ein inhaltlicher Fehler wie beispielsweise ein falscher Umlageschlüssel oder ein Rechenfehler **korrigieren** (BGH, Urteil v. 17.1.2004, VIII ZR 115/04).

Allerdings: Kommt nach der Korrektur ein **höherer** Nachzahlungsbetrag heraus, bleibt es bei dem niedrigeren, zuerst berechneten Nachzahlungsbetrag!

! Wichtig

Zu spät abgerechnet: Das Geld dürfen Sie nicht behalten

Zahlt Ihr Mieter auf eine verspätete Abrechnung, müssen Sie ihm das Geld wieder zurückzahlen (BGH, Urteil v. 18.1.2006, VIII ZR 94/05)!

Vorsicht, wenn Sie im Mietvertrag **getrennte** Vorauszahlungsbeträge für die Heiz- und Betriebskosten vereinbart haben: Für **beide** gilt dann eine getrennte Jahresfrist.

Beispiel: Getrennte Abrechnungen, getrennte Fristen

Können Sie über die Betriebskosten nicht abrechnen, weil Ihnen beispielsweise noch der Grundsteuerbescheid fehlt, müssen Sie schon mal über die Heizkosten abrechnen. Bei einem **einheitlichen** Vorauszahlungsbetrag sind die Gerichte dagegen großzügiger.

Bei **Gewerberaum** ist es so: Wie lange die Abrechnungsfrist läuft, steht bei Gewerberaum häufig im Mietvertrag. Ansonsten gilt eine **angemessene Frist**. Diese endet regelmäßig zum Ablauf eines Jahres nach Ende des Abrechnungszeitraums (BGH, Urteil v. 27.1.2010, XII ZR 22/07). Für Gewerberaum gilt nur die einjährige Abrechnungsfrist, **nicht** aber die **Ausschlussfrist**.

Die Abrechnung für einen Gewerberaummieter muss zwar innerhalb von 12 Monaten bei ihm sein. Sind Sie jedoch **zu spät** dran, verlieren Sie als Gewerberaumvermieter **nicht** automatisch Ihre Nachzahlung (BGH, Urteil v. 27.1.2010, XII ZR 22/07). Sie dürfen Ihre Abrechnung sogar noch nach Ablauf der Frist und Zahlung des Mieters zu Ihren Gunsten nachbessern (BGH, Urteil v. 28.5.2014, XII ZR 6/13).

Betriebskosten, neue

Neue, erst später entstehende Betriebskosten können Sie nur umlegen, wenn Sie in Ihrem Mietvertrag einen entsprechenden **Vorbehalt** haben oder Ihr Mieter einer zusätzlichen Umlage nochmals extra zustimmt.

Teilweise sprechen die Juristen bei so einem Vorbehalt auch von einer **Mehrbelastungsklausel.**

Ohne eine solche Mehrbelastungsklausel im Mietvertrag dürfen Sie neue Betriebskosten nur umlegen, wenn Ihr Mieter dem nachträglich **ausdrücklich zustimmt.** Neu bedeutet dabei gegenüber dem Zeitpunkt des Mietvertragsabschlusses, versteht sich.

Für so einen Mehrbelastungsvorbehalt genügt schon dieser eine einzige Satz:

Werden öffentliche Abgaben neu eingeführt oder entstehen Betriebskosten neu, so können diese vom Vermieter im Rahmen der gesetzlichen Vorschriften umgelegt und angemessene Vorauszahlungen festgesetzt werden.

Diese Klausel hilft Ihnen auch dann weiter, wenn eine Betriebskostenposition zwar in Ihrem Mietvertrag drinsteht, Sie diesen Posten bisher aber noch nie umgelegt haben.

Steht noch dazu der **komplette Betriebskostenkatalog** irgendwo in Ihrem Mietvertrag, ist es auch kein Problem, wenn Sie plötzlich die Kosten für eine Sach- und Haftpflichtversicherung umlegen wollen (BGH, Urteil v. 27.9.2006, VIII ZR 80/06).

Betriebskosten, Schlüssel, Änderung

Einen einmal vertraglich vereinbarten Umlageschlüssel können Sie nur mit **Zustimmung** Ihres Mieters wieder ändern.

Lediglich als Wohnungsvermieter haben Sie die Möglichkeit, dies auch **einseitig** zu tun. Das geht aber nur dann, wenn Sie zu einer verbrauchsabhängigen Abrechnung wechseln wollen (§ 556a Abs. 2 BGB).

Wissen müssen Sie auch, ab wann der geänderte Verteilungsschlüssel in Kraft tritt. Er wirkt grundsätzlich nur **für die Zukunft**. Ein Wechsel des Umlagemaßstabs für eine zurückliegende Abrechnungsperiode ist **unzulässig**.

Sie können aber Ihre Erklärung, dass Sie künftig **verbrauchsabhängig** abrechnen, Ihrem Mieter mit der Betriebskostenabrechnung für das vergangene Jahr mitteilen und für einen beginnenden Abrechnungszeitraum den Umlagemaßstab umstellen.

Wollen Sie dennoch für ein **laufendes** Abrechnungsjahr den Verteilungsschlüssel ändern, ist das aussichtslos: Rein rechtlich geht das nicht einmal, wenn dem die Mehrheit aller **Mieter** im Haus zustimmt.

Denn § 556a Abs. 2 BGB bestimmt, dass dies nur **zu Beginn** eines Abrechnungszeitraums zulässig ist – alles andere wäre eine für den Mieter **nachteilige**, unzulässige Vereinbarung.

Betriebskosten, vergessene

Haben Sie in Ihrer Betriebskostenabrechnung z. B. eine Position vergessen, können Sie Ihre Abrechnung noch so lange **korrigieren**, wie die Abrechnungsfrist noch läuft. Selbst wenn der Mieter mitterweile bezahlt hat bzw. Sie ihm sein Guthaben bereits ausbezahlt haben, ist eine Korrektur noch möglich (BGH, Urteil v. 12.1.2011, VIII ZR 296/09).

Nach Ablauf der Abrechnungsfrist können Sie nichts mehr nachfordern!

→ **Praxis-Tipp**

Wann Sie eine neue Vereinbarung brauchen

Haben Sie schon bei Ihrer Betriebskostenaufzählung im Mietvertrag eine Position vergessen oder gestrichen, benötigen Sie eine **neue Vereinbarung**, um diese Kosten künftig umlegen zu dürfen.

Betriebskostenabrechnung, bezahlte

Bezahlt Ihr Mieter **vorbehaltlos** seine Abrechnung, ist das nach Ansicht des BGH noch **kein** deklaratorisches Schuldanerkenntnis.

Das ist **gut für Sie**, denn Sie können Ihre Abrechnung noch so lange **korrigieren**, bis die Abrechnungsfrist abgelaufen ist. Das gilt selbst dann, wenn Sie Ihrem Mieter bereits sein Guthaben erstattet oder seine Nachforderung bezahlt haben (BGH, Urteil v. 12.1.2011, VIII ZR 296/09).

Das betrifft aber nur solche Kosten, die Sie aufgrund Ihres Vertrags umlegen durften. Dagegen kann der Mieter trotz bezahlter Abrechnung solche Kosten von Ihnen **zurückfordern**, die Sie trotz fehlender Vereinbarung umgelegt haben bzw. die **nicht** unter den Betriebskostenkatalog von § 2 BetrKV fallen.

Im Klartext heißt das: Wer hinterher kommt, muss **nicht** unbedingt leer ausgehen, selbst wenn Sie ein Guthaben **ohne** einen entsprechenden Vorbehalt ausgezahlt haben!

> Haben Sie sich bei Ihrer Abrechnung verrechnet oder an sich umlegbare Kosten übersehen, können Sie Ihre Abrechnung **zu Ihren Gunsten** nur so lange korrigieren, bis die Abrechnungsfrist abgelaufen ist. Gewerberaumvermieter sogar noch nach Ablauf der Jahresfrist (BGH, Urteil v. 28.5.2014, XII ZR 6/13).

! Wichtig

Bis zum Ende der Abrechnungsfrist dürfen Sie korrigieren

Betriebskostenabrechnung, Inhalt

Laut eines Grundsatzurteils des Bundesgerichtshofs (Urteil v. 23.11.1981, WM 1982 S. 207) muss Ihre Betriebskostenabrechnung diese Punkte enthalten:

1. Eine Zusammenstellung der **Gesamtkosten** pro Betriebskostenposition,

2. Angaben und die Erläuterungen zum jeweiligen, zugrunde gelegten **Verteilungsschlüssel**,

3. wie sich der **Anteil Ihres Mieters** berechnet und

4. die bereits bezahlten **Vorauszahlungen** und was nach deren Abzug übrig bleibt.

Stolpern Sie auch nur über eine dieser Positionen, ist Ihre Abrechnung formell **unwirksam**. Sie können sie dann nur noch nachbessern, wenn die Abrechnungsfrist nicht bereits abgelaufen ist.

Zudem muss Ihre Abrechnung für einen **durchschnittlich gebildeten**, juristisch und betriebswirtschaftlich nicht geschulten Mieter nachvollziehbar und verständlich sein.

Bemühen Sie sich also um eine übersichtliche, klare und widerspruchsfreie Abrechnung, sonst wird Ihr Nachzahlungsbetrag gar nicht erst **fällig**.

→ **Praxis-Tipp**

Wann Sie Ihre Abrechnung erläutern sollten

Erläutern Sie Ihre Abrechnung, wenn Sie das Gefühl haben, der Inhalt Ihrer Abrechnung ist **ohne** weitere Erläuterung unverständlich. Stellen Sie jeden Rechenschritt, der nötig ist, um auf den Zahlungsbetrag des Mieters zu kommen, **rechnerisch nachvollziehbar** dar.

Zwar hat der BGH gerade entschieden, dass Sie nicht jeden Zwischenrechenschritt offenlegen müssen (BGH, Urteil v. 2.4.2014, VIII ZR 201/13).

Dennoch sollten Sie sich hier sicherheitshalber an den Grundsatz halten: Lieber ein bisschen zu viel rechnen als zu wenig!

Betriebskostenabrechnung, jahrelang unterlassene

Rechnen Sie jahrelang **nicht** über Ihre Betriebskosten ab, ändert sich damit **nicht automatisch** Ihr Mietvertrag. Aus Ihren Vorauszahlungen wird also trotz Ihres jahrelangen Unterlassens der Abrechnung **nicht** plötzlich eine Betriebskostenpauschale (BGH, Urteil v. 13.2.2008, VIII ZR 14/06, GE 2008 S. 534).

Das gilt selbst, wenn Sie nach 20 Jahren wieder beginnen, über Ihre Betriebskosten abzurechnen: Das ist **zulässig!** Hauptsache, Sie haben in Ihrem Mietvertrag vereinbart, dass Sie Betriebskosten umlegen dürfen.

Haben Sie also eine Immobilie gekauft oder geerbt und hat Ihr Vorgänger jahrelang **keine** Betriebskostenabrechnung erstellt, können Sie damit wieder beginnen – aber auch nur für die Abrechnungszeiträume, für die nicht bereits die **Ausschlussfrist** gilt!

Zwar können Sie grundsätzlich auch eine Betriebskostenvereinbarung **stillschweigend** ändern. Dafür reicht aber **nicht** ein bloßes Untätigsein. Das setzt vielmehr ein Verhalten voraus, das aus der Sicht Ihres Mieters einen entsprechenden **Vertragsänderungswillen** erkennen lässt.

Das gilt ebenso für den **umgekehrten Fall,** dass Sie Ihrem Mieter jahrelang eine Betriebskostenabrechnung schicken, die vom Mietvertrag **abweicht.** Nur bei Vorliegen bestimmter Umstände **erweitern** (wenn Sie „mehr als erlaubt" abrechnen) bzw. **beschränken** (wenn Sie „weniger als erlaubt" abrechnen) Sie damit Ihren Mietvertrag auf die bisher **nicht** im Mietvertrag enthaltenen Betriebskosten (BGH, Urteil v. 10.10.2007, VIII ZR 279/06, NJW 2008 S. 283).

Praxis-Tipp
Hauptsache, die Umlage steht im Mietvertrag

Wenn Sie jahrelang **nicht** über die Betriebskosten abgerechnet haben, obwohl Sie das laut Mietvertrag eigentlich dürften, können Sie künftig wieder bzw. erstmals über die Betriebskosten abrechnen (BGH, Urteil v. 13.2.2008, VIII ZR 14/06). So schnell wird nämlich daraus nicht eine Betriebskostenpauschale.

Selbst wenn Sie erst nach 20 Jahren wieder beginnen, dem Mieter eine Abrechnung zu schicken.

Betriebskostenabrechnung, Verspätungsgründe

Versäumen Sie als Wohnungsvermieter die Abrechnungsfrist, können Sie **keine** Betriebskosten mehr nachfordern. Einzige Ausnahme: Sie haben die Verspätung **nicht verschuldet.**

Sorgen Sie deshalb dafür, dass Sie die für die Abrechnung notwendigen Unterlagen **rechtzeitig** erhalten. Verzögerungen aus Ihrem Rechtskreis (z.B. Reinigungsunternehmen oder Abrechnungsdienst rechnen zu spät ab) haben Sie zu vertreten.

Sie müssen sich deshalb **mit Nachdruck** darum bemühen, dass Sie die Rechnungen rechtzeitig erhalten und dürfen auf keinen Fall untätig bleiben! Drohen Sie mit etwaigen Schadensersatzansprüchen für den Fall, dass Sie wegen der fehlenden Rechnung nicht rechtzeitig abrechnen können!

Teilen Sie Ihrem **Mieter** parallel dazu mit, dass und warum sich Ihre Abrechnung verzögert.

Sie dürfen trotz **abgelaufener** Jahresfrist für die Betriebskostenabrechnung nur noch vom Mieter etwas nachfordern, wenn Sie einen **Entschuldigungsgrund** für Ihre Verspätung vorweisen können (§ 556 Abs. 3 Satz 3 Halbsatz 2 BGB).

Beispiel: Was als entschuldigte Verspätung gilt

Der typische Fall: Die Grundsteuer oder andere Abgaben wurden erst nach Ablauf der Abrechnungsperiode **behördlich** festgesetzt.

Als **unverschuldete** Verspätung zählt auch z.B., wenn Sie Ihre Abrechnung rechtzeitig zur Post gegeben haben, es dort aber zu einer unerwarteten Verzögerung kommt.

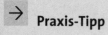 **Praxis-Tipp**

Wie schnell Sie Ihre Abrechnung nachholen müssen

Selbst wenn Sie Ihre Abrechnungsfrist **unverschuldet** versäumt haben, müssen Sie diese entsprechend § 560 Abs. 2 BGB bis **spätestens** mit Beginn des auf die Erklärung folgenden **übernächsten** Monats nachholen (BGH, Urteil v. 5.7.2006, VIII ZR 220/05, NZM 2006 S. 740).

Betriebskostenaufstellung

Sie dürfen nur solche Betriebskosten auf Ihren Mieter umlegen, die Sie vereinbart haben. Dafür genügt schon ein einziger Satz im Mietvertrag:

Neben der Miete werden Betriebskosten gemäß der BetrKV umgelegt und in Form von monatlichen Vorauszahlungen mit jährlicher Abrechnung vom Mieter erhoben.

Lange war umstritten, ob Sie Ihrem Mietvertrag eine **Betriebskostenaufstellung** gemäß der BetrKV beilegen müssen. Absolut wasserdicht machen Sie Ihre Betriebskostenvereinbarung, wenn Sie gleich den gesamten Wortlaut dieser Verordnung hinter Ihren Mietvertrag heften und ihn sich unterschreiben lassen.

Wichtig: Für Wohnungsvermieter ist die BetrKV **abschließend.**

Das heißt: Mehr als dort an Betriebskostenpositionen drinsteht, dürfen Sie **nicht** umlegen! Allenfalls bei den sonstigen

Betriebskosten haben Sie noch Spielraum. Doch auch hier gilt: **Zulässig** sind nur solche, die Sie gleich in den Mietvertrag hineinschreiben und die zudem gerichtlich anerkannt sind!

Betriebskostenaufstellung, vergessene

Wenn Sie vergessen, die Aufstellung an den Mietvertrag anzuheften, ist das allerdings noch **kein Beinbruch**. Berufen Sie sich einfach auf das Urteil des Oberlandesgerichts Frankfurt/M. (Beschluss v. 10.5.2000, 20 ReMiet 2/97, GE 2000 S. 890).

Dort haben die Richter festgestellt: Betriebskosten sind heutzutage jedem Mieter ein Begriff. Dessen Kernbereich und Tragweite kennt mittlerweile jeder **Durchschnittsmieter.**

Nur wegen der Einzelheiten und der Abgrenzung des Begriffs wird in dem Formularmietvertrag noch auf die Rechtsvorschriften der Betriebskostenverordnung verwiesen. Das dient jedoch lediglich der Klarstellung und soll **Streit** um die Betriebskosten schon von Anfang an **vermeiden** helfen.

Auch das Oberlandesgericht Hamm hat schon den bloßen Verweis auf die Betriebskostenverordnung genügen lassen (RE v. 22.8.1997, 30 REMiet 3/97, WM 1997 S. 543).

Trotz der 2 obergerichtlichen Urteile: **Sicherer** ist es auf jeden Fall, **immer** eine **Aufstellung** des genauen Wortlauts der Betriebskostenverordnung an den Mietvertrag anzuheften.

 Praxis-Tipp

Welcher kleine Hinweis ein absolutes Muss ist

Wichtig ist, dass Sie zumindest auf die Betriebskostenverordnung verweisen. Dann schadet es auch nicht, wenn Sie **keine** Betriebskostenaufstellung an den Mietvertrag anheften bzw. beifügen (BGH, Urteil v. 13.1.2010, VIII ZR 137/09; OLG Frankfurt/M., Beschluss v. 10.5.2000, 20 REMiet 2/97, GE 2000 S. 890).

Betriebskosten sind heutzutage jedem Mieter ein Begriff. Schließlich würde jeder Durchschnittsmieter deren Kernbereich und Tragweite kennen.

Betriebskostenbelege, eingescannte

Mit Kopien, einem Computerausdruck, auf dem eingescannte Belege zu sehen sind, oder ähnlichen Duplikaten erfüllen Sie Ihre Belegvorlagepflicht gegenüber dem Mieter **nicht.**

Schließlich – so das Gericht – bestehe dabei die Gefahr von Softwarefehlern oder bewussten Manipulationen. Darauf muss sich der Mieter **nicht** einlassen.

→ **Praxis-Tipp**

Warum Sie Original-
belege brauchen

Hüten Sie sich davor, ein papierloses Büro zu führen und alle Betriebskostenbelege einzuscannen.

Wenn Sie **keine Originalbelege** vorlegen können, verlieren Sie Ihren Nachzahlungsanspruch (AG Hamburg, Urteil v. 17.7.2002, 46 C 74/02, WM 2002 S. 499).

Betriebskostenklausel

Eine Betriebskostenklausel ist ein absolutes „**Muss**" für Ihren Mietvertrag! Hier verschenken Sie Unsummen an Geld, wenn Sie nichts dazu im Mietvertrag geregelt haben. Denn wer nichts vereinbart hat, **geht leer aus** – der muss dann auch das Badewasser seines Mieters zahlen!

Bitte vereinbaren Sie bloß **keine** Betriebskostenpauschale.

Sie können sonst nämlich am Jahresende nichts mehr nachfordern. Alle entstandenen Betriebskosten sind mit der **Pauschale** abgegolten. Deckt die Pauschale die Ihnen tatsächlich entstandenen Betriebskosten **nicht** ab, haben Sie keine Chance mehr, an die Ihnen tatsächlich entstandenen Betriebskosten zu kommen.

→ **Praxis-Tipp**

Warum Sie unbedingt
Vorauszahlungen
vereinbaren sollten

Vereinbaren Sie **Betriebskostenvorauszahlungen**. Damit behalten Sie sich das Recht vor, am Jahresende über die tatsächlich entstandenen Kosten abzurechnen. Verweisen Sie unbedingt in Ihrem Mietvertrag auf die Umlage der Betriebskosten gemäß der BetrKV. Dazu genügt schon ein einziger Satz:

Neben der Miete werden alle auf dem Mietwohngrundstück anfallenden Betriebskosten i. S. der beigefügten BetrKV, die Bestandteil dieses Mietvertrags ist, umgelegt und durch Vorauszahlungen mit jährlicher Abrechnung erhoben.

Betriebskostennachzahlung, Zahlungsfrist

Viele Vermieter glauben noch, sie müssten wegen der seit 1.9.2001 geltenden „Meckerfrist" ein Jahr warten, bis der Mieter seine Betriebskostennachzahlung begleichen muss.

Tatsächlich darf der Mieter nach § 556 Abs. 3 Satz 5 BGB seine Einwendungen gegen die Abrechnung noch innerhalb eines Jahres nach Zugang der Abrechnung vorbringen.

Das heißt aber nicht, dass der Mieter erst nach 12 Monaten seine Abrechnung bezahlen muss. Juristisch gesehen ist es nämlich so: Ihr Betriebskostennachzahlungsanspruch ist eigentlich zu dem Zeitpunkt fällig, an dem Ihre Abrechnung dem Mieter **zugeht.**

Allerdings müssen Sie dem Mieter dann noch eine **angemessene Prüffrist** einräumen. Die endet entsprechend § 560 Abs. 2 Satz 1 BGB mit dem **übernächsten Monatsbeginn,** nachdem ihm Ihre Abrechnung zugegangen ist. Zahlbar ist sie erst ab diesem Zeitpunkt.

Beispiel: Bis wann Ihr Mieter zahlen muss

Fischt Ihr Mieter Mitte Oktober seine Betriebskostenabrechnung aus dem Briefkasten, muss er die darunter prangende dicke Nachzahlung bis spätestens zum 1. Dezember zahlen.

Betriebskostenpauschale

Mit einer Betriebskostenpauschale haben Sie es zu tun, wenn Sie im Mietvertrag für die Betriebskosten einen bestimmten Betrag ausgewiesen haben, den der Mieter **unabhängig** vom tatsächlichen Verbrauch bzw. den tatsächlich angefallenen Kosten zu zahlen hat.

Ihr Mieter zahlt also eine Grundmiete und daneben einen pauschalen Betrag für an sich umlegbare Betriebskosten.

Die Pauschale hat gegenüber einer Vorauszahlung den **Vorteil,** dass Sie **nicht** abrechnen müssen.

Auf einer einmal vereinbarten Pauschale bleiben Sie **nicht sitzen.** Sie können sie nach § 560 Abs. 2 BGB erhöhen – allerdings ist das nicht ganz so einfach!

! **Wichtig**

Sie können Ihre Pauschale erhöhen

Betriebskostenumlage

Betriebskosten dürfen Sie nur umlegen, wenn Sie das auch mit Ihrem Mieter vereinbart haben! Findet sich dazu **nichts** in Ihrem Mietvertrag, darf Ihr Mieter auf Ihre Kosten beispielsweise baden oder mit dem Aufzug fahren.

Prüfen Sie, ob Sie laut Mietvertrag Betriebskosten auf den Mieter umlegen dürfen. Entweder finden Sie in Ihrem Mietvertrag bereits eine Betriebskostenaufstellung oder es wird schlichtweg auf die Betriebskostenverordnung verwiesen.

Damit dürfen Sie dann Ihrem Wohnungsmieter alle dort aufgeführten Kosten auf die Abrechnung setzen. Dabei handelt es sich immerhin um 17 Betriebskostengruppen.

 Praxis-Tipp

Nur was vereinbart ist, dürfen Sie umlegen

Als Gewerberaumvermieter dürfen Sie dem Mieter **mehr** Betriebskosten auf die Abrechnung setzen, als es die Betriebskostenverordnung erlaubt. Die ist nur für Wohnungsvermieter abschließend.

Voraussetzung ist aber auch bei Gewerberaumvermietern: Sie müssen die Umlage dieser „Extra-Posten" auch **ausdrücklich** mit Ihrem Mieter im Mietvertrag vereinbart haben!

Betriebskostenvereinbarung, fehlende

Nur wer die Umlage von Betriebskosten vereinbart hat, kann sie auch vom Mieter fordern. Allerdings: Selbst bestehende Vereinbarungen lassen sich wieder ändern – sogar **stillschweigend** (BGH, Urteil v. 10.10.2007, VIII ZR 279/06, NJW 2008 S. 283).

Dafür reicht es aber noch **nicht**, dass Sie Ihrem Mieter eine Betriebskostenabrechnung zuschicken, die vom vertraglich Vereinbarten **abweicht**. Selbst wenn der Mieter daraufhin zahlt, zeigt das lediglich, dass der Mieter meint, zum Zahlen verpflichtet zu sein.

Es müssen vielmehr **zusätzlich** noch besondere Umstände hinzutreten, aus denen sich der Änderungswille des Vermieters entnehmen lässt (BGH, Urteil v. 13.2.2008, VIII ZR 14/06, GE 2008 S. 534).

So beispielsweise, wenn ein **Vermieterwechsel** stattgefunden hat und der neue Vermieter nicht nur die Kosten für Heizung und Warmwasser, sondern **alle** in Betracht kommenden Betriebskosten abrechnet.

Oder wenn es bereits vorher einen **Schriftverkehr** über die Mietstruktur und die Betriebskostenbelastung gab und Sie Ihrem Mieter daraufhin erst einmal eine Betriebskostenvereinbarung schicken.

Aber selbst, wenn besondere Umstände vorliegen, reicht das noch **nicht**: Es bedarf zusätzlich noch einer gewissen **Zeitspanne**, während der in der abgeänderten Weise einvernehmlich verfahren wurde. Nur so verfestigt sich die schlüssige Vertragsänderung!

Darüber, **wie lange** die dauert, sind sich die Gerichte allerdings uneins: Von der 2. oder 3. bis zur 5. oder 8. bezahlten Nachzahlung wird so ziemlich alles vertreten! Ein älteres BGH-Urteil, bei dem es allerdings um Gewerberaum ging, sagt: 6 Jahre (BGH, Urteil v. 29.5.2000, XII ZR 35/00, GE 2000 S. 1614).

So war es jedenfalls bisher. Neuerdings lässt der BGH auch Abrechnungen gelten, bei denen **keine** Betriebskosten vereinbart waren. Beschwert sich der Mieter dann nicht innerhalb der 12-monatigen Einwendungsfrist, kann der Mieter **kein Geld** mehr zurückfordern (BGH, Beschluss v. 31.1.2012, VIII ZR 335/10).

→ Praxis-Tipp
Wie Sie nachträglich zusätzliche Kosten umlegen dürfen

Um rechtlich korrekt zu erreichen, dass Ihr Mieter künftig bisher **nicht** vereinbarte Betriebskosten bzw. **zusätzliche** Betriebskostenpositionen zahlen muss, müssten Sie korrekterweise einen **Zusatz** zum Mietvertrag machen.

Der nützt Ihnen allerdings nur etwas, wenn ihn Ihr Mieter auch unterschreibt. **Einseitig** können Sie nämlich eine bestehende vertragliche Vereinbarung **nicht** ändern.

Betriebskostenvereinbarungen, verschiedene

Haben Sie in Ihrem Haus alte und neue Mietverträge, kann Ihnen Folgendes blühen: Laut Ihren alten Mietverträgen dürfen Sie bestimmte, grundsätzlich umlagefähige Betriebskosten wie z.B. die Gebäudeversicherungskosten **nicht** auf Ihre Mieter umlegen.

In Ihren neuen Mietverträgen haben Sie aber vereinbart, dass Sie dies dürfen. Jetzt müssen Sie aus den Gesamtkosten für die Gebäudeversicherung den umzulegenden Anteil für Ihre **Neumieter** herausrechnen.

Haben Sie **keinen** Umlageschlüssel mit diesen vereinbart, müssen Sie die Versicherungskosten entsprechend der **Grundfläche** der einzelnen Wohnungen auf die Mieter umlegen.

Teilen Sie also den Betrag erst einmal durch die **Gesamtwohnfläche** Ihres Hauses. Rechnen Sie dann zuerst den Anteil, der auf die Mieter mit den Altmietverträgen entfällt, aus der Gesamtsumme heraus.

Diese Kosten müssen Sie leider aus der **eigenen Tasche** bezahlen, weil Sie es versäumt haben, mit Ihren Altmietern eine entsprechende Umlagevereinbarung zu schließen.

Nur **den Rest** dürfen Sie auf Ihre Mieter mit den neuen Mietverträgen und der entsprechenden Betriebskostenvereinbarung umlegen.

Rechtlich ist es möglich, mit jedem Mieter eine andere Betriebskostenvereinbarung zu treffen. Empfehlenswert ist es natürlich **nicht**! Ändern können Sie diesen Zustand nur, indem Sie mit Ihrem Mieter mit dem **alten** Mietvertrag vereinbaren, dass er **zusätzliche** Betriebskosten trägt. Das geht nur mit seiner Zustimmung.

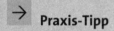
Praxis-Tipp

Wie Sie bei einer teilweisen Selbstnutzung rechnen müssen

Bewohnen Sie einen Teil Ihres Hauses **selbst**, müssen Sie ebenso rechnen: Erst den Anteil ermitteln, der auf Ihre eigen genutzte Wohnung entfällt, und diesen Betrag von den Gesamtkosten abziehen. Nur den Restbetrag dürfen Sie auf Ihre Mieter umlegen.

Betriebskostenverordnung

Wenn Sie wissen wollen, welche Betriebskosten Sie umlegen dürfen, werden Sie als Wohnungsvermieter immer auf die seit dem 1.1.2004 geltende Betriebskostenverordnung (abgekürzt „BetrKV") stoßen. Auch für Gewerberaumvermieter ist die BetrKV das **Minimum,** das sie vereinbaren sollten.

Die BetrKV gehört in jeden Mietvertrag. Sie sollten sie immer parat haben, wenn Sie über Ihre Betriebskosten abrechnen. Hier die Regelungen noch einmal im Einzelnen:

1. Die laufenden öffentlichen Lasten des Grundstücks

Hierzu gehört namentlich die Grundsteuer, jedoch nicht die Hypothekengewinnabgabe.

2. Die Kosten der Wasserversorgung

Hierzu gehören die Kosten des Wasserverbrauchs, die Grundgebühren, die Kosten der Anmietung oder anderer Arten der Gebrauchsüberlassung von Wasserzählern sowie die Kosten ihrer Verwendung einschließlich der Kosten der Berechnung und Aufteilungen, die Kosten der Wartung von Wassermengenreglern, die Kosten des Betriebs einer hauseigenen Wasserversorgungsanlage und einer Wasseraufbereitungsanlage einschließlich der Aufbereitungsstoffe.

3. Die Kosten der Entwässerung

Hierzu gehören die Gebühren für die Haus- und Grundstücksentwässerung, die Kosten des Betriebs einer entsprechenden nicht öffentlichen Anlage und die Kosten des Betriebs einer Entwässerungspumpe.

4. Die Kosten

a) des Betriebs der zentralen Heizungsanlage einschließlich der Abgasanlage; hierzu gehören die Kosten der verbrauchten Brennstoffe und ihrer Lieferung, die Kosten des Betriebsstroms, die Kosten der Bedienung, Überwachung und Pflege der Anlage, der regelmäßigen Prüfung ihrer Betriebsbereitschaft und Betriebssicherheit einschließlich der Einstellung durch einen Fachmann, der Reinigung der Anlage und des Betriebsraums, die Kosten der Messungen nach dem Bundes-Immissionsschutzgesetz, die Kosten der Anmietung oder anderer Arten der Gebrauchsüberlassung einer Ausstattung zur Verbrauchserfassung sowie die Kosten der Verwendung einer Ausstattung zur Verbrauchserfassung einschließlich der Kosten der Berechnung und Aufteilung;

oder

b) des Betriebs der zentralen Brennstoffversorgungsanlage; hierzu gehören die Kosten der verbrauchten Brennstoffe und ihrer Lieferung, die Kosten des Betriebsstroms und die Kosten der Überwachung sowie die Kosten der Reinigung der Anlage und des Betriebsraums;

oder

c) der eigenständig gewerblichen Lieferung von Wärme, auch aus Anlagen im Sinne des Buchstabens a); hierzu gehören das Entgelt für die Wärmelieferung und die Kosten des Betriebs der dazugehörigen Hausanlagen entsprechend Buchstabe a);

oder

d) der Reinigung und Wartung von Etagenheizungen; hierzu gehören die Kosten der Beseitigung von Wasserablagerungen und Verbrennungsrückständen in der Anlage, die Kosten der regelmäßigen Prüfung der Betriebsbereitschaft und Betriebssicherheit und der damit zusammenhängenden Einstellung durch einen Fachmann sowie die Kosten der Messungen nach dem Bundes-Immissionsschutzgesetz.

5. Die Kosten

a) des Betriebs der zentralen Wasserversorgungsanlage; hierzu gehören die Kosten der Wasserversorgung entsprechend Nummer 2, soweit sie nicht dort bereits berücksichtigt sind, und die Kosten der Wassererwärmung entsprechend Nummer 4 Buchstabe a);

oder

b) der eigenständig gewerblichen Lieferung von Warmwasser, auch aus Anlagen im Sinne des Buchstabens a); hierzu gehören das Entgelt für die Lieferung des Warmwassers und die Kosten des Betriebs der dazugehörigen Hausanlagen entsprechend Nummer 4 Buchstabe a);

oder

c) der Reinigung und Wartung von Warmwassergeräten; hierzu gehören die Kosten der Beseitigung von Wasserablagerungen und Verbrennungsrückständen im Innern der Geräte sowie die Kosten der regelmäßigen Prüfung der Betriebsbereitschaft und Betriebssicherheit und der damit zusammenhängenden Einstellung durch einen Fachmann.

6. Die Kosten verbundener Heizungs- und Warmwasserversorgungsanlagen

a) bei zentralen Heizungsanlagen entsprechend Nummer 4 Buchstabe a) und entsprechend Nummer 2, soweit sie nicht dort bereits berücksichtigt sind;

oder

b) bei der eigenständig gewerblichen Lieferung von Wärme entsprechend Nummer 4 Buchstabe c) und entsprechend Nummer 2, soweit sie nicht dort bereits berücksichtigt sind;

oder

c) bei verbundenen Etagenheizungen und Warmwasserversorgungsanlagen entsprechend Nummer 4 Buchstabe d) und entsprechend Nummer 2, soweit sie nicht dort bereits berücksichtigt sind.

7. Die Kosten des Betriebs des maschinellen Personen- oder Lastenaufzugs

Hierzu gehören die Kosten des Betriebsstroms, die Kosten der Beaufsichtigung, der Bedienung, Überwachung und Pflege der Anlage, der regelmäßigen Prüfung ihrer Betriebsbereitschaft und Betriebssicherheit einschließlich der Einstellung durch einen Fachmann sowie die Kosten der Reinigung der Anlage.

8. Die Kosten der Straßenreinigung und Müllabfuhr

Hierzu gehören die für die öffentliche Straßenreinigung und Müllabfuhr zu entrichtenden Gebühren oder die Kosten entsprechender nicht öffentlicher Maßnahmen.

9. Die Kosten der Hausreinigung und Ungezieferbekämpfung

Zu den Kosten der Hausreinigung gehören die Kosten für die Säuberung der von den Bewohnern gemeinsam benutzten Gebäudeteile wie Zugänge, Flure, Treppen, Keller, Bodenräume, Waschküchen, Fahrkorb des Aufzugs.

10. Die Kosten der Gartenpflege

Hierzu gehören die Kosten der Pflege gärtnerisch angelegter Flächen einschließlich der Erneuerung von Pflanzen und Gehölzen, der Pflege von Spielplätzen einschließlich der Erneuerung von Sand und der Pflege von Plätzen, Zugängen und Zufahrten, die dem nicht öffentlichen Verkehr dienen.

11. Die Kosten der Beleuchtung

Hierzu gehören die Kosten des Stroms für die Außenbeleuchtung und die Beleuchtung der von den Bewohnern gemeinsam genutzten Gebäudeteile wie Zugänge, Flure, Treppen, Keller, Bodenräume, Waschküchen.

12. Die Kosten der Schornsteinreinigung

Hierzu gehören die Kehrgebühren nach der maßgebenden Gebührenordnung, soweit sie nicht bereits als Kosten nach Nummer 4 Buchstabe a) berücksichtigt sind.

13. Die Kosten der Sach- und Haftpflichtversicherung

Hierzu gehören namentlich die Kosten der Versicherung des Gebäudes gegen Feuer-, Sturm- und Wasserschäden, der Glasversicherung, der Haftpflichtversicherung für das Gebäude, den Öltank und den Aufzug.

14. Die Kosten für den Hauswart

Hierzu gehören die Vergütung, die Sozialbeiträge und alle geldwerten Leistungen, die der Eigentümer (Erbbauberechtigte) dem Hauswart für seine Arbeit gewährt, soweit diese nicht die Instandhaltung, Instandsetzung, Erneuerung, Schönheitsreparaturen oder die Hausverwaltung betrifft.

Soweit Arbeiten vom Hauswart ausgeführt werden, dürfen Kosten für Arbeitsleistungen nach den Nummern 2 bis 10 nicht angesetzt werden.

15. Die Kosten

a) des Betriebs der Gemeinschafts-Antennenanlage; hierzu gehören die Kosten des Betriebsstroms und die Kosten der regelmäßigen Prüfung ihrer Betriebsbereitschaft einschließlich der Einstellung durch einen Fachmann oder das Nutzungsentgelt für eine nicht zur Wirtschaftseinheit gehörende Antennenanlage;

oder

b) des Betriebs der mit einem Breitbandkabelnetz verbundenen privaten Verteilanlage; hierzu gehören die Kosten entsprechend Buchstabe a), ferner die laufenden monatlichen Grundgebühren für Breitbandanschlüsse.

16. Die Kosten des Betriebs der maschinellen Wascheinrichtung

Hierzu gehören die Kosten des Betriebsstroms, die Kosten der Überwachung, Pflege und Reinigung der maschinellen Einrichtung, der regelmäßigen Prüfung ihrer Betriebsbereitschaft und Betriebssicherheit sowie die Kosten der Wasserversorgung entsprechend Nummer 2, soweit sie nicht dort bereits berücksichtigt sind.

17. Sonstige Betriebskosten

Das sind die in den Nummern 1 bis 16 nicht genannten Betriebskosten, namentlich die Betriebskosten von Nebengebäuden, Anlagen und Einrichtungen.

Betriebskostenvorauszahlung, Erhöhung

Prangt unter der Betriebskostenabrechnung Ihres Mieters eine dicke Nachzahlung, sollten Sie die monatlichen Betriebskostenvorauszahlungen **erhöhen**. Denn mit einer hohen Nachzahlung am Jahresende ist keinem geholfen: Sie müssen das Geld vorauslagen und der Mieter ärgert sich über seine – oft unverhofft „hereinschneiende" – Abrechnung.

Ihr **Erhöhungsrecht** ergibt sich aus § 560 Abs. 4 BGB. Danach dürfen Sie als Wohnungsvermieter die Vorauszahlungen auf eine angemessene Höhe anpassen. Das müssen Sie dem Mieter lediglich **schriftlich** mitteilen. Am besten mit der nächsten Betriebskostenabrechnung.

> Sie dürfen Ihre Vorauszahlungen immer nur nach einer Abrechnung und auch **nur für die Zukunft** anheben – also **nicht** rückwirkend (BGH, Urteil v. 18.5.2011, VIII ZR 271/10).
>
> Dazu reicht schon dieser eine Satz unter Ihrer Abrechnung:
>
> *Ihre neue monatliche Vorauszahlung beträgt ab dem ... . EUR.*

! Wichtig

Eine rückwirkende Erhöhung ist nicht erlaubt

Zudem setzt eine Anpassung von Vorauszahlungen eine **formell und inhaltlich korrekte Abrechnung** voraus (BGH, Urteil v. 15.5.2012, VIII ZR 245/11 und VIII ZR 246/11).

Haben Sie also dem Mieter die Vorauszahlung erhöht und ihm gekündigt, weil er weiterhin nur den **nicht erhöhten** Vorauszahlungsbetrag gezahlt hat und stellt sich hinterher raus, dass Ihre Abrechnung einen **Fehler** hatte, gilt: Ihre Kündigung ist **unwirksam**, sofern Sie sich „nur" auf die Vorauszahlungsrückstände berufen haben.

> Nach § 543 Abs. 2 Nr. 3b BGB können Sie als Vermieter fristlos kündigen, wenn der Mieter über einen Zeitraum, der sich über **mehr als 2 Termine** erstreckt, in Höhe eines Betrags in Mietrückstand gerät, der **mindestens 2 Monatsmieten** beträgt.

→ Praxis-Tipp

Zahlungsrückstand: Ab wann Sie kündigen können

Betriebskostenzahlungen bei vorzeitigem Auszug

Muss der Mieter weiter Betriebskosten zahlen, wenn er vor Ablauf der Kündigungsfrist auszieht? Ja, denn solange der Mietvertrag besteht, muss der Mieter auch weiter die Miete und die Betriebskostenvorauszahlungen zahlen.

Beide Zahlungspflichten enden natürlich **nicht** mit dem Auszug, sondern erst mit Mietvertragsende – dafür sind ja schließlich die Kündigungsfristen da. Von den vereinbarten Betriebskostenvorauszahlungen darf Ihr Mieter auch nicht den Teil abziehen, den er für die **verbrauchsabhängigen** Betriebskosten vorschießen muss.

Deshalb gilt: Ihr Mieter muss Ihnen bis zum Vertragsende die kompletten Betriebskostenvorauszahlungen überweisen.

Beweispflicht

Sie kennen ja das alte Sprichwort, dass „Recht haben und Recht bekommen 2 Paar Stiefel sind". Oftmals scheitern Sie nämlich an der Beweispflicht, denn Sie müssen die Tatsachen, aus denen Sie Ihr Recht herleiten, auch **beweisen** können.

Oft genug bestreitet Ihr Mieter nämlich das, was Sie da behaupten. Deshalb müssen Sie Beweise anbieten, um Ihren Anspruch zu untermauern. Als **Beweismittel** kommen infrage:

– ein **Zeuge**, der z.B. eine Absprache zwischen Ihnen und Ihrem Mieter mitgehört hat,

– eine **Urkunde** wie z.B. Ihr Mietvertrag,

– ein **Sachverständiger**, der Ihnen z.B. bestätigen kann, dass Ihr Teppichboden übervertragsgemäß abgenutzt ist,

– **persönliche Inaugenscheinnahme** durch das Gericht in Ihrer Mietwohnung, um sich selbst ein Bild über die von Ihnen behaupteten Schäden zu machen,

– **persönliche Einlassung** der Partei – das schwächste Beweismittel. Damit machen Sie die Gegenpartei für sich selbst zum Zeugen.

Was Sie wissen müssen: Es kann **kein** Zeuge sein, wer bereits Partei ist! Stehen also Sie und Ihre Frau im Mietvertrag, sind Sie **beide** Partei.

Klagen Sie und Ihre Frau gegen den Mieter, kann Ihre Frau Ihnen ihren Anspruch gegen den Mieter jedoch abtreten. Sie ist dann **keine** Partei mehr und kann als Zeugin im Prozess auftreten.

Allerdings leidet die Beweiskraft daran, dass sie mit Ihnen verwandt ist – Zeugin hin oder her!

→ **Praxis-Tipp**
Wie Sie den Ehepartner zum Zeugen machen

Bonitätsprüfung

„Trau', schau', wem!" Dieses Motto gilt auch für die Mietersuche. Idealerweise wird Ihnen von Bekannten ein Mieter empfohlen.

Dennoch sollten Sie sich selbst bei Empfehlungen nicht allein auf Ihr Bauchgefühl verlassen.

Bevor Sie sich für einen Mieter entscheiden, sollten Sie ihn unbedingt ein **Mieterselbstauskunftsformular** ausfüllen lassen! Ob Ihr Mieter zahlungskräftig oder z. B. ein leidenschaftlicher Schlagzeuger ist, sehen Sie ihm leider nicht an der Nasenspitze an. Ebenso wenig, ob er ein überregional bekannter Schlangenzüchter ist oder einer Großfamilie vorsteht.

Ihr Pluspunkt: Sie können ihn fragen! Lügt er Sie in einem für das Mietvertragsverhältnis wesentlichen Punkt an, ist Ihr Mietvertrag immer noch **anfechtbar** bzw. kündbar.

Das sind die 7 wichtigsten Fragen, die Sie Ihrem potenziellen Mieter stellen sollten:

- Für **wie viele Personen** benötigen Sie die Wohnung? Damit schließen Sie eine Überbelegung Ihrer kleinen 2-Zimmer-Wohnung aus.
- Haben Sie **Haustiere?** Auch der Schlangenzüchter muss hier Farbe bekennen.
- Welche **Musikinstrumente** spielen Sie oder Ihre Familienmitglieder? Vielleicht lernt der Kleine ja gerade Schlagzeug und übt fleißig jeden Mittag ...
- Aus welchen Gründen endete Ihr derzeitiges Mietverhältnis? So bekommen Sie heraus, warum Ihr Mieter umziehen will – oder sogar muss!
- Sind Sie mit einer **SCHUFA-Bonitätsauskunft** einverstanden? Der darin ausgewiesene Basisscore zeigt Ihnen, wie

es um die Zahlungsfähigkeit Ihres Mieters bestellt ist. **Wichtig:** Nur Ihr Mietinteressent kann diese Bonitätsauskunft für 18,50 EUR bei der SCHUFA einholen. Die ist nicht zu verwechseln mit der kostenlosen Eigenauskunft nach § 34 Bundesdatenschutzgesetz, die jeder über sich kostenlos bei der Schufa einholen kann.

– Wie heißt Ihr **derzeitiger Vermieter?** Rufen Sie einfach beim Vorvermieter an und plaudern Sie ein wenig mit ihm: ob er mit seinem Mieter zufrieden war und ob Miete und Betriebskosten pünktlich kamen. Dieses Gespräch kostet Sie nur wenige Cents, kann Ihnen aber viel Geld und Ärger ersparen! Wahlweise können Sie sich vom Mieter eine „**Mietschuldenfreiheitsbescheinigung**" vom bisherigen Vermieter vorlegen lassen.

– Ist gegen Sie ein schwebendes **Insolvenzverfahren** anhängig? Hat der Mietinteressent Zahlungsschwierigkeiten, ist Ihnen die Miete in Zukunft nicht sicher.

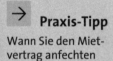
Praxis-Tipp

Wann Sie den Mietvertrag anfechten können

Belügt Sie Ihr Mieter in der Mieterselbstauskunft, können Sie den Mietvertrag nur so lange wegen arglistiger Täuschung anfechten, bis der Mieter eingezogen ist.

Nach dem Einzug lässt sich der Vertrag nur noch kündigen. Vorausgesetzt natürlich, der Mieter hat auf eine für den Mietvertrag elementare Frage, wie z. B. das Einkommen oder den Auflösungsgrund des bisherigen Mietverhältnisses falsch geantwortet.

Breitbandkabelanschluss

Umlegen können Sie die gleichen Kosten wie bei einer Gemeinschaftsantennenanlage.

Das **einmalige** Anschlussentgelt und die Kosten für die Installation zählen **nicht** zu den Betriebskosten. Diese Kosten können Sie sich aber über eine Modernisierungsmieterhöhung nach § 559 BGB vom Mieter holen.

Die **monatlichen Entgelte** für die Anschlüsse an die Telekom und die Servicegesellschaften zählen zu den Betriebskosten und können umgelegt werden. Ebenso die Betriebskosten für die Hausverteileranlage.

Widerspricht ein Mieter der Verkabelung und bringen Sie deshalb einen **Sperrfilter** in seiner Wohnung an, dürfen Sie die laufenden Kosten für diese Sperrfilteranlage nur auf diesen Mieter umlegen, wenn Sie darüber eine besondere Vereinbarung getroffen haben (AG Freiburg, Urteil v. 20.2.1996, 51 C 367/95, WM 1997 S. 285).

Briefkasten, Aufkleber

Einen Aufkleber „Bitte keine Werbung einwerfen" darf Ihr Mieter auf seinem Briefkasten anbringen. Auch wenn dies zu einem **uneinheitlichen** Bild Ihrer nagelneuen Briefkastenanlage führt. Hier überwiegt das Recht Ihres Mieters auf freie Meinungsäußerung.

Natürlich darf Ihr Mieter mit seinem Aufkleber **nicht** den Lack beschädigen oder die Aufschrift sogar in den Lack einritzen!

Briefkasten, Größe

Wie groß muss der Briefkasten sein, der bei Ihrem Mieter im Haus hängt? Er muss **mindestens 32,5 cm breit** sein, damit ein DIN-A4-Umschlag hineinpasst (AG Berlin-Charlottenburg, Urteil v. 16.5.2001, 27 C 262/00, NZM 2002 S. 163).

Ein Briefkasten mit einem Einwurfschlitz, der nur 18 cm breit und 3 cm hoch ist, ist jedenfalls **zu klein**. Laut DIN-Vorschrift 32617 muss ein Briefkasten mindestens 32,5 cm breit sein.

Übrigens: Ist Ihr Briefkasten zu klein, darf der Mieter die Miete um 0,5 % mindern.

Brutto-Miete

Haben Sie mit dem Mieter **nichts** darüber vereinbart, dass Sie Betriebskosten umlegen dürfen, dürfen Sie neben der Miete **nicht** noch Betriebskosten umlegen. Sie haben dann eine sogenannte **Inklusivmiete**. Mit der Mietzahlung sind dann also schon alle laufenden Aufwendungen abgedeckt.

In der Grundmiete stecken dann schon alle umlagefähigen Betriebskosten. Über die tatsächlichen Betriebskosten müssen und dürfen Sie **nicht** jährlich abrechnen!

Unterscheiden Sie eine Inklusivmiete bitte von einer **Pauschale**!

! **Wichtig**

Vorsicht vor einer Pauschale

Bei einer Pauschale zahlt der Mieter **zusätzlich** zur Grundmiete noch einen Betrag für die Betriebskosten extra, während mit einer Inklusivmiete **alle** Betriebskosten abgegolten sind.

Brutto-Warmmiete

Brutto-Warmmiete – was ist das? Ganz einfach: Das ist das Gleiche wie eine Inklusivmiete. In der Miete sind also die Heiz- und Betriebskosten bereits mit enthalten.

Vorsicht also, wenn Sie mit Ihrem Mieter eine Brutto-Warmmiete vereinbaren, denn Sie können **keine** Betriebs- oder Heizkosten mehr nachfordern! Gleiches gilt, wenn Sie mit dem Mieter eine Inklusivmiete bzw. Vollinklusivmiete vereinbaren.

Der Vorteil: Sie müssen **nicht** über die tatsächlich entstandenen Betriebskosten jährlich abrechnen.

Der Nachteil: Liegen die tatsächlichen Kosten **höher**, zahlen Sie mit einer niedrigen Inklusivmiete drauf. Wollen Sie die Miete **erhöhen**, müssen Sie erst die Betriebskosten herausrechnen, bevor Sie erhöhen können – sehr kompliziert und noch dazu fehlerträchtig!

Bürgschaft

Die Mietvertragsparteien können **vereinbaren,** dass der Mieter statt der üblichen Kaution eine Bürgschaft als Sicherheit beizubringen hat.

Bei der gewöhnlichen Bürgschaft verpflichtet sich der Bürge, für die Verbindlichkeiten des Mieters aus dem Mietverhältnis einzustehen. Greift der Vermieter auf den Bürgen zurück, so hat der dieselben Einwendungen wie der Mieter.

Bei der **Geschäftsraummiete** sind Bürgschaften in **unbegrenzter** Höhe möglich, während bei der Wohnraummiete die Sicherheit auf 3 Monatsmieten begrenzt ist. Leistet der Bürge eine unbeschränkte Bürgschaft, so kann er dennoch nur bis zur Höhe einer **3-fachen Monatsmiete** in Anspruch genommen werden.

Mehrere Sicherheiten (z. B. aus einer Bürgschaft und einer Barkaution) werden zusammengerechnet. Sie dürfen insgesamt die in § 551 Abs. 1 BGB bestimmte 3-Monats-Grenze **nicht** übersteigen.

Doch eine Bürgschaft ist nicht so ungefährlich, wie sie eventuell erscheint: **Fehlt** in Ihrer Bürgschaftserklärung der Vermerk, dass der Bürge auf erstes Anfordern zu leisten hat, kann der Bürge **Einwendungen aus dem Mietverhältnis** vorbringen, um sich gegen Ihren Bürgschaftsanspruch zu wehren. Sie pochen also auf Zahlung, der Bürge beruft sich seinerseits auf das Mietminderungsrecht des Mieters, für den er gebürgt hat.

Dies ist äußerst **gefährlich**, weil Sie sich so die Streitereien zwischen Ihrem Mieter und Ihnen in Ihr Bürgschaftsverfahren hereinholen.

Besser: Schreiben Sie in Ihre Bürgschaft den Vermerk „Auf erstes Anfordern ist Zahlung zu leisten" rein. Damit umgehen Sie dieses Risiko!

> Haben Sie mit dem Mieter eine Barkaution vereinbart, müssen Sie sich nicht mit einer Bürgschaft zufriedengeben.

 Praxis-Tipp
Bestehen Sie auf das, was Sie vereinbart haben

Dach- und Fachklausel

In vielen Gewerberaummietverträgen finden sich noch die sogenannten **Dach- und Fachklauseln.** Unter einer Dach- und Fachklausel ist zu verstehen, dass der Mieter für die Erhaltung der Dachsubstanz und der tragenden Gebäudeteile selbst aufkommen muss.

Allerdings: Solche Dach- und Fachklauseln sind wegen Verstoßes gegen § 307 BGB **unwirksam**, weil sie den Mieter unangemessen benachteiligen! Schließlich können auf den Mieter unabsehbare Kosten zukommen, weil die Instandhaltungspflicht weder sachlich noch kostenmäßig begrenzt ist.

Zum anderen müsste der Mieter bei einer solchen Dach- und Fachklausel **alle** Instandsetzungsleistungen übernehmen. Unabhängig davon, ob die Abnutzung durch den Mietgebrauch, durch Verschleiß, durch höhere Gewalt oder durch rechtswidriges Eingreifen Dritter entstanden ist.

> Eine **unwirksame** Dach- und Fachklausel kann für Sie als Vermieter **teuer** werden, denn die gesamte Instandhaltungslast bleibt dann an Ihnen hängen (OLG Dresden, Urteil v. 17.6.1996, 2 U 655/95, GE 1996 S. 1237).

 Praxis-Tipp
Vorsicht bei unwirksamer Klausel

Dachrinnenreinigung

Die Kosten für eine Dachrinnenreinigung können Sie nur dann umlegen, wenn Sie diese unter „Sonstige Betriebskosten" **ausdrücklich** als umlegbar aufgeführt haben (BGH, Urteil v. 7.4.2004, VIII ZR 167/03). Das gilt sowohl für Wohn- also auch Gewerberaum.

Außerdem muss die Reinigung in **wiederkehrenden Abständen** erfolgen und auch wegen in der Nähe stehenden, hohen Bäumen **erforderlich** sein.

Kommt es wegen einer verstopften Dachrinne zu einem **Schaden** in der Mieterwohnung, kann es teuer für Sie werden, weil der Mieter darauf vertrauen darf, dass Sie die Mietsache jedenfalls vor solchen Gefahrenquellen schützen, für die er verantwortlich ist.

Deswegen müssen Sie ein Auge darauf haben, dass das Dach und insbesondere die Dachabläufe **regelmäßig kontrolliert** und **gereinigt** werden. Das gilt besonders für Flachdächer, noch dazu, wenn daneben mehrere Laubbäume stehen, die höher sind als das Gebäude.

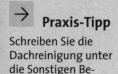

→ Praxis-Tipp

Schreiben Sie die Dachreinigung unter die Sonstigen Betriebskosten

Vereinbaren Sie schon im Mietvertrag unter „Sonstige Betriebskosten", dass Sie die Kosten für eine Dachrinnenreinigung umlegen dürfen.

So bleiben Sie wenigstens **nicht** auf den Kosten sitzen, wenn Sie eine Fachkraft damit beauftragen, regelmäßig die Dachabläufe im Herbst zu kontrollieren bzw. zu reinigen.

Stehen große Bäume in der Nähe, müssen Sie mehr als nur einmal im Jahr das Dach und die Dachabläufe überprüfen. Das muss **nicht** unbedingt ein Fachmann wie z.B. ein Dachdecker machen. Das kann genauso gut auch der **Hausmeister** mit einer reinen **Sichtprüfung** erledigen. Der muss darauf achten, dass die Ausgüsse frei sind.

Können Sie **keine** regelmäßige Kontrolle nachweisen, haften Sie dem Mieter für den daraus entstehenden Wasserschaden (AG Dortmund, Urteil v. 23.12.2008, 425 C 5300/07).

Bei einem „normalen" Dach muss der Vermieter dem Mieter keinen Cent bezahlen. Der Grund: Als Vermieter sind Sie **nicht** verpflichtet, Dachrinnen und Regenabflüsse regelmäßig zu reinigen. Eine Ausnahme gilt nur dann, wenn große Bäume in der Nähe stehen und die viel Laub abwerfen (LG Berlin, Urteil v. 16.3.2004, 63 S 358/03, GE 2004 S. 1027).

Deckenplatten

Klebt sich Ihr Mieter rustikal aussehende Styroporplatten an die Decke, müssen Sie das **während** der Mietzeit hinnehmen (AG Berlin-Tempelhof-Kreuzberg, Urteil v. 5.6. 2001, 19 C 39 / 01, HE 2001 S. 374).

Das gehört noch zum vertragsgemäßen Gebrauch. Zieht Ihr Mieter später aus, muss er natürlich die gesamte Wohnung wieder in den ursprünglichen Zustand versetzen.

Deklaratorisches Schuldanerkenntnis

Ein deklaratorisches Schuldanerkenntnis bedeutet so viel wie: *„Bezahlt heißt anerkannt"*. Dieser Grundsatz galt bisher auch für Ihre Betriebskostenabrechnung:

Zahlte Ihr Mieter also Ihre Betriebskostennachforderung, konnten Sie nichts mehr nachfordern und Ihr Mieter nichts mehr zurückfordern. Allerdings hat der Bundesgerichtshof mittlerweile entschieden, dass das vorbehaltlose Erstatten eines Guthabens **nicht** als Schuldanerkenntnis gilt (BGH, Urteil v. 12.1.2011, VIII 296/09).

Neu ist, dass dies auch bei Gewerberaum gilt (BGH, Urteil v. 10.7.2013, XII ZR 62/12).

Zahlt der Mieter seine Betriebskosten nach, dürfen Sie Ihre Abrechnung nachträglich noch so lange korrigieren, solange die Abrechnungsfrist noch läuft.

Früher stand unter Betriebskostenabrechnungen häufig dieser Satz:

*Der Betriebskostensaldo gilt als **anerkannt**, wenn der Mieter innerhalb einer Frist von 4 Wochen keine Einwendungen gegen die Abrechnung erhebt.*

Nur: Mittlerweile bringt es Ihnen nichts, diesen Satz mit einer konkreten Ausschlussfrist unter eine Abrechnung zu schreiben.

Im Ernstfall ist so eine **einseitige** „Vereinbarung" nämlich ohnehin unwirksam.

Selbst wenn Sie diesen Satz **handschriftlich** bereits in Ihren Mietvertrag schreiben würden, wäre das wegen eines Verstoßes gegen § 556 Abs. 4 BGB **unwirksam**.

Dort steht nämlich, dass Ihr Mieter 1 Jahr lang – gerechnet ab Zugang der Abrechnung – seine Einwendungen gegen Ihre Abrechnung erheben kann.

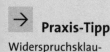

→ Praxis-Tipp

Widerspruchsklauseln sind nicht rechtsverbindlich

Den Satz, dass die Abrechnung als anerkannt gilt, wenn der Mieter nicht innerhalb einer bestimmten Frist Einwendungen erhebt, können Sie weiterhin als „psychologisches Druckmittel" unter Ihre Abrechnung schreiben, damit Ihr Mieter **schneller** seinen Saldo zahlt.

Kommt Ihr Mieter jedoch erst **nach** Ablauf der Frist, aber noch vor Ablauf der einjährigen Abrechnungsfrist mit seinen Beschwerden wegen der Abrechnung auf Sie zu, sollten Sie besser **nicht** auf Ihr Recht wegen der bereits abgelaufenen Frist pochen.

Dichtigkeitsprüfung

Auf vielen Internetseiten, aber auch in den Medien, wird Grundstückeigentümern eingetrichtert:

Sie müssen Ihre Abwasserleitung bis spätestens 31.12.2015 auf Dichtheit prüfen lassen. Wer das nicht macht, bekommt ein saftiges Bußgeld von der Behörde aufgebrummt!

Richtig ist: Bisher haben nur einige Bundesländer in ihren Landeswassergesetzen eine Dichtheitsprüfung der Abwasserleitungen vorgeschrieben.

Allerdings – solange es **keine** bundeseinheitliche Rechtsverordnung hierzu gibt – können sogar einzelne Gemeinden Hausbesitzern bzw. Grundstückeigentümern vorschreiben, ihre privaten Hausanschlüsse auf ihre Dichtheit hin zu prüfen.

Sowohl die in manchen Bundesländern vorgeschriebene Dichtheitsprüfung als auch eine eventuell notwendige Sanierung der Abwasserleitungen zählen zu den Instandhaltungs- bzw. Instandsetzungsmaßnahmen.

Deswegen dürfen Sie die Erstprüfung **nicht** Ihrem Mieter auf die Betriebskostenabrechnung setzen.

Dichtung

Sie lassen Ihre **Heizung** warten. Dabei tauscht der Monteur eine Düse, eine Dichtung oder den Filter aus: Das dürfen Sie dem Mieter auf die Abrechnung setzen!

Diese Teile zählen zu den **umlagefähigen**, verschleißanfälligen Kleinteilen, die mal eben bei einer Wartung anfallen können, und gehören deshalb zu den umlagefähigen Betriebskosten (OLG Düsseldorf, Urteil v. 8.6.2000, 10 U 94/99, GE 2000 S. 888).

Was noch zu den (umlagefähigen) Kleinteilen zählt und was bereits eine Reparatur ist, lässt sich in der Praxis **grob gesagt** so unterscheiden: Alles, was der Monteur in seinem Monteurfahrzeug hat, fällt unter **Kleinteile.**

Muss er dagegen erst ein Ersatzteil **bestellen**, spricht das eher für eine (**nicht umlagefähige**) Reparatur.

 Praxis-Tipp

Wie Sie Kleinteile von Reparaturkosten unterscheiden

Digitales Fernsehen

Seit 1.5.2012 werden die Programme nur noch digital ausgestrahlt. Allerdings kann der Mieter schon seit 2004 mithilfe eines Zusatzdecoders über das Breitbandkabelnetz oder über eine Satellitenschüssel erreichbare Sender über eine terrestrische Anlage empfangen.

Hat Ihr Mieter laut Vertrag nur das allgemeine Recht auf einen Fernsehempfang, müssen Sie ihm auch **nicht** die Kosten für eine Set-Top-Box oder eine andere Umrüstung bezahlen. Sie schulden lediglich die Signale **bis zur Wohnung** Ihres Mieters.

Sie können Ihrem Mieter andererseits jedoch **nicht** verbieten, das Digitalfernsehen anzuschaffen.

Ist Ihre Hausantenne **nicht** geeignet, digitale Signale zu empfangen und weiterzuleiten, müssen Sie jedoch **Ihre Anlage erneuern.** Die Anschaffung der Set-Top-Box bleibt aber auch in diesem Fall alleinige Sache Ihres Mieters.

Dritter Werktag

Ihr Mieter muss laut Gesetz bis zum 3. Werktag seine Miete **im Voraus** zahlen. Beim Berechnen des 3. Werktags zählen Samstage **nicht** mit. Der Grund: Weil die Banken da **nicht**

arbeiten, reicht es auch noch, wenn die Miete am Montag auf Ihrem Konto ist.

Das Berechnen des 3. Werktags ist nicht immer einfach: Gerade, wenn dazwischen ein Feiertag (noch dazu kein bundesweiter) oder ein Sonntag liegt. Die zählen beim Berechnen der Mietzahlungsfrist nicht mit.

Beim Kündigen zählen im Gegensatz zum Miete zahlen die Samstage **mit** und komplizieren somit das Berechnen der Frist zusätzlich.

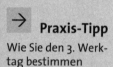

Praxis-Tipp

Wie Sie den 3. Werktag bestimmen

Verwechseln Sie den **3. Werktag** eines Monats bitte nicht mit dem **3. Kalendertag** eines Monats. Ihr Mieter muss also nicht immer z.B. bis zum 3.1. oder 3.5. seine Miete zahlen, sondern die Mietzahlungstermine verändern sich, je nachdem wie viele Samstage, Sonn- oder Feiertage es am Monatsbeginn gibt.

Druckerhöhungsanlage

Die ist notwendig, wenn der Wasserdruck im Netz **nicht ausreicht,** um die Mieter in den oberen Stockwerken mit Wasser zu versorgen. Die Kosten zählen zu den (umlegbaren) Kosten für eine hauseigene Wasserversorgungsanlage.

Die dafür anfallenden Strom- und Wartungskosten können Sie auf Ihre Mieter umlegen.

Druckstellen

Ein Schrank, ein Klavier, ein schwerer Tisch: Möbelstücke hinterlassen oft sehr unschöne **Druckstellen** auf dem Teppich. Die sehen Sie natürlich erst, nachdem der Mieter ausgezogen ist.

Solche Druckstellen gehören allerdings noch zum vertragsgemäßen Gebrauch der Mietsache, auch wenn sich der Teppich nach Entfernen der Möbel nicht mehr aufrichtet.

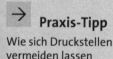

Praxis-Tipp

Wie sich Druckstellen vermeiden lassen

Bitten Sie den Mieter, **Unterlegscheiben** zu verwenden.

Stellt der Mieter besonders schwere Gegenstände auf, gehört es dann zu seiner Obhutspflicht, Unterlegscheiben zu verwenden. Das gilt besonders, wenn z.B. ein schwerer

Marmortisch mitten in den Raum gestellt wird und sich dort fast Löcher im Bodenbelag zeigen.

Dübellöcher

Ihr Mieter muss bei seinem Auszug alle Schrauben, Haken und Nägel entfernen und die zurückgebliebenen Dübellöcher **verschließen**. Das gilt selbst dann, wenn Sie dies **nicht** ausdrücklich im Mietvertrag so vereinbart haben (LG Mannheim, WM 1975 S. 50; LG Köln, WM 1976 S. 51).

Es gibt allerdings auch eine **Ausnahme:** Wenn Ihr Mieter im Bad oder im WC Löcher bohrt, um z. B. einen nicht vorhandenen Handtuch- oder Toilettenpapierhalter anzubringen, muss der Mieter diese Dübellöcher **nicht** wieder verschließen.

Es sei denn, er hat ungewöhnlich viele Löcher gebohrt. Für die über das erforderliche und übliche Maß hinausgehende Anzahl von Dübellöchern **haftet er**.

Allerdings: Eine feste Anzahl, wie viele Bohrlöcher der Mieter im Bad bohren darf, gibt es nicht. Maßgebend ist immer der Einzelfall (LG Hamburg, Urteil v. 17.5.2001, 307 S 50/01, WM 2001 S. 359).

So hielt das Hamburger Landgericht 32 Löcher im Bad noch für **vertragsgemäß**. Der Vermieter hatte den Fehler gemacht, eine Wohnung zu vermieten, in der keine Armaturen wie Papierhalter, Seifenschale, Handtuchhalter, Spiegel oder Spiegelschrank angebracht waren.

Andere Gerichte urteilen da **vermieterfreundlicher:** Denen sind 13 Dübellöcher in der Toilette und im Bad auf jeden Fall **zu viel** (LG Darmstadt, NJW-RR 1988 S. 80; AG Speyer, WM 1983 S. 138).

110 Dübellöcher zählte ein Vermieter aus Hamburg, als sein Mieter die Holzpaneele vom Fliesenrand abschraubte. Die Löcher hatte der Mieter – zu seinem großen Glück – hauptsächlich **in die Fugen** statt in die Kacheln gebohrt! Schon deswegen konnte der Vermieter **nicht** auf komplett neue Wandfliesen pochen.

Da nur einzelne Fliesen ausgetauscht werden mussten, musste der Mieter **nicht die gesamten** Wandfliesen zahlen! Allerdings steht Ihnen als Vermieter Schadensersatz zu, wenn Sie nicht mehr die gleichen Fliesen bekommen und so eine optische **Wertminderung** hinnehmen müssen (AG Hamburg-Altona, Urteil v. 18.5.2006, 318 C 283/05, WuM 2008 S. 27).

Geht es nach dem Landgericht Berlin, muss der Mieter **alle Löcher** so weit wie möglich in die Fugen bohren (LG Berlin, Urteil v. 10.1.2002, 61 S 124/01, GE 2002 S. 261).

→ **Praxis-Tipp**

Fenster bohren verboten!

Bohrt Ihr Wohnungsmieter ungefragt die Kunststofffenster an, stellt das eine **Vertragsverletzung** dar. Auch für einen Laien liegt klar auf der Hand, dass er damit die Substanz der Fenster **beschädigt** und die Bohrlöcher beim Auszug nicht ohne Weiteres wieder verschlossen werden können.

Der Vermieter kann deswegen die Kosten für den Austausch der entsprechenden Fenster(-teile) vom Mieter **ersetzt** verlangen. Er muss sich dafür auch **keinen** Abzug „neu für alt" anrechnen lassen, denn Kunststofffenster unterliegen keinem gravierenden Verschleiß (AG Berlin-Spandau, Urteil v. 26.10.2007, 3b C 715/06).

E-Check

Experten empfehlen, dass Sie Ihr Stromnetz **alle 4 Jahre** überprüfen lassen sollten. Die Fachbetriebe nennen das „E-Check". Er garantiert Ihnen, dass Ihre elektrischen Anlagen **keine** Sicherheitsmängel haben. Dafür gibt es als sichtbaren Beweis eine **Plakette** und ein Prüfprotokoll.

Die Kosten dafür sind jedoch nur als Betriebskosten auf die Mieter umlegbar, wenn Sie das bereits im Mietvertrag unter „Sonstige Betriebskosten" ausdrücklich so **vereinbart** haben und der Check **nicht** dem Beseitigen von Mängeln dient, sondern allein der regelmäßigen Prüfung der Betriebsbereitschaft (BGH, Urteil v. 14.2.2007, VIII ZR 123/06).

Eichpflichten

Berufen Sie sich bei Ihrer Abrechnung auf Messgeräte, die einen Verbrauch erfassen, müssen diese **geeicht** sein.

Die Eichvorschriften gelten nach § 2 Abs. 1 und § 25 des Eichgesetzes für alle Zähler und Messgeräte, die einen Verbrauch messen und in einer physikalischen Einheit anzeigen. Darunter fallen also Verbrauchsanzeigen in Kubikmeter (m^3) und Kilowattstunde (kWh).

Hier alle eichpflichtigen Zähler samt Eichfrist:

- Gaszähler: alle 8 Jahre
- Kaltwasserzähler: alle 6 Jahre
- Stromzähler: alle 16 Jahre
- Wärmezähler: alle 5 Jahre
- Warmwasserzähler: alle 5 Jahre

Heizkostenverteiler gelten dagegen **nicht** als Wärmezähler. Mit ihnen wird kein physikalischer Verbrauch gemessen, sondern nur der relative Anteil am Gesamtverbrauch nach Stricheinheiten oder Zahlenreihen.

Wichtig: Verwenden Sie nicht oder nicht mehr geeichte Messgeräte, machen Sie sich nach § 25 Abs. 1 Nr. 1a EichG **bußgeldpflichtig**. Zudem ist eine Abrechnung, die auf einem ungeeichten Messgerät basiert, vertragswidrig.

Sie laufen dadurch Gefahr, dass Ihnen Ihr Mieter die Abrechnung analog der Vorschrift zu § 12 Abs. 1 HeizKV um 15 % **kürzen** darf (LG Saarbrücken, Urteil v. 22.7.2005, 13B SC 23/05, WM 2005 S. 606).

Können Sie jedoch nachweisen, dass die Zähler **trotz** abgelaufener Eichfrist noch korrekt messen, dürfen Sie die Ablesewerte verwenden (BGH, Urteil v. 17.11.2011, VIII ZR 112/10).

Eigenbedarfskündigung, Begründung

Über das, was in eine Eigenbedarfskündigung hinein muss, sind schon viele Vermieter gestolpert. Wichtig ist, dass Sie die tatsächlichen Umstände, weshalb Sie die Wohnung benötigen, so **genau** und **detailliert** wie möglich angeben.

Dazu gehört, dass Sie den **Namen** der Eigenbedarfsperson nennen, ihre bisherigen Wohnumstände und den Anlass des Umzugs. Allerdings müssen Sie **nicht** den Namen des Lebensgefährten der Person, für die Sie Eigenbedarf geltend machen, in Ihrer Kündigung nennen (BGH, Urteil v. 30.4.2014, VIII ZR 284/13). Hier 2 Beispiele:

1. *Mein jetzt 30-jähriger Sohn wohnt seit mehreren Jahren mit seiner Familie in ...., in der .... Straße. Nach seiner Scheidung muss er aus seiner bisherigen, seinen Schwiegereltern gehörenden ehelichen Wohnung kurzfristig ausziehen. Dadurch ent-*

steht ein Wohnbedarf an der von Ihnen gemieteten Wohnung. Diese ist auch von Preis, Größe und Zuschnitt besonders gut für meinen nunmehr alleinstehenden Sohn geeignet.

2. Ich bin jetzt 69 Jahre alt und bin leider aufgrund meiner Hüftoperation im letzten Jahr gesundheitlich angegriffen. Ich wohne derzeit im 2. Stock eines Mehrfamilienhauses ohne Aufzug unter der Anschrift .... Die Selbstversorgung sowie das Treppensteigen fallen mir zunehmend schwer. Aus diesem Grund möchte ich in die Nähe meines Sohnes und seiner Familie ziehen, die sich zukünftig verstärkt um mich kümmern wollen und mich bei Bedarf auch pflegen werden. Diese leben über der von Ihnen bisher bewohnten Erdgeschosswohnung.

Wichtig: Denken Sie daran, dass Ihre Eigenbedarfskündigung nur dann **wirksam** ist, wenn Sie die ernsthafte Absicht haben, die Räume als Wohnung für sich oder Ihre Eigenbedarfspersonen zu nutzen.

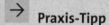

→ Praxis-Tipp

Vorgetäuschter Eigenbedarf kann teuer werden

Möchten Sie Ihren Mieter unbedingt loswerden und **schieben** Sie Ihren Eigenbedarf nur vor, kann das **teuer** für Sie enden. Merkt nämlich Ihr Mieter, dass **nicht** alsbald ein anderer Mieter einzieht bzw. Sie die Wohnung sogar nach seinem Auszug teurer verkaufen, spricht das dafür, dass Sie den Eigenbedarf lediglich **vorgetäuscht** haben.

Damit riskieren Sie, dass Sie Ihr Mieter auf **Schadensersatz** verklagt und Sie ihm z. B. die Umzugs- und Maklerkosten erstatten müssen. Ebenso die **Mietdifferenz**, wenn die neue Wohnung des gekündigten Mieters bei gleichem oder geringerem Wohnwert teurer ist als die bisherige Wohnung.

Eigenbedarfskündigung, Ersatzwohnung

Passen Sie auf, wenn Sie Ihrem Mieter wegen Eigenbedarfs gekündigt haben und bis zu dem Zeitpunkt, zu dem der Mietvertrag endet, eine andere, frei stehende Wohnung besitzen.

Diese leer stehende Wohnung müssen Sie dem gekündigten Mieter als **Alternativwohnung** anbieten bzw. darlegen, warum diese Wohnung für Sie **nicht** in Betracht kommt.

Wird die andere Wohnung dagegen erst frei, wenn die Kündigungsfrist **beendet** und der Mietvertrag **abgelaufen** ist, müssen Sie die dem Mieter nicht mehr anbieten. Selbst dann nicht, wenn der Mieter – unberechtigterweise – die Wohnung zu dem Zeitpunkt noch weiter nutzt (BGH, Urteil v. 9.7.2003, VIII ZR 311/02, WM 2003 S. 463).

Beispiel: Bis wann Ihre Anbietpflicht läuft

Sie haben Ihrem Mieter am 28.8. zum 30.11. gekündigt.

Dennoch zieht der Mieter nicht aus. Der Räumungsprozess zieht sich hin bis März. Zwischenzeitlich ist eine andere Wohnung im Haus **frei** geworden. Diese Wohnung müssen Sie dem Mieter **nicht** mehr anbieten, da er noch unzulässigerweise in der Wohnung wohnt.

Ihre Verpflichtung, dem gekündigten Mieter eine zwischenzeitlich frei gewordene Ersatzwohnung zum Tausch anzubieten, endet mit dem Ablauf der **Kündigungsfrist.**

Und das unabhängig davon, ob der gekündigte Mieter bis dahin auch wirklich ausgezogen ist.

 Praxis-Tipp

Vertragsuntreue sollen nicht bevorzugt werden

Eigenbedarfskündigung, Personen

Die Kündigung wegen Eigenbedarfs ist der häufigste **ordentliche** Kündigungsgrund. Allerdings ist er nicht immer leicht durchzusetzen. Das fängt bereits dabei an, **für wen** Sie Eigenbedarf geltend machen können.

Da wären zunächst einmal **Sie selbst** als Vermieter (Sie müssen aber nicht unbedingt auch der Eigentümer sein). Bei mehreren Vermietern reicht es, wenn **lediglich einer** von ihnen Eigenbedarf hat.

Zu den **engen** Familienangehörigen, für die Sie Eigenbedarf geltend machen können, zählen alle in **gerader** Linie Verwandte, also Ihre Kinder, Enkel und Eltern.

Außerdem auch für die in der **Seitenlinie** Verwandten wie Geschwister und deren Kinder (d.h. Nichten und Neffen; BGH, Urteil v. 27.1.2010, VIII ZR 159/09).

Daneben können Sie auch für Ihre Schwiegereltern Eigenbedarf geltend machen.

Für **entfernte** Verwandte wie Onkel, Cousin, Cousine, Schwager oder Schwägerin können Sie nur in **Ausnahmefällen** Eigenbedarf geltend machen. Nämlich nur dann, wenn besonders **enge Kontakte** bestehen, aus denen sich zumindest eine moralische oder sittliche Verantwortlichkeit für Sie ergibt.

Sie dürfen auch für **Haushaltsangehörige** wegen Eigenbedarfs kündigen. Dazu zählen letztlich nur Hilfspersonen oder Pflegepersonal. Als Eigenbedarfspersonen gehen sie aber nur dann durch, wenn sie bereits seit längerer Zeit zu Ihrem Haushalt zählen.

Im Einzelnen dürfen Sie kündigen für:

– Hilfspersonen bzw. Haushaltsangehörige wie Hausangestellte, Pflegepersonen, Erzieher oder Betreuer, auch wenn sie bisher **nicht** im Vermieterhaushalt lebten.

– Ihren **Ehegatten.** Auch bei getrennt Lebenden, solange noch kein Scheidungsantrag gestellt wurde (LG Frankfurt, NJW-RR 1996 S. 396). Nicht für den bereits geschiedenen Ehegatten (AG Hamburg, WM 1996 S. 39).

– Ihre **Geschwister** (BGH, Urteil v. 9.7.2003, VIII ZR 276/02, WM 2003 S. 464).

– Ihre Kinder. Auch wenn diese die Wohnung für eine nichteheliche Lebensgemeinschaft nutzen wollen.

– Ihre Eltern.

– Ihren Lebenspartner nach dem neuen Lebenspartnerschaftsgesetz.

– Großeltern, Schwiegerkinder.

– Ihre Schwiegereltern.

– Ihre Enkelkinder.

– Ihre Stiefkinder (LG Hamburg, Urteil v. 12.12.1996, 307 S 206/96, WM 1997 S. 177).

– Pflegekinder, Pflegeeltern (OLG Braunschweig, RE v. 1.11.1993, WM 1993 S. 731).

– Für den Schwager nur **ausnahmsweise.**

– Neffen und Nichten (BGH, Urteil v. 27.1.2010, VIII ZR 159/09).

Nicht: Cousinen und Cousins (LG Ravensburg, WM 1993 S. 51; LG Berlin, MM 1993 S. 251) oder für das Patenkind oder die Tochter des Lebensgefährten der Vermieterin.

Bei weiter entfernten Verwandten und Verschwägerten ist die Begründung entscheidend. Als Faustregel gilt: Je **enger der familiäre Kontakt,** die moralische oder sittliche Verpflichtung, desto höher Ihre Kündigungschancen!

Die Person, die einzieht, muss die Räume **zum Wohnen** nutzen. Sie können also nicht Ihrem Wohnungsmieter mit der Begründung kündigen, dass Sie Ihre Geschäftsräume erweitern wollen und in der Mietwohnung zusätzliche Büroräume einrichten wollen.

! **Wichtig**
Arbeiten statt wohnen: Geht das?

Allerdings: Wollen Sie die gekündigte Wohnung zu beruflichen Zwecken nutzen, ist das zwar **kein Grund für eine Eigenbedarfskündigung,** da der nur geltend gemacht werden kann, wenn in der gekündigten Wohnung künftig gewohnt und nicht nur gearbeitet wird.

Allerdings greift Ihnen in solchen Fällen jetzt § 573 Abs. 1 BGB und der Bundesgerichtshof unter die Arme: Weil die Berufsfreiheit des Vermieters genauso schwer wiegt wie sein Eigenbedarfswunsch, dürfen Sie Ihrem Mieter auch kündigen, wenn Sie oder Ihre Angehörigen **nicht** in der Wohnung wohnen, sondern dort künftig arbeiten wollen.

Das zählt auch als Kündigungsgrund, aber **nicht** wegen Eigenbedarfs.

→ **Praxis-Tipp**
Hüten Sie sich vor Vorratskündigungen

Ist noch **nicht sicher,** ob Ihre Eigenbedarfsperson die Wohnung tatsächlich nutzen wird, sollten Sie mit der Kündigung noch etwas warten.

Sogenannte Vorratskündigungen können nämlich ebenfalls Schadensersatzansprüche auslösen. Achten Sie also darauf, dass die Kündigung und die Überlassung in einem **engen zeitlichen Zusammenhang** stehen.

Vorsicht, wenn Sie eine Eigentumswohnung **kaufen** mit der Absicht, dem derzeitigen Mieter sofort nach der Grundbuchumschreibung zu kündigen.

Hat der Mieter schon in der Wohnung gewohnt, als das Haus noch **nicht** in Eigentumswohnungen umgewandelt war, könnte Ihnen das einen Strich durch Ihre Eigennutzungsabsichten machen. Mieter von umgewandelten Wohnungen genießen nämlich einen besonderen Schutz: die **Kündigungssperrfrist** nach § 577a BGB.

Auf die Kündigungssperrfrist stoßen Sie immer dann, wenn die Wohnung Ihres Mieters **nachträglich** (also nach seinem Einzug) in eine Eigentumswohnung umgewandelt wurde. Kaufen Sie so eine umgewandelte Wohnung, können Sie dem Mieter **nicht** gleich wegen Eigenbedarfs bzw. Hinderung an einer wirtschaftlichen Verwertung kündigen, sondern erst nach 3 Jahren.

In manchen Bundesländern ist die Sperrfrist sogar noch **länger** – eine tückische Käuferfalle, die beim Kauf von „gebrauchten Eigentumswohnungen" droht.

Eigenleistungen, Betriebskosten

Geht es darum, dass **Sie** z. B. Hausmeisterarbeiten erbringen, dürfen Sie nach § 1 Abs. 1 Satz 2 BetrKV Ihre Sach- und Arbeitsleistungen mit dem Betrag ansetzen, den Sie für die gleichwertige Leistung eines Dritten, insbesondere eines Unternehmers, ansetzen dürften.

Natürlich dürfen Sie **nicht** noch zusätzlich Umsatzsteuer von Ihrem Mieter verlangen.

Dies hat bereits das Amtsgericht Löbau für die vom Vermieter selbst durchgeführte Hof- und **Straßenreinigung** anerkannt (AG Löbau, Urteil v. 16.12.1993, 2 C 564/93). Ebenso das Landgericht Hamburg (ZMR 1995 S. 32).

Das Landgericht Berlin ist ebenfalls der Meinung, dass Sie **Eigenleistungen** auf den Mieter umlegen dürfen (LG Berlin, Urteil v. 21.8.2001, 64 S 476/00, HE 2002 S. 114).

Dem hat sich jetzt auch der BGH angeschlossen und entschieden, dass Sie Ihre Eigenleistungen mit dem Betrag ansetzen dürfen, den Ihnen z. B. ein **Unternehmen** für die gleiche Arbeit in Rechnung stellen würde (BGH, Urteil v. 14.11.2012, VIII ZR 41/12). Lassen Sie die Arbeiten stattdessen **unentgeltlich** z. B. von Ihrem Ehemann erbringen, dürfen Sie für ihn **keine** fiktiven Kosten ansetzen, weil Ihnen auch keine Kosten entstanden sind (LG Berlin, Urteil v. 6.12.2011, 63 S 122/11).

Umlagefähig sind nur Arbeiten entsprechend dem Betriebskostenkatalog und auch nur in Höhe des tatsächlich **nachweisbaren** Aufwands.

Dafür dürfen Sie eine „**angemessene Vergütung**" ansetzen. Da die sich an der gleichwertigen Leistung eines Dritten orientiert, sollten Sie für Ihre Arbeiten verschiedene **Angebote** z.B. bei Reinigungs-, Gartenbau- und Hausmeisterfirmen einholen und Ihre Eigenleistungen entsprechend dem günstigsten Angebot ansetzen.

Erscheinen dem Mieter die Kosten **zu hoch**, muss er sie vor Gericht bestreiten.

Praxis-Tipp

Sorgen Sie für Nachweis Ihrer Eigenleistungen

Da Eigenleistungen des Vermieters in der Betriebskostenabrechnung ein häufiger Streitpunkt sind, sollten Sie darauf achten, dass Sie Ihren Aufwand auch **nachweisen** können.

Führen Sie deswegen so etwas wie ein **Fahrtenbuch** für Ihre Eigenleistungen: Schreiben Sie sich auf, **wann** Sie welche Arbeiten (nur umlegbare!) erbracht haben. Notieren Sie sich zudem Ihren Zeitaufwand.

Eigenleistungen, Renovierung

Zieht Ihr Mieter aus, **ohne** die laut Mietvertrag geschuldeten Schönheitsreparaturen auszuführen, müssen Sie ihm erst einmal eine Nachfrist setzen, innerhalb der er Versäumtes nachholen darf.

Erst wenn die ihm gesetzte Nachfrist **fruchtlos** verstrichen ist, haben Sie neben Ihrem ursprünglichen Erfüllungsanspruch („Sie müssen streichen!") auch einen Schadensersatzanspruch.

Ein Schadensersatz steht Ihnen **nicht** nur zu, wenn Sie die Arbeiten von einem Fachmann ausführen lassen, sondern auch, wenn Sie oder einer Ihrer Bekannten zum Pinsel greifen.

Der Mieter muss Ihnen das **Material** sowie die **Kosten** Ihrer Eigenleistungen ersetzen.

Um Ihren Anspruch **beziffern** zu können, sollten Sie sich am besten für Ihre Arbeiten einen **Kostenvoranschlag** von einem Handwerker einholen und auf dieser Basis mit Ihrem Mieter abrechnen. Ob **Sie** die Arbeiten tatsächlich am Ende von einem Maler ausführen lassen oder lieber selbst oder gar nicht renovieren, spielt dabei keine Rolle.

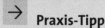

→ **Praxis-Tipp**

Schlüsseln Sie Ihre
Kosten exakt auf

Schlüsseln Sie die Kosten exakt auf nach **Material, Stunden-anzahl** und **Stundensatz**.

Für die **Mehrwertsteuer** gilt: Die muss Ihnen Ihr Mieter bei einer Abrechnung aufgrund eines Kostenvoranschlags selbst dann ersetzen, wenn sie gar nicht anfällt, weil Sie die Arbeiten nicht bei einer Firma in Auftrag geben, sondern selbst erledigen oder Sie gar nicht renovieren lassen (BGH, Urteil v. 16.6.2010, VIII ZR 280/09).

Eigentümerliste

Sie als Wohnungseigentümer wollen eine Eigentümerliste von dem Objekt, in dem Ihre Eigentumswohnung liegt? Wenden Sie sich an Ihren Verwalter oder das Grundbuchamt.

Als Mitglied einer **Wohnungseigentümergemeinschaft** haben Sie einen Anspruch auf die Eigentümerliste gegenüber dem Grundbuchamt und dem Verwalter. Letzteres ist der **günstigere** Weg!

Dass Sie einen Anspruch auf eine aktuelle Eigentümerliste haben, haben bereits mehrere Gerichte so entschieden (LG Stuttgart, Beschluss v. 14.8.2008, 19 T 299/08; BayObLGZ 1984, 133). Es gehört zu den Informationspflichten des Verwalters, Ihnen so eine Liste auf Wunsch auszuhändigen.

Eigentümerversammlung, Beschlussfähigkeit

Eine Eigentümergemeinschaft ist beschlussfähig, wenn nach § 25 Abs. 3 WEG die erschienenen stimmberechtigten Wohnungseigentümer mehr als die **Hälfte der Miteigentums-anteile** vertreten. Beim Berechnen kommt es dabei auf die im Grundbuch eingetragene Größe der Miteigentumsanteile an.

Erschienen i.S.d. § 25 Abs. 3 WEG sind auch diejenigen Wohnungseigentümer, die zwar **nicht persönlich** anwesend, dafür ordnungsgemäß **vertreten** werden. Haben die also dem Verwalter eine Vollmacht gegeben, werden ihre Stimmanteile so mitgezählt, als wären sie anwesend.

Allerdings kann in Ihrer **Teilungserklärung** die Beschluss-fähigkeitsregelung des § 25 Abs. 3 WEG **abgeändert** worden sein. So kann die Beschlussfähigkeit beispielsweise von der Anzahl der erschienenen Eigentümer (= Kopfprinzip) bzw.

der Anzahl der Wohnungen (= Objektprinzip) abhängen oder von einer anderen Miteigentumsquote als 50 %.

Ist die erste Versammlung nicht beschlussfähig, werden Sie zur **Zweitversammlung** eingeladen: Und die ist beschlussfähig, ganz gleich, wie viele Stimmanteile erschienen sind!

Verlassen zu viele Eigentümer vorzeitig eine Erstversammlung, kann die Beschlussfähigkeit kippen. Die einmal festgestellte Beschlussfähigkeit gilt nämlich **nicht** für die gesamte Versammlung, sondern nur jeweils **für jeden einzelnen Beschluss**.

Das bedeutet nicht, dass der Verwalter **vor jedem Beschluss** die Beschlussfähigkeit erneut und explizit feststellen muss. Drängen sich aber Zweifel an der Beschlussfähigkeit auf bzw. äußern Eigentümer derartige Zweifel, müssen Sie die Beschlussfähigkeit nochmals prüfen.

Mängel in der Beschlussfähigkeit machen den gefassten Beschluss **nicht** nichtig, sondern lediglich **anfechtbar** (BayObLG, WE 1994 S. 184).

! Wichtig

Fehlt die Beschlussfähigkeit, können Sie anfechten

Eigentumswohnung, Umlageschlüssel, Betriebskosten

Vermieten Sie Teil- oder Wohnungseigentum, können Sie vereinbaren, dass Sie die Betriebskosten nach dem Verhältnis der Miteigentumsanteile umlegen (LG Berlin, Urteil v. 29.4.2002, 62 S 413/01, GE 2002 S. 860).

Dabei müssen Sie in Ihrer Abrechnung den Umlageschlüssel „Miteigentum" nicht dick und breit erläutern, denn der Verteilerschlüssel ist schon aus sich heraus **verständlich** (BGH, Urteil v. 19.11.2008, VIII ZR 295/07). Selbst wenn Sie ihn – was Sie bitte nie unerläutert tun sollten – mit „ME-Ant." abkürzen (LG Karlsruhe, Urteil v. 8.1.2014, 9 S 294/13).

Ob Sie die **Höhe** des Miteigentumsanteils korrekt angegeben haben, ist eine Frage der inhaltlichen Richtigkeit. Sprich: Ein materieller, aber **kein formeller** Fehler.

Mit dem Umlageschlüssel „Miteigentumsanteile" sind Sie **gut beraten**, wenn bereits in Ihrer Teilungserklärung steht, dass bestimmte Kosten nach diesem Verteilungsschlüssel auf die Eigentümer umgelegt werden!

Eigentumswohnung, Umlageschlüssel, Betriebskosten

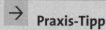

Praxis-Tipp

Vereinheitlichen Sie Ihren Umlageschlüssel

Damit Sie in der Eigentümerabrechnung und bei der Betriebskostenabrechnung den gleichen Umlageschlüssel haben, sollten Sie gleich in Ihrem Wohnraummietvertrag vereinbaren, dass der vom Wohnungsverwalter für die Wohnungseigentümergemeinschaft verwendete Umlageschlüssel **auch** für Ihre **Mieter** gelten soll (AG Frankfurt, Urteil v. 2.3.1999, 33 C 3923/98-29).

Das erleichtert Ihnen in den meisten Fällen Ihre Abrechnung, weil Sie so **nie** in der Klemme sitzen, dass der mit dem Mieter vereinbarte Umlageschlüssel vom Gemeinschaftsschlüssel abweicht!

Sonst kann es Ihnen passieren, dass Ihr Verwalter z. B. die Müllkosten nach **Personen** verteilt, Sie aber – weil Sie diesen Umlageschlüssel **nicht** mit Ihrem Mieter vereinbart haben – die Kosten nach m² umlegen müssen!

Da Sie während eines laufenden Mietverhältnisses **nicht** per se berechtigt sind, den Umlageschlüssel **einseitig** zu ändern, sollten Sie für den Fall gewappnet sein, dass Ihre Gemeinschaft plötzlich einen Umlageschlüssel ändert, den Sie so **nicht** mit Ihrem Mieter vereinbart haben.

Dies lässt sich mit einer entsprechenden Klausel im Mietvertrag erreichen, die Sie berechtigt, den Abrechnungsmaßstab zu ändern, wenn dieser von der Gemeinschaft geändert wird.

Wissen müssen Sie: Die Miteigentumsanteile sind **nicht** immer mit der Mietfläche der Wohnung identisch. Deshalb ist es gut möglich, dass Ihre Mietfläche **prozentual kleiner** ist als der Wohnungseigentumsanteil, der auf Sie entfällt.

Die Miteigentümer können nämlich die **Größe** der Miteigentumsanteile **selbst festlegen**. Dabei können sie sich nach dem Nutzwert der jeweiligen Wohnung richten.

Praxis-Tipp

Welche Kosten nicht auf Ihre Abrechnung dürfen

Denken Sie daran, dass Sie nicht alle Kosten, die Sie auf Ihrer Verwalterabrechnung finden, auf Ihren Wohnraummieter umlegen dürfen.

Das gilt insbesondere für folgende Positionen: Verwaltungsgebühren, Kontoführungskosten, Instandhaltungsrücklage, Kleinteile.

Einladungsfrist, Eigentümerversammlung

Die Einladung muss Ihnen **spätestens 14 Tage vor** Versammlungsbeginn zugehen. Das Datum auf dem Einladungsschreiben bzw. das Versanddatum spielen keine Rolle. Beim Berechnen der 14-Tage-Frist werden Samstage, Sonn- und Feiertage mitgezählt!

Fällt das Fristende auf einen Samstag, Sonn- oder Feiertag, endet die Frist an diesem Tag und **nicht** am darauffolgenden Werktag.

Einliegerwohnung

Wollen Sie die Einliegerwohnung in Ihrem mitbewohnten Zweifamilienhaus kündigen, brauchen Sie dafür **keinen** Kündigungsgrund.

Beispiel: Wann Sie keinen Kündigungsgrund brauchen

Sie haben eine Einliegerwohnung in dem Haus vermietet, das Sie auch selbst bewohnen.

Weil Sie auf so engem Raum mit Ihrem Mieter zusammenleben, gesteht Ihnen der Gesetzgeber diese **erleichterte Kündigungsmöglichkeit** zu. Denn eigentlich bräuchten Sie ja als Wohnungsvermieter einen Kündigungsgrund, um Ihren Mieter loszuwerden.

Allerdings hat die Sache mit der „grundlosen Kündigung" auch einen Haken: Sie haben eine **längere Kündigungsfrist:** Die normale Kündigungsfrist von mindestens 3 bis maximal 9 Monaten (je nachdem, wie lange Ihr Mietverhältnis bestand) verlängert sich um zusätzliche 3 Monate (§ 573a Abs. 1 BGB).

Sie haben also die freie Wahl: Sie können Ihrem Mieter **mit** einem Kündigungsgrund wie z. B. Eigenbedarf kündigen oder Sie berufen sich auf die erleichterte Kündigung nach § 573a BGB.

 Praxis-Tipp

Fahren Sie **zweigleisig!** Kündigen Sie wegen Eigenbedarfs und **hilfsweise** nach § 573a BGB. Geht Ihre Eigenbedarfskündigung vor Gericht durch, werden Sie Ihren Mieter **schneller** los.

Kündigen Sie mit doppeltem Boden

> Reicht Ihr Vorbringen **nicht** für eine Eigenbedarfskündigung, bleibt Ihnen immer noch die 2. Kündigungsmöglichkeit nach § 573a BGB. Dann müssen Sie zwar etwas **länger** warten, bis Ihr Mieter auszieht, aber ein Ende ist jedenfalls in Sicht!

Einsichtsrecht, Mitmieterdaten

Geht es um die Heizkostenabrechnung, kann Ihr Mieter verlangen, dass Sie ihm eine Liste über die gemessenen Verbrauchsdaten aller anderen Wohnungen vorlegen.

Dabei können Sie sich leider **nicht** auf die Vorschriften des Datenschutzes berufen und ihm die Vorlage verweigern (AG Berlin-Charlottenburg, Urteil v. 3.5.2005, 220 C 450/04, GE 2005 S. 805).

Anlass für diese Entscheidung war eine Heizkostenabrechnung, bei der die Abrechnungsfirma von 153 Heizkörpern im Haus ausging. Tatsächlich waren es aber nur 152. Solange Sie dem Mieter nicht die gewünschten Daten vorlegen, sind Ihre Nachzahlungsbeträge noch nicht fällig.

Das Gericht sprach dem Mieter nach §§ 259 BGB, 29 NMV analog ein Einsichtsrecht in die Liste über **alle** abgelesenen Messwerte sowie der Verbrauchsdaten aller Mieter zu.

Die Begründung des Gerichts: Der Mieter muss nachvollziehen können, auf welchen Einzeldaten seine Abrechnung basiert. Um die Verteilung im Einzelnen nachvollziehen zu können, braucht er die Unterlagen. Nur so kann er sehen, wie die Einzel- bzw. die Gesamtverbrauchswerte ermittelt und zugeordnet wurden.

Einstweilige Verfügung

Wer schon einmal das Vergnügen hatte, vor deutschen Gerichten zu klagen, weiß, dass die Mühlen des Gesetzes recht langsam mahlen. Bis Sie im Zivilprozess Ihr Urteil in der 1. Instanz durchgefochten haben, vergehen meist **mehrere Monate**.

Deshalb gibt es die einstweilige Verfügung, auch „**Eilverfügung**" genannt. So einen Eilantrag können Sie nur vor Gericht stellen. Das Gesetz unterscheidet zwischen der Sicherungsverfügung (§ 935 ZPO) und der Regelungsverfügung (§ 940 ZPO).

Mit einer **Sicherungsverfügung** verhindern Sie, dass wegen geänderter tatsächlicher Gegebenheiten die Verwirklichung Ihres Rechts später vereitelt oder erschwert wird (§ 935 ZPO).

Mit einer **Regelungsverfügung** soll dagegen vorübergehend der Rechtsfrieden bis zur endgültigen Entscheidung in der Hauptsacheklage gesichert werden (§ 940 ZPO).

Um an eine einstweilige Verfügung zu kommen, brauchen Sie einen **Verfügungsanspruch**. Geben Sie also an, welchen Anspruch Sie gesichert haben wollen, z.B. den Zutritt zu Ihrer Wohnung, um dort einen Schaden zu beheben oder um sie einem Mietinteressenten zu zeigen.

Zudem brauchen Sie einen **Verfügungsgrund**. Sie müssen also dem Richter plausibel machen können, weshalb eine Entscheidung besonders eilbedürftig ist und Sie keine Entscheidung im normalen Klageverfahren abwarten können.

Ihren Anspruch müssen Sie **glaubhaft machen**. Sie müssen dafür Mittel benennen und gegebenenfalls beifügen, mit denen Sie Ihren Vortrag glaubhaft machen, z.B. Urkunden, eidesstattliche Versicherungen usw.

Ein Verfügungsgrund ist gegeben, wenn die Instandsetzung besonders dringlich ist. Bei einem Wasserrohrbruch beispielsweise, der eine **akute Gefahr** für das Gebäude darstellt, haben Sie beste Chancen, dass das Gericht schnell Ihrem Antrag stattgibt.

Mit einer einstweiligen Verfügung in der Hand muss Ihr Mieter Ihnen oder Ihrem Handwerker Zutritt gewähren, wenn er sich beispielsweise weigert, einen Installateur bei einem Wasserrohrbruch ins Haus zu lassen.

Einwendungsfrist, Mieter

Ihr Mieter hat nur 1 Jahr ab Zugang der Abrechnung Zeit, seine Einwendungen gegen Ihre Abrechnung vorzubringen.

Dabei muss er Ihnen schriftlich oder mündlich **konkrete** Beanstandungen nennen. Äußert er mit einem Stirnrunzeln im Gesicht nur „erhebliche Bedenken" gegen die Heizkostenabrechnung, ist das zu wenig (LG Bochum, Urteil v. 8.4.2005, 10 S 76/04, ZMR 2005 S. 863)!

Spätere Einwendungen sind nur noch zulässig, wenn der Mieter die Verspätung **nicht verschuldet** hat (§ 556 Abs. 3 Satz 6 BGB).

Das ist beispielsweise der Fall, wenn der Mieter überraschend längere Zeit **erkrankt** ist oder Sie ihn am rechtzeitigen Ausüben seiner Kontrollrechte gehindert haben.

Kein Verspätungsgrund liegt vor, wenn der Mieter sich an einen Dritten wie z. B. seinen Rechtsanwalt oder den Mieterverein wendet und dieser die Einwendungsfrist verstreichen lässt.

Selbst wenn Sie jedes Jahr in Ihrer Abrechnung den gleichen Fehler begehen, muss der Mieter **jedes Jahr aufs Neue** innerhalb der dafür vorgesehenen Jahresfrist seine Einwendung dagegen erheben (BGH, Urteil v. 12.5.2010, VIII ZR 185/09).

Elektroanlage

Wartungskosten für die Elektroanlage dürfen Sie nur dann umlegen, wenn Ihnen dies **ausdrücklich** durch die Betriebskostenverordnung erlaubt ist (AG Berlin-Lichtenberg, Urteil v. 30.7.1998, WM 1998 S. 572).

Ist das **nicht** der Fall, wie beispielsweise bei den Wartungskosten für eine Elektroanlage, sollten Sie die Kosten ausdrücklich als „Sonstige Betriebskosten" in Ihrem Mietvertrag vereinbart haben (BGH, Urteil v. 14.2.2007, VIII ZR 123/06).

Haben Sie in Ihrem Mietvertrag unter „**Sonstige Kosten**" stehen, dass Sie „die Kosten für die Revision der Elektroanlage" umlegen dürfen, reicht das schon. Lassen Sie dann entsprechend den berufsgenossenschaftlichen Unfallverhütungsvorschriften **alle 4 Jahre** die Elektroleitungen im Haus überprüfen, dürfen Sie die Kosten dafür umlegen.

→ **Praxis-Tipp**
Wann Wartungskosten umlegbar sind

Wartungskosten dürfen Sie nur dann umlegen, wenn Ihnen dies durch die Betriebskostenverordnung ausdrücklich **erlaubt** ist (AG Berlin-Lichtenberg, Urteil v. 30.7.1998, WM 1998 S. 572).

Endrenovierungsklausel, Gewerberaum

Mit einer Endrenovierungsklausel ist so ein Satz wie dieser im Mietvertrag gemeint:

Die Wohnung ist bei Auszug zu renovieren!

Als Wohnungsvermieter dürfen Sie so eine Endrenovierungsklausel natürlich **nicht** in Ihren Mietvertrag aufnehmen. Schreiben Sie ihn deswegen besser nicht in mehr als 2 Mietverträge sinngemäß hinein.

Selbst wenn Sie das **handschriftlich** tun, hilft Ihnen das wenig.

Die Richter begründen das so: Liegt die letzte Renovierung zum Zeitpunkt des Auszugs erst kurze Zeit zurück, müsste der Mieter nämlich trotzdem **nochmals** renovieren – obwohl dies nach den üblichen Renovierungsfristen noch gar nicht nötig wäre!

Bei Gewerberaum urteilen die Gerichte neuerdings ebenso **streng**, wenn es um Endrenovierungsklauseln geht: Auch da dürfen Sie **nicht** die laufende Renovierungsfrist mit einer Endrenovierungsklausel kombinieren (BGH, Urteil v. 6.4.2005, XII ZR 308/02, GE 2005 S. 667).

Energetische Modernisierung

Was eine energetische Modernisierung ist, steht in § 555b Nr. 1 BGB. Dabei handelt es sich um „bauliche Veränderungen, durch die in Bezug auf die Mietsache **Endenergie** nachhaltig eingespart wird".

Oder einfacher ausgedrückt: Dreht der Mieter nach Ihrer Maßnahme z. B. den Heizungsknopf auf, müssen unterm Strich **weniger Heizkosten** für ihn rauskommen.

Das interessante bei einer energetischen Modernisierung steht in § 536 Abs. 1a BGB. Der regelt einen 3-monatigen Mietminderungsausschluss, wenn Sie energetisch modernisieren.

Sie modernisieren „energetisch", wenn der Mieter am Ende **spürbar** Endenergie einspart. Das ist beispielsweise der Fall, wenn Sie

– die Fassade dämmen,

– die Fenster gegen Bessere austauschen,

– eine Lüftungsanlage mit Wärmerückgewinnung installieren,

– einen Heizkessel mit besserer Effizienz einbauen,
– die Rohrleitungen zwischen dem Heiz- bzw. Warmwasserkessel und den Heizkörpern besser isolieren.

Führen Sie dagegen nur eine klimaschützende oder wassersparende Maßnahme nach § 555b Nr. 2 und 3 BGB durch, darf der Mieter „ganz normal" seine Miete mindern.

Beispiel: Wann keine energetische Modernisierung vorliegt

Sie modernisieren das Bad Ihres Mieters: Sie bauen es altersgerecht um. Da damit **keine** Endenergie gespart wird, handelt es sich um **keine** energetische Sanierung. Der Mieter darf also nach wie vor mindern, wenn es wegen Ihrer Umbauarbeiten laut oder schmutzig in seiner Wohnung bzw. im Haus wird.

Gleiches gilt, wenn Sie eine **Fotovoltaikanlage** auf dem Haus installieren, um den gewonnenen Strom in das allgemeine Netz einzuspeisen.

Führen Sie lediglich reine „Verschönerungsmaßnahmen" durch oder zwar Klima schützende Maßnahmen, die sich jedoch **nicht** bei dem Mieter als geringere Energiekosten niederschlagen, gilt der 3-monatige Mietminderungsausschluss **nicht**.

Greift dagegen der Mietminderungsausschluss, darf der Mieter erst wieder **ab dem 4. „Bau-Monat"** mindern. Vorausgesetzt, die Beeinträchtigungen durch Ihre Modernisierungsmaßnahmen dauern bis dahin noch an.

→ **Praxis-Tipp**
Was unbedingt in Ihr Ankündigungsschreiben rein muss

Führen Sie Modernisierungsarbeiten durch, mit denen Ihr Mieter hinterher **nachhaltig Energie** einsparen kann, müssen Sie ihm das bereits mit der Ankündigung beweisen.

In diesem Punkt gibt es seit der Mietrechtsänderung vom 1.5.2013 eine **Erleichterung** für alle Vermieter: Sie dürfen nach § 555c Abs. 3 BGB auf allgemein anerkannte Pauschalwerte Bezug nehmen, um dem Mieter die Energieeinsparung darzulegen.

Sie können sich also komplizierte technische Ausführungen zu den konkreten Eigenschaften der vorhandenen Bauteile sparen. Oftmals kennt die der Vermieter gar nicht, sondern muss ohnehin erst einmal ein (teures) Gutachten darüber einholen.

Energie sparen

Jeder jammert über die hohen Nebenkosten, aber kaum einer tut was dafür, diese zu senken – auch Ihr Mieter nicht.

Wie können Sie Heizkosten senken? Beispielsweise so: Schalten Sie alle Heizkörper ab, wenn die Fenster geöffnet sind! Weil Sie die Wärme und das Geld sonst zum Fenster hinauslüften. Das ist reine **Energieverschwendung!**

Wer nachts die Raumtemperatur **verringert**, spart Energie. Drosseln Sie deshalb **nachts** die Heizung. Abends den Thermostat aufzudrehen, um es morgens im Bad schön warm zu haben, ist Unsinn. Moderne Heizungen und Heizkörper werden schnell heiß.

Auch wer nachts **nicht** nur die Fenster, sondern zudem Vorhänge, Jalousien, Roll- oder Fensterläden schließt, spart Energie.

Halten Sie Türen zu weniger beheizten Räumen unbedingt geschlossen! Versuchen Sie nicht, kühle Räume mit der Luft aus wärmeren Räumen zu beheizen. Denn dadurch gelangt nicht nur Wärme, sondern auch **Luftfeuchtigkeit** in den kühlen Raum. Die relative Luftfeuchte steigt dann und erleichtert so das Wachstum von **Schimmelpilzen.**

Heizen Sie alle Räume ausreichend! Kalte Luft kann weniger Wasser aufnehmen als warme, daher sollte z. B. in Schlafräumen die Temperatur **nicht unter 16° C** sinken, da es sonst zur Kondensation von Feuchtigkeit kommen kann. Temperieren Sie von Zeit zu Zeit auch ungenutzte Räume, um **Schimmelbildung** vorzubeugen.

Behindern Sie die Wärmeabgabe der Heizkörper nicht! Wenn Heizkörper durch Verkleidungen oder Fensterbänke zugebaut bzw. durch Vorhänge oder Gardinen verdeckt sind, kann weniger Wärme in den Raum abgegeben werden. Heizkörper sollten auch nicht durch Möbel **verstellt** werden. Denn nur wenn die Luft davor frei zirkulieren kann, wird die gesamte Wärme auch in den Raum übertragen.

Dämmen Sie unbedingt auch **hinter** den Heizkörpern. Am besten besorgen Sie sich im Baumarkt einen preiswerten Dämmstoff, der mehrere Millimeter stark und zur Raumseite mit einer Aluminiumfolie beschichtet ist.

→ **Praxis-Tipp**

Schnell und günstig: Entlüften Sie Ihre Heizung

Entlüften Sie regelmäßig Ihre Heizung! Spätestens aber dann, wenn sie bereits **gluckert**. Eventuell müssen Sie **Wasser nachfüllen**, bis der richtige Betriebsdruck entsteht.

Luft und geringer Wasserstand im Heizkörper **verhindern**, dass dieser sich richtig erwärmt. Deswegen: Kontrollieren Sie die Heizung bitte regelmäßig!

Man sollte es nicht glauben, noch immer sind viele Warmwasser- und Heizrohre im Keller **nicht isoliert**, obwohl dies mittlerweile sogar die Energieeinsparverordnung vorschreibt. Der Energieverlust dadurch ist **gewaltig**. Das Einzige, was Sie damit erreichen, ist ein warmer Keller und sonst nichts.

Lassen Sie Ihre Heizung nach der Heizperiode jährlich, mindestens aber **alle 2 Jahre** durch einen Fachmann warten und einstellen. Gerade durch ein exaktes Einstellen Ihrer Heizung können Sie den Wirkungsgrad erheblich erhöhen und damit Brennstoffkosten sparen.

Prüfen Sie, ob Sie die **richtigen Heizkörper** im Haus haben. Die alten gusseisernen Heizkörper sind reine Energieverschwender, da sie die Heizenergie nur sehr zögerlich abgeben. Genau das Gegenteil ist bei modernen Heizkörpern der Fall.

Achten Sie auch auf die richtige **Größe** und die **Anordnung** der Heizkörper innerhalb eines Raums. Lassen Sie sich hier unbedingt durch einen Fachmann beraten.

→ **Praxis-Tipp**

So sorgen Sie für ein kuschelig warmes Bad

Mit einer elektrischen Zusatzheizung in Ihrem Badezimmer, die Sie mittels **Zeitschaltuhr** programmieren können, lassen sich Heizkosten sparen.

Sie sorgt dafür, dass Ihr Bad genau zu den Zeiten kuschelig warm ist, wenn Sie dies auch benötigen. Schließlich halten Sie sich ja nicht den ganzen Tag im Bad auf.

Energieausweis

Kernstück der Energieeinsparverordnung 2009, die bereits zum 1.10.2007 in Kraft getreten ist, war der Energieausweis. Der wurde seit dem 1.7.2008 schrittweise für alle Gebäude zur Pflicht.

Mit der **neuen EnEV 2014**, die am 1.5.2014 in Kraft trat, haben sich zahlreiche Neuerungen rund um den Energieausweis ergeben. So muss in Energieausweisen, die ab dem 1.5.2014 ausgestellt werden, die **Energieeffizienzklasse** des Gebäudes angegeben und farblich dargestellt werden, so wie dies z. B. bei Elektrogeräten üblich ist. Die Skala reicht von A+ (Effizienzhaus 40) bis H (nicht modernisiert).

Außerdem muss im Energieausweis (nicht mehr nur begleitend zum Energieausweis) eine **Empfehlung** stehen, wie sich die energetischen Eigenschaften eines Gebäudes **verbessern** lassen (sog. Modernisierungsempfehlungen). Sofern dies **nicht** möglich ist, muss dies im Energieausweis vermerkt werden.

Jeder neue Energieausweis muss künftig mit einer **Registriernummer** versehen werden. Diese beantragt der Aussteller (nicht Sie!) bei der zuständigen Behörde (Registrierstelle). Die zentrale Registrierstelle ist zunächst das Deutsche Institut für Bautechnik (DIBt). Dieses bietet auf seiner Homepage nähere Informationen zur Registrierung sowie eine FAQ-Liste zum Registrierungsprozess.

Nicht nur die Aussteller von Energieausweisen müssen neue Pflichten beachten, sondern auch **Verkäufer** und **Vermieter** von Immobilien. Bisher mussten diese dem Käufer bzw. Mieter den Energieausweis **lediglich auf Verlangen** zugänglich machen. Mit der EnEV 2014 müssen Sie dem Käufer **spätestens** bei der Besichtigung den Energieausweis oder eine Kopie davon von sich aus vorlegen. Alternativ ist es auch zulässig, den Energieausweis **sichtbar auszuhängen**.

Kommt es zum Abschluss eines Kaufvertrags, muss der Verkäufer dem Käufer den Energieausweis oder eine Kopie davon unverzüglich **übergeben**; ebenso ist einem Mieter nach Abschluss des Mietvertrags unverzüglich eine Kopie des Energieausweises auszuhändigen.

Die „Energiepasspflicht" trifft Sie, wenn Ihre Wohnimmobilie **bis** 1965 gebaut wurde (Baufertigstellungsjahr), dann ist ein Energieausweis schon seit dem 1.7.2008 bei Verkauf und Neuvermietung ein Muss.

Für neuere (= **nach** 1965 gebaute) Wohnimmobilien ist der Ausweis seit dem 1.1.2009 Pflicht.

Sind Sie Eigentümer einer ausschließlich gewerblich genutzten Immobilie (Fachbezeichnung: Nichtwohngebäude), so brauchen Sie den Energieausweis bei Verkauf oder Neuvermietung seit dem 1.7.2009 ebenfalls.

→ **Praxis-Tipp**
Aushängen oder kopieren: Machen Sie den Energieausweis zugänglich

Ganz gleich, ob Sie einen Alt- oder Neubau verkaufen oder vermieten wollen, Ihre Immobilie bislang **selbst bewohnt** haben, im Erdgeschoss noch eine Ladenzeile gewerblich vermietet haben: Sie müssen dem **Mieter** bzw. **Käufer** den Energieausweis zugänglich machen.

Das bedeutet: Sie müssen ihm nicht gleich eine Kopie aushändigen (obwohl das natürlich praktischer ist), sondern er muss lediglich **Kenntnis vom Inhalt** des Ausweises nehmen können.

Ein Energieausweis wird immer für das **gesamte Gebäude**, **nicht** für einzelne Wohnungen ausgestellt. Bei einer Wohnungseigentümergemeinschaft muss der Hausverwalter den Ausweis in Auftrag geben.

Ein Energieausweis gilt **10 Jahre lang**, gerechnet ab dem Ausstellungsdatum – auch dann, wenn Sie am Gebäude etwas ändern. Bei älteren und noch gültigen Energieausweisen **entfällt** die Pflicht zur Angabe der Energieeffizienzklasse.

→ **Praxis-Tipp**
Was bei Umbauten gilt

Selbst wenn Ihr Energieausweis noch gültig ist: Lassen Sie neue Fenster oder eine Wärmedämmung anbringen, sollten Sie sich schon im eigenen Interesse einen **neuen Energieausweis** holen, denn schließlich **verbessern** Sie damit den energetischen Zustand Ihres Gebäudes.

Die Ausstellungskosten zählen **nicht** als Betriebskosten, sondern Sie können sie lediglich bei Ihrer Steuererklärung als Ausgaben bei der Vermietung und Verpachtung in der Anlage V angeben.

Energieeinsparverordnung

Die Energieeinsparverordnung gibt es schon länger. Gerade **aktuell** ist die „Energieeinsparverordnung 2014", kurz EnEV genannt. Sie trat bereits am 1.5.2014 in Kraft.

Die Energieeinsparverordnung wirkte sich **nicht** unmittelbar auf die Umlage der Betriebskosten aus, sondern regelte viele technischen Maßnahmen zur Energieeinsparung wie z. B. dass die oberen, begehbaren Geschossdecken gedämmt werden müssen.

Nach der neuen Energieeinsparverordnung 2014 müssen unter anderem die **Energieausweise** um Energieeffizienzklassen erweitert werden. Die Regelung betrifft allerdings nur **neue Energieausweise** für Wohngebäude, die erst nach dem Inkrafttreten der EnEV 2014 ausgestellt werden.

Das heißt: Haben Sie bereits jetzt schon für das Wohngebäude, das Sie verkaufen oder vermieten wollen, einen **gültigen Energieausweis** nach bisherigem Recht – also noch **ohne** die zusätzliche Angabe einer Energieeffizienzklasse –, können Sie den nach wie vor verwenden.

Bisher mussten Sie die Energieausweise lediglich dem Mieter oder Käufer „zugänglich" machen. Mit der EnEV wird nun exakt festgelegt, dass Sie den Energieausweis schon **zum Besichtigungstermin** für das Kauf- bzw. Mietobjekt vorlegen müssen. Sie müssen dem Mieter bzw. Käufer spätestens beim Mietvertrags- bzw. Kaufvertragsabschluss eine **Kopie** bzw. das **Original** aushändigen.

Neu ist auch das: Wollen Sie eine Immobilie verkaufen oder vermieten, müssen Sie künftig die energetischen Kennwerte aus dem Energieausweis in Ihrer Anzeige mit angeben.

Besitzen Sie noch einen Energieausweis aus der Zeit **vor** Inkrafttreten der EnEV 2014, müssen Sie die Energieeffizienzklasse **nicht** in Ihrer Immobilienanzeige angeben.

 Praxis-Tipp
Was in Ihre Anzeige rein muss und was nicht

Das „Aus" steht dem sogenannten **Konstanttemperatur-Heizkessel** bevor. Gemeint sind Standard-Heizkessel, die ihre Temperatur **nicht** – wie modernere Geräte – der gefragten Heizleistung entsprechend anpassen können und noch mit flüssigen oder gasförmigen Brennstoffen beschickt werden.

Sind die **älter als 30 Jahre**, müssen Sie die ab 2015 außer Betrieb nehmen. Bisher galt diese Regelung nur für Kessel, die vor 1978 eingebaut wurden. Jetzt gilt sie für Heizkessel, die vor 1985 eingebaut wurden.

Haben Sie jedoch einen Brennwertkessel und Niedertemperaturheizkessel, der einen **besonders hohen Wirkungsgrad** hat, dürfen Sie den auch weiter betreiben.

→ **Praxis-Tipp**
Welche Vorteile
Selbstnutzer haben

Das Stilllegungsgebot für Heizkessel in der neuen EnEV 2014 gilt **nicht** für selbstgenutzte Ein- und Zweifamilienhäuser.

Für Eigentümer von Ein- und Zweifamilienhäusern, die am 1.2.2002 in diesen Häusern mindestens eine Wohnung **selbst genutzt** haben, gilt diese bereits seit der EnEV 2002 bestehende Regelung für Heizkessel fort. Danach kommen sie um die Austauschpflicht herum.

Allerdings: Im Fall eines Eigentümerwechsels muss der neue Eigentümer den Kessel innerhalb von 2 Jahren austauschen.

Die Neuerungen, die die EnEV 2014 mit sich bringt, betreffen vor allem **Neubauten.**

So soll beispielsweise der zulässige Jahres-Primärenergiebedarf aller Neubauten nach dem Bundesratsbeschluss ab dem 1.1.2016 um 25 % sinken. Der Wärmeverlust der Gebäudehülle muss um durchschnittlich 20 % verbessert werden.

Bestandsgebäude sind von diesen Verschärfungen ausgenommen.

Erschließungsbeitrag

Die Gemeinde fordert von Ihnen einen Erschließungsbeitrag, wenn Ihr Grundstück **zum ersten Mal** von einer fertiggestellten Straße erschlossen wird.

Erst wenn Ihr Grundstück über eine öffentliche Straße erreicht werden kann, dürfen Sie auch bauen. Weil Ihr Grundstück mit dem **Anschluss an eine Straße** eine Wertsteigerung erfährt, will die Kommune dafür Geld sehen: Nach dem Baugesetzbuch müssen die Grundstückseigentümer die Kosten für das erstmalige Herstellen einer Straße zu 90 % tragen.

Das Geld, was Sie an Ihre Kommune zahlen müssen, zählt **nicht** zu den öffentlichen Lasten i. S. d. Betriebskostenverordnung. Auch deswegen, weil die Kosten nur einmalig entstehen, sind sie nicht auf den Mieter umlegbar.

Fälligkeit, Betriebskostennachzahlung

Fällig heißt leider noch lange nicht, dass Ihr Mieter die Nachzahlung auch sofort leisten muss.

Bis es so weit ist, hat Ihr Mieter noch eine **Prüfungs- und Überlegungsfrist.** Erst wenn die abgelaufen ist, muss Ihr Mieter zahlen bzw. gerät er in Verzug, wenn er **nicht** zahlt.

Wie lang die Frist ist, die Sie Ihrem Mieter für das Überprüfen seiner Betriebskostenabrechnung zugestehen müssen, ist **umstritten.** Die Fristen reichen von 2 Wochen ab Zugang der Abrechnung beim Mieter bis zu 3 Monaten.

So lange diese Prüffrist läuft, ist Ihre Abrechnung zwar fällig, den Nachzahlungsbetrag muss Ihr Mieter deswegen aber noch nicht gleich zahlen!

Bei der Prüffrist wird häufig auf § 560 Abs. 2 Satz 1 BGB zurückgegriffen. Darin geht es eigentlich darum, **wann** die Änderungen bei einer geänderten Betriebskostenpauschale wirksam werden.

Danach muss Ihr Mieter seine Betriebskostennachzahlung mit dem **übernächsten Monatsbeginn,** nachdem ihm die Abrechnung zugegangen ist, zahlen.

Beispiel: Bis wann der Mieter zahlen muss

Ihre Betriebskostenabrechnung geht Ihrem Mieter am 7.3. zu, dann ist sie am 1.5. nicht nur **fällig,** sondern auch zahlbar.

Sind einzelne Abrechnungsposten streitig und möglicherweise ganz oder teilweise **unrichtig,** bleibt die Gesamtabrechnung trotzdem fällig. Jedenfalls dann, wenn Sie Ihre Abrechnung leicht um strittige Positionen kürzen können.

Es gibt nämlich eine sogenannte „**Teilfälligkeit**". Die liegt vor, wenn die Abrechnung hinsichtlich eines bestimmten Teils nachvollziehbar ist und das Abrechnungsergebnis aus diesem Teil mit zumutbarem Aufwand berechenbar ist.

Bemängelt Ihr Mieter also, dass Sie bei der Betriebskosten-abrechnung 6,95 EUR für Rasensamen angesetzt haben, ziehen Sie diese 6,95 EUR von Ihrer Gesamtabrechnung ab – und verlangen Sie, dass Ihr Mieter den Rest **sofort bezahlt** (OLG Düsseldorf, Urteil v. 8.6.2000, 10 U 94/99, GE 2000 S. 888).

→ **Praxis-Tipp**

Ohne Einsichtsrecht keine Fälligkeit

Erst wenn Sie dem Mieter ein Einsichtsrecht gewährt haben, wird Ihr Nachzahlungsanspruch **fällig**. Zuerst müssen Sie als Vermieter nämlich Ihre Karten in Form der Belege auf den Tisch legen – bevor Sie die Nachforderung von ihm einfordern können.

Lassen Sie sich als Vermieter nicht in die Belege schauen, verletzen Sie damit eine **vertragliche Nebenpflicht** aus dem Mietvertrag. Pochen Sie dennoch auf Ihre Nachzahlung, ist eine darauf gestützte Klage mangels Fälligkeit des Zahlungs-anspruchs zum Scheitern verurteilt (OLG Düsseldorf, Schlussurteil v. 23.3.2000, 10 U 160/97, GE 2000 S. 602).

Fälligkeit, Miete

Ihr Mieter muss laut Gesetz **bis zum 3. Werktag** seine Miete im Voraus zahlen. Beim Berechnen des 3. Werktags zählen Samstage **nicht** mit. Anders, wenn Sie kündigen: Da müssen Sie den Samstag als 3. Werktag mitrechnen.

Das Berechnen des 3. Werktags ist nicht immer einfach: Gerade, wenn dazwischen ein Feiertag (noch dazu kein bundesweiter) oder ein Sonntag liegt. Die zählen nämlich ebenfalls nicht mit.

Verwechseln Sie den 3. Werktag eines Monats bitte **nicht** mit dem 3. Kalendertag eines Monats. Ihr Mieter muss also **nicht** immer z. B. bis zum 3.1. oder 3.5. seine Miete zahlen, sondern die Mietzahlungstermine verändern sich, je nachdem, wie viele Samstage, Sonn- oder Feiertage es am Monatsbeginn gibt.

Monat	Mietzahlung möglich bis zum 3. Werktag ohne Samstag	Kündigung möglich bis zum 3. Werktag ein-schließlich Samstag
Januar 2014	6/7*.1.2014	4.1.2014
Februar 2014	5.2.2014	4.2.2014
März 2014	5.3.2014	4.3.2014

Monat	Mietzahlung möglich bis zum 3. Werktag ohne Samstag	Kündigung möglich bis zum 3. Werktag einschließlich Samstag
April 2014	3.4.2014	3.4.2014
Mai 2014	6.5.2014	5.5.2014
Juni 2014	4.6.2014	4.6.2014
Juli 2014	3.7.2014	3.7.2014
August 2014	5.8.2014	4.8.2014
September 2014	3.9.2014	3.9.2014
Oktober 2014	6.10.2014	4.10.2014
November 2014	5.11.2014	4./5*.11.2014
Dezember 2014	3.12.2014	3.12.2014
Januar 2015	6/7**.1.2015	5.1.2015
Februar 2015	4.2.2015	4.2.2015
März 2015	4.3.2015	4.3.2015
April 2015	7.4.2015	4.4.2015
Mai 2015	6.5.2015	5.5.2015
Juni 2015	3.6.2015	3.6.2015
Juli 2015	3.7.2015	3.7.2015
August 2015	5.8.2015	4.8.2015
September 2015	3.9.2015	3.9.2015
Oktober 2015	5.10.2015	5.10.2015
November 2015	4.11.2015	4.11.2015
Dezember 2015	3.12.2015	3.12.2015

* 5.11.2014 in Baden-Württemberg, Bayern, Nordrhein-Westfalen, Rheinland-Pfalz und im Saarland

** 7.1.2014 in Baden-Württemberg, Bayern, Sachsen-Anhalt

Fensteraustausch

Haben Sie Ihre bisherigen Fenster im Haus gegen neue, bessere Fenster ausgetauscht, können Sie eine **Modernisierungsmieterhöhung** durchführen.

Allerdings müssen Sie den sogenannten Instandhaltungskostenanteil von den Modernisierungskosten abziehen. Der **Instandhaltungskostenanteil** ist der Betrag, der notwendig wäre, um die bisherigen Fenster zu reparieren.

Diesen Instandhaltungsanteil müssen Sie als Vermieter selbst tragen. Je **niedriger** er ausfällt, umso besser für Sie!

Um späteren Streitigkeiten mit Ihrem Mieter über die Höhe des Instandhaltungsanteils aus dem Weg zu gehen, sollten Sie **vor** der Durchführung der Arbeiten immer einen **Kostenvoranschlag** einholen.

Darin sollte stehen, **wie viel** eine Reparatur der Fenster kosten würde. So müssen Sie sich hinterher **nicht** mit Ihrem Mieter darüber streiten, wie hoch der abzuziehende Instandhaltungsanteil tatsächlich ausfällt.

 Praxis-Tipp

Welches Fenster Sie sich in den Keller stellen sollten

Bewahren Sie bei einem Fensteraustausch eines der alten Fenster als Beweismittel auf. Wählen Sie hierzu das am **besten erhaltene** Fenster aus.

Warum? Je besser Ihr Beweisstück noch erhalten ist, umso **geringer** ist der Abzug, den Sie als Instandhaltungskosten von den Modernisierungskosten vornehmen müssen!

Fensterbank

Leben müssen Sie als Vermieter mit Wasserrändern auf Fensterbänken. Die gehören nämlich nach Ansicht der Gerichte zur normalen Abnutzung und stellen somit **keine** Beschädigung dar.

Der Grund: Es ist absolut üblich, dass auf Fensterbänken Blumentöpfe abgestellt werden, die auch gegossen werden müssen (OLG Köln, Urteil v. 29.4.1994, 19 U 201/93, WM 1995 S. 582).

Nicht mehr hinnehmen müssen Sie allerdings hässliche **Metall- und Rostflecken** auf Ihrer Marmorfensterbank (AG Münster, Urteil v. 9.10.2000, 49 C 910/00, WM 2000 S. 693). Stellt der Mieter dort seine feuchten Blumentöpfe hin, muss er auch für den Schaden aufkommen, der dadurch entsteht.

Wichtig: Der Mieter darf nur die Fensterbank **innen** „begrünen". Die Außenfensterbank allerdings **nicht**, denn die zählt bereits zur **Fassade** und damit nicht mehr zur Mietsache.

Blumenkästen an Balkonen sind dagegen erlaubt. Vorausgesetzt, sie sind ordnungsgemäß befestigt, sodass sie auch bei starkem Wind nicht herabstürzen und Passanten oder Nachbarn gefährden können.

Sicherlich: Solange es sich um **normale Abnutzungserscheinungen**, wie z. B. Wasser- und Kalkflecken, handelt, können Sie nichts sagen.

Das Maß der normalen Abnutzung ist aber **überschritten**, wenn sich 3 kräftige rostfarbene Ringe und Vertiefungen auf der Fensterbank abzeichnen!

→ Praxis-Tipp

Der schmale Grat zwischen Abnutzung und Beschädigung

Fensterscheibe, kaputte

Geht eine Scheibe im Treppenhaus kaputt, müssen Sie die **aus der eigenen Tasche** bezahlen, sofern Sie keinen Schuldigen dafür ausmachen können.

Bei den Reparaturkosten für die Scheibe handelt es sich nämlich um **Instandsetzungskosten**. Die dürfen Sie **nicht** auf Ihre Mieter im Haus als Betriebskosten umlegen, sondern müssen Sie als Vermieter selbst tragen.

Hätten Sie eine **Glasversicherung**, könnten Sie die an die Versicherung gezahlten Prämien auf den Mieter im Rahmen der Betriebskostenabrechnung umlegen.

Auch wenn Sie Ihrem Mieter nur die Versicherungskosten ersparen wollten: Es ist **nicht** gerechtfertigt, ihm nun statt der Versicherungskosten die Reparaturkosten aufzubürden.

Instandsetzungskosten dürfen Sie nun leider nicht im Rahmen eines Wohnungsmietvertrags auf den Mieter umlegen.

Wollen Sie also künftig **nicht** auf den Kosten sitzen bleiben, sollten Sie unbedingt möglichst bald eine Glasversicherung abschließen!

→ Praxis-Tipp

Glasbruch: Welche Versicherung hilft

Feuchte Wohnung

Ihr Mieter beschwert sich, die Wohnung sei feucht, und will deshalb die Miete mindern. Dann müssen Sie nicht gleich einen teuren Baufachmann kommen lassen, der ein Loch in die Wand bohrt, um die Feuchtigkeit im Wandinnern zu messen.

Vereinbaren Sie mit Ihrem Mieter erst einmal einen **Wohnungsbesichtigungstermin**. Nehmen Sie dann ein einfaches Hygrometer mit, das Sie für rund 15 EUR bei jedem Optiker kaufen können. Mit diesem messen Sie dann die Luftfeuchtigkeit in der Wohnung, auch wenn Ihr Mieter vorher gelüftet hat.

Bitten Sie ihn, im Schlafzimmer die Luftfeuchtigkeit messen zu dürfen. Denn das wird in der Regel wenig beheizt und ist deshalb besonders anfällig für Schimmel.

Zeigt das Hygrometer eine Feuchtigkeit von **70 % und mehr** an, können Sie sicher sein: Hier wurde nicht richtig gelüftet!

Damit ist Ihr Mieter selbst schuld an der Schimmelbildung und ist nicht berechtigt, die Miete zu mindern.

Feuerlöscher

Die Anschaffungskosten für einen Feuerlöscher dürfen Sie **nicht** auf den Mieter umlegen (LG Berlin, Urteil v. 26.11.2003, 29 O 374/03, GE 2005 S. 237). Die Wartungskosten für Feuerlöschgeräte lassen sich ebenfalls **nicht** als Heizkosten auf Ihren Mieter umlegen.

Sie dürfen die Inspektion, das Auswechseln der Feuerlöschmittel und die TÜV-Gebühren allerdings dann auf den Mieter **umlegen**, wenn Sie diese Kostenpositionen **ausdrücklich** in Ihrem Mietvertrag als „Sonstige Betriebskosten" aufgeführt haben (AG Stuttgart, Urteil v. 22.7.1994, 34 C 6338/94, WM 1997 S. 231).

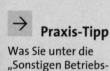

→ Praxis-Tipp

Was Sie unter die „Sonstigen Betriebskosten" schreiben sollten

Wollen Sie also Ihre Geldbörse entlasten, sollten Sie die Umlage der Wartungskosten **ausdrücklich** mit Ihrem Mieter vereinbaren (AG Hamburg, Urteil v. 2.4.1998, 37 b C 651/97, WM 1998 S. 352).

Ergänzen Sie dazu die „Sonstigen Betriebskosten" mit den Kosten für die Feuerlöscherwartung.

Feuerversicherung

Diese Kosten zählen zu den Kosten der Sach- und Haftpflichtversicherung und sind **umlagefähig**.

Flächenabweichung, Betriebskostenabrechnung

Stellen Sie fest, dass Sie bei Ihrer Betriebskostenabrechnung Ihrem Mieter bisher **viel weniger** oder **viel mehr** Quadratmeter abgerechnet haben, als Ihre Wohnung tatsächlich hat, gilt nach einem neueren BGH-Urteil folgende **Faustregel:** Sie müssen die Betriebskosten nach der im Mietvertrag angegebenen Fläche umlegen, es sei denn, Sie haben sich **um mehr als 10 % verrechnet** (BGH, Urteil v. 31.10.2007, VIII ZR 261/06).

Beträgt die Abweichung mehr als 10 % **zu Ihren Lasten,** können Sie nicht mehr an Ihren alten Abrechnungen rütteln. Die Rechtsexperten begründen das so: Weil Sie Ihre Flächenberechnung bei Mietvertragsabschluss nicht offengelegt haben, handelt es sich lediglich um einen unbeachtlichen Kalkulationsirrtum (Schmidt-Futterer, § 556a Rz. 30). Das bedeutet: Sie dürfen nur bei **künftigen Abrechnungen** von der größeren Fläche ausgehen!

Ist Ihre Wohnfläche dagegen tatsächlich um **mindestens 10 % kleiner** als im Vertrag steht, drohen Ihnen von Seiten des Mieters nicht nur **Rückzahlungsansprüche** wegen der Miete, sondern auch bei den Betriebskosten: Ihr Mieter kann die **überzahlten Beträge** nach den Grundsätzen der ungerechtfertigten Bereicherung nach §§ 812, 818 BGB zurückfordern. Sein Anspruch **verjährt** erst nach 3 Jahren.

Sogar wenn Ihr Mieter erst nach Ablauf der einjährigen „Meckerfrist" feststellt, dass seine tatsächliche Wohnfläche um **mehr als 10 % kleiner** ist, müssen Sie ihm zu viel gezahlte Betriebskosten wieder zurückzahlen (LG Berlin, Urteil v. 3.6.2005, 63 S 507/04, GE 2005 S. 993).

Bleiben Sie dagegen **unter der 10-%-Grenze,** dürfen Sie bei Ihrer Betriebskostenabrechnung von der Fläche ausgehen, die im Mietvertrag steht!

Etwas anderes gilt nur, wenn Sie im Mietvertrag eine **bestimmte Flächengröße** vertraglich vereinbart haben. So z.B., wenn in Ihrem Mietvertrag steht, dass die Größe der Wohnung mit 206 m^2 als vereinbart gilt. Dieser Satz bindet Ihnen als Vermieter auch künftig die Hände: Obwohl Ihre Wohnung **größer** ist, dürfen Sie trotzdem nur die im Mietvertrag festgelegte **geringere Fläche** abrechnen (OLG Düsseldorf, Urteil v. 8.6.2000, 10 U 94/99, GE 2000 S. 888).

Steht **nicht** in Ihrem Vertrag, nach welchem Berechnungsmodus sich die Wohnfläche berechnet, gilt stillschweigend die Wohnflächenverordnung als vereinbart (BGH, Urteil v. 23.5.2007, VIII ZR 231/06, GE 2007 S. 1023).

 Praxis-Tipp

Wie Sie Ihre Wohnfläche berechnen müssen

Fortsetzungswiderspruch

Haben Sie Ihrem Mieter gekündigt und zieht er **nicht freiwillig** aus, müssen Sie innerhalb von **2 Wochen** ab Kenntnis davon der Fortsetzung des Mietvertrags **widersprechen**.

Natürlich können Sie Ihren Widerspruch gegen die Vertragsverlängerung schon **vor** dem Mietvertragsende erklären. In den meisten Kündigungsschreiben ist dies bereits so vorgesehen.

Wichtig ist, dass ein enger zeitlicher Zusammenhang zwischen dem Vertragsende und Ihrer Widerspruchserklärung besteht.

Die meisten Vermieter schreiben bereits in die Kündigung rein, dass sie schon jetzt einer stillschweigenden Fortsetzung des Mietvertrags widersprechen. Allerdings sind einige Gerichte der Ansicht, dass so ein früher Widerspruch im ordentlichen Kündigungsschreiben **nicht** genügt, weil der Kündigungszeitraum von 3 Monaten zu lang ist.

Um hier **kein Risiko** einzugehen, sollten Sie bei Mietvertragsende **so schnell wie möglich** klären, ob der Mieter die Wohnung weiter nutzt. Ist dies der Fall, **widersprechen** Sie unbedingt der Vertragsfortsetzung.

Zieht der Mieter dennoch **nicht** aus, hilft Ihnen nur noch eine **Räumungsklage**.

! **Wichtig**

Eine Räumungsklage wirkt wie ein Widerspruch

Erheben Sie Räumungsklage, ist darin nur ein automatischer Fortsetzungswiderspruch enthalten, wenn die Klage Ihrem Mieter noch **innerhalb der 2-Wochen-Frist** zugestellt wurde.

→ **Praxis-Tipp**

Wer nicht widerspricht, behält seinen Mieter

Unterlassen Sie einen **Fortsetzungswiderspruch**, setzt sich Ihr Mietvertrag auf unbestimmte Zeit fort.

Das bedeutet: Alles, was Sie in Ihrem bisherigen Mietvertrag vereinbart hatten, gilt unverändert weiter. Wollen Sie den Mieter jetzt loswerden, müssen Sie diesen fortgesetzten Mietvertrag wieder kündigen.

Fotografieren

Zu Besuch beim Mieter und schnell ein paar Fotos machen? Das dürfen Sie nur, wenn Ihr Mieter damit **einverstanden** ist.

Ansonsten dürfen Sie nicht mal eben schnell **ungefragt** beim Mieter anlässlich einer Wohnungsbesichtigung die Digitalkamera oder Ihr Handy zücken.

Tun Sie es dennoch, stellt das einen **Eingriff in das Persönlichkeitsrecht** des Mieters (Artikel 2 Grundgesetz) dar – und Ihr Mieter darf sich wehren. Sein **Notwehrrecht** geht sogar so weit, dass er Ihnen notfalls die Kamera aus der Hand **schlagen** darf!

Fertigen Sie oder ein anderer während eines laufenden Mietverhältnisses **heimlich** Fotos von der Mietwohnung an, die Sie dann in einem Prozess als **Beweismittel** vorlegen wollen, gilt: Auch das stellt einen Verstoß gegen das Persönlichkeitsrecht dar.

Solche Aktionen **schaden** (drohende Anzeige wegen Hausfriedensbruchs) Ihnen mehr, als dass sie Ihnen nützen! Fragt Sie Ihr Mieter, **von wem** die Bilder sind, müssen Sie ihm das sogar noch verraten. Viel Ärger, den Sie sich sparen können.

→ **Praxis-Tipp**
Heimlich fotografieren? Besser nicht!

Frierender Mieter

Friert Ihr Mieter im Sommer, gilt: Auch **außerhalb** der Heizperiode müssen Sie die Sammelheizung wieder in Betrieb nehmen, wenn die Außentemperaturen es erfordern. Kurzfristige und geringfügige Temperaturschwankungen muss Ihr Mieter jedoch hinnehmen.

Ihre Heizungsanlage müssen Sie also **nicht** wegen nur eines frierenden Mieters kurzfristig wieder anwerfen oder auf „Winter" umstellen. Das wäre zum einen völlig unwirtschaftlich, zum anderen **erhöht** das bei einer verbrauchsabhängigen Heizkostenabrechnung den Festkostenanteil aller anderen Mieter im Haus.

Ihre Heizung dürfen Sie deshalb während des Zeitraums vom 1. Mai bis 30. September so lange auslassen, bis die Raumtemperatur **noch 18° C** beträgt.

Dies gilt selbst dann, wenn die unerfreulichen Temperaturen über einen **längeren Zeitraum** andauern (AG Berlin-Schöneberg, Urteil v. 4.2.1998, 5 C 375/97, NZM 1998 S. 476).

Dank des Urteils des Amtsgerichts Berlin-Schöneberg haben Sie es **besser**: Jetzt muss Ihr Mieter zuerst zur Strickjacke greifen, bevor Sie in den Heizungskeller laufen müssen!

Bisher mussten Sie Ihre Heizung schon wieder in Betrieb nehmen, wenn es drinnen witterungsbedingt an 3 aufeinanderfolgenden Tagen weniger als **20° C** hatte.

→ **Praxis-Tipp**

Warum Ihnen selbst eine noch so ausgefeilte Klausel nichts nutzt

Findige Vermieter versuchen ihrer Heizpflicht **außerhalb** der eigentlichen Heizperiode – also in der Zeit vom 1.5. bis 30.9. – mit einer entsprechenden Klausel im Mietvertrag zu entgehen.

So eine Klausel können Sie zwar in Ihren Mietvertrag hineinschreiben, rechtlich können Sie jedoch Ihre Heizpflicht auch während der Sommermonate **nicht** wirksam ausschließen: Sinkt das Thermometer, **müssen** Sie tätig werden!

Fristlose Kündigung, Ziehfrist

Es heißt zwar „fristlose Kündigung" – doch ganz so schnell bekommen Sie einen fristlos gekündigten Mieter aber dennoch **nicht** aus Ihrer Wohnung.

Es ist vielmehr so, dass Sie Ihrem Mieter eine „**Ziehfrist**" zugestehen müssen. Das ist der Zeitraum zwischen dem Zugang Ihrer Kündigung und der möglichen Räumung der Wohnung.

Je nachdem, in welchem Zeitraum die Wohnung geräumt werden **kann**, bemisst sich auch die Ziehfrist des fristlos gekündigten Mieters. Normalerweise genügt schon eine „Ziehfrist" von **1 Woche**, ratsam ist eine Ziehfrist von ca. 14 Tagen – das hängt jeweils von der **Größe** des Mietobjekts ab und dem Vertragsverstoß.

Berechnen Sie die Ziehfrist und schreiben Sie den Termin gleich in Ihr Kündigungsschreiben hinein. Damit weiß Ihr Mieter, **bis wann** er den Möbelwagen spätestens bestellt haben muss.

Fußabtreter

Ihr Mieter darf das Treppenhaus im üblichen Umfang nutzen. Dazu gehört auch das Auslegen einer Fußmatte, denn das ist **allgemein üblich**.

Ihr Mieter darf zwar – solange Sie das per Hausordnung nicht verboten haben – eine Fußmatte vor seine Wohnungstür legen, aber **nicht** seine Schuhe dort abstellen (zur Fußmatte: AG Berlin-Tempelhof-Kreuzberg, 19 C 27/98, AG Berlin-Neukölln, Urteil v. 24.4.2003, 7 C 21/03, GE 2003 S. 1161).

Mittlerweile drücken die Gerichte sogar bei einem **kleinen Schuhregal** vor der Wohnungstür im Treppenhaus ein Auge zu, wenn es weder die anderen Bewohner beeinträchtigt noch den Fluchtweg versperrt (AG Herne, Urteil v. 11.7.2013, 20 C 67/13).

Dagegen haben Schuhe im Treppenhaus eigentlich nichts verloren. Regnet oder schneit es allerdings, dürfen die Schuhe vor der Tür **auf** dem Fußabtreter abgestellt werden – allerdings nur **vorübergehend** (OLG Hamm, Beschluss v. 4.12.2008, 15 Wx 168/88).

Wenn schon **keine Fußmatten** draußen liegen dürfen, dann darf Ihr Mieter auch nicht seine **dreckigen Schuhe** vor der Wohnungstür abstellen. Aber selbst wenn er das immer tut: Das ist noch **kein** Kündigungsgrund (KG Berlin, Urteil v. 18.11.2004, 8 U 125/04, GE 2004 S. 1588).

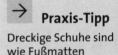

Praxis-Tipp

Dreckige Schuhe sind wie Fußmatten

Fußboden, Schadensersatz

Schön wäre es, wenn der Mieter bei seinem Auszug z. B. einen beschädigten Parkett- oder Laminatfußboden wieder vollständig erneuern müsste. Aber so ist es leider nicht!

Zu einem 100 %igen **Schadensersatz** für Fußböden kommen Sie so gut wie nie. Es ist vielmehr so, dass Sie einen **Abzug „neu für alt"** hinnehmen müssen.

Das bedeutet, dass Ihr Mieter Ihnen **nicht** den Neupreis für den Fußboden zahlen muss. Es ist nämlich so, dass Sie sich den **Vorteil**, dass Sie etwas Neues statt etwas Altem bekommen, anrechnen lassen müssen.

Beispiel: Wie Sie den Abzug „neu für alt" berechnen

Beim Auszug Ihres Mieters ist der Teppichboden erst 3 Jahre alt. Er hat normalerweise eine „Lebenszeit" von 10 Jahren. Das bedeutet, dass Ihnen Ihr Mieter nur 20 % des Neupreises ersetzen muss.

Fußboden, Wertersatz

Bei Versicherungsschäden oder Streitigkeiten mit Ihrem Mieter müssen Sie wissen, wie viel Ihnen für Ihren beschädigten Teppich oder Kunststoffboden noch zusteht.

Die Mitglieder der Bundesfachgruppe der vereidigten Sachverständigen im Zentralverband des Raumausstatter-Handwerks haben nach **ihren Erfahrungssätzen** diese Abschreibungssätze für Fußbodenbeläge ermittelt:

Für textile Beläge

Kaufpreis	Jährliche Abschreibung
unter 5 EUR	ca. 30 %
unter 10 EUR	ca. 25 – 20 %
über 10 EUR	ca. 15 %
über 15 EUR	ca. 12 %
über 20 EUR	ca. 10 %
über 25 EUR	ca. 9 %
über 30 EUR	ca. 8 %

Linoleum-, Gummi- und Kunststoffbeläge

Kaufpreis	Jährliche Abschreibung
unter 5 EUR	ca. 20 %
PVC, Verbund	ca. 20 %
PVC, Mehrschicht	ca. 12 %
PVC, homogen 1,5	ca. 12 %
PVC, homogen 2,0	ca. 10 %
Linoleum 2,5 mm	ca. 7 %
Linoleum 3,2 mm	ca. 5 %
Gummi, homogen	ca. 5 %
Gummi, profiliert	ca. 5 %

Bevor Sie den Wertminderungssatz berechnen, müssen Sie nachfolgende **5 Punkte** berücksichtigen:

1. wie lange der Boden genutzt wurde

2. welcher Abschreibungssatz sich daraus ergibt

3. welcher optische Eindruck der Boden macht (Pflege, Abnutzung, Beschädigung)

4. was Sie bei der Anschaffung bezahlt haben

5. wie der Boden (fach- und sachgerechte Arbeit) verlegt wurde.

Fußmatten

Lassen Sie die Schmutzfänger im Eingangsbereich reinigen, sind die Kosten nach § 2 Nr. 9 BetrKV als Kosten der Hausreinigung **umlegbar**.

Allerdings muss die Reinigungshäufigkeit noch dem Gebot der Wirtschaftlichkeit Genüge tun.

Garage, Betriebskosten

Die Betriebskosten einer Garage dürfen Sie auf den Garagenmieter **nur dann** umlegen, wenn Sie die Umlage von Betriebskosten auch mit ihm vereinbart haben. Idealerweise steht das bereits so in Ihrem schriftlichen Garagenmietvertrag. Ansonsten gilt: Wer nichts vereinbart, darf auch nichts umlegen!

Häufig wird mit dem Garagenmieter auch eine Inklusivmiete vereinbart. Dann sind mit der Miete bereits alle anderen Betriebskosten wie z. B. Strom, Licht oder Grundsteuer abgegolten.

Wichtig: Handelt es sich um eine beheizte Garage, müssen Sie die Heizkosten verbrauchsabhängig abrechnen.

Garage, Kündigungsfrist

Vermieten Sie einen nicht zum Wohnen bestimmten Raum wie z. B. eine Garage, können Sie diesen **spätestens bis zum 3. Werktag** eines Kalendermonats für den Ablauf des übernächsten Monats kündigen (§ 580a Abs. 1 BGB).

Sie haben also „nur" eine **3-monatige Kündigungsfrist** und benötigen für Ihre Kündigung **keinen** Kündigungsgrund.

Beispiel: Wie Sie die Kündigungsfrist berechnen

Kündigen Sie Ihrem Mieter beispielsweise am 3.12.2015 (= 3. Werktag im Monat Dezember) Ihre Garage, wird Ihre Kündigung schon zum 28.2.2016 wirksam.

Geht Ihre Kündigung Ihrem Mieter allerdings erst am 4.12.2015 (= 4. Werktag im Monat Dezember) zu, wird sie erst zum 31.3.2016 wirksam.

Vermieten Sie eine Wohnung samt Garage oder Stellplatz innerhalb eines Mietvertragsformulars, können Sie die Garage oder den Stellplatz **nicht getrennt** vom Wohnungsmietvertrag kündigen, sondern nur beide Mietverträge gemeinsam.

! Wichtig

Was gilt, wenn Sie eine Wohnung samt Garage vermieten

Und: Dann brauchen Sie natürlich auch einen Kündigungsgrund wie z. B. Eigenbedarf.

Garagenmiete

Vermieten Sie **gleichzeitig** Ihrem Mieter eine Wohnung mit einer Garage, wird das bereits als einheitliches Mietverhältnis gesehen. Auch dann, wenn Sie **getrennte Verträge** abzuschließen.

Grundsätzlich gehen die Gerichte nämlich davon aus, dass die Mietverhältnisse über die Wohnung und die Garage nach dem Willen der Beteiligten **eine rechtliche Einheit** bilden sollen. Ein Indiz dafür ist es auch,

- wenn die Mietparteien identisch sind,

- wenn sich die Wohnung und die Garage auf **demselben Grundstück** befinden,

- gleiche Vertragsabschlussdaten,

- gleiche Vertragslaufzeiten.

Bei einer Mieterhöhung heißt es dann: Sie können die Miete immer nur zusammen erhöhen. Nur 10 EUR mehr für die Garage? Das geht nicht!

Einfacher machen Sie sich dagegen Ihr Leben, wenn Sie für die Garage einen separaten Mietvertrag abschließen und zudem ausdrücklich darauf hinweisen, dass **Gewerberaummietrecht** gelten soll. Denken Sie daran, in den Mietvertrag eine Vereinbarung über künftige Mieterhöhungen aufzunehmen – sonst sind Sie jahrelang an die einmal vereinbarte Garagenmiete gebunden.

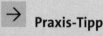

Praxis-Tipp

Wann Sie 2 getrennte Mietverträge abschließen sollten

2 getrennte Verträge empfehlen sich auch, wenn Sie in nächster Zeit die vermietete Garage selbst nutzen wollen. Vermieten Sie beides im **gleichen** Vertrag, können Sie beides auch nur **gemeinsam kündigen!**

Haben Sie Ihrem Mieter keine Garage oder keinen Stellplatz mitvermietet, darf er natürlich weder **in** der Garage noch auf dem Stellplatz parken. Andererseits ist es so: **Dulden** Sie jahrelang, dass der Mieter seine Wagen auf dem Grundstück abstellt, kann dieses Recht auch ohne ausdrückliche Regelung zu einem Nutzungsrecht erstarken.

Eine ganz andere Frage ist, was der Mieter in seiner Garage tun oder unterlassen darf. Das richtet sich in erster Linie nach seinem **Vertrag** und dem, was **ortsüblich** ist.

Erlaubt ist das Lagern von Zubehör wie etwa Werkzeug, Ersatzteile, Winterreifen, Fahrräder. Er darf Regale anschrauben und Schränke aufstellen.

Das gilt jedoch **nicht** für einen Mieter eines Tiefgaragenstellplatzes. Tiefgaragenplätze dürfen, sofern im Mietvertrag nichts anderes geregelt ist, **nur** zum Abstellen von Autos, **nicht** aber zum Lagern von Kartons oder Ähnlichem genutzt werden (AG München, Urteil v. 21.11.2012, 433 C 7448/12).

Gartengeräte

Die neue Gartenschere oder der neue Rasenmäher: Das sind Kosten, die **nicht** auf den Mieter im Rahmen der Betriebskostenabrechnung umlegbar sind (AG Laufen, Urteil v. 5.7.2005, 3 C 1176/04, WM 2005 S. 605).

Zu den Betriebskosten zählen nur **laufende Kosten**. Gartengeräte müssen aber nicht ständig neu angeschafft werden, sondern haben erfahrungsgemäß eine Lebensdauer von etlichen Jahren. Teilweise halten sie sogar 10 Jahre lang. Deswegen kann von „laufenden Aufwendungen" **keine Rede** sein.

Auf der anderen Seite durfte jedoch ein Vermieter die Kosten für einen **Laubsauger** als Betriebskosten auf seinen Mieter umlegen (LG Berlin, Urteil v. 9.3.2000, 62 S 463/99, GE 2000 S. 539).

Allerdings handelte es sich dabei auch um eine größere Wohnanlage mit insgesamt 13.218 m^2 Wohnfläche.

Gartenpflege, vom Mieter übernommene

Übernimmt Ihr Mieter die Gartenpflege, müssen Sie ihm **nicht** die dazu notwendigen Geräte beschaffen. Sie schneiden sich damit vielmehr ins eigene Fleisch, denn der, dem die Geräte gehören, ist auch **instandhaltungspflichtig**.

Ist also der Rasenmäher Ihres Mieters kaputt, ist das **Mietersache**. Ist Ihr zur Verfügung gestellter Rasenmäher kaputt, ist es Vermietersache!

Muss der Mieter laut Mietvertrag Gartenpflegearbeiten übernehmen, können Sie nur **einfache Pflegearbeiten** von ihm verlangen. Das sind solche, die weder eine besondere **Kenntnis** noch einen besonderen **Kostenaufwand** erfordern (LG Braunschweig, Hinweisbeschluss v. 5.2.2009, 6 S 548/08, GE 2009 S. 1317).

→ **Praxis-Tipp**
Was unter einfache Gartenpflegearbeiten fällt

Zu den *einfachen Gartenpflegearbeiten* gehören: Rasenmähen, Unkraut jäten und Laub entfernen oder Beetflächen umgraben (OLG Düsseldorf, Urteil v. 7.10.2004, I-10 U 70/04).

Dagegen muss der Mieter **nicht** die Pflanzen düngen, nachsäen, vertikutieren oder mit Kompost abstreuen.

Ebenso gehört das Hecken und Bäume beschneiden oder die Rasenkante abstechen **nicht mehr** zu den Arbeiten, die der Mieter im Garten erledigen muss.

Ihr Mieter muss die Platten im Garten und auf der Terrasse nur fegen, nicht reinigen.

Für manche Gerichte ist schon das Reinigen der Terrassenplatten zu viel verlangt (LG Siegen, Urteil v. 13.9.1990, 3 S 211/90, WM 1991 S. 85)!

Gartenpflegekosten

Zu den Gartenpflegekosten, die Sie im Rahmen der Betriebskostenabrechnung auf Ihren Mieter umlegen dürfen, gehören:

- die Kosten der Pflege gärtnerisch angelegter Flächen,

- die Kosten der Erneuerung von Pflanzen und Hölzern,

- die Kosten der Pflege von Spielplätzen,

- die Kosten der Erneuerung von Sand,

- die Kosten der Pflege von Plätzen, Zugängen und Zufahrten, die dem nicht öffentlichen Verkehr dienen und sich auf dem Grundstück befinden, auf dem das Mietobjekt steht,

- Rasenmähen, Düngen, Vertikutieren und Unkrautbeseitigen auf Rasen und Rabatten,

- Beschneiden von Bäumen, Sträuchern und Hecken,

- Erneuern von Pflanzen (nicht aber die Erstanschaffung),

- Wässern und Gießen im Sommer,

- Abtransportieren von Gartenabfällen,

- Entfernen verblühter Blumen,

- alters-, witterungs- oder umweltbedingtes Beseitigen von Sträuchern und Bäumen sowie entsprechende Neubepflanzung,

- Nachsäen von Rasen (nicht Erstanlage),

- Personalkosten, für die Pflege erforderliche Materialien wie z. B. Pflanzen und Dünger, Betriebs-, Wartungs- und Reparaturkosten für Geräte, durch die höhere Personalkosten eingespart werden können (umstritten, anerkannt für Laubsauger),

- Kosten für die Sanderneuerung auf dem Spielplatz, Reparaturkosten für Spielgeräte und Bänke (nicht bei mutwilligen Beschädigungen oder wenn sie erneuert werden müssen),

- Pflegekosten für Plätze, Zugänge oder Zufahrten,

- Benzin für den Rasenmäher (nicht aber die Kosten für die Erst- oder Ersatzanschaffung von Gartengeräten).

Die Kosten für die Gartenpflege dürfen Sie als Vermieter auch dann umlegen, wenn Ihr Mieter die Rasenfläche oder das Beet **nicht betreten** darf (BGH, Urteil v. 26.5.2004, VIII ZR 135/03, WM 2004 S. 399).

Allein der **Blick ins Grüne** rechtfertigt es, dass Sie dem Mieter die Gartenpflegekosten auf die Betriebskostenabrechnung setzen dürfen (LG Berlin, Urteil v. 26.4.2002, 64 S 181/01, GE 2002 S. 931).

→ **Praxis-Tipp**
Betreten verboten, Umlage erlaubt

Um **nicht umlagefähige** Instandsetzungskosten handelt es sich jedoch, wenn die Kosten für Nachholarbeiten infolge **jahrelanger Vernachlässigung** der Gartenpflege entstanden sind (LG Hamburg, Urteil v. 14.2.1992, 311 S 254/90).

Gartenteich

Die Anlage eines Gartenteichs gehört noch zum **vertragsgemäßen Gebrauch** der Mietsache. Jedenfalls, wenn Sie in Ihrem Mietvertrag nicht vereinbart haben, dass Ihr Mieter keinen Teich anlegen darf.

Ansonsten ist es so, dass er zwar im Garten einen Teich graben darf, ihn aber **bei Vertragsende** wieder folgenlos beseitigen muss (LG Lübeck, Urteil v. 24.11.1992, 14 S 61/92, WM 1993 S. 669).

Gasleitung

Ob Sie die Kosten einer Druck- und Dichtigkeitsprüfung der Gasleitungen in einem Mietshaus umlegen dürfen, war umstritten.

Mit der BGH-Entscheidung zum vergleichbaren **E-Check** dürfte sich diese Diskussion zu Ihren Gunsten erledigt haben:

Da es sich um **wiederkehrende Kosten** handelt, die der Prüfung der technischen Anlagen dient, hat sie der BGH als „Sonstige Betriebskosten" anerkannt (BGH, Urteil v. 14.2.2007, VIII ZR 123/06 für Elektroanlagen).

Gegensprechanlage

Lassen Sie Ihre Gegensprechanlage regelmäßig warten, dürfen Sie diese Kosten **nicht** als Betriebskosten auf den Mieter umlegen.

Sie wissen ja: Als Wohnungsvermieter dürfen Sie auf Ihren Mieter nur dort Wartungskosten umlegen, wo Ihnen das die Betriebskostenverordnung ausdrücklich gestattet!

Dennoch sollten Sie die Reparatur einer defekten Gegensprechanlage nicht auf die lange Bank schieben, denn Ihr Mieter kann Ihnen deswegen **5 % der Miete kürzen** (LG Berlin, Urteil v. 22.9.1998, 64 S 53/98, GE 1998 S. 1275).

Eine andere Kammer des Landgerichts sprach dem Mieter **2 % zu** (LG Berlin, Urteil v. 16.2.1999, 64 S 356/98, GE 2000 S. 345, LG Berlin, GE 1992 S. 1043).

Gemeindeabgaben

Muss ein Mieter laut Vertrag die „Gemeindeabgaben" tragen, sind damit alle laufenden Abgaben erfasst, die unter die Ertragshoheit der Gemeinde fallen und an diese zu leisten sind.

Also **auch** die Grundsteuer (OLG Hamm, Urteil v. 26.4.2005, 7 U 48/04, ZMR 2005 S. 617).

Gemischt genutztes Gebäude

Ein gemischt genutztes Gebäude besitzen Sie, wenn Sie sowohl Gewerberaummieter als auch Wohnraummieter in einem Haus haben.

Bisher war immer umstritten, ob Sie bei einem gemischt genutzten Gebäude einen **Vorwegabzug** vornehmen müssen.

Vorwegabzug heißt: Sie müssten die erhöhten Betriebskostenanteile, die erkennbar wegen der gewerblichen Nutzung anfallen, erst einmal herausrechnen. Diesen Anteil dürfen Sie nämlich nur auf die Gewerberaummieter umlegen.

Der Sinn des Vorwegabzug: Ein Wohnungsmieter soll **nicht** mit Kosten belastet werden, die allein oder in höherem Maß wegen der **gewerblichen Nutzung** im gemischt genutzten Gebäude anfallen.

Der Bundesgerichtshof hat entschieden, dass Sie so einen Vorwegabzug nur bei **preisgebundenem** Wohnraum vornehmen müssen oder dann, wenn Sie in Ihrem Mietvertrag mit dem Mieter extra einen Vorwegabzug vereinbart haben (Urteil v. 8.3.2006, VIII ZR 78/05).

Ansonsten (also bei ganz „normalen" Mietverträgen) nur dann, wenn alle oder einzelne Betriebskostenarten so sehr **ins Gewicht** fallen, dass die Wohnungsmieter in Ihrem Haus dadurch **mehr** belastet werden. So schreibt es jedenfalls § 20 Abs. 2 Satz 2 der Neubaumietenverordnung vor.

Dass eine solche **Mehrbelastung** wegen des fehlenden Vorwegabzugs vorliegt, muss Ihr Mieter **beweisen** (BGH, Urteil v. 25.10.2006, VIII ZR 251/05).

→ **Praxis-Tipp**
Erläutern Sie, was Sie abziehen und warum

Hüten Sie sich davor, Ihre Betriebskosten vorab schon um die **nicht umlagefähigen Teile** zu bereinigen. Geben Sie **nicht** die Gesamtkosten, sondern nur die um den Vorwegabzug „bereinigte" Summe an, begehen Sie bereits einen **formellen** Fehler, weil Sie immer die Gesamtkosten angeben müssen.

Sie müssen immer angeben, **ob** und in **welcher Höhe** Sie nicht umlagefähige Kosten vorab abgesetzt haben (BGH, Urteil v. 14.2.2007, VIII ZR 1/06).

Gewerberaummiete

Von Gewerberäumen spricht man bei solchen Räumen, die zu anderen als zu **eigenen** Wohnzwecken bestimmt sind (§ 578 Abs. 2 BGB).

Mietet also beispielsweise eine Firma bei Ihnen einen Wohnraum an, in dem später Mitarbeiter untergebracht werden sollen, liegt ein **Gewerberaummietvertrag** vor. Denn schließlich mietet der Mieter – die Firma – die Räume nicht an, um selbst darin zu wohnen!

Gleiches gilt, wenn Sie beispielsweise einen Laden, ein Büro, eine Fabrik- oder Lagerhalle vermieten. Sie müssen sich dann **nicht** an die engen Vorschriften des Wohnraummietrechts halten. Sie können zuerst in den §§ 535 bis 548 BGB blättern, dann die Wohnraum-Paragrafen 549 – 577a BGB überspringen und danach gleich wieder die §§ 578 ff. BGB aufschlagen.

! **Wichtig**

Welche Wohnraumvorschriften auch für Gewerberaum gelten

Einige Vorschriften des **Wohnraummietrechts** wie beispielsweise die Mietvorauszahlungspflicht gelten auch für Gewerberaummieter. Welche das im Einzelnen sind, steht in den §§ 578 – 580a BGB ausdrücklich drin.

Gewerberaummietvertrag, Kündigungsgrund

Wollen Sie als Gewerberaumvermieter **ordentlich** unter Einhaltung der ganz normalen Kündigungsfrist kündigen, können Sie sich – anders als ein Wohnungsvermieter – einen Kündigungsgrund sparen: Als Gewerberaumvermieter benötigen Sie für eine fristgemäße ordentliche Kündigung **keinen** Kündigungsgrund wie z. B. Eigenbedarf.

Wollen Sie dagegen **fristlos** kündigen, gilt für Sie § 543 BGB. Damit können Sie Ihren Mietvertrag nur fristlos kündigen, wenn Ihnen ein **wichtiger Grund** zur Seite steht.

Beispielsweise wenn sich Ihr Mieter in Zahlungsrückstand befindet, er die Mietsache vernachlässigt oder einem anderen unbefugt überlässt.

Gewerbliche Nutzung

Ihr Mieter verdient in seiner Wohnung seinen gesamten Lebensunterhalt. Arbeiten in der Wohnung: Darf der Mieter das oder dürfen Sie für diese gewerbliche Nutzung von ihm einen

Gewerbezuschlag verlangen? Schließlich haben Sie ihm ja die Räume zum Wohnen vermietet.

Die salomonische Antwort lautet: Es kommt darauf an!

Von einem Journalisten oder einem Schriftsteller können Sie sicherlich **nicht** verlangen, dass er nicht in der Wohnung arbeitet. Auch nicht, wenn ein Rechtsanwalt, ein Steuerberater, ein Lehrer, Beamter oder ein Kaufmann zu Hause lediglich **Schreibarbeiten** erledigt.

Sobald aber die Arbeit

– in eine büromäßige Organisation ausartet,

– zahlreiche Kunden zu Besuch kommen,

– Angestellte aus- und eingehen oder

– ein Geschäftsschild angeschraubt wird,

spricht das für eine gewerbliche Nutzung. Deswegen können Sie Ihren Mieter **abmahnen.** Oder Sie können Ihre Zustimmung zu einer teilgewerblichen Nutzung der Räume erteilen und auf einen **Gewerbezuschlag** pochen.

Als **gewerbliche Nutzung** gilt es beispielsweise, wenn Ihr Mieter an 3 Werktagen die Woche etwa 12 Schülern Gitarrenunterricht erteilt. Damit ist das normale Maß für eine Wohnnutzung eindeutig überschritten und eine Kündigung gerechtfertigt (BGH, Urteil v. 10.4.2013, VIII ZR 213/12).

Wollen Sie Ihrem Mieter kündigen, weil Sie oder Ihre Ehefrau seine Wohnung künftig selbst zu **beruflichen Zwecken** nutzen wollen, bissen Sie damit bisher auf Granit. Es ist zwar nach wie vor **kein** Eigenbedarfsgrund, wenn in der gekündigten Wohnung auch künftig gewohnt statt gearbeitet wird.

Allerdings greift Ihnen in solchen Fällen jetzt § 573 Abs. 1 BGB und der Bundesgerichtshof unter die Arme: Weil die Berufsfreiheit des Vermieters genauso schwer wiegt wie sein Eigenbedarfswunsch, dürfen Sie Ihrem Mieter **auch** kündigen, wenn Sie oder Ihre Angehörigen **nicht** in der Wohnung wohnen, sondern arbeiten wollen (BGH, Urteil v. 26.9.2012, VIII ZR 330/11).

 Praxis-Tipp

Arbeiten statt wohnen gilt als Kündigungsgrund

Glasversicherung

Diese Kosten zählen zu den Kosten der Sach- und Haftpflichtversicherung und sind **umlagefähig**.

Glühbirnen

Die neue Lampe im Kellerabgang, die Energiesparlampen im ganzen Haus – die Kosten dafür dürfen Sie **nicht** auf den Mieter umlegen.

Beide zählen zu den Instandhaltungskosten und die sind bekanntlich Vermietersache. **Allerdings:** Sparen Sie damit nachweislich Strom, können Sie es mit einer **Modernisierungserhöhung** nach § 559 BGB probieren!

Wechseln Sie also die ganzen Lampen oder Glühbirnen in den Gemeinschaftsräumen Ihres Mietshauses aus, sind das **reine Instandhaltungskosten**, die Sie **nicht** als Betriebskosten auf den Mieter umlegen dürfen (OLG Düsseldorf, Urteil v. 8.6.2000, 10 U 94/99, GE 2000 S. 888).

Gradtageszahlentabelle

Zieht Ihr Mieter nahe am Anfang oder Ende des Abrechnungszeitraums aus, empfiehlt es sich oft, die Kosten zwischen Vor- und Nachmieter nach der **Gradtageszahlentabelle** abzurechnen statt eine Zwischenablesung machen zu lassen.

Teilweise wird sogar die Meinung vertreten, dass Sie diese Methode aus Kostenersparnisgründen der teureren Zwischenablesung vorziehen müssen (AG Coesfeld, Urteil v. 14.5.1987, 4 C 5/87, DWW 1987 S. 238).

Weil Heizkosten nicht gleichmäßig über das ganze Jahr anfallen, gibt es die **Gradtageszahlentabelle**. Sie gewichtet die Wintermonate entsprechend stärker als die Sommermonate. Deswegen ist eine Kostenverteilung nach dieser Methode oft verbrauchsnäher als lediglich die zeitanteilige Aufteilung.

Erstellen Sie die Heizkostenabrechnung für den Abrechnungszeitraum 1.1.–31.12. und ist Ihr neuer Mieter erst am 1.6. eingezogen, errechnen Sie so seinen Anteil an den verbrauchten Heizkosten:

	40 (für die Monate Juni, Juli, August)
+	30 (für den Monat September)
+	80 (für den Monat Oktober)
+	120 (für den Monat November)

+   160 (für den Monat Dezember)
=   430

Damit muss sich Ihr neuer Mieter zu einem Verbrauchsanteil von 430/1000 am Gesamtverbrauch beteiligen.

Den ansetzbaren Anteil pro Monat können Sie der nachfolgenden Gradtageszahlentabelle entnehmen.

Monat	Ansetzbarer Anteil pro Monat	pro Tag	%
Januar	170	5,4839	17 %
Februar	150	5,3571	15 %
März	130	4,1935	13 %
April	80	2,6667	8 %
Mai	40	1,2903	4 %
Juni	13	0,4333	1 %
Juli	13	0,4194	1 %
August	14	0,4516	1 %
September	30	1,0000	3 %
Oktober	80	2,5806	8 %
November	120	4,0000	12 %
Dezember	160	5,1613	16 %
		1000	

Grillen

Sommerzeit – Grillzeit. Ein Motto, das sich viele Menschen zu Herzen nehmen. Manch einem qualmt es allerdings **gewaltig**, was dort vom Balkon oder der Gartenterrasse herüberweht. *„Darf der das überhaupt?"*, werde ich oft gefragt. Geht es nach den Gerichten, sieht es so aus:

Grillt und frittiert Ihr Mieter trotz eines Grillverbots in der Hausordnung auf dem Balkon, gilt: Beschweren sich Mitmieter, können Sie ihn deswegen **abmahnen**. Macht er dennoch munter weiter, können Sie ihm wegen vertragswidrigen Gebrauchs sogar fristlos kündigen (LG Essen, Urteil v. 7.2.2002, 10 S 438/01, WM 2002 S. 337).

Ihr Nachbar ist ein „Partylöwe"? Aber bitte **nicht nach 22 Uhr!** Ab da müssen Sie nämlich Gerüche und Geräusche, die von nächtlichem Grillen herrühren, nicht mehr schlucken.

Allerdings hat auch schon mal ein Gericht entschieden, dass **bis zu 4-mal im Jahr** ein Grillen bis 24 Uhr noch sozialadäquat sein kann (OLG Oldenburg, Urteil v. 29.7.2002, 13 U 53/02).

Das Amtsgericht München hat einem Nachbarn sogar zugestanden, von Mai bis August im Garten seines gemieteten Hauses **16-mal** – also einmal pro Woche – zu grillen. Und das, obwohl sich **Nachbarn** über Rauch und die Bratgerüche in ihrer Wohnung beschwert hatten (AG München, Urteil v. 1.4.2004, 263 C 27021/03).

Da ist man im Schwäbischen schon etwas strenger – jedenfalls, wenn es um den Mieter geht: Der darf nur **3-mal im Jahr für 2 Stunden** den Grill anwerfen (LG Stuttgart, Urteil v. 14.8.1996, 10 T 359/96).

Ähnlich hart urteilte das Amtsgericht Bonn: In einem Mehrfamilienhaus darf der Mieter **nur 1-mal im Monat** grillen. Und das auch nur, wenn er 48 Stunden vorher seine Mitmieter über seine Grillabsichten informiert (Urteil v. 29.4.1997, 6 C 545/96, WM 1997 S. 325).

→ **Praxis-Tipp**

Mitfeiern statt sich ärgern

Genießen Sie den Sommer und feiern Sie doch einfach mit, wenn Ihr netter Mieter mal wieder den Grill anwirft!

Ob der Mieter eines Mehrfamilienhauses auf seinem Balkon grillen darf, hängt unter anderem von der jeweiligen **Hausordnung** ab. Darin kann das Grillen sogar ganz **verboten** werden. Hält sich Ihr Mieter trotz mehrerer Abmahnungen **nicht** daran, dürfen Sie ihm fristlos kündigen (LG Essen, 10 S 438/01).

Für **Eigentümergemeinschaften** gilt: Das Grillen auf offener Flamme kann bereits per schlichtem Mehrheitsbeschluss in der Eigentümerversammlung beschlossen werden (LG München I, Urteil v. 10.1.2013, 36 S 8058/12 WEG).

Steht **nichts** zum Grillen in der Hausordnung, darf der Mieter in normalem Umfang und bei normaler Bauweise gelegentlich auf seinem Balkon grillen (AG Berlin-Mitte, Urteil v. 7.1.2010, 25 C 159/09). Allerdings gilt auch dabei das **Gebot der Rücksichtnahme**, was den Geruch und den Rauch betrifft.

Gelegentlich heißt: **3-mal monatlich 2 Stunden** sind noch erlaubt (LG Stuttgart, 10 T 359/96). Teilweise erlauben die

Gerichte das Grillvergnügen aber auch nur **einmal monatlich** und nur mit vorheriger Ankündigung (AG Bonn, 6 C 545/96).

Geht es nach dem Oberlandesgericht Oldenburg (Urteil v. 29.7.2002, 13 U 53/02, DWW 2005 S. 4), darf der Mieter **4-mal im Jahr** grillen. Auch in einem Haus, wo Balkon an Balkon grenzt. Allerdings muss das Mieter-Grillfest aber spätestens um 22 Uhr beendet sein.

Ab 22 Uhr hat jeder Mitbewohner im Haus einen Anspruch auf ungestörte Nachtruhe, d.h. er kann den Wohnungsnachbarn auffordern, sein Fest in die Wohnung zu verlagern.

→ **Praxis-Tipp**
Ab 22 Uhr muss Ruhe sein

Grundbesitzabgaben

Gerade in älteren Mietverträgen findet sich noch häufig der Begriff „Grundbesitzabgaben".

Darunter fällt **zumindest** auch die Kostengruppe „Grundsteuer" (OLG Düsseldorf, Urteil v. 29.6.2000, 10 U 116/99, GE 2000 S. 1028).

Grundmietenverordnung

Kennen Sie die etwa noch? Können Sie vergessen, denn die gehört bereits der Vergangenheit an, taucht aber bisweilen noch im Zusammenhang mit **DDR-Mietverträgen** auf.

Tatsächlich gab es nach der Wende noch die 1. und die 2. Grundmietenverordnung. **Beide** sind durch das Mietenüberleitungsgesetz vom 6.6.1995 außer Kraft getreten.

Wenn Sie jetzt Ihre **Wohnungsmiete erhöhen** wollen, müssen Sie sich an die §§ 557 bis 560 BGB halten – auch wenn Sie noch einen „alten DDR-Mietvertrag" haben.

Grundsteuer

Die Grundsteuer ist nach der Betriebskostenverordnung umlagefähig. Das gilt allerdings nur – wie bei allen anderen umlagefähigen Betriebskosten auch –, wenn Sie dies in Ihrem Mietvertrag auch vereinbart haben.

Wie viel Grundsteuer Sie zahlen müssen, berechnet sich nach dem Grundsteuergesetz so:

Einheitswert × Steuermesszahl × Hebesatz

Der **Einheitswert** bezeichnet einen Wert, der für verschiedene Steuerarten wie z. B. die Grund-, Erbschaft- und Gewerbesteuer als Besteuerungsgrundlage diente.

Heute wird er eigentlich nur noch für die Grundsteuer herangezogen. Er liegt meist weit unter dem tatsächlichen Verkehrswert.

Was es mit der **Steuermesszahl** auf sich hat, steht in § 15 Grundsteuergesetz. Sie beträgt – bis auf ein paar Ausnahmen wie z. B. Ein- (2,6 vom Tausend) oder Zweifamilienhäusern (3,1 vom Tausend) – 3,5 vom Tausend.

Der **Hebesatz** wird von der jeweiligen Gemeinde festgelegt. Er variiert also von Ort zu Ort.

Multipliziert man die beiden Werte mit dem Hebesatz, kommt der **Steuermessbetrag** heraus.

→ **Praxis-Tipp**

Wenn Sie Grundsteuern nachzahlen sollen

Wird Ihnen die Grundsteuer nachträglich erhöht, können Sie das Geld vom Mieter nachfordern (BGH, Urteil v. 5.7.2006, VIII ZR 220/05). Auch dann, wenn der seine Betriebskosten längst nachgezahlt hat.

Allerdings müssen Sie schnell sein: Sie haben ab Kenntnis von der **rückwirkenden Festsetzung** der Grundsteuer durch das Finanzamt nur **maximal 3 Monate** Zeit, Ihr Geld nachzufordern (BGH, Urteil v. 12.12.2012, VIII ZR 264/12).

Grundsteuer, gemischt genutztes Gebäude

Vermieten Sie ein gemischt genutztes Gebäude, müssen Sie **mehr** Grundsteuer zahlen, als wenn Sie nur Wohnraum vermieten würden.

Wegen dieser Mehrbelastung mussten Sie in der Vergangenheit einen **Vorwegabzug** vornehmen.

Nach einer neueren Entscheidung des Bundesgerichtshofs müssen Sie sich diese Rechenarbeit nur noch machen, wenn sonst die Wohnungsmieter **erheblich** mit Kosten belastet würden, die allein oder in einem höheren Maße durch die gewerbliche Nutzung entstehen (BGH, Urteil v. 8.3.2006, VIII ZR 78/05).

Nach anderer Ansicht müssen Sie schon dann einen **Vorwegabzug** bei der Grundsteuer vornehmen, wenn Ihr Bescheid unterschiedliche **Hebesätze** ausweist (AG Köln, Urteil v. 23.5.2006, 210 C 43/06, WM 2006 S. 568).

Ist das der Fall, müssen Sie die Grundsteuer, die auf die **Gewerberäume** entfällt, anhand der Jahresrohmiete ermitteln (AG Köln, Urteil v. 26.1.1999, 210 C 432/98, ZMR 1999 S. 344).

Dazu müssen Sie den **Einheitswertbescheid** zurate ziehen. Den schickt Ihnen das Finanzamt zu.

Entnehmen Sie die auf den Gewerberaum entfallenden Grundsteueranteile Ihrem Grundsteuermessbescheid vom Finanzamt.

Haus- und Gebäudehaftpflichtversicherung

Eine Haus- und Gebäudehaftpflichtversicherung greift immer dann ein, wenn Sie Ihre Eigentümerpflichten verletzt haben und deswegen ein Dritter von Ihnen wegen der erlittenen Personen- und/oder Sachschäden Schadensersatz will.

Als Vermieter sind Sie zwar **nicht** verpflichtet, eine Gebäudehaftpflichtversicherung für Ihre Immobilie abzuschließen – **besser** ist es aber schon! Noch dazu, weil Sie die Kosten dieser Haftpflichtversicherung als Kosten der Sach- und Haftpflichtversicherung auf den Mieter **umlegen** dürfen.

Außerdem kann es Ihnen ja auch passieren, dass beispielsweise im Winter ein Passant vor Ihrem nicht ordnungsgemäß geräumten und gestreuten Gehweg vor Ihrem Mietshaus **ausrutscht** und sich verletzt.

Oder dass ein Besucher Ihres Mieters im Treppenhaus stürzt, weil das Flurlicht plötzlich ausgeht.

Teuer kann es auch werden, wenn Ihr Mieter auf dem Zuweg zum Haus über eine lose Bodenplatte stolpert.

Vor den **Kosten** solcher Schäden schützt Sie die Gebäudehaftpflichtversicherung!

Die Höhe der Prämie, die Sie für die Gebäudeversicherung eines Mietshauses zahlen müssen, richtet sich meist nach Ihrer **Bruttojahresmiete.**

 Praxis-Tipp

Je höher die Miete, desto teurer meist die Versicherung

Haftung, Sturz des Mieters

Stürzt ein Mieter oder dessen Besucher im Dunkeln auf dem Zugangsweg zu Ihrem Haus und bricht sich ein Bein, weil er den **Lichtschalter** nicht gedrückt hatte, haften Sie **nicht**.

Jedenfalls dann **nicht**, wenn Sie den Zugang zum Haus gut beleuchtet hatten, der Mieter beim Verlassen des Hauses das Licht aber einfach nicht einschaltet.

Haben Sie also alle nötigen Maßnahmen ergriffen, die ein verständiger, umsichtiger, in vernünftigem Maß vorsichtiger Mensch ergreifen würde, um andere vor Schäden zu bewahren, sind Sie **haftungsmäßig** aus dem Schneider.

Dass jemand im Dunkeln geht, **ohne** das Licht anzumachen: Damit müssen Sie **nicht** rechnen (OLG Köln, Urteil v. 8.11.2000, 11 U 41/00).

Stürzt ein kleines Kind in eine verglaste Wohnungstür, haften Sie ebenfalls **nicht**, wenn die Tür nur normal verglast war: Sicherheitsglas in Wohnungstüren ist **keine** Pflicht (BGH, Urteil v. 16.5.2006, VI ZR 189/05, NZM 2006 S. 578).

Das Oberlandesgericht Koblenz hat in einem Urteil entschieden, dass Sie als Hauseigentümer Ihre Verkehrssicherungspflicht erst dann verletzen, wenn Mieter und Besucher bei durchschnittlicher Gehgeschwindigkeit nicht **mindestens 2 Geschosse** überwinden können, **ohne** erneut den Lichtschalter betätigen zu müssen (OLG Koblenz, Urteil v. 5.10.1995, 5 U 324/95).

Handwerkerauftrag

Der richtige Umgang mit Handwerkern? Freundlich, aber bestimmt!

Die erste wichtige Regel: Lassen Sie sich immer ein **schriftliches Angebot** geben und achten Sie darauf, dass dort die Leistung in Ihrem Sinne genau beschrieben ist.

Achten Sie darauf, dass Sie **keine Vorschüsse** zahlen müssen, und vereinbaren Sie die sogenannte „BGB-Verjährung" – die ist bei Arbeiten an einem Bauwerk nämlich **länger** als die „VOB-Verjährung".

Taucht tatsächlich ein **Mangel** auf, besichtigen Sie den zunächst einmal selbst – gegebenenfalls mit einem Fachmann.

Es ist nicht etwa so, dass Sie im Falle einer mangelhaften Werkleistung sofort auf Kosten Ihres Handwerkers Maßnahmen treffen und den Handwerker von jeglicher weiterer Mitwirkung bei der Mängelbeseitigung ausschließen können. Das ist schlichtweg falsch.

Jeder Handwerker hat grundsätzlich das Recht auf eine „zweite Chance". Dies bedeutet, dass Sie ihm die Möglichkeit einräumen müssen, einen Sachmangel durch eine Nachbesserung zu beseitigen. Tun Sie dies **nicht**, haben Sie später keine Ansprüche!

Lassen Sie dem Handwerker Ihre Nachbesserungsaufforderung am besten **schriftlich** zukommen und geben Sie gleich ein Ausführungsdatum an.

Sprechen Sie dabei im ersten Schritt noch **keine** Ablehnungsandrohung aus. Lassen Sie sich mit Ihrem Handwerker auf keine Minderungsdiskussion ein. Bestehen Sie auf eine **Beseitigung** des Mangels.

Beseitigen Sie den Mangel **nicht selbst**, sondern beauftragen Sie damit nach erfolglosem Ablauf der Nachbesserungsfrist einen anderen Handwerker.

Stellen Sie bereits bei der Abnahme einen Mangel fest, zahlen Sie keinesfalls den kompletten Preis, sondern behalten Sie erst einmal das **2- bis 3-Fache der Mängelbeseitigungskosten** zurück.

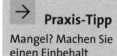

Praxis-Tipp

Mangel? Machen Sie einen Einbehalt

Härteklausel

Wenn Sie einen Mieter in Deutschland „loswerden" wollen, ist das gar nicht so einfach! Weil der Wohnungsmieter gleich **doppelt** geschützt ist:

1. Dadurch, dass Sie – bis auf wenige Ausnahmen – immer einen **Kündigungsgrund** benötigen. Ganz gleich, ob Sie dem Mieter ordentlich oder fristlos kündigen.

2. Zum anderen, weil der Mieter berechtigt ist, einer ordentlichen Kündigung zu **widersprechen**, sofern sie für ihn, seine Familie oder einen anderen Angehörigen seines Haushalts eine besondere **Härte** darstellt (= Härteklausel).

Mit „Härtegründen" kommt der Mieter nur durch, wenn er gegen Ihre **ordentliche Kündigung** auch wirklich form- und fristgerecht **Widerspruch** einlegt (BGH, Rechtsentscheid v. 20.1.1988, VIII ARZ 4/87, ZMR 1988 S. 130). Kann Ihr Mieter einen Härtegrund vorweisen, **verlängert** das Gericht meist das Mietverhältnis – meist nur vorübergehend, schlimmstenfalls jedoch auf unbestimmte Zeit.

So einfach ist es allerdings **nicht** für Ihren Mieter, sich auf eine soziale Härte zu berufen: Die **üblichen** Umstände und Unbequemlichkeiten, die ein Umzug mit sich bringt, machen ihn **nicht** automatisch für den Mieter zur sozialen Härte.

Es kommt vielmehr auf die konkreten Lebensumstände des von der Kündigung betroffenen Mieters an, wenn es darum geht, die **soziale Härte** zu beurteilen. Einem schwerkranken Mieter können Sie natürlich keinen Umzug zumuten.

Werfen Sie nicht gleich die Flinte ins Korn, wenn Ihr Mieter Härtegründe geltend macht: Das Gericht **wägt** immer Ihre Kündigungsgründe gegen die vorgebrachten Härtegründe Ihres Mieters ab. Das Gewicht seiner Härtegründe muss also erst einmal Ihre Kündigungsgründe **übersteigen**.

In der Praxis kommt dies wesentlich seltener vor, als sich das viele Mieter erhoffen!

! Wichtig

Wie lange Ihr Mieter der Kündigung widersprechen kann

Nach § 574b Abs. 2 Satz 2 BGB kann Ihr Mieter seinen Widerspruch noch bis zum „ersten Termin des Räumungsrechtsstreits" erklären.

Allerdings können Sie als kündigender Vermieter diese „Hängepartie" schon wesentlich früher beenden: **Belehren** Sie ihn nämlich rechtzeitig über sein Widerspruchsrecht, endet seine Widerspruchsfrist **bereits 2 Monate vor Vertragsende**.

Versäumt Ihr Mieter die Widerspruchsfrist und zieht er dennoch nicht aus, müssen Sie sich im anschließenden Räumungsprozess unbedingt auf die **versäumte Widerspruchsfrist** berufen. Denn das Gericht muss nicht von Amts wegen prüfen, ob Ihr Mieter fristgerecht seine Härtegründe vorgebracht hat.

Am besten, Sie weisen Ihren Mieter schon im **Kündigungsschreiben** auf sein Widerspruchsrecht hin. Dafür genügen schon diese 3 Sätze:

Entsprechend der gesetzlichen Bestimmungen weise ich Sie darauf hin, dass einem Mieter gegen eine Kündigung u. U. ein

*Recht zum Widerspruch zustehen kann. Die Einzelheiten entnehmen Sie bitte dem Wortlaut der **beigefügten** §§ 574 ff. BGB, auf die ich zur Vermeidung von Wiederholungen vollinhaltlich Bezug nehme. Sollten Sie Widerspruch einlegen, verlange ich unverzüglich Auskunft über Ihre Widerspruchsgründe.*

Fügen Sie Ihrem Kündigungsschreiben unbedingt eine Kopie der §§ 574 ff. BGB bei oder wiederholen Sie deren Wortlaut in Ihrem Kündigungsschreiben.

→ **Praxis-Tipp**
Was Sie Ihrer Kündigung beifügen sollten

Hausflur

Ein Schirmständer oder ein Kühlschrank haben im Hausflur **nichts** verloren. Ein **Kinderwagen** oder ein **Rollator** darf dort nur abgestellt werden, wenn es dem Mieter nicht zumutbar ist, den in seine Wohnung oder den Keller zu tragen (AG Düsseldorf, Urteil v. 27.3.2013, 22 C 15963/12, WM 2013 S. 348). Zumindest für einen Rollator gilt **zusätzlich**: Den muss der Mieter Platz sparend zusammenklappen (LG Hannover, Urteil v. 17.10.2005, 20 S 39/05)!

Den Kinderwagen darf der Mieter sogar **anketten**, um ihn vor einem Diebstahl zu schützen (LG Berlin, Urteil v. 15.9.2009, 63 S 487/08).

Hält sich Ihr Mieter **nicht** daran, können Sie ihn deswegen abmahnen. An Gemeinschaftsflächen hat Ihr Mieter nämlich nur ein Mitgebrauchsrecht. Das ist überschritten, wenn er sich aufführt wie ein Alleinbesitzer!

Dagegen darf der Mieter dezente und nur vorübergehende Dekorationen zu besonderen Anlässen an seine Wohnungstür hängen. Gegen einen frühlingshaften **Oster- oder Weihnachtsschmuck** können Sie als Vermieter nichts sagen, sofern er nicht stört und auch ansonsten noch ausreichend Platz bleibt (LG Düsseldorf, Beschluss v. 10.10.1989, 25 T 500/89).

Hängt Ihr Mieter dagegen **ohne** Ihre vorherige Zustimmung ein Bild im Treppenhaus eines Mehrfamilienhauses auf, können Sie darauf bestehen, dass er es wieder abhängt (AG Köln, Urteil v. 15.7.2011, 220 C 27/11).

Ein kleines, 30 cm tiefes **Schuhregal** vor der Wohnungstür im Treppenhaus kann im Einzelfall zulässig sein, wenn es weder die anderen Bewohner beeinträchtigt noch den Fluchtweg versperrt (AG Herne, Urteil v. 11.7.2013, 20 C 67/13).

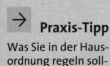

→ **Praxis-Tipp**
Was Sie in der Hausordnung regeln sollten

Sie können per Hausordnung verbieten, dass Mieter ihre Räder im Flur oder Treppenhaus abstellen. Das ist **zulässig** (LG Hannover, Urteil v. 17.10.2005, 20 S 39/05).

Das gilt allerdings nur, wenn es andere zumutbare **Abstellmöglichkeiten** im Haus gibt. Ist ein geeigneter Raum vorhanden, z.B. ein Fahrradkeller, und sehen Hausordnung oder Mietvertrag vor, dass die Fahrräder dort abgestellt werden müssen, muss der Mieter sich daran halten und darf das Fahrrad **nicht** in seine Wohnung mitnehmen.

Haushaltsnahe Dienstleistungen

Unter haushaltsnahe Dienstleistungen fallen grob gesagt alle Arbeiten, die normalerweise irgendjemand aus der Familie verrichtet, z.B. die Wohnungs- oder Treppenhausreinigung, das Fensterputzen oder Gartenpflegearbeiten. Verrichtet die statt einem Familienangehörigen ein **Dienstleister** oder stellen Sie dafür eigens jemanden an, sind Sie schon ganz nah dran am Steuern sparen.

Übertragen Sie jemanden anderen, z.B. eine Gebäudereinigungsfirma damit, die Fenster in Ihrem selbst genutzten Einfamilienhaus zu putzen, können Sie die Kosten als haushaltsnahe Dienstleistung von der Steuer absetzen.

Von der Rechnungssumme können Sie 20 % vom jeweiligen Rechnungsbetrag plus der anteiligen Umsatzsteuer nach § 35a EStG steuerlich geltend machen. **Maximal** aber nur 20 % von 6.000 EUR. Das entspricht einer maximalen Steuerersparnis von **1.200 EUR pro Haushalt und Jahr.**

Der steuerlich absetzbare Teil wird **direkt von der Nachzahlung** und nicht nur vom zu versteuernden Einkommen abgezogen.

Müssten Sie also normalerweise 2.000 EUR an Steuern **nachzahlen**, dürfen Sie den durch die haushaltsnahen Dienstleistungen ersparten Anteil direkt vom Nachzahlungsbetrag abziehen.

Zu den als haushaltsnahe Dienstleistung absetzbaren Kosten zählen nur die Kosten für den Arbeitslohn und ggf. die Maschinen- und Fahrtkosten mit, **nicht** aber die Materialkosten.

→ **Praxis-Tipp**
Welche Kosten bei der Steuer mitzählen

Auch Ihr Mieter kann von diesem Steuermodell profitieren. Beispielsweise wenn Sie die Treppenhausreinigung in Ihrem Mietshaus von jemand durchführen lassen. Indirekt beteiligt sich ja Ihr Mieter über die Betriebskostenabrechnung daran – also müssen Sie ihn auch am Steuern sparen beteiligen!

Haushaltsnahe Dienstleistungen können sich hinter diesen Betriebskostenarten verstecken:

- Gartenpflege (außer den Kosten für den Austausch von Pflanzen und Spielsand)
- Hausreinigung (einschließlich der Reinigungsmittel)
- Hauswart
- Schnee- und Eisbeseitigung, jedoch nur auf dem Grundstück (einschließlich Streumaterial)
- Noch umstritten: Abrechnungsservice (Heizung und Wasser).

Für Sie als Vermieter hat die Sache allerdings einen Haken: Sie **müssen** Ihrem Mieter auf Verlangen eine **Bescheinigung** ausstellen, aus der die in den abgerechneten Betriebskosten enthaltenen Anteile für haushaltsnahe Dienstleistungen hervorgehen.

Haushaltsnahe Handwerkerleistung

Mit haushaltsnahen Handwerkerrechnungen lassen sich Steuern sparen. Darunter fallen **Renovierungs-, Erhaltungs- und Modernisierungsarbeiten.** Je nachdem, wer sie bezahlt – Sie oder Ihr Mieter –, kann sie steuerlich geltend machen!

Zu den handwerklichen Tätigkeiten zählen beispielsweise diese Arbeiten:

- Abflussreinigung
- Arbeiten am Dach, an der Fassade, an Garagen
- Arbeiten an Innen- und Außenwänden
- Badmodernisierung
- Dachrinnenreinigung

- Streichen und Lackieren von Türen, Fenstern (innen und außen), von Wandschränken, Heizkörpern und -rohren
- Fassadenarbeiten
- Fliesen verlegen
- Gartengestaltungsmaßnahmen (Gartenpflegearbeiten wie Heckenschneiden und Rasenmähen zählen dagegen zu den haushaltsnahen Dienstleistungen)
- Gebühren für den Schornsteinfeger
- Hausanschlüsse (z. B. Kabel für Strom oder Fernsehen)
- Kontrolle für die Blitzschutzanlage
- Modernisierung oder Austausch der Einbauküche (nur die Arbeits-, nicht die Anschaffungskosten!)
- Pflasterarbeiten auf dem Grundstück
- Reparatur oder Austausch von **Fenstern** und **Türen**
- Reparatur und Wartung von Haushaltsgegenständen wie z. B. Waschmaschine, Geschirrspüler, Herd, Fernseher, PC usw.
- Reparatur, Wartung oder Austausch von **Heizungsanlagen**, Elektro-, Gas- und Wasserinstallationen
- Terrassenüberdachung
- Überdachung eines Stellplatzes (Carport)
- Wärmedämmmaßnahmen
- Wartung des Feuerlöschers.

Sie können bei Ihrer Steuererklärung 20 % vom jeweiligen Rechnungsbetrag plus der anteiligen Umsatzsteuer nach § 35a EStG steuerlich geltend machen.

Maximal aber nur 20 % von 6.000 EUR. Das entspricht einer maximalen Steuerersparnis von 1.200 EUR **pro Haushalt und Jahr.**

Beispiel: Handwerkerrechnung: Wie viel Steuern Sie sparen

Sie lassen sich vom Maler den Hausflur und das Wohnzimmer renovieren. **Tapeten** und **Farbe** kosten 1.000 EUR. Dazu kommen noch mal 4.000 EUR an **Arbeitskosten.**

Fürs Finanzamt können Sie von der Rechnung über 5.000 EUR nur die 4.000 EUR für die **Arbeitskosten** ansetzen. Die Materialkosten zählen nicht mit. 20 % von 4.000 EUR wären also eine Steuerersparnis von 800 EUR.

Lassen Sie sich jetzt noch für 3.000 EUR das **Bad neu fliesen,** könnten Sie davon eigentlich noch einmal 600 EUR als haushaltsnahe Handwerkerleistung absetzen.

Da Ihnen das Finanzamt aber nur **höchstens** 1.200 EUR pro Jahr und Haushalt zugesteht, können Sie von den Kosten für das geflieste Bad nur noch 400 EUR geltend machen statt der tatsächlichen Kosten von 600 EUR.

Rechnerisch gesehen bringt Ihnen eine Handwerkerrechnung **über 6.000 EUR** eigentlich gar nichts, da Sie ohnehin **nur 20 %** absetzen dürfen und so jeder Betrag, der die 6.000-EUR-Grenze überschreitet, steuertechnisch verpufft: Denn es bleibt dennoch bei der Maximalförderung von 1.200 EUR im Jahr!

→ **Praxis-Tipp**
Zu teuer: Ab wann das Finanzamt streikt

Hausmeister, Instandhaltungs- und Verwaltungskostenabzug

Auch wenn es vielleicht wehtut: Die Arbeitszeit und die Kosten, die Ihr Hausmeister für Instandhaltungen, Instandsetzungen, Erneuerungen, Schönheitsreparaturen oder die Hausverwaltung aufbringt, sind keine Betriebskosten. Die müssen Sie aus Ihren Hauswartkosten **herausrechnen.**

So kürzte das Amtsgericht Köln beispielsweise einem Vermieter die Hausmeisterkosten um 1/6, weil der Hausmeister z.B. die Wohnung an neue Mieter übergeben hatte und in einer Mietwohnung die Therme reparierte (Urteil v. 17.8.1993, 208 C 460/92, WM 1995 S. 120).

Das Landgericht Berlin zog einem Vermieter **20 %** für Instandhaltungs- und Verwaltungsarbeiten ab, die der Hauswart durchführte (LG Berlin, Urteil v. 29.4.2002, 62 S 413/01, GE 2002 S. 860).

Steht in Ihrem Hausmeistervertrag, dass Ihr Hausmeister auch die vor Ort zu erledigenden Hausverwaltungstätigkeiten ausüben muss, kann Ihnen das Gericht die Hausmeisterkosten **um satte 20 % kürzen** (LG Berlin, Urteil v. 14.11.2002, 62 S 230/02, GE 2003 S. 121).

Führt Ihr Hausmeister auch **Kleinreparaturen** durch oder wickelt er einen Mieterwechsel ab, dürfen Sie die dafür anfallenden Kosten **nicht** umlegen.

Wenn Sie nicht sicher sind, was umlegbar ist, können Sie sich an dem folgenden Urteil des Amtsgerichts Köln orientieren: Hausmeisterkosten beschränken sich auf das Entgelt **für körperliche Arbeiten** wie Haus-, Treppen- und Straßenreinigung, Gartenpflege, Heizungs- und Fahrstuhlbedienung sowie -überwachung (ZMR 1996 S. XII, Nr. 20).

Hausmeisterkosten, Höhe

Wie viel dürfen Sie für den Hausmeister ausgeben? Das Amtsgericht Köln hat entschieden, dass Sie 0,26 EUR monatlich pro m^2 Wohnfläche ausgeben dürfen.

Das Landgericht Wuppertal liegt bei 0,50 EUR monatlich pro m^2 Wohnfläche und damit zwar über dem ortsüblichen Maß. Jedoch ist das bei einer großen Wohnanlage noch **kein Verstoß** gegen das Gebot sparsamer Wirtschaftsführung (Urteil v. 2.3.1999, 16 S 280/98, WM 1999 S. 342).

Das Amtsgericht Frankfurt/M. war da wesentlich **strenger** (Urteil v. 5.6.2002, 33 C 4255/01-28, WM 2002 S. 377). Dem waren die Hausmeisterkosten in Höhe von insgesamt 735,67 EUR im Jahr zu hoch.

Das Gericht rechnete dem Vermieter daraufhin vor, **wie viel er maximal** vom Mieter nehmen dürfte. Es kam auf 51,13 EUR im Monat.

Wie das Gericht rechnete? Es orientierte sich am **Betriebskostenmittelwert des Mietspiegels.** Danach hätte der Vermieter nur 0,13 EUR pro Monat und m^2 für Hausmeisterdienste ausgeben dürfen.

Tatsächlich hatte er aber 1,05 EUR pro Monat und m^2 in den Hausmeisterdienst investiert – **viel zu viel**, wie das Gericht ihm per Urteil bescheinigte!

Weichen Ihre Hausmeisterkosten **erheblich** von den Durchschnittswerten ab, müssen Sie wegen des Gebots der Wirtschaftlichkeit die hohen Kosten begründen und nachweisen können, dass sie erforderlich waren.

Will Ihr Mieter wissen, **wie viel** der Hausmeister verdient, müssen Sie ihm seine Lohn- und Gehaltsabrechnung vorlegen (LG Berlin, Urteil v. 5.5.2005, 63 S 416/02, GE 2006 S. 849)!

! Wichtig

Bereiten Sie sich auf unangenehme Fragen vor

Hausordnung

Bei fast jedem 3. Mietvertrag fehlt die dazugehörige Hausordnung! Deshalb: Hängen Sie an jeden Ihrer Mietverträge Ihre Hausordnung und lassen Sie diese von Ihrem Mieter nochmals **extra unterschreiben**. Oft wird dies vergessen – mit fatalen Folgen!

Nur wenn der Mieter bereits bei Mietvertragsabschluss vom Inhalt der Hausordnung Kenntnis nehmen konnte, ist sie auch für ihn **verbindlich**. Das gilt besonders für die meist nur an dieser Stelle genannten Hausreinigungspflichten (Kehrwoche).

Haben Sie es versäumt, Ihrem Mietvertrag eine Hausordnung beizufügen bzw. diese in den Mietvertrag einzubeziehen, gilt: Sie dürfen **einseitig** nachträglich eine Hausordnung erlassen. Allerdings dürfen Sie sich darin nur auf Anordnungen beschränken, die für das geordnete Zusammenleben im Haus notwendig sind bzw. die Handhabung der Mietsache betreffen.

Dazu gehören beispielsweise solche Regelungen wie die **Haustür** abends abzuschließen oder von wann bis wann die **Waschküche** benutzt werden darf oder dass bei Kälte die **Fenster im Hausflur** geschlossen werden müssen.

Dazu gehört **nicht** das Auferlegen von **zusätzlichen** Pflichten oder Beschränkungen wie beispielsweise die regelmäßige Treppenhausreinigung.

Haben Sie die Treppenhausreinigung **nicht** bereits im Mietvertrag geregelt, bleiben **Sie** als Vermieter zur Treppenhausreinigung verpflichtet, es sei denn, Sie **ändern** den Mietvertrag zu Ihren Gunsten.

→ Praxis-Tipp

Wie Sie die Hausordnung ändern können

Dies geht allerdings nur **mit Zustimmung** Ihres Mieters!

Hausordnung, Urlaubszeit

Die Hausordnung macht keinen Urlaub – genauso wenig wie alle anderen Pflichten aus dem Mietvertrag. Auch während seiner **Abwesenheit** muss also Ihr Mieter das Treppenhaus putzen und seine Miete zahlen.

Natürlich muss er **nicht** unbedingt **persönlich** zum Besen greifen. Er kann ebenso gut seinen Nachbarn bitten, für ihn mitzuputzen oder die Termine mit ihm zu tauschen.

Hausrecht

Als Eigentümer Ihres Mietshauses steht Ihnen das **Hausrecht** gemäß § 903 BGB zu. Gesetzlich ist es so: Der Eigentümer einer Sache kann jede Einwirkung auf seine Sache ausschließen. Es sei denn, das Gesetz oder die Rechte Dritter stehen dem entgegen.

Das gilt natürlich auch für Sie als Eigentümer eines Hauses. Folglich dürfen Sie also auch andere vom Gebrauch Ihres Hauses ausschließen. Am einfachsten geht dies mit einem **Hausverbot**.

Im Klartext heißt das: Störende Dritte, die **nicht Mieter** in Ihrem Haus sind, können Sie des Hauses verweisen.

An der Wohnungstür Ihres Mieters hört Ihr Hausrecht allerdings auf. In der Mieterwohnung hat also **allein Ihr Mieter** das Sagen. Das geht so weit, dass Ihr Mieter Ihnen das Betreten seiner Wohnung untersagen kann.

Ihnen als Vermieter bleibt aber das Hausrecht über die allgemein zugänglichen Flächen, so z. B. über Treppenhaus und Flure.

Als Vermieter können Sie also jedem, der nicht im Haus wohnt, das Betreten Ihres Hauses bzw. Ihres Grundstücks ohne Angabe von Gründen **verbieten** und ihn auffordern, Ihr Grundstück sofort zu verlassen.

Wegen §§ 535 und 854 BGB gilt das aber **nur für Nicht-Mieter**. Ihren Mieter können Sie nicht so ohne Weiteres des Hauses verweisen. Schwierig ist dies auch gegenüber Besuchern Ihres Mieters. Auch denen gegenüber dürfen Sie **nur in Ausnahmefällen** ein Hausverbot aussprechen!

Als Vermieter können Sie nach § 541 BGB verlangen, dass Ihr Mieter störenden Besuchern künftig das Betreten der Räume untersagt.

Der Mieter muss immer für das Verhalten seines Besuchers einstehen, weil dieser als sein Erfüllungsgehilfe anzusehen ist. Deswegen können Sie den Mieter wegen des Verhaltens seines Besuchs abmahnen oder sogar kündigen.

Lässt der Mieter einen Besucher rein, gegen den Sie ein Hausverbot ausgesprochen haben und kommt es deshalb zu erneuten Störungen des Hausfriedens wegen des Besuchers, kann das Ihre **Kündigung** wegen §§ 543 Abs. 2 Nr. 2 bzw. 569 Abs. 2 BGB rechtfertigen.

 Praxis-Tipp

Störender Besuch: Was Sie vom Mieter verlangen können

Hausreinigungskosten

Ein sauberes Treppenhaus? Kein Problem: Lassen Sie Räume und Gebäudeteile in Ihrem Mietshaus reinigen, die von den Bewohnern **gemeinsam** genutzt werden, wie z. B. die Zugänge, Flure, Treppen, Keller, Bodenräume, Waschküchen, der Fahrkorb des Aufzugs, dürfen Sie die Kosten dafür dem Mieter auf die Betriebskostenabrechnung setzen.

Dazu zählt auch das Putzen der **Fenster** in diesen Bereichen. Zu den umlegbaren Kosten zählen die Personalkosten und die Kosten für Reinigungsmittel.

Dagegen sind die Kosten für den neuen Besen oder die Putzlappen für die Treppenhausreinigung nicht umlegbar, da es sich dabei um Anschaffungskosten und nicht um Betriebskosten handelt (AG Lörrach, Urteil v. 2.11.1994, 3 C 336/94, WM 1996 S. 628). Ganz gleich, ob es sich dabei um eine **Erst- oder nur Ersatzanschaffung** von Reinigungsgeräten handelt.

Dafür können Sie allerdings die laufenden Betriebskosten für Reinigungsgeräte, also z. B. den Strom für die Kehrmaschine, dem Mieter auf die Betriebskostenabrechnung setzen. Gleiches gilt für die benötigten Putzmittel (AG Berlin-Tiergarten, GE 1988 S. 631).

Haben Sie in Ihrem Mietvertrag vereinbart, dass Ihr Mieter die Kehrwoche **selbst** übernimmt, können Sie ihm dieses Selbstreinigungsrecht nicht einseitig wieder entreißen.

 Praxis-Tipp

Wenn Ihr Mieter lieber selbst putzt

Lassen Sie die **Fassade** reinigen oder den PVC-Fußboden im Treppenhaus **neu beschichten**, können Sie diese Kosten nicht umlegen. Dabei handelt es sich nämlich nach Ansicht des Amtsgerichts Hamburg um reine Instandsetzungsmaßnahmen (AG Hamburg, Urteil v. 10.7.1995, 49 C 1977/94, WM 1995 S. 652).

Nicht umlegbar sind leider auch die Kosten für das Reinigen der **Vordächer** über der Eingangstür (LG Hamburg, Beschluss v. 21.5.2001, 311 S 42/01).

Haustür

Sie wollen, dass ab 22 Uhr immer die Haustür abgeschlossen wird, aber keiner Ihrer Mieter hält sich daran. Können Sie dennoch darauf pochen? **Jein!**

Um es kurz zu machen: Es gibt zu diesem Thema weder Gesetze noch Verordnungen oder Urteile, die regeln, ob die Haustür nachts verschlossen werden muss oder nicht.

Die einen sagen: Ist die Hauseingangstür der **einzige Fluchtweg** im Haus, darf die Tür schon aus Brandschutzgründen nachts nicht abgeschlossen werden. Sonst gilt: Kommt jemand zu Schaden, **haften Sie** als Hauseigentümer.

Allerdings: Der Einbau eines „Panikschlosses" würde diese Sorge schon etwas abmildern!

Andererseits: Eine abgeschlossene Hauseingangstür sorgt für **mehr Sicherheit** im Haus. Als einzelner Hauseigentümer sind Sie sogar verpflichtet, bei längerer Abwesenheit Ihre Haustür abzuschließen, um Ihren Versicherungsschutz nicht zu verlieren!

Ihnen als Vermieter und Eigentümer der Mietsache gestehen die Gerichte beim Thema „Abschließen oder nicht" einen gewissen **Gestaltungsspielraum** zu.

Sprich: Sie müssen das entsprechend der Bedürfnisse Ihrer Hausbewohner in der Hausordnung angemessen regeln. So, dass für jeden Mieter noch ein **vertragsgemäßer Gebrauch** der Mietsache möglich ist.

In einem Fall aus Hannover bedeutete das: Der Vermieter durfte per Hausordnung regeln, dass die Haustür für die Nachtstunden beginnend ab 22 Uhr **verschlossen** wird. Das ist eine Zeit, in der erfahrungsgemäß die Gefahr von Einbrüchen und Überfällen gegenüber der Tageszeit erhöht ist (AG Hannover, Urteil v. 20.3.2007, 544 C 8633/06).

Allerdings kommt es – wie so oft im Mietrecht – immer auf den Einzelfall an. Ist eine Arztpraxis im Haus, muss die Haustür während der üblichen Sprechzeiten geöffnet bleiben. Begründet wurde dies damit, dass eine offene Haustür zum vertragsgemäßen Gebrauch von Mieträumen gehöre, wenn die zum Betrieb einer Arztpraxis gemietet wurden (LG Itzehoe, Urteil v. 9.7.2009, 7 O 191/08).

Sie können **per Hausordnung** regeln, dass die Haustür beginnend mit den Nachtstunden ab 22 Uhr abgeschlossen werden muss. Kommt es allerdings deswegen zum Streit, stehen Ihre Chancen fifty-fifty.

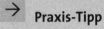

→ Praxis-Tipp

Was Sie in Ihrer Hausordnung regeln sollten

Ob ein Verschließen der Haustür auch **während** der Tageszeit angebracht ist, richtet sich nach den Bedürfnissen Ihrer Mieter im Haus!

Bei einem **Gewerberaummmieter** im Haus mit Publikumsverkehr ist dieses Ansinnen nur mit dessen **Zustimmung** durchsetzbar! Ansonsten ist es so, dass die Haustür für Patienten während der üblichen Sprechstundenzeiten zumindest per Türdrücker zu öffnen sein muss.

Haustürgeschäft

Das Haustürwiderrufsgesetz als eigenes Gesetz gibt es schon seit dem 1.1.2002 nicht mehr. Die Vorschriften sind in das **Bürgerliche Gesetzbuch** gewandert (§§ 312 bis 312f BGB).

In der Sache hat sich nicht viel geändert. Nach wie vor gilt für wichtige Vereinbarungen mit Ihrem Mieter: Schließen Sie die bitte **nicht** in der Wohnung Ihres Mieters!

Vorsicht: Bei einem bestehenden Mietverhältnis über Wohnraum fällt ein Vertrag, der anlässlich eines **Hausbesuchs** des Vermieters beim Mieter geschlossen wird und beispielsweise die Vereinbarung einer Mieterhöhung zum Gegenstand hat, schon in den sachlichen Anwendungsbereich der **Haustürgeschäfte**.

Schließen Sie Vereinbarungen mit Ihrem Mieter möglichst nicht in dessen Mietwohnung. Geht es beispielsweise um

→ Praxis-Tipp

Bitte keine Hausbesuche!

eine Mieterhöhung, lassen Sie ihm am besten das Mieterhöhungsschreiben da. Es wäre ein **Fehler**, Ihren Mieter gleich vor Ort die Mieterhöhungsvereinbarung unterschreiben zu lassen, da er diese entsprechend den Widerrufsregelungen bei Haustürgeschäften gleich wieder widerrufen kann.

Aus dem Gefahrenbereich des Haustürgeschäfts sind Sie erst dann heraus, wenn Sie Ihrem Mieter die Vereinbarung per Einschreiben mit Rückschein **zusenden**.

Dies hat **folgenden Vorteil:** Mit dem Rückschein in der Hand können Sie im Ernstfall **beweisen**, dass die Vereinbarung **nicht** in der Wohnung Ihres Mieters abgeschlossen wurde.

Hauswart

Das Amtsgericht Wuppertal hat festgestellt, wer Hauswart ist: Hauswart ist derjenige, dem die Verrichtung solcher Arbeiten übertragen worden ist, die in einem Wohnhaus üblicherweise anfallen und **weder** zu den Aufgaben des **Hausverwalters noch** zu den Aufgaben des **Vermieters** im Rahmen der Instandhaltung des Wohnhauses gehören.

Aber Vorsicht: Befasst sich der von Ihnen eingesetzte Hauswart auch mit Verwaltungs- und Instandsetzungsarbeiten, müssen Sie die hierfür gezahlte Vergütung **anteilig abziehen** (Urteil v. 2.6.1993, 95 C 845/92).

Heizkosten, Kürzungsrecht

Rechnen Sie besser die Kosten für Heizung und Warmwasser exakt nach der Heizkostenverordnung verbrauchsabhängig ab. Tun Sie es nicht oder nicht richtig, hat Ihr Mieter das Recht, seinen Anteil um **15 % zu kürzen** (§ 12 Abs. 1 Satz 1 HeizKV).

Gleiches gilt, wenn die Abrechnung auf **ungeeichten** oder veralteten **Messgeräten** basiert oder wenn Sie Ihre Räume nicht oder nur teilweise mit Verbrauchserfassungsgeräten ausgestattet haben.

Das Kürzungsrecht Ihres Mieters ist allerdings **ausgeschlossen**, wenn Sie die Abrechnung noch berichtigen können und ihm eine der Heizkostenverordnung entsprechende Abrechnung erstellen.

Heizkosten, Verteilung

Sie müssen die Heizkosten **zwingend** verbrauchsabhängig erfassen und abrechnen.

Von den Kosten des Betriebs der zentralen Heizungsanlage sind mindestens 50 %, höchstens 70 % nach dem erfassten Wärmeverbrauch der Nutzer zu verteilen (Verbrauchsanteil).

Die übrigen Kosten müssen Sie nach der Wohn- oder Nutzfläche oder nach dem umbauten Raum verteilen. Diesem Festanteil kann die Wohn- oder Nutzfläche oder der umbaute Raum der beheizten Räume zugrunde liegen.

Welchen Anteil Sie im angegebenen Rahmen von 50–70 % (Verbrauch) bzw. 30–50 % (Festanteil) umlegen, können Sie **vertraglich** festlegen.

Vereinbaren Sie mit Ihrem Mieter, dass der Verbrauchsanteil **höher** als die eigentlich möglichen 70 % sein soll, ist eine solche Regelung nach § 10 HeizKV **wirksam.**

Allerdings ist bei schlecht gedämmten und mit Öl oder Gas beheizten Gebäuden nach der neuen Heizkostenverordnung eine Umlage von 70 % nach Verbrauch **Pflicht!**

Zweckmäßig ist es, die Heizkosten zu 50 % nach der Fläche und zu 50 % nach dem ermittelten Verbrauch umzulegen.

Heizkostenmessgerät, Ausfall

Können Sie Ihre Heizkosten wegen eines kaputten Messgeräts, einem zu spät gewechselten Gerät oder aus einem anderen zwingenden Grund **nicht verbrauchsabhängig** abrechnen, gilt nach § 9a HeizKV:

1. Sie müssen entweder eine **Vergleichsberechnung** nach einem früheren Abrechnungszeitraum anstellen oder

2. anhand des Verbrauchs in anderen, **vergleichbaren Räumen** abrechnen oder

3. nach dem Durchschnittsverbrauch des Gebäudes oder Nutzergruppe.

Geht alles nicht, weil es sich um eine Erstvermietung handelt bzw. auch bei den anderen vergleichbaren Räumen **kein Verbrauch** gemessen werden konnte, dürfen Sie ausnahmsweise insgesamt nach der Wohnfläche abrechnen (BGH, Beschluss v. 5.3.2013, VIII ZR 310/12).

Allerdings müssen Sie den so errechneten Wert nach § 12 Abs. 1 HeizKV um einen Sicherheitsabschlag von 15 % **kürzen.**

! Wichtig

Wann Sie nach Gradtageszahlen abrechnen dürfen

Grundsätzlich dürfen Sie nach § 9b HeizKV nur bei einem Nutzerwechsel innerhalb der Abrechnungsperiode oder aus einem anderen, ähnlich zwingenden Grund nach der **Gradtageszahlenmethode** abrechnen (BGH, Urteil v. 16.11.2005, VIII ZR 373/04).

Heizölabrechnung

Heizen Sie mit **Öl**, müssen Sie den genauen Verbrauch innerhalb der Abrechnungsperiode angeben können.

Das fängt bereits damit an, dass Sie zunächst einmal den Ölstand bei Beginn der Abrechnungsperiode und bei deren Ende festhalten müssen (AG Wittlich, Urteil v. 2.1.2002, 4 C 609/01, WM 2002 S. 377).

Schließlich dürfen Sie nur die Kosten in Ihre Abrechnung einstellen, die im Abrechnungszeitraum auch tatsächlich **angefallen** sind (AG Neuss, Urteil v. 10.12.1991, 36 C 250/91, DWW 1993 S. 296).

Dazu kommen noch eventuelle Nachlieferungen. Auch die müssen Sie berücksichtigen. In der Praxis bedeutet das bei Öl-Zentralheizungen: Der Anfangsbestand, die **Nachlieferungen** und der Endbestand müssen sowohl mengen- als auch betragsmäßig definiert werden. Dabei müssen Sie natürlich auch die unterschiedlichen Ölpreise berücksichtigen.

In jedem Öltank ergibt sich eine Schichtenfolge: **Ganz unten** befindet sich als Anfangsbestand der **Restbestand** des vorigen Abrechnungszeitraums mit einer bestimmten Menge zu einem bestimmten Preis.

Dann folgt die **erste Nachlieferung** dieser Periode mit einer bestimmten Menge zu dem dafür gezahlten Preis. Danach kommen die entsprechenden weiteren Nachlieferungen. Somit wird das „älteste Öl" immer zuerst verbraucht. Danach das aus der ersten Nachlieferung, dann das aus der zweiten usw.

Haben Sie am Ende der Abrechnungsperiode noch einen Restbestand übrig, müssen Sie diese Menge mit dem Preis der jeweils „jüngsten" Nachlieferung(en) multiplizieren.

Auf diese Weise berechnen Sie den Ölverbrauch nicht nur mengenmäßig, sondern auch wertmäßig – wichtig wegen der unterschiedlichen Einkaufspreise!

Beispiel: Wie Sie das Heizöl abrechnen müssen

Sie rechnen kalenderjährlich über Ihre Heizkosten ab. Am 1.1.2014 hatten Sie in Ihrem Tank einen Heizölbestand von 3.000 l zu einem Wert von 2.430 EUR.

Am 30.4.2014 tanken Sie 5.000 l und bezahlen dafür 4.050 EUR.

Am 30.9.2014 tanken Sie noch einmal 5.000 l und bezahlen dafür 4.050 EUR.

Am Jahresende haben Sie noch 7.000 l Heizöl im Tank.

Ihr Mieter hat im Abrechnungszeitraum also 6.000 l Heizöl verbrannt. Damit ist Ihr Anfangsbestand weg. Aus der Lieferung vom 30.4. haben Sie noch einen Rest von 2.000 l zu einem Wert von 1.620 EUR.

Die 5.000 l vom 30.9. haben Sie noch nicht angebrochen, sodass dieses Öl noch vollständig im Tank vorhanden ist. Der Wert Ihrer restlichen 7.000 l Öl im Tank beläuft sich somit auf 5.670 EUR. Dieser Endbestand vom 31.12.2014 ist gleichzeitig Ihr Anfangsbestand vom 1.1.2015.

Heizöltank

Was passiert eigentlich mit dem Restöl, wenn Ihr Mieter aus Ihrem Einfamilienhaus auszieht? Ihr Mieter darf den Restbestand an Heizöl **zurücklassen**. Und mehr noch: Er darf von Ihnen dafür sogar eine **Entschädigung** verlangen. So sehen es die Gerichte (AG Oberndorf, WM 1990 S. 195; AG Ottendorf, WM 1989 S. 375; AG Weilheim, WM 1986 S. 221).

Lediglich der **Preis** für das Restöl ist **umstritten**. Richtig dürfte es sein, auf den Anschaffungspreis abzustellen und **nicht** auf den aktuellen Tagespreis.

Heizperiode

Das ist der Zeitraum, in dem Sie Ihre Heizung **anschalten** müssen. Das ist normalerweise der Zeitraum vom 1. Oktober bis zum 30. April.

Das ist allerdings **keine starre Frist**, sondern Ihr Mieter kann selbst außerhalb dieses Zeitraums verlangen, dass Sie die Heizung anstellen.

Allerdings nicht, solange es in seiner Mietwohnung noch bis zu 18° C warm ist.

Bis zu diesem „Gradmesser" kann Ihr Mieter **außerhalb** der Heizperiode **nicht** von Ihnen verlangen, dass Sie die Heizung wieder anwerfen. Dies gilt selbst dann, wenn die unerfreulichen Temperaturen über einen längeren Zeitraum andauern (AG Berlin-Schöneberg, Urteil v. 4.2.1998, 5 C 375/97, NZM 1998 S. 476).

Sinkt die Raumtemperatur allerdings witterungsbedingt an 3 aufeinanderfolgenden Tagen **unter** 20° C, müssen Sie die Heizung wieder in Betrieb nehmen.

→ Praxis-Tipp

Die Heizpflicht lässt sich nicht ausschließen

Ihre Heizpflicht **außerhalb** der eigentlichen Heizperiode – also in der Zeit vom 1.5. bis 30.9. – können Sie durch **keine** noch so ausgefeilte mietvertragliche Klausel ausschließen.

Heiztemperatur

Während der Heizperiode müssen Sie bestimmte **Mindesttemperaturen** gewährleisten.

Natürlich müssen Sie diese Mindesttemperaturen nicht 24 Stunden am Tag aufrechterhalten. Es gelten folgende Werte und Zeiten, die regelmäßig ausreichen:

– von 6 bis 23 Uhr: 20 bis 22° C (AG Köln, WM 1982 S. 2),

– von 23 bis 6 Uhr: 18° C nach der Nachtabsenkung (LG Berlin, NZM 1999 S. 1039).

Die Senatsverwaltung für Gesundheit und Umweltschutz in Berlin – auch so was gibt es – empfiehlt tagsüber, also zwischen 6 und 23 Uhr, folgende Temperaturen:

– Wohnzimmer: 21° C

– Ess- und Kinderzimmer: 20° C

- Küche und Schlafzimmer: 18° C
- Badezimmer: 23° C
- Diele: 15° C

Heizungspumpe

Lassen Sie Ihre Heizungspumpe reparieren, fallen die dem Rotstift der Richter zum Opfer. Die zählen nämlich zu den von Ihnen als Vermieter zu tragenden **Instandsetzungskosten.**

Umlegen dürfen Sie dagegen die Kosten für das Bedienen, Überwachen und Pflegen der Heizungsanlage.

Fallen bei der Wartung der Heizungsanlage allerdings **kleinere Instandhaltungsarbeiten** an, dürfen Sie diese auf Ihre Abrechnung setzen. Beispielsweise gehören Dichtungen, Filter und Düsen zu den umlagefähigen, verschleißanfälligen Kleinteilen (OLG Düsseldorf, Urteil v. 8.6.2000, 10 U 94/99, GE 2000 S. 888).

Hoffläche erneuern

Legen Sie neue Steine in Ihren Hof oder asphaltieren Sie die Zufahrt zu Ihrem Mietshaus neu, zählt das zu den **nicht umlegbaren** Instandhaltungsmaßnahmen nach § 1 Abs. 2 Nr. 2 BetrKV.

Indexmiete

Von allen Mieterhöhungsmöglichkeiten ist die Indexmiete wohl die am **wenigsten bekannte.** Und das obwohl sie sich dem Mieter **am leichtesten** „verkaufen" lässt: Mit einer Indexmiete koppeln Sie die künftige Miethöhe an die Entwicklung des allgemeinen Lebenshaltungskosten-Indexes.

Den dafür maßgeblichen **Verbraucherpreisindex** für Deutschland berechnet das Statistische Bundesamt – also eine neutrale Stelle – **jeden Monat neu.**

Eine Indexklausel im Mietvertrag liest sich ungefähr so:

Die Miete verändert sich gemäß dem vom Statistischen Bundesamt ermittelten Verbraucherpreisindex für Deutschland. Steigt oder fällt dieser ab Beginn des Mietverhältnisses, kann jede Vertragspartei eine der prozentualen Indexänderung entsprechende Änderung der Miete verlangen.

Teilweise wird die Mieterhöhung auch davon abhängig gemacht, dass der Index um bestimmte Prozentpunkte (z. B. 5 %) steigt oder sinkt. Auch das ist zulässig.

Bis zum 31.8.2001 durften Sie nur eine Indexmiete vereinbaren, wenn Sie einen Mietvertrag entweder auf **Lebenszeit** einer der Vertragspartner abschlossen oder dafür sorgten, dass der Mieter ihn auf eine Mindestlaufzeit von 10 Jahren verlängern konnte.

Das konnten Sie z. B. bei einem unbefristeten Mietvertrag mit einem einseitigen Kündigungsverzicht für 10 Jahre erreichen oder indem Sie gleich einen 10-Jahres-Mietvertrag abschlossen. Diese **10-Jahres-Frist** gilt für Wohnungsvermieter zum Glück schon seit dem 1.9.2001 nicht mehr.

Sie können seither eine Indexmiete abschließen, **ohne** sich zeitlich beschränken zu müssen bzw. auf Ihr Kündigungsrecht verzichten zu müssen.

Gewerberaumvermieter haben es schwerer: Für diese gilt weiterhin die 10-Jahres-Frist. Nur eine Erleichterung gibt es für Gewerberaumvermieter seit dem 14.9.2007: Sie brauchen für eine bisher genehmigungspflichtige Gleitklausel **keine** Einzelgenehmigung mehr nach § 2 PaPkG beim Bundesamt für Wirtschaft und Ausfuhrkontrolle einzuholen. Diese Genehmigungspflicht ist entfallen.

Indexmiete, Berechnung

Wenn Sie wissen wollen, ob Sie Ihre Miete **erhöhen** können (oder vielleicht sogar Ihr Mieter eine Mietsenkung verlangt!), müssen Sie **2 Zahlen** kennen:

1. Den Preisindex zum Zeitpunkt Ihres Vertragsabschlusses bzw. Ihrer letzten Erhöhung **und**

2. den aktuellen Index.

Den Index am Tag des Vertragsabschlusses entnehmen Sie entweder Ihrer Indexklausel in Ihrem Mietvertrag oder Sie suchen ihn aus der amtlichen Indextabelle heraus. Achten Sie darauf, dass Ihr Wert der **aktuellen Preisbasis** entspricht. Auch dann, wenn damals noch eine andere Preisbasis galt.

Stellen Sie Ihren Anfangsindex dem aktuellen Index gegenüber. Eine einfache Rechenformel sagt Ihnen, um wie viel sich Ihr Index und damit Ihre Miete prozentual verändert haben.

Beispiel: Wie Sie Ihre Mieterhöhung berechnen

Der Verbraucherpreisindex für Deutschland betrug zum Zeitpunkt des Vertragsabschlusses im Januar 2010 auf der Preisbasis 2010 99,0.

Der aktuelle Index im Mai 2014 betrug 106,4.

Um wie viel der Index jeweils gestiegen ist, berechnen Sie einfach so:

Neuer Indexstand : alter Indexstand × 100 – 100 = prozentuale Steigerung.

Also: 106,4 : 99,0 × 100 – 100 ergibt eine mögliche, monatliche Mieterhöhung von 7,47 %.

Bei einer Monatsmiete von 850 EUR entspricht das einer monatlichen Mieterhöhung von 63,49 EUR, die Sie gegenüber Ihrem Mieter fordern könnten.

Die erhöhte Miete wird mit Beginn des **übernächsten Monats** nach dem Zugang Ihrer Mieterhöhungserklärung wirksam.

Zwischen zwei Mieterhöhungen muss Ihre Indexmiete jeweils ein Jahr unverändert bleiben.

Ausnahme: Eine Mieterhöhung wegen baulicher Änderungen nach § 559 BGB aufgrund von Umständen, die der Vermieter nicht zu vertreten hat, sowie eine Erhöhung der Betriebskosten nach § 560 BGB.

Wichtig: Wer eine Indexmiete vereinbart hat, kann während der Geltungsdauer der Indexmiete **nicht** noch parallel eine Mieterhöhung nach § 558 BGB auf die ortsübliche Vergleichsmiete durchführen.

In vielen Mietverträgen steht noch drin, dass sich Ihre Miete erst erhöht, wenn der Index um einen **bestimmten** Prozentsatz – meist 5 % – steigt. So eine 5-%-Hürde ist jedoch **kein Muss** für eine Indexklausel.

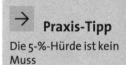

→ Praxis-Tipp

Die 5-%-Hürde ist kein Muss

Sie müssen Ihre Mieterhöhung also **nicht** von dem Steigen oder Senken eines bestimmten Prozentsatzes abhängig machen! Legen Sie sich auf **keinen** bestimmten Prozentsatz fest, können Sie Ihre Miete auch dann erhöhen, wenn der Index nur um 2 % gestiegen ist.

Sie kommen so **früher** zu einer Mieterhöhung, als wenn Sie z.B. nur eine Mietanpassung bei einem Indexsprung von 5 % vereinbaren.

Indexmiete, Erhöhungsschreiben

Dass sich bei einer Indexmiete Ihre Miete fast wie im Schlaf erhöht, ist nur die halbe Wahrheit! **Richtig ist:** Sie erhöht sich zwar automatisch, Ihr Geld bekommen Sie aber nur, wenn Sie die Mieterhöhung auch **geltend machen.**

Hat sich also der Indexstand entsprechend Ihres vereinbarten Prozentsatzes bzw. entsprechend Ihrer vereinbarten Punkteanzahl erhöht, sollten Sie Ihren Mieter schleunigst anschreiben.

Weisen Sie ihn auf den gestiegenen Indexwert und Ihre dazu getroffene Vereinbarung im Mietvertrag hin. Schreiben Sie **beides** in Ihr Erhöhungsschreiben hinein. Rechnen Sie Ihrem Mieter auch gleich aus, **um wie viel** und ab wann sich seine Miete erhöht!

Denken Sie daran, dass Sie Ihr Erhöhungsschreiben **frühestens 1 Jahr** nach der letzten Mieterhöhung losschicken dürfen. Ihr Mieter muss Ihnen dann mit Beginn des übernächsten Monats, der auf den Zugang Ihres Erhöhungsschreibens folgt, mehr Miete zahlen.

Beispiel: Bis wann Ihr Mieter mehr Miete zahlen muss

Ihr Mieter erhält Ihre Mieterhöhungserklärung zwischen dem 1. und dem 30.7.2014.

Dann muss er die höhere Miete ab 1.9.2014 zahlen.

→ **Praxis-Tipp**

Ohne Erhöhungsschreiben keine Erhöhung

Schicken Sie **kein** Erhöhungsschreiben los, haben Sie auch keinen Anspruch auf die höhere Miete!

Behalten Sie also deshalb immer den Preisindex im Auge und rechnen Sie regelmäßig anhand der Formel durch, ob die Zeit schon reif für eine Mieterhöhung ist!

Indexmiete, verschlafene

Haben Sie vereinbart, dass sich Ihre Miete erhöht, sobald der Index um 3 % steigt, sollten Sie regelmäßig den Indexstand prüfen.

Verschlafen Sie nämlich den entscheidenden 3-%-Sprung, können Sie die Miete später **nicht rückwirkend** für diesen Zeitraum erhöhen. Ihre Indexmieterhöhung wird nur mit Zugang des Erhöhungsschreibens wirksam und dann auch nur für die Zukunft.

Praxis-Tipp

Wie Sie aus einer verschenkten Miete eine höhere Miete machen

Haben Sie vereinbart, dass Sie schon ab einer Indexsteigerung von 3 % die Miete erhöhen können und stellen Sie bei Ihrer Berechnung fest, dass der Index mittlerweile sogar **schon um 5 % gestiegen** ist, können Sie Ihre Miete natürlich auch um diese 5 % erhöhen.

Selbst wenn Sie laut Mietvertrag vereinbart haben, dass sich Ihre Miete bei einem 3-%-Sprung auch nur um 3 % erhöht.

Wissen müssen Sie, dass Sie die Miete **nicht rückwirkend** für den Zeitraum nachfordern können, in dem der Index bereits die 3-%-Hürde überschritten hatte!

Indexmiete, zulässiger Preisindex

Seit der Mietrechtsreform vom 1.9.2001 dürfen Sie als Wohnungsvermieter in Ihren Mietverträgen nur noch den „Preisindex für die Lebenshaltung aller privaten Haushalte in Deutschland" vereinbaren (§ 557b Abs. 1 BGB).

Der entspricht dem vom Statistischen Bundesamt in Wiesbaden seit dem 1.1.2003 nur noch berechneten „**Verbraucherpreisindex für Deutschland**".

Da diese 8 nachfolgenden Indizes nicht mehr berechnet werden, dürfen Sie diese auch nicht mehr im Mietvertrag verwenden:

- Preisindex für die Lebenshaltung aller privaten Haushalte – früheres Bundesgebiet

- Preisindex für die Lebenshaltung von 4-Personen-Haushalten von Beamten und Angestellten mit höherem Einkommen – früheres Bundesgebiet

- Preisindex für die Lebenshaltung von 4-Personen-Haushalten von Arbeitern und Angestellten mit mittlerem Einkommen – früheres Bundesgebiet

- Preisindex für die Lebenshaltung von 2-Personen-Rentner-Haushalten mit geringem Einkommen – früheres Bundesgebiet

- Preisindex für die Lebenshaltung aller privaten Haushalte – Neue Länder und Berlin-Ost

- Preisindex für die Lebenshaltung von 4-Personen-Haushalten von Beamten und Angestellten mit höherem Einkommen – Neue Länder und Berlin-Ost

- Preisindex für die Lebenshaltung von 4-Personen-Haushalten von Arbeitern und Angestellten mit mittlerem Einkommen – Neue Länder und Berlin-Ost

- Preisindex für die Lebenshaltung von 2-Personen-Rentner-Haushalten mit geringem Einkommen – Neue Länder und Berlin-Ost

Berechnet das Statistische Bundesamt Ihren vereinbarten Index nicht mehr, haben Sie gegen Ihren Mieter grundsätzlich einen Anspruch darauf, dass er der **Vertragsanpassung** auf den neuen Index **zustimmt**.

Sprich: Tauschen Sie Ihren alten Index einfach gegen allgemeinen Verbrauchpreisindex für Deutschland aus. Sie dürfen das! Ersetzen Sie Ihren 4-Personen-Arbeitnehmer-Index einfach durch den Preisindex für die Gesamtlebenshaltung. „Umindexierung" nennen das die Gerichte.

Ihr Mieter glaubt Ihnen nicht? Zeigen Sie ihm einfach dieses Urteil des Landgerichts Koblenz (LG Koblenz, Urteil v. 4.10.2006, 6 S 53/06, ZMR 2007 S. 120).

! Wichtig

Index: Es kann nur einen geben!

Die Bezugnahme auf einen anderen als den vom Statistischen Bundesamt berechneten Verbraucherpreisindex ist seit dem 1.1.2003 **nicht mehr erlaubt**.

Inklusivmiete

In einer Inklusivmiete sind bereits alle Nebenkosten **enthalten**.

Gleiches ist gemeint, wenn von einer Vollinklusivmiete, einer Bruttowarmmiete oder Bruttoinklusivmiete die Rede ist. In der Miete sind die Heiz- und Betriebskosten mit enthalten.

Vorsicht also, wenn Sie mit Ihrem Mieter eine Bruttowarmmiete vereinbaren, denn Sie können **keine** Betriebs- oder Heizkosten mehr nachfordern!

Der Unterschied zur Kaltmiete bzw. Nettogrundmiete liegt darin, dass über die tatsächlich entstandenen Betriebskosten **nicht jährlich** abgerechnet wird.

Vielmehr sind diese bereits in dem gezahlten Mietzins enthalten.

Insolvenz

Von der „Verbraucherinsolvenz" haben Sie sicherlich auch schon gehört. Schlimmstenfalls waren Sie schon selbst betroffen, weil Ihr Mieter insolvent wurde.

Was in diesem Fall gilt, regelt seit dem 1.1.1999 die Insolvenzordnung (InsO). Vorher gab es noch die Konkurs- und Vergleichsordnung bzw. die in den neuen Bundesländern geltende Gesamtvollstreckungsordnung.

Der Schuldner kann beim Insolvenzgericht **„Privatinsolvenz"** anmelden (nur **Eigenantrag** möglich!) und kann gleichzeitig noch seine Restschuldbefreiung beantragen. Es folgt dann eine 6-jährige Wohlverhaltensphase, in der sich der Schuldner **aktiv** um Arbeit bemühen und auch jede Arbeit annehmen muss.

Mit der Eröffnung des Insolvenzverfahrens verliert der Schuldner das Verwaltungs- und Verfügungsrecht über sein Vermögen an den **Insolvenzverwalter** (§ 80 Abs. 1 InsO), der im Verbraucherinsolvenzverfahren die Bezeichnung Treuhänder hat. Ihr **Mietvertrag** setzt sich ab der Insolvenzeröffnung mit der Masse, also mit dem Treuhänder fort (§ 108 Abs. 1 InsO).

Bis dahin **erhaltene Mieten** dürfen Sie trotz Insolvenzverfahren behalten!

Der Mieter muss seine laufenden Bezüge an den Treuhänder **abtreten**. Der verteilt das Geld unter den Gläubigern und zahlt dem Mieter nur noch seinen Anteil bis zur Pfändungsfreigrenze aus.

Nach den 6 Jahren erhält der Schuldner eine **Restschuldbefreiung**. Die Restschuldbefreiung bezieht sich aber **nicht** auf neue Verbindlichkeiten, also z. B. Mietschulden, die erst **nach** Eröffnung des Verfahrens entstanden sind.

Meldet Ihr Mieter während eines laufenden Mietverhältnisses Privatinsolvenz an, kann der Treuhänder mit einer Frist von höchstens 3 Monaten zum Monatsende **kündigen**. Selbst dann, wenn es sich um einen eigentlich länger laufenden **Zeitmietvertrag** handelt.

Im Insolvenzeröffnungsverfahren gibt es eine Vorschrift, die für Sie als Wohnungsvermieter **sehr wichtig** ist: § 112 InsO. Diese Vorschrift betrifft Mietverträge, in denen als Schuldner Ihr Mieter drin steht. Sie schränkt **Ihre Kündigungsmöglichkeiten** **gravierend** ein.

So können Sie Ihrem Mieter den Mietvertrag nach dem Insolvenzantrag nicht mehr wegen eines **Zahlungsverzugs** kündigen, der noch aus der Zeit **vor** seinem Antrag stammt.

Gerät Ihr Mieter **nach** Eröffnung des Insolvenzverfahrens in Mietrückstand, dürfen Sie ihm ebenfalls **nicht** wegen dieses Zahlungsverzugs kündigen: Weder fristlos noch ordnungsgemäß.

Dagegen bleiben Ihnen noch die **anderen Kündigungsgründe** wie z. B. Eigenbedarf oder andere Vertragsverletzungen.

$\rightarrow$ **Praxis-Tipp**
Kündigen Sie mit doppeltem Boden

Schicken Sie besser immer 2 Kündigungsschreiben ab.

Wollen Sie kündigen, machen Sie alles richtig, wenn Sie 2 Kündigungsschreiben absenden: Eines an den Schuldner, eines an den Treuhänder.

Alles andere birgt nur unnötige Risiken!

Instandhaltungskosten

Aufgepasst, wenn Sie mit Ihrem Mieter vereinbaren, dass er die **Instandhaltungskosten** tragen soll. Normalerweise sind nämlich Sie als Vermieter verpflichtet, die Mietsache instand zu halten.

Deswegen ist so eine „pauschale Instandhaltungsvereinbarung" leider **unwirksam**! Sie dürfen nämlich **nicht** die komplette Instandhaltungspflicht auf Ihren Mieter überwälzen. Das geht nur teilweise, nämlich im Rahmen einer **Klein-reparaturenklausel.**

Und selbst bei einer Kleinreparaturenklausel gibt es enge Vorgaben. So ist die Klausel nur **wirksam,** wenn sie eine **doppelte Begrenzung** enthält: Zum einen hinsichtlich der einzelnen Reparatur, zum anderen hinsichtlich der Gesamt-belastung pro Jahr.

Der Grund ist der: Der Mieter soll schon bei Mietvertrags-abschluss sehen können, welche zusätzliche finanzielle Belas-tung **neben** der Miete auf ihn zukommen kann.

Dies ist bei einer solchen **unbegrenzten** Instandhaltungskos-tenklausel **nicht** gewährleistet. Sie benachteiligt den Mieter unangemessen.

Instandhaltungsrücklage

Die Instandhaltungsrücklage finden Sie meist auf der Eigen-tümerabrechnung für Ihre Eigentumswohnung. Diese Kosten dürfen Sie **nicht** auf Ihren Wohnraummieter umlegen.

Was Sie steuerlich zur Instandhaltungsrücklage wissen müs-sen: Ihre monatlichen Überweisungen in die Instandhaltungs-rücklage dürfen Sie **nicht** einfach als Werbungskosten abset-zen. Erst wenn der Verwalter das Geld **tatsächlich** für eine ganz konkrete Instandsetzungsarbeit am Haus verwendet hat und die Rechnungen für diese Arbeiten auch schon beglichen sind, dürfen Sie den von der Rücklage entnommenen Betrag auf Ihre Steuererklärung setzen.

Wichtig: Dazu brauchen Sie die Verwalterabrechnung über die Verwendung der Instandhaltungsrücklage.

Kappungsgrenze

Auf die Kappungsgrenze stoßen Sie als Vermieter spätestens dann, wenn Sie Ihre Miete nach § 558 BGB auf die orts-übliche Vergleichsmiete anheben wollen. Dabei bindet Ihnen die Kappungsgrenze bei Ihren Mieterhöhungsplänen die Hände: Sie dürfen die Miete nur um **maximal 20 % innerhalb von 3 Jahren** erhöhen.

Neu ist seit der Mietrechtsänderung zum 1.5.2013, dass Sie in Gebieten, in denen Wohnraum knapp ist, die Miete innerhalb von 3 Jahren nur um 15 % erhöhen dürfen.

In welchen Städten und Stadtgebieten konkret die Versorgung mit Wohnraum „besonders gefährdet" ist, steht leider **nicht** im Bürgerlichen Gesetzbuch.

In welchen Gebieten die **niedrigere 15-%-Grenze** gelten soll, können die Bundesländer jeweils für ihr Gebiet festlegen.

Beispielsweise wurde in München, Hamburg und Berlin die Kappungsgrenze bereits auf 15 % gesenkt. Ab dem Zeitpunkt, ab dem die Kappungsgrenze in dem jeweiligen Stadtgebiet in Kraft getreten ist, dürfen Sie die Miete **nur noch um 15 % erhöhen.** Wer also jetzt erst seine Mieterhöhung für eine Wohnung abschickt, die in München liegt bzw. im Berliner Stadtgebiet, hat schlichtweg **Pech** gehabt!

Überschreiten Sie in Ihrer Mieterhöhungserklärung die 15-%-Grenze, macht das Ihre Mieterhöhungserklärung zwar nicht insgesamt unwirksam. Allerdings bleibt sie hinsichtlich des überschießenden Betrags unwirksam.

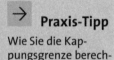

→ Praxis-Tipp

Wie Sie die Kappungsgrenze berechnen

Wenn Sie ohnehin bereits die ortsübliche Miete bekommen, spielt auch die Kappungsgrenze keine Rolle mehr: Denn dann dürfen Sie ohnehin **nicht** erhöhen!

Wenn Sie prüfen wollen, ob Sie in den letzten 3 Jahren Ihre 20 % bereits **ausgeschöpft** haben, rechnen Sie vom Zeitpunkt, ab dem Ihre geplante Mieterhöhung wirksam werden soll, **3 Jahre zurück.**

Katzenklappe

Ihr Mieter hat ein Loch für eine Katzenklappe in Ihre Wohnungstür gesägt: Darf er das? Eigentlich muss er Sie vorher um **Erlaubnis** bitten, denn das zählt als bauliche Veränderung.

Während das Mietverhältnis noch läuft, können Sie allerdings **nicht** auf Wiederherstellung des ursprünglichen Zustands pochen. Spätestens wenn der Mieter aber auszieht, muss er Ihnen für die beschädigte Tür **Schadensersatz** zahlen bzw. den ursprünglichen Zustand **wiederherstellen.**

Gerichtlich entschieden ist, dass Sie Ihrem Mieter wegen dem Loch in der Tür nicht gleich kündigen dürfen (AG Berlin-Schöneberg, Urteil v. 19.2.2004, 9 C 619/03, GE 2004 S. 756; AG Erfurt, Urteil v. 9.7.1999, 223 C 1095/98, WuM 2000 S. 630).

Sie können die Hunde- oder Katzenhaltung **nicht per Klausel** im Mietvertrag generell ausschließen.

Das hat der Bundesgerichtshof bereits entschieden. Danach benachteiligt so ein **generelles** Hunde- und Katzenhaltungsverbot den Mieter unangemessen, weil Sie ihm die Hunde- und Katzenhaltung ausnahmslos und ohne Rücksicht auf besondere Fallgestaltungen und Interessenlagen verbieten.

→ **Praxis-Tipp**

Eine Katzenverbotsklausel ist unwirksam

Kaution

Eine Kaution können Sie als Vermieter nur von Ihrem Mieter fordern, wenn Sie dies mit ihm **vereinbart** haben.

Gerade für den Wohnungsmieter gilt es hier, die 3 typischen Vertragstücken zu umgehen.

1. Verlangen Sie als Wohnungsvermieter nie mehr als **3 Nettomieten**. Das ist die Miete ohne die Betriebskostenvorauszahlungen. Überschreiten Sie die 3-Monats-Grenze, müssen Sie dem Mieter nur den überschießenden Betrag zurückzahlen, aber nicht gleich die gesamte Kaution.

2. Nehmen Sie dem Mieter nicht sein **Ratenzahlungsrecht**. Ihr Mieter darf nämlich seine Kaution in mindestens 3 Raten abstottern.

3. Verlangen Sie nicht, dass der Mieter die **ganze Kautionssumme** gleich bei Mietvertragsbeginn zahlt. Richtig ist, dass nur die 1. Rate bei Mietvertragsbeginn fällig ist.

Kaution, Fälligkeit

Nach § 551 Abs. 1 BGB dürfen Sie **maximal** „das Dreifache der auf einen Monat entfallenden Miete **ohne** die als Pauschale oder als Vorauszahlung ausgewiesenen Betriebskosten" verlangen.

Die 3-Monats-Mieten-Grenze bei der Kaution dürfen Sie nur in **Sonderfällen** überschreiten. So beispielsweise, wenn es dafür ein zusätzliches Sicherungsbedürfnis gibt wie z. B., wenn der Mieter behindertengerechte Umbauten tätigt und Sie den Rückbau absichern wollen.

Sie dürfen auch dann die 3-Monats-Grenze **überschreiten**, wenn Ihnen jemand von dritter Seite freiwillig und unaufgefordert **zusätzlich** zur bereits bestehenden Kaution eine Bürgschaft für einen zahlungssäumigen Mieter anbietet, dem Sie sonst wegen des Zahlungsrückstands kündigen würden (BGH, Urteil v. 10.4.2013, VIII ZR 379/12).

Nach § 551 Abs. 2 BGB darf der Mieter seine Kaution **in 3 gleichen Raten** „abstottern". Nur die erste Rate ist zu Beginn des Mietverhältnisses fällig.

Das ist **nicht** wie bei der Miete der 3. Werktag im Monat, sondern der Zeitpunkt, der laut Mietvertrag als **Mietvertragsbeginn** festgelegt wurde. Das ist in der Regel der Monatserste.

Die erste Rate ist mit dem **Mietbeginn** fällig. Damit ist **nicht** der Vertragsschluss gemeint, sondern grob gesagt der Zeitpunkt, zu dem die Mieter einziehen wollen.

Wann die 2. und die 3. Rate fällig sind, stand bisher **nicht** im Gesetz. Jetzt steht in § 551 Abs. 2 BGB, dass die 2. und 3. Kautionsrate **zusammen** mit den unmittelbar folgenden Mietzahlungen fällig sind. Also am 3. Werktag des 2. und 3. Mietmonats (§ 556b Abs. 1 BGB).

Checkliste: Kautionsfälligkeit	
1. Kautionsrate	mit Mietbeginn
2. Kautionsrate	spätestens bis zum 3. Werktag des Monats
3. Kautionsrate	spätestens bis zum 3. Werktag des Monats

Kautionskündigung

Seit dem 1.5.2013 gibt es das fristlose Kündigungsrecht bei Nichtzahlen der Kaution im Gesetz: Im neu eingefügten § 569 Abs. 2a BGB.

Auf das **neue Kündigungsrecht** können Sie sich nur berufen, wenn Sie Ihren Mietvertrag seit dem 1.5.2013 abgeschlossen haben.

Haben Sie **3 volle Monatsmieten** als Kaution vereinbart, gerät der Mieter ab dem 4. Werktag des 2. Mietmonats in Verzug und riskiert die fristlose Kündigung, wenn er bis dahin noch **keinen Cent** von der Kaution bezahlt hat.

Bevor Sie Ihrem Mieter die fristlose Kündigung schicken, müssen Sie ihn zuvor **nicht** einmal **abmahnen**. Ihr fristloses Kündigungsrecht beginnt bereits ab einem **Mietrückstand in Höhe von 2 Monatsnettomieten.**

In der Regel – wenn Sie die maximale Kautionshöhe von 3 Monatsmieten ausgeschöpft haben – wird dies der Fall sein, wenn die **1.** und die **2. Kautionsrate** auf sich warten lässt.

Die 2. und 3. Kautionsrate ist immer **mit Miete fällig**. Sprich: Die muss der Mieter spätestens bis zum 3. Werktag des Monats zahlen.

Beispiel: Bis wann die Kaution fällig ist

Ihr Mieter und Sie schließen am 15.9. einen Mietvertrag ab. Er soll ab dem 1.10. zu laufen beginnen. Die Monatsmiete **ohne** die Betriebskostenvorauszahlung beträgt 700 EUR. Als Kaution sind 3 Monatsmieten vereinbart.

Die erste Kautionsrate ist am 1.10. fällig. Die 2. Kautionsrate am 3. Werktag im November und die 3. Kautionsrate am 3. Werktag im Dezember.

Hat der Mieter bis zum 3. Werktag im November noch immer **keine Kaution** bezahlt, können Sie Ihre fristlose Kündigung wegen Nichtzahlung der Kaution losschicken.

Wer jetzt denkt, er wäre seinen Mieter schon wieder los, hat sich getäuscht. Nach § 569 Abs. 2a BGB gilt nämlich § 569 Abs. 3 Nr. 2 Satz 1 BGB entsprechend und danach kann der Mieter seine Kautionsschulden noch **bis zum Ablauf von 2 Monaten,** nachdem dem Mieter die Kautionsklage zugestellt wurde, begleichen.

Die 2-Monat-Frist gilt ab Zustellung der Räumungsklage und kann für Ihren Mieter unterm Strich einen zusätzlichen Zahlungsaufschub von 3 bis 5 Monaten bedeuten, gerechnet ab Mietbeginn.

Zahlt Ihr Mieter seine Kautionsschulden noch rechtzeitig nach, ist zumindest Ihre Kündigung wegen der **unbezahlten Kaution** dahin.

Haben Sie jedoch **gleichzeitig** Ihrem Wohnungsmieter auch wegen der **Mietschulden** nach § 543 Abs. 2 Nr. 3 gekündigt, muss er auch diese bis zum Ablauf von 2 Monaten nach

Zustellung der Klage beglichen haben, um Ihrer fristlosen Kündigung endgültig zu entgehen.

Das „**Nachholrecht**" bezüglich der Kaution macht Ihre anfangs wirksame Kündigung nachträglich unwirksam.

Damit der Mieter aber in den Genuss dieser „Heilung der Kündigung" kommt, muss der Mieter **alle** seine Rückstände begleichen.

Lässt neben der Kaution also auch noch die **Miete** auf sich warten, muss der Mieter – oder ein Dritter wie das Sozialamt – auch diese Schulden innerhalb der Nachholfrist begleichen, sonst bleibt es bei der fristlosen Kündigung.

→ **Praxis-Tipp**

Vereinbaren Sie nie weniger als 2 Monatsmieten

Haben Sie insgesamt mit dem Mieter **weniger als 2 Monatsmieten** als Kaution vereinbart, können Sie die neue Kündigungsvorschrift **komplett vergessen**, da der Mieter ja mindestens in Höhe von 2 Monatsmieten in Verzug sein muss, bevor Sie ihm kündigen können.

Kautionsrückzahlung

Müssen Sie dem Mieter die Kaution gleich beim Auszug aushändigen? Nein!

Allerdings müssen Sie innerhalb einer Frist von maximal 6 Monaten nach Mietvertragsende über die Kaution abrechnen.

Der Bundesgerichtshof hat ausdrücklich festgestellt, dass die Rückzahlungsfrist auch **mehr als 6 Monate** betragen kann (BGH, Urteil v. 18.1.2006, VIII ZR 71/05).

Steht allerdings noch die Betriebskostenabrechnung aus, sollten Sie einen angemessenen Betrag für die noch nicht fälligen Ansprüche wie beispielsweise eine eventuelle Betriebskostennachzahlung **zurückbehalten**. Dass dies zulässig ist, hat sogar der Bundesgerichtshof entschieden (BGH, Urteil v. 18.1.2006, VIII ZR 71/05).

Den restlichen Betrag müssen Sie allerdings sofort an den Mieter auszahlen, es sei denn, Sie haben noch weitere Ansprüche gegen ihn, die einen Abzug erlauben.

Hüten Sie sich allerdings davor, den **gesamten** Kautionsbetrag wegen der noch ausstehenden Betriebskostenabrechnung einzubehalten. Dies ist **unzulässig** (LG Berlin, Urteil v. 8.12.1998, 63 S 150/98, NZM 1999 S. 960).

Orientieren Sie sich bei Ihrem Zurückbehalt für eine noch ausstehende Betriebskostenabrechnung an der Höhe der bisherigen Nachforderungen bzw. der üblichen Nachzahlung des Vormieters! Geht das nicht, dürfen Sie einen Betrag in Höhe von etwa der **dreifachen** monatlichen Vorauszahlung zugrunde legen (KG Berlin, Beschluss v. 19.4.2012, 8 W 24/12).

Hat Ihr Mieter bisher immer ein **Guthaben** gehabt, dürfen Sie natürlich **keinen** Betriebskosteneinbehalt machen.

Vorsicht, wenn Sie die **gesamte** Kaution einfach **vorbehaltlos** an Ihren Mieter auszahlen. Sind Sie zu spät mit Ihrer Betriebskostenabrechnung dran und ist die Abrechnungsfrist längst verstrichen, können Sie nichts mehr nachfordern (AG Berlin-Charlottenburg, Urteil v. 21.1.2000, 16 b C 368/99, GE 2000 S. 474).

 Praxis-Tipp

Machen Sie unbedingt einen Betriebskosteneinbehalt!

Begehen Sie bei Mietvertragsende nicht den Fehler, die Kaution **zu schnell** zurückzuzahlen.

Denken Sie an die eventuell noch ausstehende Betriebskostenabrechnung. Können Sie noch **nicht** abrechnen, dürfen Sie einen Betriebskosteneinbehalt in Höhe der letzten Nachzahlung vornehmen.

Hatten Sie bisher noch gar nicht über die Betriebskosten abgerechnet, ist aber eine Nachzahlung zu erwarten, dürfen Sie **maximal** einen Betrag in Höhe von **3 monatlichen Vorauszahlungen** ansetzen.

Kellersanierung

Müssen Sie die Holzlatten der Kellerverschläge erneuern oder wegen eines Rohrbruchs sämtliche Verschläge abreißen und neu machen, müssen Sie die Mieterrechte im Auge behalten.

Allerdings: Bei solchen Arbeiten handelt es sich **nicht** um eine Modernisierung, sondern um reine Instandhaltungsarbeiten. Allenfalls wenn Ihr Keller durch den Umbau „einbruchsicherer" würde, könnten Sie hier mit einer **Modernisierung** argumentieren und später eine Mieterhöhung verlangen.

Aber natürlich müssen Sie dann für ersparte Reparaturaufwendungen bei den Modernisierungskosten einen Abzug machen.

Ist Ihr Mieter von Ihren Umbauarbeiten nicht begeistert, ist es so: Selbst wenn es sich nur um eine reine **Instandhaltung** handelt, trifft Ihren Mieter eine Duldungspflicht nach § 554 Abs. 1 BGB.

Dulden heißt im Klartext: Der Mieter muss Ihnen nur seinen Kellerverschlag öffnen. Darüber hinaus muss er aber **nicht** aktiv werden.

Das Ausräumen des Kellers bleibt also Ihre Sache! Das müssen Sie Ihrem Mieter aber nicht gleich sagen – probieren Sie erst einmal, ob er „freiwillig" selbst seinen Keller ausräumt.

Wollen Sie einer Mietminderung wegen des vorübergehend unbenutzbaren Kellers aus dem Weg gehen, müssen Sie Ihrem Mieter einen **Ersatzstauraum** zur Verfügung stellen. Ansonsten kann Ihr Mieter während der Zeit, in der er seinen Keller nicht benutzen kann, wegen des Gebrauchsentzugs die Miete mindern.

Sie können also vom Mieter **nicht** verlangen, dass er seine Sachen solange mit in seine Wohnung nimmt. Sie können es zwar versuchen – einen Anspruch darauf haben Sie aber nicht!

Wegen der Umzugskosten ist es so: Selbst wenn Sie den Keller aus- und wieder einräumen müssen, bleiben die „Umzugskosten" an Ihnen hängen.

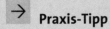

Praxis-Tipp

Wie Sie sich den Zutritt zum Keller verschaffen

Bitten Sie Ihren Mieter **frühzeitig** (mindestens 1 Monat vorher) und **freundlich** darum, den Keller vorübergehend auszuräumen.

Tut er das **nicht**, setzen Sie ihm nochmals eine Frist. Passiert dann immer noch nichts, können Sie zwar darauf bestehen, dass Ihr Mieter Ihnen Zugang zu seinem Keller verschafft – Sie müssen aber leider **selbst Hand anlegen**, wenn es um das Ausräumen des Kellers geht.

Kinderwagen im Hausflur

Darf Ihre Mieterin ihren Kinderwagen im Hausflur abstellen? Die Antwort: Kommt darauf an! Gut würde sich eine pauschale **Verbotsklausel** in Ihrem Formularmietvertrag lesen. Allerdings: Solche Klauseln sind **unwirksam**!

Per Hausordnung können Sie lediglich festlegen, dass Kinderwagen nur **vorübergehend** im Hausflur abgestellt werden dürfen.

Ihr Mieter muss sich aber nur daran halten, wenn er noch eine andere **zumutbare** Abstellmöglichkeit hat (LG Bielefeld, Urteil v. 16.9.1992, 2 S 274/92, WM 1993 S. 37).

Ist das Treppenhaus zum Abstellen eines Kinderwagens **geeignet** und sind die Mieter auf diese Abstellmöglichkeit **angewiesen,** so kann der Vermieter das Abstellen des Kinderwagens **nicht** untersagen (AG Düsseldorf, Urteil v. 27.3.2013, 22 C 15963/12, WuM 2013 S. 348).

Wegen des Grundsatzes von Treu und Glauben müssen Sie da manchmal **zugunsten Ihres Mieters** ein Auge zudrücken. Für Sie spricht, wenn andere Mieter im Haus durch das Abstellen des Kinderwagens behindert werden.

Auf der anderen Seite ist es aber so, dass Sie beispielsweise einer alleinstehenden Mieterin mit 4 Kindern **nicht zumuten** können, den Kinderwagen jedes Mal allein die Treppe erst hoch- und dann wieder runterzuwuchten (AG Winsen, Urteil v. 28.4.1999, 16 C 602/99, WM 1999 S. 452).

Bleiben wegen des Kinderwagens an der engsten Stelle im Hausflur nur noch 71 cm zwischen dem Kinderwagen und der Hauswand, reicht das noch. Jedenfalls wenn der Mieter ein ärztliches **Attest** vorlegen kann, dass er aufgrund einer Rückenerkrankung **nicht** den Wagen jedes Mal die **5 Stufen** hochtragen kann (AG Aachen, Urteil v. 30.11.2007, 84 C 512/07).

Klausel

Viele Vermieter schreiben nochmals **handschriftlich** ganz am Ende ihres Mietvertrags unter „Sonstige Vereinbarungen" hinein, dass der Mieter bei Auszug renovieren muss. Sie wähnen sich damit auf der sicheren Seite. Falsch gedacht!

Dass Ihr Mieter bei Mietende renovieren muss, können Sie **nur individuell** mit ihm **aushandeln**. Nur dann gilt die Endrenovierungspflicht **nicht** als „Vertragsklausel" und ist **wirksam**.

Laut den §§ 305 bis 310 BGB (bis 31.12.2001 noch im Gesetz über die Allgemeinen Geschäftsbedingungen geregelt) wird Ihre Vereinbarung aber zur **Klausel**, wenn Sie eine Vertragsbedingung für eine Vielzahl von Verträgen vorformulieren.

Ab welcher Anzahl von Verträgen aus Ihrer Individualvereinbarung eine Klausel wird, klärte jetzt der Bundesgerichtshof. Als vorformuliert und damit als Mietvertragsklausel gilt Ihre Vereinbarung, wenn Sie diese **3-mal** verwendet haben (BGH, Urteil v. 27.9.2001, VII ZR 288/00, GE 2002 S. 122).

Das bedeutet: Schreiben Sie nur in 2 Ihrer Mietverträge hinein, dass Ihr Mieter bei Auszug renovieren muss, gilt das **noch** als Individualvereinbarung. Ab dem 3. Vertrag wird es dagegen brenzlig!

Schlimmer noch: Es genügt sogar schon, wenn Sie eine für den Mieter nachteilige Vertragsbedingung in nur 1 Mietvertrag hineinschreiben, aber **beabsichtigen**, diese Vertragsbedingung in **mindestens 2 weiteren** Verträgen zu vereinbaren (BGH, Urteil v. 27.9.2001, VII ZR 288/00, GE 2002 S. 122).

Das gilt übrigens bei Verträgen jeglicher Art – erst recht bei Endrenovierungsklauseln in Ihren Mietverträgen!

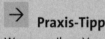 **Praxis-Tipp**

Wann aus Ihrer Vereinbarung eine Klausel wird

Viele Vermieter glauben noch, dass schon eine hand- oder maschinenschriftliche Einfügung aus Ihrer Endrenovierungsklausel **eine** wirksame Individualvereinbarung macht. Das ist schlichtweg falsch.

Selbst wenn Sie in jedem Vertrag beim Vereinbaren der Endrenovierungspflicht **sprachlich variieren**, gilt: Ab 3 sinngemäß gleichen Formulierungen in Ihren Mietverträgen wird aus Ihrer Endrenovierungsvereinbarung eine **unwirksame** Klausel – also aufgepasst, dass Sie sich hier nicht selbst austricksen!

Kleiderhaken

Findet Ihr Mieter **keine** Kleiderhaken im Bad, darf er nicht einfach in Ihre Badezimmertür bohren und dort welche anbringen. Das stellt eine **Beschädigung** dar, die Ihnen Ihr Mieter **ersetzen** muss (AG Kassel, Urteil v. 15.3.1996, 451 C 7217/95, WM 1996 S. 757).

Kleinreparatur, Gegenstände

Kleinreparaturen können Sie nur vom Mieter erstattet verlangen, wenn diese 2 Voraussetzungen vorliegen:

1. Sie müssen eine Kleinreparaturenklausel im Mietvertrag **vereinbart** haben und

2. es muss sich um die Reparatur eines Teils oder Gegenstands innerhalb der Wohnung handeln, der dem **direkten** und **häufigen** Zugriff des Mieters unterliegt.

Diese Haftungsbeschränkung zugunsten des Mieters muss sich bereits aus Ihrer Kleinreparaturenklausel ergeben, weil Ihr Mieter Ihnen den Reparaturpreis an diesen Gegenständen **unabhängig** davon erstatten muss, ob ihn eine **Schuld** am Schaden trifft.

Zu den **typischen Kleinreparaturen** zählen: Schäden an Rollläden, Fensterläden, Licht- und Klingelanlagen, Schlössern, Fenster- und Türverschlüssen, Jalousien und Markisen, Wasserhähnen, Heizkörperventilen, Klosettspülungen, Wasch- und Abflussbecken, Öfen, Badeöfen, Thermen, Herden und ähnlichen Einrichtungen.

Denn an all diese Gegenstände kann und muss der Mieter mehr oder weniger regelmäßig mit der Hand hingreifen.

Sie können **nur Kostenersatz** vom Mieter verlangen, **nicht** dagegen, dass er den Handwerker bestellt und bezahlt! Solche **Vornahmeklauseln** wären **unwirksam**.

→ **Praxis-Tipp**
Erst zahlen Sie und dann erst der Mieter

Kleinreparatur, Höhe

Laut Gesetz **sind Sie** als Wohn- bzw. Gewerberaumvermieter für die Instandhaltung des Mietobjekts verantwortlich. Deshalb müssen Sie auch normalerweise für die Reparaturkosten aufkommen. Wenn also der Wasserhahn tropft, der Rollladen klemmt oder das Türschloss nicht mehr schließt, ist das **Ihre Sache** als Vermieter.

Mit der entsprechenden mietvertraglichen Vereinbarung können Sie aber dieses gesetzliche Leitbild **zu Ihren Gunsten umgestalten**. Nicht Sie tragen dann die Kosten für die Klein- und Schönheitsreparaturen, sondern Ihr Mieter.

Wichtig ist, dass Ihre Kleinreparaturenklausel eine **doppelte Kostenbegrenzung** enthält: Einmal hinsichtlich der Höhe der **einzelnen** Reparatur und zusätzlich eine Obergrenze hinsichtlich der **Gesamtreparaturkosten pro Jahr.**

Dies deshalb, damit Ihr Mieter die Höhe der Kosten abschätzen kann, die **zusätzlich** zur Miete auf ihn zukommen können. Ohne eine solche doppelte Kostenbegrenzung ist Ihre Kleinreparaturenklausel **unwirksam!**

Achten Sie darauf, dass sich Ihr Reparaturpreis noch im zulässigen Rahmen bewegt. Umstritten ist, **wie hoch** die Kostengrenzen ausfallen dürfen.

Schon mehrere Gerichte haben entschieden, dass eine Klausel, wonach der Mieter **100 EUR pro Kleinreparatur** selbst tragen muss, zulässig ist (AG Bingen/Rhein, Urteil v. 4.4.2013, 25 C 19/13; AG Braunschweig, Urteil v. 29.3.2005, 116 C 196/05, GE 2005 S. 677).

Vergleichen Sie den Reparaturpreis, den Sie erstattet haben wollen, mit Ihrer Kleinreparaturenklausel im Mietvertrag:

Die Ihnen vorliegende Rechnung darf **nicht höher** sein als die maximale Summe, die Sie pro Kleinreparatur im Mietvertrag vereinbart haben. Liegt Ihre Rechnung auch nur 1 Cent höher, handelt es sich um **keine** Kleinreparatur mehr.

Ihr Mieter muss sich dann an dieser Reparatur gar **nicht** beteiligen – nicht einmal in Höhe des vereinbarten Betrags pro Reparatur!

→ **Praxis-Tipp**

Sie müssen unter Ihrer vereinbarten Höchstgrenze bleiben

Prüfen Sie Ihr **Kostenlimit pro Reparatur**, bevor der Handwerker seine Rechnung stellt.

Ihr Mieter muss die Kosten nämlich nur erstatten, wenn die Rechnung **inklusive Nebenkosten**, wie z. B. Anfahrtskosten und Mehrwertsteuer, **unter** der vereinbarten Kostengrenze pro Reparatur bleibt.

Liegt Ihre Rechnung darüber, fällt die Reparatur nicht mehr unter „Kleinreparatur".

Kleinreparaturenklausel

Bei der Kleinreparaturenklausel steckt der Teufel im Detail. Deswegen sollten Sie bei Ihrer Kleinreparaturenklausel keine Experimente machen! Greifen Sie auf diese bewährte Kleinreparaturenklausel zurück:

Der Mieter übernimmt die Kosten für die im Laufe des Mietverhältnisses anfallenden Kleinreparaturen.

Kleinreparaturen umfassen nur die Behebung kleiner Schäden an den in der Wohnung befindlichen und für den Mieter zugänglichen Installationsgegenständen für die Elektrizität, Wasser und Gas, der Gegensprechanlage, den Heiz- und Kocheinrichtungen, den Fenster- und Türverschlüssen sowie den Verschlussvorrichtungen für Fensterläden/Rollläden, wenn die Reparaturkosten im Einzelfall einen Betrag von 100 EUR (einschließlich Nebenkosten und Mehrwertsteuer) nicht übersteigen.

Fallen im Laufe eines Jahres mehrere Kleinreparaturen an, so hat der Mieter von den Gesamtkosten einen Betrag von höchstens 8 % der Jahresnettomiete, jedoch nicht mehr als 500 EUR zu tragen.

Hüten Sie sich davor, die Kleinreparaturenklausel zu Ihren Gunsten zu **ändern**! Das was hier steht, ist ohnehin schon **das Äußerste**, was Sie für sich als Wohnungsvermieter herausholen können.

Besser also, Sie nehmen die Klausel so, wie sie ist, statt Ihre Kleinreparaturen aufs Spiel zu setzen!

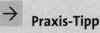

Praxis-Tipp

Kleinreparaturklausel: Ändern heißt riskieren!

Kleinreparaturenklausel, unwirksame

Haben Sie nur ganz pauschal geregelt, dass Ihr Mieter die Kleinreparaturen übernehmen muss, ist das unwirksam. Ohne Maximalbegrenzung **pro Einzelreparatur** bzw. bei den **jährlich** zu übernehmenden Reparaturkosten ist Ihre Klausel nämlich unwirksam. „**Doppelbegrenzung**" nennen das die Juristen.

Das Gesetz der Doppelbegrenzung gilt sowohl für Wohn- als auch Gewerberaumvermieter.

Haben Sie so eine **unwirksame** Kleinreparaturenklausel in Ihrem Mietvertrag stehen, bleiben Ihnen nur 2 Möglichkeiten, die Sache wieder „ins Lot" zu bringen:

1. Sie berufen sich auf Ihre unwirksame Klausel und versuchen dennoch, beim Mieter die Kleinreparaturen reinzuholen, oder

2. Sie versuchen es auf dem „legalen" Weg und ändern die Kleinreparaturenklausel in Ihrem Mietvertrag.

Allerdings: Wenn Sie Ihren Mietvertrag ändern wollen, muss Ihr Mieter da mitspielen und dem zustimmen. Schreiben Sie hierzu am besten Ihren Mieter an und bitten Sie ihn um seine Zustimmung zur Vertragsänderung.

Beziehen Sie sich dabei auf den Paragrafen Ihres Mietvertrags, in dem Sie etwas zu den Kleinreparaturen geregelt haben.

Lassen Sie ihn unterschreiben, dass ab einem im Schreiben bereits festgelegten Termin die nachfolgend aufgeführte, neue Vereinbarung gelten soll.

Sofern Ihr Mieter diese Vereinbarung unterschreibt, haben Sie den Mietvertrag zu Ihren Gunsten geändert. Der Pferdefuß an der Sache: Ihr Mieter ist **nicht** verpflichtet, Ihre Vereinbarung zu unterschreiben – schließlich ist eine solche Vertragsänderung für ihn **nur nachteilig!**

Konkurrenzschutz

Vermieten Sie Gewerberaum, müssen Sie Ihren Mieter vor Konkurrenz schützen. Das steht zwar **nirgendwo** im Gesetz, gilt aber automatisch auch ohne ausdrückliche Absprache. Sie dürfen im gleichen Haus nicht an einen Konkurrenten Ihres Mieters vermieten.

Dabei gilt der **Prioritätsgrundsatz:** Wer zuerst einzieht, genießt gegenüber dem nachziehenden Mieter Konkurrenzschutz. Es sei denn, Sie **schließen** den Konkurrenzschutz im Mietvertrag **aus.** Das ist zulässig!

Der Konkurrenzschutz bezieht sich nur auf **Hauptartikel,** also Waren, die den Stil eines Geschäfts bestimmen und ihm sein eigentümliches Gepräge geben.

Geht es nur um **Nebenartikel,** muss Ihr Mieter grundsätzlich dulden, dass Sie Räume im selben Haus an einen Betrieb mit gleichen Waren vermieten. Ob es sich um einen Neben- oder Hauptartikel handelt, lässt sich am **Gesamtumsatz,** dem Gesamteindruck der beiden Geschäfte, dem übereinstimmenden Warenangebot oder daran, ob die gleichen Verbrauchergruppen angesprochen werden, ablesen.

Kontogebühren

Diese Kosten finden Sie meist auf der Eigentümerabrechnung für Ihre Eigentumswohnung. Diese Kosten können Sie aber **nicht** auf Ihren Mieter umlegen.

Kopiekosten

Schicken Sie Ihrem Mieter eine ordnungsgemäße Abrechnung zu, muss er gemäß § 259 Abs. 1 BGB seinen Betriebskostensaldo ausgleichen.

Bevor es so weit ist, kann der Mieter jedoch von seinem Belegprüfungsrecht Gebrauch machen. Dazu müssen Sie ihm die Belege an dem Ort, an dem sich Ihre Mietwohnung befindet, vorlegen.

Rechnungskopien der Abrechnung müssen Sie dem Mieter nur zuschicken, wenn ihm eine Einsichtnahme in die Abrechnungsbelege **nicht zumutbar** ist (BGH, Urteil v. 8.3.2006, VIII ZR 78/05).

Das ist jedoch eher die Ausnahme, z. B. wenn der Mieter zu krank ist oder er mittlerweile in eine entferntere Stadt gezogen ist. Doch selbst dann müssen Sie ihm die Belegkopien nicht kostenlos zusenden: Sie können von ihm dafür **pro Kopie 0,25 EUR** verlangen (LG Hamburg, Urteil v. 8.2.2000, 316 S 168/99, WuM 2000 S. 197; AG Köln, Urteil v. 18.12.1998, 221 C 413/98, ZMR 1999 S. 343).

Dass **0,51 EUR** pro Kopie **zu teuer** sind, hat das Landgericht Berlin entschieden (LG Berlin, Urteil v. 25.1.2000, 65 S 260/99, GE 2000 S. 409). Ebenso das Amtsgericht Berlin-Pankow/Weißensee (Urteil v. 13.3.2002, 7 C 482/01, NZM 2002 S. 655). Das meinte sogar, **nur 0,10 EUR** seien zulässig. Das sei der handelsübliche Preis für eine DIN-A4-Kopie.

Dagegen entschied das Amtsgericht Potsdam, dass 0,26 EUR pro Kopie noch in Ordnung sind (Urteil v. 27.9.2001, 26 C 214/01, GE 2002 S. 403).

Fordert Ihr Mieter von Ihnen Kopien der Betriebskostenbelege, verweisen Sie ihn zunächst einmal auf sein **Einsichtsrecht**. Nur ausnahmsweise darf er Kopien – und auch nur die von den strittigen Rechnungsposten – von Ihnen einfordern.

Weisen Sie ihn darauf hin, dass Sie **pro Kopie** eine Kostenentschädigung von 0,25 EUR verlangen können und verlangen Sie vom Mieter einen **Vorschuss** (AG Brandenburg, Urteil v. 13.9.2002, 32 C 82/02).

Sie müssen also seiner pauschalen Aufforderung, ihm doch bitte alle Belege zuzuschicken, nicht nachkommen.

Verlangen Sie jedoch für die Kopien **zu viel Geld** oder verweigern Sie dem Mieter das Einsichtsrecht, passiert rechtlich gesehen Folgendes: Ihr Nachzahlungsanspruch wird **nicht fällig**.

Im Klartext heißt das: Ihr Mieter muss **nicht** zahlen. Auf Ihre Nachzahlung können Sie dann also ewig warten.

Um den Besuch des Mieters zu vermeiden, ist es oftmals einfacher und Nerven schonender, ihm die Belege einfach zuzuschicken.

Kopiekosten, Hausverwalter

Wollen Sie als Eigentümer vom Verwalter eine Kopie der Heizölrechnung oder der Eigentümerliste, darf er dafür Geld von Ihnen nehmen. Wie viel, regelt normalerweise der Verwaltervertrag.

Steht dort nichts, können Sie den üblichen Preis nehmen. Der beträgt im Eigentümer-Verwalter-Verhältnis **50 Cent pro Kopie**. Schließlich käme für den Verwalter neben den reinen Sachkosten für die Kopie auch noch der Arbeitsaufwand dazu (BayObLG, Beschluss v. 19.12.2002, 2Z BR 104/02, NZM 2003 S. 155).

Im **Vermieter-Mieter-Verhältnis** wären 50 Cent pro Kopie allerdings **zu hoch** gegriffen! Hier liegen Sie mit 25 Cent pro Kopie noch im „grünen Bereich".

Kündigung, Bestätigung

Finden Sie das Kündigungsschreiben Ihres Mieters im Briefkasten, notieren Sie sich gleich auf dem Umschlag, **wann** es bei Ihnen angekommen ist – vielleicht brauchen Sie dieses Datum noch, um dem Mieter nachzuweisen, dass er **zu spät** gekündigt hat und noch einen Monat länger die Miete zahlen muss.

Ziehen Sie gleich einmal Ihren **Kalender** zurate und berechnen Sie, ob Ihr Mieter die Kündigungsfrist richtig berechnet hat. Kommt Ihr Schreiben nämlich erst am 4. Werktag eines Monats bei Ihnen an, muss Ihr Mieter einen Monat länger Miete zahlen. Ein Gewerberaummieter sogar 3 Monate!

Es gibt keine Regelung, die bestimmt, dass Sie dem Mieter die Kündigung bestätigen müssen. Besser ist es natürlich schon, denn Sie können gleich ins Bestätigungsschreiben hineinschreiben, was Sie noch alles vom Mieter bis zu seinem Auszug erwarten.

 Praxis-Tipp
Eine Kündigungsbestätigung ist kein Muss

Hat Ihnen Ihr Wohnungsmieter mal eben **mündlich** im Treppenhaus gekündigt, können Sie eine solche Kündigung **zurückweisen**: Kündigen kann Ihr Mieter nämlich nur schriftlich!

Fehlt im Kündigungsschreiben, **warum** Ihnen Ihr Mieter kündigt, ist sie dennoch wirksam! Der Mieter muss seine ordentliche Kündigung **nicht** begründen – Sie als Vermieter schon!

Achten Sie darauf, **wer** Ihnen kündigt. Das muss/müssen der/diejenigen sein, der/die auch den Mietvertrag unterschrieben hat/haben. Sofern ein Bevollmächtigter (z. B. der Rechtsanwalt des Mieters oder ein Freund) für den Mieter kündigt, muss eine **Vollmacht** im Original beigefügt werden, die Ihr Mieter persönlich unterschrieben hat.

Kündigt ein **nicht** ordnungsgemäß Bevollmächtigter, dürfen Sie die Kündigung zurückweisen!

Kündigt nur einer von **mehreren Mietern**, ist diese Kündigung ebenfalls unwirksam. Auch die können Sie zurückweisen. Typisches Beispiel: Ein Ehepaar lässt sich scheiden. Beide haben den Mietvertrag unterschrieben, aber nur einer kündigt, weil er ausziehen will – unwirksam!

Praxis-Tipp

Weisen Sie eine unzulässige Kündigung zurück

Ihr Mieter kündigt mit der gesetzlichen Frist einen **Zeitmietvertrag** bzw. einen Mietvertrag mit **Kündigungsverzicht**, obwohl dieser eigentlich noch länger laufen sollte. Das geht natürlich nicht!

Weisen Sie so eine Kündigung ebenfalls zurück und erklären Sie dem Mieter, warum.

Ist mit der Kündigung alles in Ordnung, teilen Sie dem Mieter bitte mit, was Sie von ihm bei seinem Auszug erwarten. Schlagen Sie außerdem gleich einen **Wohnungsübergabe-Termin** vor.

Zieht der Mieter trotz Kündigung **nicht** aus, sollten Sie unbedingt einer Fortsetzung des Mietvertrags widersprechen. Dies muss innerhalb von 2 Wochen gerechnet ab Kenntnis davon, dass der Mieter nicht ausgezogen ist, geschehen. Wollen Sie Ihren Mieter natürlich allerdings doch behalten, **widersprechen** Sie der Vertragsfortsetzung natürlich besser nicht.

Praxis-Tipp

Rücktritt von der Kündigung geht nicht

Will Ihr Mieter seine Kündigung wieder **ungeschehen** machen, geht das **nicht** ohne Ihre Zustimmung! Sie müssen sich dann mit der Rücknahme der Kündigung einverstanden erklären.

Waren Sie froh, dass der Mieter gekündigt hat, müssen Sie einer **Rücknahme** natürlich nicht zustimmen.

Kündigung, Betriebskostennachzahlung

Wenn Sie sich über Ihren Wohnungsmieter ärgern, weil er Ihnen die Betriebskostennachzahlung nicht überweist, dürfen Sie ihm deswegen nicht gleich kündigen. Sie können ihm zwar damit drohen – nur können Sie Ihre Kündigung **nicht** in die Tat umsetzen. Jedenfalls nicht wirksam!

Der Rückstand aus einer Betriebskostenabrechnung ist nämlich **kein** kündigungsrelevanter Rückstand im Sinne des § 543 Abs. 2 Satz 1 Nr. 3 BGB. Darunter fallen nur **laufende** monatliche Mietzahlungen plus die Betriebskostenvorauszahlungen.

Ausstehende, **nicht** immer wiederkehrende Kosten wie z. B. die Kleinreparaturenrechnung oder die Betriebskostennachzahlung zählen da nicht mit.

Wenn Sie die Nachzahlung haben wollen, bleibt Ihnen nur eines: Sie müssen Ihr Geld **einklagen.**

Kündigung, mehrere Mieter

Trennt sich das nette Mieterpärchen, sind Sie als Vermieter oft das Trennungsopfer. Dabei kommt ein einzelner Mieter nur aus dem Mietvertrag raus, wenn alle, die den Mietvertrag auf der Mieter- und der Vermieterseite unterzeichnet haben, damit **einverstanden** sind.

Kündigt nur einer von mehreren Mietern, können Sie diese Kündigung **zurückweisen.**

Will beispielsweise „Sie" aus dem Vertrag raus, „Er" aber weiterhin in der Wohnung bleiben, können nur **beide Mieter** den Mietvertrag kündigen. Wenn Sie wollen, können Sie mit „Ihm" ja einen **neuen Mietvertrag** abschließen.

Praxis-Tipp

Sie müssen den verbliebenen Mieter nicht nehmen

Will einer von mehreren Mietern raus aus dem Vertrag, sind Sie **nicht verpflichtet,** mit dem bleibewilligen Mieter einen neuen Mietvertrag abzuschließen (LG Konstanz, Urteil v. 15.9.2000, 95/00, WM 2000 S. 675)!

Befürchten Sie also, dass der verbleibende Mieter die monatliche Miete nicht aufbringen kann, sollten Sie sich besser einen **neuen, solventen Mieter** suchen.

Kündigung, per Fax

Nach § 568 BGB können Sie und Ihr Wohnungsmieter **nur schriftlich** kündigen.

Etwas anderes gilt nur für solche Erklärungen, die Sie laut Gesetz in **Textform** abgeben dürfen. Beispielsweise, wenn Sie Modernisierungsarbeiten ankündigen (§ 554 Abs. 3 BGB) oder bestimmte Betriebskosten nicht mehr nach dem mit dem Mieter vereinbarten Umlageschlüssel abrechnen wollen, sondern nach Verbrauch (§ 556a Abs. 2 BGB).

Schickt Ihnen Ihr Wohnungsmieter seine Kündigung per Fax, sollten Sie ihr **widersprechen** und sie unverzüglich **zurückweisen.** Der Mieter muss Ihnen gegenüber dann eine neue Kündigungserklärung – diesmal möglichst formgerecht – abgeben.

Bei **Gewerberaum** gilt: Für Sie oder Ihren Mieter gilt die Schriftform-Vorschrift des § 568 BGB **nicht**. Hier können Sie bzw. Ihr Mieter das Mietverhältnis auch **mündlich** kündigen.

→ **Praxis-Tipp**

Lassen Sie sich mit Ihrer Zurückweisung Zeit

Wollen Sie den Mieter **länger** im Vertrag halten, warten Sie einfach den nächsten 3. Werktag im Monat ab und weisen Sie erst dann die formwidrige Kündigung zurück.

Kündigung, Rücknahme

Eine einmal ausgesprochene Kündigung kann Ihr Mieter **nicht** „einseitig" wieder zurücknehmen. Das geht nur, wenn der Kündigungsempfänger – also Sie – damit **einverstanden** sind.

Aber Vorsicht: Ihr Einverständnis dazu können Sie nämlich stillschweigend erklären. Beispielsweise dadurch, dass Sie den Mieter auch noch **nach** Ablauf der Kündigungsfrist weiter in Ihrer Wohnung wohnen lassen.

Rechtlich korrekter und beweissicherer wäre aber eine schriftliche Vereinbarung darüber, dass **beide** Vertragspartner mit der Rücknahme der Kündigung einverstanden sind und der bisherige Mietvertrag unverändert fortgesetzt werden soll.

So ein Schreiben sollten Sie an Ihren Mieter richten und es sich **gegenzeichnen** lassen. Ein Exemplar für Ihren Mieter, eines für Sie. Nehmen Sie das Schreiben dann zu Ihren Mietvertragsunterlagen. Damit erreichen Sie, dass Ihr „alter" Mietvertrag **weiterläuft**, und sorgen für Rechtssicherheit.

Kündigung, wegen Verkauf

Verkaufen Sie eine vermietete Immobilie, dann verkaufen Sie den Mieter samt Mietvertrag gleich mit. Ihr Käufer tritt in vollem Umfang in die **bestehenden** Mietvertragsvereinbarungen mit Ihrem Mieter ein. Einem Selbstnutzer wird das ein Dorn im Auge sein. Denn die meisten hätten die Immobilie am liebsten „**mieterfrei**", damit sie gleich selbst einziehen können und zahlen deswegen natürlich auch einen **höheren Kaufpreis**.

Klar, versuchen deswegen viele Vermieter noch schnell den bestehenden Mietvertrag mit dem Mieter zu kündigen, bevor sie ihre Immobilie verkaufen – denn wer verschenkt schon gerne Geld! Doch diese Rechnung geht regelmäßig **nicht** auf, denn eine bloße Verkaufsabsicht ist noch **kein Kündigungsgrund.**

Schreiben Sie in Ihr Kündigungsschreiben bloß als Begründung rein: *„Ich will die Wohnung verkaufen und alle Welt weiß, dass vermietete Wohnungen schwerer verkäuflich sind – deshalb kündige ich Ihnen das Mietverhältnis zum … "*, können Sie so etwas gleich in den Mülleimer werfen.

Das ist absolut **unwirksam.** Es gibt für Wohnungsvermieter nur einen Ausweg aus diesem Kündigungsdilemma: Die Kündigung wegen Hinderung an einer wirtschaftlichen Verwertung.

Dieser Weg ist zwar **sehr kompliziert** und **zeitaufwendig,** führt aber im Endergebnis doch zum Ziel: Sie können Ihren Mietvertrag beenden, um einen besseren Kaufpreis zu erzielen!

Die Rechtsgrundlage für so eine ordentliche Kündigung finden Sie in § 573 Abs. 2 Nr. 3 BGB.

Danach hat der Vermieter ein berechtigtes Interesse an einer Mietvertragsbeendigung, wenn der Vermieter durch ein Fortsetzen des Mietverhältnisses an einer **angemessenen wirtschaftlichen Verwertung** des Grundstücks gehindert wird und dadurch **erhebliche Nachteile** erleidet.

Dagegen ist eine Kündigung wegen wirtschaftlicher Verwertung ausgeschlossen, wenn Sie dem Mieter nur kündigen wollen, um anschließend die Wohnung **neu** und zu einer **höheren Miete** zu vermieten. Ebenso können Sie **nicht** kündigen, wenn Sie den Mieter nur raushaben wollen, um Ihre Wohnung in eine **Eigentumswohnung** umzuwandeln.

Damit Ihre Verwertungskündigung erfolgreich ist, müssen die folgenden 5 Voraussetzungen vorliegen:

■ Sie müssen eine wirtschaftliche Verwertung **beabsichtigen,** wie z. B. ein Verkauf, ein Abriss oder eine Sanierung.

■ Das bestehende Mietverhältnis muss Sie daran hindern.

■ Die Verwertung muss **angemessen** sein. So beispielsweise, wenn Sie das Geld brauchen, um Kredite abzulösen oder weil Sie ein Eigenheim bauen wollen.

- Sie riskieren **erhebliche wirtschaftliche Nachteile,** wenn Sie die Wohnung nicht mieterfrei verwerten können.

- Sie müssen Ihre Kündigung **detailliert begründen,** z. B. indem Sie zahlenmäßig darlegen, was die Wohnung in vermietetem und in unvermietetem Zustand „bringen" würde.

Mit dem Verwertungskündigungsgrund kommen Sie nur durch, wenn Sie das Haus oder die Wohnung in **vermietetem** Zustand entweder überhaupt nicht oder nur zu einem wirtschaftlich unangemessenen niedrigeren Preis als dem angestrebten Kaufpreis verkaufen können.

Erst wenn der Verkauf in vermietetem Zustand **wirtschaftlich sinnlos** wird und Sie nur noch der Kündigungsschutz des Mieters am Verkauf hindert, kommen Sie Ihrem Kündigungsziel näher.

Allerdings reicht es dafür noch **nicht,** wenn Sie Ihre Kündigung nur damit begründen, Sie könnten nur bei einem Auszug des Mieters den mit dem Käufer vereinbarten Kaufpreis erhalten (LG Essen, Beschluss v. 28.7.1989, 1 S 227/89, WM 1990 S. 27). Da müssen Sie schon etwas mehr bieten.

Um im Ernstfall Ihre Verwertungskündigung zu **beweisen,** sollten Sie alle Verkaufsinserate, Makleraufträge, Baubeschreibungen für den Umbau oder Ähnliches bis zum Auszug des Mieters aufbewahren.

Seit dem 1.5.2004 können Vermieter in ganz Deutschland von der Verwertungskündigung Gebrauch machen. Die bis zu diesem Datum geltenden Beschränkungen für die neuen Bundesländer gelten seither nicht mehr.

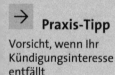

→ Praxis-Tipp

Vorsicht, wenn Ihr Kündigungsinteresse entfällt

Tückische Vermieter-Falle: Wollen Sie Ihren Mieter rauskündigen, um danach das ganze Haus zu verkaufen, müssen Sie auf Folgendes achten: Ihr **Kündigungsinteresse** muss noch über den Kündigungszeitpunkt hinaus – also bis zum letzten Tag des Mietverhältnisses – fortbestehen!

Verkaufen Sie Ihr Haus, **während** die Kündigungsfrist noch läuft, machen Sie damit Ihre Kündigung **unwirksam** (LG Stuttgart, Urteil v. 25.1.2006, 13 S 357/05, WM 2007 S. 75).

Kündigung, Zahlungsrückstand

Müssen Sie Ihrer Miete hinterherlaufen, ist das eine kostspielige Sache. Sicherlich: Sie müssen nicht gleich fristlos kündigen, sondern können sich mit Ihrem Mieter auch auf Stundung oder Ratenzahlung einigen.

Geht aber auch das schief, hilft Ihnen nur noch eines: Die **fristlose** Kündigung wegen Zahlungsrückstands.

Zahlt Ihr Mieter nämlich keine oder zu wenig Miete, gerät er in Zahlungsverzug. Um ihm nach §§ 543 Abs. 2 Satz 1 Nr. 3, 569 Abs. 3 BGB fristlos kündigen zu können, muss er wie folgt bei Ihnen in der Kreide stehen:

1. mit 2 **aufeinanderfolgenden** Zahlungsterminen mit mehr als 1 Monatsmiete. Dafür reicht es schon, wenn er den Betrag um 1 Cent überschreitet, oder

2. über einen **längeren Zeitraum** mit mindestens 2 Monatsmieten.

Um zu wissen, ob die Rückstandsgrenze schon erreicht ist, müssen Sie die Grundmiete **plus** die Betriebskostenvorauszahlung bzw. die Betriebskostenpauschale zusammenrechnen.

Vermieten Sie mit der Wohnung eine **Garage** oder einen Stellplatz, müssen Sie die Grundmiete **plus** die Garagenmiete plus eventuelle Betriebskostenvorauszahlungen zusammenrechnen.

Um zu wissen, ob der Mieter mit seinem Rückstand diese Grenze schon erreicht hat, dürfen Sie **nur die regelmäßig** vom Mieter zu zahlenden Leistungen berücksichtigen. Also beispielsweise, wenn der Mieter seine Miete, die Betriebskostenpauschale oder die Betriebskostenvorauszahlung **nicht zahlt**.

Nicht mitrechnen dürfen Sie die Rückstände einer nur **einmaligen** Leistung. Wenn Ihnen Ihr Mieter z.B. die letzte Nachzahlung aus der Heiz- und Betriebskostenabrechnung, die Kaution oder Schadensersatzansprüche schuldig bleibt. Solche Rückstände rechtfertigen noch **keine Kündigung** wegen Zahlungsverzugs. Hier bleibt Ihnen nur die Zahlungsklage.

Ihr Wohnungsmieter genießt eine **Schonfrist**, innerhalb der er noch seine Mietrückstände ausgleichen und somit Ihre fristlose Kündigung ungeschehen machen kann. Die läuft erst 2 Monate nach Klagezustellung ab.

Gewerberaummieter genießen **keine** Schonfrist: Zahlen sie **nicht** bis zum Zugang des Kündigungsschreibens ihre Mietschulden, können sie die Kündigung nicht mehr durch Zahlen abwenden – jedenfalls nicht **ohne Ihre Zustimmung** als Vermieter!

Kündigen Sie Ihrem Wohnungsmieter also fristlos wegen Zahlungsverzugs, heißt das noch lange nicht, dass Sie demnächst von ihm loskommen. Macht Ihr Mieter von der Schonfrist Gebrauch, ist Ihre Kündigung **unwirksam**.

Die Schonfrist läuft für den Wohnungsmieter erst 2 Monate, nachdem Ihre Räumungsklage dem Mieter vom Gericht **zugestellt** wurde, ab.

Beispiel: Schonfrist: Wie lange Ihr Mieter die Kündigung abwenden kann

Zahlt Ihnen Ihr Mieter die Miete für Juni gar nicht und für Juli nur zur Hälfte, können Sie ihm deswegen schon fristlos kündigen. Zieht er nicht freiwillig aus, müssen Sie **Räumungsklage** erheben.

Wird Ihre Klage dem Mieter am 1.8. zugestellt, kann er noch bis zum 1.10. 24 Uhr seine Schulden bei Ihnen begleichen und Ihre Kündigung damit **unwirksam** machen.

Ihre fristlose Kündigung kann Ihr Wohnungsmieter per Nachzahlung **nur einmal innerhalb von 2 Jahren** ungeschehen machen. Gerät er das 2. Mal innerhalb dieses Zeitraums in Rückstand und kündigen Sie ihm, bleibt es bei der Kündigung!

Kündigungsfrist, Gewerberaum

Nach § 580a Abs. 2 BGB können Sie oder Ihr Mieter den Gewerberaummietvertrag spätestens am 3. Werktag eines Kalendervierteljahres für den Ablauf des nächsten Kalendervierteljahres kündigen.

Also mit einer **6-monatigen Kündigungsfrist** zum Kalendervierteljahr. Ihre Kündigungsfrist beläuft sich damit praktisch auf mindestens 6 und maximal 9 Monate.

Beispiel: Wie Sie die Kündigungsfrist berechnen

Liegt Ihre Kündigung beispielsweise am 3.12.2014 im Briefkasten, wird sie zum 30.6.2015 wirksam. Liegt Ihre Kündigung allerdings erst am 4.1.2014 im Briefkasten Ihres Mieters, wird sie auch erst zum 30.9.2015 wirksam.

Kündigungsfrist, Wohnraum

Gerade beim Kündigen müssen Sie und Ihr Mieter sich an gewisse Fristen halten. Dabei haben Sie als Vermieter die schlechteren Karten, denn: Je länger Ihr Mietverhältnis gedauert hat, umso länger ist auch Ihre Kündigungsfrist.

Und als wäre das nicht schon genug, brauchen Sie als **Vermieter** zusätzlich noch einen **Kündigungsgrund**.

Die Kündigungsfrist **für den Mieter** beträgt seit dem 1.9.2001 nur 3 Monate – ganz gleich, wie lange der Mietvertrag schon besteht. Lediglich für Altmietverträge kann im Einzelfall etwas anderes gelten.

Bei Neumietverträgen und den meisten Altmietverträgen ist es so: Für den Mieter gilt immer die kürzere 3-Monats-Frist. Für Sie als Vermieter gilt die 3-Monats-Frist **nur**, wenn Ihr Mietvertrag **nicht länger als 5 Jahre** besteht.

6 Monate beträgt Ihre Kündigungsfrist als Vermieter, wenn Ihr Mietvertrag bereits **über 5 Jahre** besteht.

Ab 8 Jahren müssen Sie sogar eine Kündigungsfrist von **9 Monaten** einhalten (§ 573 c Abs. 1 Satz 2 BGB).

Nach wie vor ist es aber so: Ihre schriftliche Kündigung muss Ihrem Mieter spätestens **am 3. Werktag** eines Monats zugehen. Liegt Ihre Kündigung dagegen erst am 4. Werktag im Briefkasten Ihres Mieters, verschiebt sich der Auszugstermin um 1 Monat.

Beispiel: Wie Sie die Kündigungsfrist berechnen

Ihr Mieter wohnt bereits 8 Jahre in Ihrer Wohnung. Am Donnerstag, den 5.10.2014, findet Ihr Mieter Ihre Kündigung in seinem Briefkasten. Ihr Mietvertrag endet somit – nach Ablauf der 9-monatigen Kündigungsfrist – am 30.6.2015.

Erhält Ihr Mieter Ihre Kündigung also erst am Freitag, dem 6.10.2014, muss er erst am 31.7.2015 ausziehen.

Wichtig für Ihre Fristberechnung: Der Samstag zählt grundsätzlich als Werktag. Das gilt laut BGH sogar, wenn der 3. Werktag auf einen Samstag fällt (BGH, Urteil v. 17.2.2005, III ZR 172/04).

Kündigungsgründe

Wer seinem Wohnungsmieter kündigen will, braucht ein „berechtigtes Interesse" oder einfacher ausgedrückt: Einen Kündigungsgrund.

Eine Kündigung mit ganz normaler Kündigungsfrist heißt im Gesetz „ordentliche Kündigung". Im Gesetz selbst stehen unter § 573 Abs. 2 BGB 3 mögliche Kündigungsgründe:

Danach liegt ein berechtigtes Interesse des Vermieters insbesondere vor, wenn

- der Mieter seine vertraglichen Verpflichtungen schuldhaft nicht unerheblich verletzt hat;

- der Vermieter die Räume als Wohnung für sich, seine Familienangehörigen oder Angehörige seines Haushalts benötigt (= die klassische Eigenbedarfskündigung);

- der Vermieter durch die Fortsetzung des Mietverhältnisses an einer angemessenen wirtschaftlichen Verwertung des Grundstücks gehindert ist und dadurch erhebliche Nachteile erleiden würde.

Diese Aufzählung im Gesetz ist beispielhaft und **keine** abschließende Aufzählung von Umständen, die als berechtigtes Interesse anzusehen sind.

So kann auch ein berechtigtes Interesse des Vermieters an der Beendigung des Mietverhältnisses darin liegen, dass der Vermieter oder seine Ehefrau in den betreffenden Räumen seinen Beruf ausüben möchte (BGH, Urteil v. 26.9.2012, VIII ZR 330/11).

Sie sehen schon: Es reicht nicht jedes scheinbar berechtigte Interesse aus, um den Mieter aus der Wohnung zu kündigen. Idealerweise können Sie sich dabei auf noch auf eine grundrechtlich geschützte Position wie z. B. die Berufsfreiheit berufen, um mit Ihrer Kündigung vor Gericht „durchzukommen".

 Praxis-Tipp

Was als berechtigtes Interesse gilt

Kündigungsklausel

Schon oft wurde ich gefragt, ob es nicht eine Kündigungsklausel gibt, wonach der Vermieter im Ernstfall **leichter** kündigen kann. Am besten das Ganze noch ohne Kündigungsgrund.

Leider ist es so: Das geht **nicht**! So eine Mietvertragsklausel, die Ihnen die Kündigung erleichtert, gibt es **nicht**. Sie benötigen als Wohnungsvermieter immer einen **Kündigungsgrund**.

Einzige Ausnahme: Sie vermieten eine Wohnung in einem Zweifamilienhaus, in dem Sie auch selbst wohnen. Dann dürfen Sie **ohne** Kündigungsgrund kündigen, müssen aber 6 Monate länger auf den Auszug Ihres Mieters warten (§ 573a BGB).

Den Mieter „leichter los" werden Sie nur, wenn Sie Ihren Mietvertrag **befristen** und dafür einen **Befristungsgrund** im Mietvertrag genannt haben.

→ **Praxis-Tipp**

Wer seinen Mietvertrag befristet, braucht keinen Kündigungsgrund

Dann nämlich endet Ihr Mietvertrag automatisch zum Beendigungstermin, **ohne** dass Sie zusätzlich noch einen **Kündigungsgrund** benötigen.

Kündigungsrecht, Dreifamilienhaus

Nach dem bis zum 1.9.2001 geltenden § 564b Abs. 4 Nr. 2 BGB alt hatten Sie als Besitzer eines Dreifamilienhauses Vorteile beim Kündigen. Danach konnten Sie **ohne Kündigungsgrund** kündigen, wenn Sie selbst in Ihrem Dreifamilienhaus wohnten und zudem eine Ihrer 2 vermieteten Wohnungen **nach** dem 31.5.1990 und **vor** dem 1.6.1999 durch einen Ausbau oder eine Erweiterung entstanden ist.

Diese Kündigungsvorschrift wurde gestrichen – allerdings gab es noch eine **Übergangsregelung**. Die besagte, dass Sie sich auf dieses Sonderkündigungsrecht noch bis zum 31.8.2006 berufen konnten – doch damit ist es jetzt auch vorbei!

Im Klartext bedeutet das für Sie: **Ohne** Kündigungsgrund geht jetzt auch bei einem ausgebauten Dreifamilienhaus nichts mehr!

Kündigungsrecht, Mieterhöhung

Bevor Sie eine Modernisierungsmieterhöhung oder eine „normale" Mieterhöhung auf die ortsübliche Vergleichsmiete nach § 558 BGB durchführen, wägen Sie bitte folgendes **Risiko** für sich ab: Mit diesen Mieterhöhungsmöglichkeiten spielen Sie Ihrem Wohnraummieter ein **Sonderkündigungsrecht** nach § 561 BGB zu.

Ein Risiko, das Sie gegenüber Ihren Mieterhöhungswünschen abwägen sollten. Gerade bei langen **Zeitmietverträgen!** Die kann Ihr Mieter nämlich dann kurzerhand mit der 3-Monats-Frist kündigen.

Kündigungsrecht, Zweifamilienhaus

Wohnt der Mieter mit im Haus und würden Sie ihm gern kündigen, gesteht Ihnen der Gesetzgeber ein erleichtertes Kündigungsrecht zu: Sie können ohne Kündigungsgrund kündigen, haben allerdings dann eine etwas längere Kündigungsfrist.

Der typische Fall: Sie besitzen ein Zweifamilienhaus. Eine Wohnung bewohnen Sie, die andere, z. B. die Einliegerwohnung, haben Sie vermietet.

Weil Sie auf so engem Raum mit Ihrem Mieter zusammenleben, gesteht Ihnen der Gesetzgeber eine **erleichterte Kündigungsmöglichkeit** zu. Denn eigentlich bräuchten Sie ja als Wohnungsvermieter einen Kündigungsgrund, um Ihren Mieter loszuwerden.

Wegen dieses Zugeständnisses verlängert sich aber die „normale" Kündigungsfrist um zusätzliche 3 Monate. Also von mindestens 3 Monaten bis zu maximal 9 Monaten – je nachdem, wie lange Ihr Mietverhältnis bestand (§ 573a Abs. 1 BGB).

Haben Sie zusätzlich noch Eigenbedarf an der Wohnung, weil Ihr mittlerweile erwachsener Sohn in die Einliegerwohnung ziehen will, können Sie wählen, ob Sie Ihrem Mieter **mit** einem Kündigungsgrund wie z.B. Eigenbedarf kündigen oder Sie berufen sich auf die erleichterte Kündigung nach § 573a BGB.

> Fahren Sie **zweigleisig!** Kündigen Sie wegen Eigenbedarfs (kürzere Kündigungsfrist) und **hilfsweise** nach § 573a BGB mit der längeren Kündigungsfrist. Geht Ihre Eigenbedarfskündigung vor Gericht durch, werden Sie Ihren Mieter **schneller** los.
>
> Reicht Ihr Vorbringen **nicht** für eine Eigenbedarfskündigung, bleibt Ihnen immer noch die 2. Kündigungsmöglichkeit nach § 573a BGB. Dann müssen Sie zwar etwas **länger** warten, bis Ihr Mieter auszieht, aber ein Ende ist jedenfalls in Sicht!

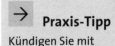

Praxis-Tipp

Kündigen Sie mit doppeltem Boden

Wichtig: Auch bei einer Kündigung im Zweifamilienhaus nach § 573a BGB müssen Sie den Mieter auf sein **Widerspruchsrecht** nach § 574 BGB sowie auf die Form und die Frist des Widerspruchs hinweisen, sodass der Mieter widersprechen kann, wenn die vertragsgemäße Beendigung des Mietverhältnisses für ihn, seine Familie oder einen anderen Angehörigen seines Haushalts eine Härte bedeuten würde.

Kündigungsschreiben

Kündigen Sie immer **schriftlich** und lassen Sie die Kündigung von einem nicht mit Ihnen verwandten **Boten** persönlich an den Mieter aushändigen.

Führen Sie im Kündigungsschreiben alle Kündigungsgründe an, die Sie haben! Vor Gericht werden später nämlich **nur die** Kündigungsgründe berücksichtigt, die Sie bereits in Ihrem Kündigungsschreiben genannt haben.

Wenn Sie nicht selbst der Vermieter sind, sondern nur dessen Vertreter bzw. Mitvermieter: Fügen Sie immer eine **unterschriebene Originalvollmacht** des von Ihnen Vertretenen bei.

Kündigen Sie gegenüber **allen** Mietern, die den Mietvertrag unterschrieben haben. Auch gegenüber den Mietern, die bereits ausgezogen sind, die Sie aber nicht ausdrücklich aus Ihrem Mietvertrag entlassen haben.

Weisen Sie Ihren Mieter in Ihrem Kündigungsschreiben darauf hin, dass er der Kündigung bis 2 Monate vor Ablauf der Kündigungsfrist schriftlich **widersprechen** kann.

Schreiben Sie vorsorglich in Ihr Kündigungsschreiben, dass Sie einer **Fortsetzung** des Mietgebrauchs über den Kündigungstermin hinaus gemäß § 545 BGB **widersprechen**.

Kündigungssperrfrist

Auf die Kündigungssperrfrist nach § 577a BGB stoßen Sie immer dann, wenn Sie die Wohnung Ihres Mieters **nachträglich** in eine Eigentumswohnung umgewandelt haben. Verkaufen Sie die umgewandelte Wohnung, kann Ihr Käufer dem Mieter nicht gleich wegen Eigenbedarfs kündigen.

Es ist vielmehr so: Der Käufer kann dem Mieter frühestens nach 3 Jahren wegen Eigenbedarfs bzw. wegen wirtschaftlicher Verwertung kündigen. In Gebieten, in denen eine ausreichende Versorgung der Bevölkerung mit Mietwohnungen zu angemessenen Bedingungen in einer Gemeinde oder einem Teil der Gemeinde besonders gefährdet ist, kann die Landesregierung die Kündigungssperrfrist per Rechtsverordnung sogar auf **maximal 10 Jahre** verlängern. Eine **tückische Käuferfalle**, die beim Kauf von „gebrauchten" Eigentumswohnungen droht!

Diese Kündigungssperrfrist trifft Sie nicht nur, wenn Sie eine umgewandelte Eigentumswohnung **kaufen**, sondern auch dann, wenn Sie diese **geschenkt** bekommen oder **ersteigern**.

Im Gesetz ist nämlich **nicht** ausdrücklich von einem Kauf die Rede, sondern vielmehr von einem „**Erwerb**" von Wohnungseigentum und so sind nicht nur Käufern die Hände gebunden, sondern auch Beschenkten oder Ersteigerern.

Mit der Kündigungssperrfrist bekommen Sie es seit der Mietrechtsänderung vom 1.5.2014 nach § 577a BGB auch dann zu tun, wenn

– eine **Personengesellschaft** oder

– mehrere Erwerber zusammen

ein Mietshaus von vornherein mit der Absicht erwerben, die Wohnungen zum Nutzen ihrer Mitglieder in Eigentumswohnungen umzuwandeln! Auch wenn also die Reihenfolge **Erwerb** und dann erst **Umwandlung** lautet, gilt künftig eine

Kündigungssperrfrist, wenn eine Personengesellschaft oder mehrere Erwerber eine Immobilie erwerben.

Plötzlich macht es einen Unterschied, ob nun ein Ehepaar oder Freunde **zusammen** ein Mietshaus in der Absicht erwerben, es in Eigentumswohnungen umzuwandeln.

Gehören die Erwerber nämlich der gleichen Familie oder demselben Haushalt an, dürfen die Erwerber **sofort kündigen**. Das gilt jedenfalls bei der **Reihenfolge** Erwerb und dann erst Umwandlung.

Lautet die Reihenfolge dagegen **Umwandlung** und dann erst **Erwerb**, sind Sie zwar als z. B. Ehepaar aus der Kündigungssperrfrist nach § 577 Abs. 1a BGB raus, aber **nicht** aus der Regelung nach § 577 Abs. 1 BGB!

Stellen Sie also fest, dass Sie die Kündigungssperrfrist trifft, können Sie mit dem Mieter einen **Mietaufhebungsvertrag** schließen. Was sich so einfach anhört, ist in der Praxis allerdings schwierig umsetzbar, denn der Mieter wird wohl **selten freiwillig** und obendrein noch „kostenlos" das Feld räumen.

Dagegen könnte eine kleine „**Abstandszahlung**" die Motivation des Mieters, auszuziehen, erhöhen.

 Praxis-Tipp

Wie Sie der Kündigungssperrfrist entgehen können

Kündigungsverzicht

Wenn Sie Ihren Mieter so lange wie möglich im Vertrag halten wollen, aber **keinen** Befristungsgrund parat haben, bleibt Ihnen nur eines: Vereinbaren Sie einen Kündigungsverzicht im Mietvertrag.

Das bedeutet: Sie schließen einen „ganz normalen" Mietvertrag auf unbestimmte Zeit ab, den **weder Sie noch Ihr Mieter** vor Ablauf einer fest vereinbarten Zeit **ordentlich** kündigen dürfen. Beide Seiten können aber immer noch fristlos kündigen. Sie also beispielsweise, wenn Ihr Mieter in Zahlungsrückstand gerät.

Dass solche Kündigungsverzicht-Klauseln vor Gericht halten, hat der Bundesgerichtshof mittlerweile bereits mehrfach entschieden! Vorausgesetzt, Sie beschränken Ihren Kündigungsverzicht **auf maximal 4 Jahre** (BGH, Urteil v. 3.5.2006, VIII ZR 243/05, NZM 2006 S. 579).

Dabei beginnt die 4-Jahres-Frist schon mit dem **Zeitpunkt des Mietvertragsabschlusses**: Also zu dem Zeitpunkt, zu dem der letzte Vertragspartner den Mietvertrag unterschreibt.

Ist Ihr Kündigungsverzicht unwirksam, wird aus Ihrem Mietvertrag ein „ganz normaler" Mietvertrag auf unbestimmte Zeit. Also ein Vertrag, den Sie ohnehin nur hätten abschließen dürfen, solange Ihnen **kein Befristungsgrund** zur Seite gestanden hätte.

Kürzungsrecht

Wenn Sie die Kosten für Heizung und Warmwasser **nicht** korrekt nach der Heizkostenverordnung verbrauchsabhängig abrechnen können, hat Ihr Mieter das Recht, seinen Anteil um 15 % zu kürzen (§ 12 Abs. 1 Satz 1 HeizKV).

So beispielsweise, wenn die Heizkostenmessgeräte ausfallen oder Sie mit ungeeichten Zählern den Verbrauch erfasst haben.

Wurden die Kosten dagegen geschätzt oder konnten Sie wegen eines Mieterwechsels nicht verbrauchsabhängig abrechnen, hat Ihr Mieter **kein** Kürzungsrecht.

Laub vom Nachbar

Wer muss eigentlich das ganze Laub aufsammeln und entsorgen, das vom Baum des Nachbarn rüberweht?

Rechtlich ist es so: **Sie** als betroffener Grundeigentümer müssen den Laubbefall vom Nachbargrundstück **entschädigungslos** hinnehmen.

Die Richter begründen das so: Wer auf einem parkähnlichen Grund, also in privilegierter Lage wohnen kann und zudem die Vorzüge eines begrünten Wohngebiets genießt, muss umgekehrt leider auch saisonbedingte Nachteile der Begrünung **dulden**.

Verstopfen die Blätter vom Nachbarbaum Ihre Dachrinne, sind sich die Gerichte uneins. Die einen sprechen Ihnen für den vermehrten Reinigungsbedarf eine **Aufwandsentschädigung** zu. Bei den anderen gehen Sie leer aus!

Für Mietshäuser gilt: Vereinbaren Sie schon in Ihrem Mietvertrag die Umlage der Reinigungskosten für die Dachrinne. Führen Sie diese Kosten unbedingt im Mietvertrag unter „**Sonstige Betriebskosten**" auf. Nur wenn Sie diese unter

„Sonstige Betriebskosten" ausdrücklich als umlegbar stehen haben, dürfen Sie dem Mieter die Kosten auch auf die Abrechnung setzen (BGH, Urteil v. 7.4.2004, VIII ZR 167/03).

Stören Sie die Äste des Baums Ihres Nachbarn, die auf Ihr Grundstück herüberragen, sollten Sie ihn bitten, die **zurückzuschneiden.**

Praxis-Tipp
Wenn Sie die Äste vom Nachbarn stören

Hüten Sie sich jedoch davor, **selbst** zur Gartenschere zu greifen und die herüberragenden Äste vom Nachbargrundstück einfach selbst abzuschneiden. Führen Sie nämlich den Rückschnitt **unsachgemäß** aus und geht der Baum später ein, kann der Baumeigentümer von Ihnen **Schadensersatz** verlangen (LG Coburg, Urteil v. 13.10.2006, 32 S 83/06).

Laubsauger

Die Kosten für den Kauf eines Laubsaugers dürfen Sie dann als Betriebskosten auf den Mieter umlegen, wenn die Ausgabe bei gewissenhafter Abwägung aller Umstände und bei ordentlicher Geschäftsführung gerechtfertigt ist (LG Berlin, Urteil v. 9.3.2000, 62 S 463/99, GE 2000 S. 539).

Ob sich der Kauf eines Laubsaugers noch im Rahmen ordnungsgemäßer Verwaltung hält, beurteilt sich in erster Linie **nach der Größe** der Wohnanlage.

Bei einer Wohnanlage mit insgesamt 13.218 m² drückte das Gericht jedenfalls ein Auge zu.

Ansonsten bleibt es dabei: Anschaffungskosten zählen **nicht** zu den Betriebskosten!

Laufende Kosten

Wenn Sie sich nicht sicher sind, ob es sich bei Ihren Kosten wirklich um Betriebskosten handelt, prüfen Sie, ob es sich um laufende Kosten handelt. Umlegbar sind nämlich nur solche Aufwendungen, die Ihnen **regelmäßig** entstehen. Also nicht nur einmalig.

Dabei spielt es keine Rolle, ob es sich um einen mehrjährigen Zyklus handelt. Liegen zwischen dem Kostenanfall jeweils 5 Jahre, ist dies jedenfalls noch unproblematisch. Kritisch wird es allerdings, wenn diese in einem Zyklus von 5–10 Jahren auftreten.

Leasingkosten

Als Betriebskosten dürfen Sie diese nur dann auf Ihre Mieter umlegen, wenn dies die Betriebskostenverordnung **ausdrücklich zulässt**. Dies trifft bei den folgenden Geräten zu:

- Kaltwasserzähler,
- Antennenanlage,
- Heiz- und Warmwasserkostenverteiler.

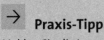

Praxis-Tipp

Melden Sie die Leasingkosten beim Mieter an

Vergessen Sie nicht, Ihren Mietern Ihre Leasingabsichten mitzuteilen.

Nur wenn die Mehrheit der Mieter nicht innerhalb eines Monats **widerspricht**, können Sie die Geräte leasen und die Kosten auf Ihre Mieter umlegen.

Lebensgefährte, Zuzug

Zieht die Lebensgefährtin beim Mieter ein, muss er Sie davon in Kenntnis setzen.

Die Aufnahme von nahen Angehörigen oder einem Lebenspartner zählt noch **nicht** als Untermiete. Deshalb braucht Ihr Mieter nicht extra Ihre Zustimmung vorher einholen. Darüber informieren muss er Sie aber schon!

Die **Zustimmung** braucht er nur, wenn er einen x-beliebigen Bekannten bei sich einziehen lassen möchte. Allerdings dürfen Sie den nur ablehnen, wenn Sie gegen den neuen Mitbewohner ernsthafte Bedenken haben.

Zum Beispiel, wenn er Sie schon einmal bedroht hat. Oder wenn die neue Bekannte Ihres Mieters nicht nur ihre Möbel, sondern auch noch ihre 3 Kinder aus erster Ehe mit in das 40-m²-Apartment mitbringt.

Praxis-Tipp

Haken Sie nach, wer der oder die Fremde ist

Teilt Ihnen Ihr Mieter nicht freiwillig mit, wen er da aufgenommen hat, können Sie ihn **auffordern**, Sie darüber zu informieren, um wen es sich dabei handelt.

Am besten, Sie setzen Ihrem Mieter dafür eine Frist von einer Woche.

Leitungswasserversicherung

Diese Kosten sind grundsätzlich auf den Mieter umlegbar. Kommt es allerdings zu Prämienerhöhungen wegen häufiger Rohrbrüche, dürfen Sie diese **nicht** auf den Mieter umlegen.

Die Begründung des Gerichts: Die beruhen auf einer vernachlässigten Instandhaltungspflicht (AG Hamburg, WM 1986 S. 346).

Lüften

Feuchte Wohnung, Schimmel und muffige Luft – daran können natürlich Baumängel schuld sein. Meistens liegt es aber am **falschen** Lüft- und Heizverhalten des Mieters.

Am besten überreichen Sie Ihrem Mieter schon bei Mietvertragsabschluss ein kleines Faltblatt, in dem Sie ihm genau erklären, wie er zu lüften hat.

Sagen Sie ihm, dass er **3-mal am Tag** stoßlüften muss, damit der Schimmel keine Chance hat!

Morgens muss der Mieter 2-mal und abends 1-mal lüften. Ein solches Lüftverhalten ist jedem Wohnungsnutzer **zumutbar**. Weil es dem ganz normalen, alltäglichen Wohnverhalten entspricht.

Ihr Mieter hält das für übertrieben? Dann verweisen Sie ihn auf das Urteil des Oberlandesgerichts Frankfurt am Main vom 11.2.2000 (19 U 7/99, NZM 2001 S. 39). Das hat nämlich geklärt, wann und wie oft Ihr Mieter die Fenster aufreißen muss.

Teilweise muten die Gerichte dem Mieter ein **3- bis 4-maliges tägliches Lüften** zu. Selbst wenn der Mieter berufstätig ist, aber so ein Lüftungsverhalten notwendig ist, weil es sonst zum **Schimmelbefall** in einem 1954 gebauten Haus kommt (LG Frankfurt/M., Urteil v. 7.2.2012, 2-17 S 89/11).

Maklerprovision

Die Maklerprovision beträgt beim Kauf einer Immobilie in der Regel üblicherweise bei einem Kaufvertrag – je nach den örtlichen Gegebenheiten – **3–5 % des Kaufpreises** (zzgl. MwSt).

Vermittelt der Makler einen Mieter, kann er von ihm maximal 2 Wohnungsmieten ohne Betriebskostenvorauszahlungen zuzüglich der gesetzlichen Mehrwertsteuer verlangen. Beim Berechnen der Provision werden die Nebenkosten nicht mitgerechnet!

Muss eigentlich immer automatisch der Käufer bzw. Mieter die Provision zahlen? Nein, die Provisionspflicht trifft bei einem **Immobilienkauf** immer den, der den Maklervertrag **abgeschlossen** hat – das kann – muss aber nicht – der Käufer bzw. Mieter sein.

Genauso gut können **beide Vertragsseiten** – also die Käufer-/Verkäuferseite bzw. die Mieter-/Vermieterseite – jeweils die Hälfte zahlen, wenn sie mit einer **Doppeltätigkeit** des Maklers einverstanden waren.

Geht es dagegen um die Vermittlung einer Wohnung, muss bis jetzt der **Wohnungssuchende** seine Geldbörse öffnen.

Daran soll sich demnächst jedoch etwas ändern. Bisher beauftragen in der Regel die Vermieter den Makler. Zahlen muss ihn aber der wohnungssuchende Mieter.

Mit einem geplanten Gesetzentwurf soll jedoch voraussichtlich ab dem 1.1.2015 das Bestellerprinzip eingeführt werden. **Das heißt:** Wer den Makler bestellt, muss ihn auch zahlen.

Beauftragt also der Vermieter einen Makler, muss er ihn auch zahlen. Verstöße gegen diese Vorschrift sollen demnächst mit einem **Bußgeld** geahndet werden. Das Justizministerium hat berechnet, dass Mieter dadurch ungefähr 571 Mio. EUR jährlich sparen.

Mahnbescheid

Leiten Sie ein gerichtliches Mahnverfahren ein, müssen Sie einen **Antrag** stellen. Es endet im Idealfall mit dem Erlass eines Mahnbescheids. Der verhilft Ihnen als Gläubiger zu Ihrem Geld bzw. zu einem vollstreckbaren Titel gegen den Mieter.

Ein Mahnverfahren können Sie nur einleiten, wenn Sie **Geld** vom Mieter wollen, also z.B. eine Betriebskostennachzahlung oder Ihre Mietschulden wieder reinholen wollen.

Außerdem **hemmt** ein Mahnbescheid die Verjährung – und das schon mit der Antragstellung. Somit kann Ihr Anspruch **nicht verjähren**.

Ihren Mahnbescheid schicken Sie an das Mahngericht. Das erlässt den Mahnbescheid erst einmal ohne zu prüfen, ob Ihnen der Anspruch auch tatsächlich zusteht.

Legt der Mieter allerdings **Widerspruch** gegen den Mahnbescheid ein, wandert das Verfahren vom „zentralen Mahngericht" wieder zurück an das Gericht, wo Sie wohnen und Ihr Fall wird wie ein ganz normales „Gerichtsverfahren" behandelt. Erst dann müssen Sie eine **Klageschrift** erstellen.

Einen Mahnbescheid und damit einen Vollstreckungstitel bekommen Sie nur, wenn Sie den Mahnantrag **korrekt ausgefüllt** haben. Vordrucke bekommen Sie teilweise im Internet (bei Gerichten, die den Antrag maschinell bearbeiten) oder im Schreibwarenladen.

 Praxis-Tipp

Besorgen Sie sich einen Vordruck

Außerdem müssen Sie noch die **Gerichtsgebühren** einzahlen, damit der Mahnbescheid erlassen und an den Schuldner zugestellt werden kann.

Legt der Mieter kein Widerspruch ein, erlässt das Gericht den Mahnbescheid. Allerdings können Sie damit noch **nicht** beim Mieter vollstrecken. Erst 2 Wochen **nach** der Zustellung des Mahnbescheids können Sie einen **Vollstreckungsbescheid** beim gleichen Gericht beantragen. Der wirkt dann wie ein Urteil und ist vollstreckbar. Sie können jetzt den Gerichtsvollzieher mit der Vollstreckung des Mahnbescheids beauftragen.

Der Mieter hat jetzt noch 2 Wochen Zeit, gegen den Vollstreckungsbescheid Einspruch einzulegen. Legt Ihr Schuldner **Einspruch** ein, wird Ihr Fall wie schon beim Widerspruch an das Gericht übergeben und es läuft weiter wie ein normales Gerichtsverfahren.

Malerarbeiten

Lassen Sie den Hausflur, die Fassade oder das Treppengeländer neu streichen, müssen Sie das leider aus der eigenen Tasche bezahlen.

Dabei handelt es sich nämlich **nicht** um umlegbare Instandhaltungskosten. Die können Sie maximal noch auf Ihre Steuererklärung setzen, aber **nicht** auf Ihre Betriebskostenabrechnung!

Mehrbelastungsklausel

Eine Mehrbelastungsklausel erlaubt Ihnen, neu entstandene oder neu eingeführte Betriebskosten auf den Mieter umzulegen.

Sie ist ein **absolutes Muss** für jeden Mietvertrag!

Ihre Klausel ist aber nur dann **wirksam**, wenn sie sich auf die Betriebskosten nach der Betriebskostenverordnung beschränkt und die Umlage auch nur für die Zukunft zulässt.

Mietarten

Die Mietart legen Sie bereits im Mietvertrag fest.

Vereinbaren Sie dort eine **Grundmiete**, ist das Gleiche gemeint wie bei einer Nettomiete, nämlich die „nackte" Miete **ohne** Betriebs- oder Heizkostenvorauszahlungen. Die Betriebskosten sind vielmehr **vollständig ausgegliedert**.

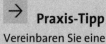

Praxis-Tipp

Vereinbaren Sie eine Grundmiete plus Vorauszahlungen

Weil in der Grundmiete **keine** Betriebskosten enthalten sind, sollten Sie noch **zusätzlich** Betriebskostenvorauszahlungen vereinbaren.

Eine Grundmiete plus Betriebs- und Heizkostenvorauszahlungen ist die üblichste Mietart.

Mit der **Bruttowarmmiete** = Bruttoinklusivmiete ist Folgendes gemeint: In der Miete sind die Heiz- und Betriebskosten **mit enthalten**. Vorsicht also, wenn Sie mit Ihrem Mieter eine Bruttowarmmiete vereinbaren, denn Sie können **keine** Betriebs- oder Heizkosten mehr nachfordern!

Gleiches gilt, wenn Sie mit dem Mieter eine Inklusivmiete bzw. Vollinklusivmiete vereinbaren.

Bruttokaltmiete heißt: In der Miete sind alle Betriebskosten **außer** den Heizkosten enthalten. Es kann also **teuer** enden, wenn Sie hier die Grundmiete mit der Bruttokaltmiete verwechseln: Denn dann sind mit der Miete bereits alle übrigen Betriebskosten abgegolten und Sie können vom Mieter **nichts** außer den Heizkosten **nachfordern**.

Vereinbaren Sie dagegen eine **Teilinklusivmiete**, bedeutet das: Ein Teil der Betriebskosten steckt bereits in Ihrer Miete, über den anderen Teil können Sie noch separat abrechnen.

Miete, Gewerberaum, Fälligkeit

Wenn Sie wissen wollen, bis wann Ihr Gewerberaummieter seine Miete zahlen muss, müssen Sie einen Blick in Ihren Mietvertrag werfen. Entscheidend dafür ist nämlich, **wann** Sie den Mietvertrag abgeschlossen haben und was Sie bezüglich der **Fälligkeit** vereinbart haben.

Es gibt 3 Varianten:

1. Sie haben Ihren Gewerberaummietvertrag **vor** dem 1.9.2001 abgeschlossen und **keine** Regelung hinsichtlich der Fälligkeit der Miete getroffen.
   Die Folge: Ihr Mieter darf die Miete für den laufenden Monat bis zum **letzten Tag** dieses Monats zahlen (§ 551 BGB alt). Zahlen heißt: das Geld auf den Weg schicken bzw. eine Überweisung bei der Bank einreichen.

2. Sie haben Ihren Gewerberaummietvertrag **vor** dem 1.9.2001 abgeschlossen. Darin findet sich die übliche Klausel, dass Ihr Mieter bis zum 3. Werktag im Monat die Miete für den laufenden Monat vorauszahlen muss.
   Die Folge: Der Mieter muss das Geld bis zum 3. Werktag im Monat auf den Weg schicken. Kombiniert mit einer „**Rechtzeitigkeitsklausel**" (= Klausel, die besagt, dass für die Rechtzeitigkeit der Zahlung der Eingang bzw. die Gutschrift maßgebend ist), muss die Miete dann bis zum 3. Werktag bei Ihnen **eingegangen** sein.

3. Sie haben Ihren Gewerberaummietvertrag **nach** dem 1.9.2001 abgeschlossen, und zwar **ohne** eine Regelung getroffen zu haben, bis zu welchem Zeitpunkt der Mieter die Miete zahlen muss. Über § 579 Abs. 2 BGB gilt dann analog die neue Fälligkeitsregelung für Wohnraum (§ 556b Abs. 1 BGB).
   Das bedeutet: Die Miete ist spätestens bis zum 3. Werktag im Voraus fällig. Eine Vereinbarung über die Fälligkeit benötigen Sie in Ihrem Mietvertrag also nicht – sie empfiehlt sich aber aus Klarstellungsgründen.

Wichtig: Kombinieren Sie Ihre Fälligkeitsklausel unbedingt gleich mit einer **Rechtzeitigkeitsklausel.**

Die sorgt dafür, dass es für die Rechtzeitigkeit der Zahlung **nicht** auf die Absendung, sondern auf den **Eingang** des Geldes ankommt.

 Praxis-Tipp

Denken Sie an die Rechtzeitigkeitsklausel

Damit zahlt Ihr Mieter nicht schon pünktlich, **wenn** er das Geld **überweist**, sondern es muss bis zum 3. Werktag schon Ihrem Konto **gutgeschrieben** sein.

Mieten von Verbrauchserfassungsgeräten

Möchten Sie gerne Wärme- oder Wasserzähler für Ihr Miets-haus mieten oder leasen, sollten Sie Folgendes wissen: Ihr Mieter hat ein Mitspracherecht, wenn Sie **Verbrauchserfassungsgeräte** mieten oder leasen wollen.

Das steht so in § 4 Abs. 2 Satz 2 HeizKV. Sie müssen Ihren Mieter also **vorher** darüber informieren, welche Kosten auf ihn zukommen können.

Außerdem kann Ihr Mieter innerhalb eines Monats nach Zugang Ihrer Mitteilung dem Anmieten bzw. Leasen der Geräte **widersprechen**. Auf dieses Widerspruchsrecht müssen Sie Ihren Mieter aber nicht ausdrücklich hinweisen. Halten Sie sich also an den altbewährten Grundsatz: *„Keine schlafende Hunde wecken."*

Doch Vorsicht: Teilweise bestehen die Gerichte darauf, dass Sie auf das Widerspruchsrecht ausdrücklich hinweisen. Ohne den Hinweis soll die Widerspruchsfrist gar nicht erst zu laufen beginnen.

Wichtig: Bei der Monatsfrist handelt es sich um eine Ausschlussfrist. Ist die Frist also abgelaufen, können Sie das Schweigen Ihres Mieters auf die Mitteilung als Zustimmung verstehen.

→ **Praxis-Tipp**
Was bei einem Unentschieden gilt

Ist die Mehrheit der Nutzer gegen die Miete bzw. den Kauf, ist die Maßnahme **unzulässig**.

Kommt keine Mehrheit zustande, weil z. B. Sie als Vermieter dafür sind, Ihr einziger Mieter im Haus aber dagegen, dürfen Sie die Geräte **leasen**.

Mieterein- und Mieterumbauten

Andere Farbe, anderes Waschbecken, anderer Fußboden: Ein Mieter darf seine Wohnung so gestalten, wie er möchte. Lediglich bei **größeren** Umbaumaßnahmen oder Veränderungen, die nicht mehr so leicht rückgängig zu machen sind, muss er Sie um Ihre **Erlaubnis** bitten.

Das gilt nicht, wenn es sich um **notwendige Verwendungen** handelt, wie beispielsweise das Erneuern einer defekten Leitung. Vorausgesetzt natürlich, alles wird **fachmännisch** ausgeführt.

Im Gesetz steht **kein Wort** davon, ob Ihr Mieter die Mietsache während seiner Wohnzeit verschönern oder modernisieren darf. **Einzige Ausnahme:** Die Barrierefreiheit von behinderten Mietern (§ 554a BGB).

Nimmt Ihr Mieter **ohne** Ihre Zustimmung bauliche Veränderungen vor, verletzt er in der Regel damit schuldhaft seine Obhutspflicht und muss Ihnen dafür Schadensersatz zahlen.

Der sieht so aus, dass Sie entweder sofort die Herstellung des ursprünglichen Zustands verlangen oder sich ausdrücklich vorbehalten können, dies spätestens bei Mietvertragsende zu fordern.

Baut der Mieter etwas ein, können Sie als Vermieter entscheiden, ob Sie beim Mieterauszug die Einrichtungen bzw. den Umbau gegen eine Entschädigungszahlung **übernehmen**. Wahlweise können Sie darauf bestehen, dass Ihr Mieter die Mietsache wieder „zurückbaut".

Bei Beendigung des Mietverhältnisses muss der Mieter grundsätzlich sämtliche von ihm eingebrachte Einrichtungen und Einbauten wieder **entfernen**. Das gilt selbst dann, wenn Sie den Einrichtungen und Einbauten **zugestimmt** haben, denn Ihre Zustimmung beschränkt sich grundsätzlich nur auf die Dauer der Mietzeit.

Das bedeutet: Mit dem Mietvertrag endet auch Ihre Zustimmung!

Die Rückbaupflicht entfällt, wenn Sie ohnehin die Wohnung oder das Haus nach dem Auszug des Mieters **völlig umbauen** wollen, sodass ein Wiederherstellen des früheren Zustands **sinnlos** wäre.

 Praxis-Tipp

Während der Mietzeit müssen Sie großzügiger sein

Solange Ihr Mieter bei Ihnen wohnt, müssen Sie ein Auge zudrücken, wenn er beispielsweise eine Dunstabzugshaube überm Herd, eine Spartaste am WC-Spülkasten oder einen neuen Fliesenspiegel in der Küche anbringt.

Bei Mietende sieht es allerdings anders aus!

Mieterhöhung, Berechtigter

Nur der **Vermieter** kann die Miete erhöhen. Was so einfach klingt, birgt in der Praxis jedoch so seine **Tücken.** Z. B. wenn Sie ein Haus gekauft haben und gleich die Miete erhöhen wollen. Ihren Plan können Sie erst dann umsetzen, wenn Sie als Eigentümer im Grundbuch **eingetragen** sind – und das kann dauern.

Der BGH hat schon mal in seinem Urteil vom 10.12.1997 (NZM 1998 S. 146) einem Verkäufer erlaubt, den **noch nicht eingetragenen** Erwerber zu **ermächtigen**, eine **Kündigung** in eigenem Namen auszusprechen.

Jetzt hat der BGH nochmals nachgezogen und die Ermächtigung auf eine **Mieterhöhung** ausgedehnt. Der Verkäufer kann den Käufer einer vermieteten Wohnung dazu ermächtigen, schon **vor** der Eigentumsumschreibung im Grundbuch und des damit verbundenen Eintritts des Käufers in die Vermieterstellung (§ 566 Abs. 1 BGB) **im eigenen Namen** ein **Mieterhöhungsbegehren** gemäß § 558a BGB zu starten.

Dabei hängt die Wirksamkeit des Mieterhöhungsverlangens auch **nicht** davon ab, dass Sie Ihre Ermächtigung offenlegen.

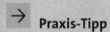 **Praxis-Tipp**

Diese Ermächtigung brauchen Sie als Käufer

Stehen Sie also unmittelbar vor dem Kauf einer Mietwohnung, sollten Sie unbedingt auf Folgendes achten: Lassen Sie sich bereits **im Grundstückskaufvertrag** vom Verkäufer dazu **ermächtigen**, einseitige rechtsgeschäftliche Erklärungen in seinem Namen abgeben zu können.

So ebnen Sie sich frühestmöglich den Weg für eine baldige Mieterhöhung.

Mieterhöhung, einvernehmliche

Anstatt sich auf den mühsamen Weg einer Mieterhöhung nach § 558 BGB zu begeben, können Sie mit Ihrem Mieter auch eine vertragliche **Mieterhöhungsvereinbarung** treffen.

Ihr Vorteil dabei: Sie müssen sich weder auf einen Mietspiegel stützen noch mindestens 3 Vergleichswohnungen anführen noch die neue Miethöhe mit einem Sachverständigengutachten bzw. einer Auskunft aus einer Mietdatenbank belegen.

Das Einzige, was Sie benötigen, ist die Unterschrift Ihres Mieters unter der Mieterhöhungsvereinbarung.

Da es sich um eine vertragliche Vereinbarung handelt, haben Sie auch **alle Fristen** selbst in der Hand. Bis wann Ihre Mieterhöhungsvereinbarung in Kraft tritt, hängt also lediglich von Ihrem Verhandlungsgeschick ab.

Mit einer einvernehmlichen Mieterhöhung umgehen Sie auch das dem Mieter bei Mieterhöhungen normalerweise zustehende **Sonderkündigungsrecht** nach § 561 BGB. Denn anstelle des gesetzlichen Kündigungsrechts treten jetzt Ihre Vereinbarungen. Und das hat Vorteile, denn über das Sonderkündigungsrecht ist schon manch ein Vermieter gestolpert.

Hüten Sie sich vor „halben Sachen": Ändert Ihr Mieter nämlich den von Ihnen vorgeschlagenen Mieterhöhungsbetrag, müssen Sie damit einverstanden sein. Sonst liegt **keine** Einigung vor. Stimmt Ihr Mieter **nicht zu**, bleibt Ihnen nur der Weg über § 558 BGB.

Lassen Sie sich darauf ein, sollten Sie bedenken, dass die Mietzinsänderung Ihres Mieters die **1-jährige Wartefrist** auslöst. Zwischen Ihrer Mieterhöhungsvereinbarung und dem nächsten „warmen Geldregen" müssen Sie also eine Durststrecke von mindestens 1 Jahr überwinden.

Regeln Sie in Ihrer Erhöhungsvereinbarung, **ab wann** sich Ihre Miete erhöht und tragen Sie den Wunschtermin in Ihre Erhöhungsvereinbarung ein.

Damit nageln Sie Ihren Mieter fest: Hat er sein Einverständnis zu diesem Termin erteilt, muss er ab diesem Zeitpunkt die erhöhte Miete zahlen. Tut er dies **nicht**, können Sie Ihren Mieter direkt auf Zahlung verklagen, statt – wie bei der gesetzlichen Mieterhöhung nach § 558 BGB – erst auf Zustimmung zur Mieterhöhung klagen zu müssen.

Einigen Sie sich mit Ihrem Mieter mündlich oder – besser – schriftlich auf eine **einvernehmliche Mieterhöhung**, sind Sie auch nicht an die 20 %- bzw. 15 %ige Kappungsgrenze gebunden.

Also auch wenn Sie Ihre Miete bereits vor 1 Jahr um 10 % gemäß § 558 BGB erhöht haben, können Sie die Miete nochmals mithilfe der Mieterhöhungsvereinbarung um z.B. weitere 20 % erhöhen.

Ein weiteres Plus: Bei der Miethöhe müssen Sie sich **nicht** an die ortsübliche Vergleichsmiete halten.

Allerdings: Schließen Sie mit Ihrem Mieter eine einvernehmliche Mieterhöhungsvereinbarung ab, sollten Sie aufpassen, dass Sie die Wesentlichkeitsgrenze des § 5 WiStG nicht überschreiten. Die Grenze haben Sie überschritten, wenn Ihre Miete die ortsübliche Vergleichsmiete **um mehr als 20 %** übersteigt!

Erkundigen Sie sich also bitte **vorher**, wie hoch die ortsübliche Vergleichsmiete am Ort Ihrer Wohnung ist.

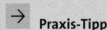

Praxis-Tipp

So schnell kommen Sie zu einer einvernehmlichen Mieterhöhung

Eine einvernehmliche Mieterhöhung haben Sie schon, wenn Sie an den Mieter **schreiben**, dass Sie z. B. zum 1.12. die derzeitige Grundmiete von 620 EUR um 30 EUR auf 650 EUR erhöhen wollen.

Bitten Sie den Mieter darum, dieser Erhöhung **zuzustimmen** und die unterschriebene Zweitfertigung bitte bis zu einem konkreten Termin (maximal 4 Wochen) an Sie zurückzusenden. Die **unterschriebene** Zweitfertigung gilt schon als einvernehmliche Mieterhöhung.

Mieterhöhung, ortsübliche Vergleichsmiete, Fristen

Ihre Miete dürfen Sie **nicht** beliebig oft auf die ortsübliche Vergleichsmiete erhöhen. Ihr Mieterhöhungsschreiben dürfen Sie frühestens 1 Jahr nach der letzten Mieterhöhung losschicken.

Schon ab Beginn des **3. Monats**, der auf den Zugang folgt, muss Ihr Mieter Ihnen die höhere Miete überweisen.

Beispiel: Bis wann Ihre Mieterhöhung wirksam wird

Geht Ihrem Mieter Ihr Erhöhungsschreiben z. B. im Juli zu, muss Ihr Mieter Ihnen ab Oktober **die höhere Miete** zahlen – vorausgesetzt natürlich, er hat Ihrem Erhöhungsschreiben nach § 558 BGB zugestimmt!

Geht Ihnen die Mieterzustimmung **nicht** bis Ende des 2. Monats nach Zugang Ihres Erhöhungsschreibens zu – in unserem Beispiel also bis zum 30.9. –, stehen Sie vor einer schwierigen Entscheidung: Entweder Sie **klagen** jetzt innerhalb von 3 weiteren Monaten die Zustimmung Ihres Mieters ein oder Sie **verzichten** auf Ihre Mieterhöhung!

Entscheiden Sie sich dafür, Ihre Mieterhöhung durchzufechten, muss Ihre Klage spätestens bis zum 31.12. beim Gericht sein.

Mieterhöhung, ortsübliche Vergleichsmiete, Voraussetzungen

Wenn Sie Ihre Miete auf die ortsübliche Vergleichsmiete erhöhen wollen, müssen Sie diese **3 Punkte** beachten:

1. Nach § 558 BGB dürfen Sie Ihre Miete nur **bis zur ortsüblichen Vergleichsmiete** erhöhen. Liegen Sie mit Ihrer Miete ohnehin bereits höher, können Sie diese Mieterhöhungsmöglichkeit gleich von Ihrer Wunschliste streichen.

2. Innerhalb von 3 Jahren dürfen Sie Ihre Miete nur um maximal 20 % erhöhen. In Gebieten, in denen die Versorgung mit Wohnraum knapp ist, sogar nur um 15 %.

3. Nur wenn Sie eines der folgenden **4 Begründungsmittel** vorweisen können, haben Sie gute Chancen, mit Ihrer Mieterhöhung durchzukommen:

   – den Mietspiegel,

   – 3 Vergleichswohnungen,

   – Auskunft aus einer Mietdatenbank oder

   – Sachverständigengutachten.

Die Mieterhöhung tritt nur in Kraft, wenn der Mieter Ihrer Mieterhöhung **zustimmt!**

! Wichtig

Ohne Zustimmung geht gar nichts

Tut er das **nicht** innerhalb von 2 Monaten, können Sie seine Zustimmung einklagen. Wollen Sie nicht klagen, müssen Sie Ihren Mieterhöhungswunsch fallen lassen.

Mieterhöhungsmöglichkeiten

Welche **Mieterhöhungsmöglichkeiten** haben Sie als Wohnungsvermieter? Da wären zunächst die, die Sie üblicherweise bereits bei Mietvertragsabschluss in Ihrem Mietvertrag festlegen können:

Die **Staffelmiete** (§ 557a BGB) und die **Indexmiete** (§ 557b BGB).

Läuft das Mietverhältnis erst einmal, können Sie Ihre Miete nach dem **gesetzlichen Mieterhöhungsrecht** nach § 558 BGB erhöhen. 20 % bzw. 15 % innerhalb von 3 Jahren sind hier für Sie drin, wenn Sie mit Ihrer Miete bisher **unter** der ortsüblichen Vergleichsmiete liegen.

Der Haken an der Sache: Sie müssen beweisen können, dass die ortsübliche Miete derzeit niedriger ist als Ihre aktuelle Miete. Das können Sie z. B. mit dem Mietspiegel, einer Auskunft aus der Mietdatenbank, einem Sachverständigengutachten oder 3 Vergleichswohnungen.

Wollen Sie modernisieren, verhilft Ihnen hinterher die **Modernisierungsmieterhöhung** nach § 559 BGB zu mehr Miete.

Haben Sie mit Ihrem Mieter eine **Betriebskostenpauschale** vereinbart, können Sie diese Pauschale nach § 560 Abs. 1 BGB anheben, sofern Sie dies im Mietvertrag vereinbart haben. **Betriebskostenvorauszahlungen** lassen sich nach § 560 Abs. 4 BGB erhöhen.

Zudem besteht jederzeit die Möglichkeit einer **einvernehmlichen Mieterhöhung** nach § 557 Abs. 1 BGB: Sie schicken Ihrem Mieter ein Schreiben mit Ihrer Wunschmiete. Empfehlenswert, aber **kein Muss** ist eine kurze **Begründung**, warum Sie mehr Miete wollen. Stimmt Ihr Mieter zu und schickt er Ihnen ein unterschriebenes Doppel zurück, umgehen Sie so den leidigen Weg über den Mietspiegel bzw. die 3 anderen Begründungsmittel.

Mieterhöhungsregelung, vergessene

Wenn Sie weder eine Staffel- noch eine Indexmiete im Mietvertrag vereinbaren, bleiben Sie auch die folgenden Jahre nicht auf der einmal vereinbarten Miethöhe **sitzen.**

Es ist vielmehr so, dass der Gesetzgeber Ihnen als Wohnungsvermieter ein **gesetzliches Mieterhöhungsrecht** an die Hand gegeben hat. Das bedeutet, dass Sie als Wohnungsvermieter auch dann die Miete erhöhen dürfen, wenn Sie nichts zur Mieterhöhung in Ihrem Mietvertrag stehen haben. Dieses Mieterhöhungsrecht gibt Ihnen § 558 BGB.

Für Gewerberaumvermieter gilt diese Mieterhöhungsregelung leider **nicht:** Haben Sie weder eine Staffel- noch eine Indexmiete in Ihrem Mietvertrag vereinbart, können Sie allenfalls über eine Änderungskündigung versuchen, an mehr Geld zu kommen.

Die Messlatte für Ihre künftige Miethöhe ist dabei die **ortsübliche Vergleichsmiete.** Diese lässt sich anhand von 4 Hilfsmitteln bestimmen: dem Mietspiegel, der Auskunft aus einer Mietdatenbank, mindestens 3 Vergleichswohnungen oder einem Sachverständigengutachten.

Liegen Sie mit Ihrer Miete bereits **über** dem ortsüblichen Preisniveau, entfällt diese Mieterhöhungsmöglichkeit für Sie. Überschreiten Sie die ortsübliche Miete sogar um mehr als 20 %, können Sie sich nach § 5 Wirtschaftsstrafgesetz strafbar machen.

Wissen müssen Sie, dass Sie innerhalb von **3 Jahren** Ihre Miete nur um **maximal 20 %,** in ausgewiesenen, wohnungsarmen Gebieten sogar nur um 15 %, erhöhen dürfen (= Kappungsgrenze). Sie können Ihre Miete also im 1. Jahr um 10 % und im nächsten nochmals um 10 % bzw. 5 % erhöhen.

Weil Sie damit die 20-%- bzw. 15-%-Grenze bereits ausgeschöpft haben, können Sie im 3. Jahr **nicht** noch mal erhöhen, sondern müssen nach der letzten 10 %- bzw. 5 %igen Erhöhung 2 Jahre bis zur nächsten Erhöhungsmöglichkeit warten. Auch dann sind nur weitere 10 % für Sie drin. Nach 3 Jahren 20 % bzw. 15 %.

Obwohl Ihnen das gesetzliche Mieterhöhungsrecht auch dann zusteht, wenn Sie **nichts** dazu im Mietvertrag vereinbart haben, empfiehlt sich klarstellend folgender Satz im Mietvertrag:

*Der Vermieter ist berechtigt, die Miete nach der Maßgabe der gesetzlichen Vorschriften, insbesondere § 558 BGB, zu erhöhen. Dies gilt auch für Mietverhältnisse auf **bestimmte** Zeit.*

 Praxis-Tipp
Was Sie in Ihren Mietvertrag schreiben sollten

Mietermodernisierung

Modernisiert Ihr Mieter auf seine Kosten die Wohnung, darf er seine Investitionen auch **abwohnen.** D. h., Sie können ihm seine Investitionen nicht einfach zunichte machen.

Um zu berechnen, ob der Mieter seine Investitionen bereits **abgewohnt** hat, greifen die Juristen zu einer ziemlich alten

Regelung: zu Artikel VI § 2 des Gesetzes zur Änderung des Zweiten Wohnungsbaugesetzes, anderer wohnungsbaurechtlicher Vorschriften und über die Rückerstattung von Baukostenzuschüssen vom 21.7.1961.

Nach dieser Norm ist ein Betrag in Höhe einer **Jahresmiete** durch eine **Mietdauer von 4 Jahren** abgewohnt.

Beispiel: Wann der Mieter seine Investition abgewohnt hat

Bei **Mieterinvestitionen** in Höhe von 10.000 EUR und einer Nettokaltmiete in Höhe von 500 EUR ist diese nach 6 Jahren und 8 Monaten abgewohnt (= 10.000 EUR: 500 EUR × 4 = 80 Monate = 6 Jahre und 8 Monate).

Liegt beispielsweise der Heizungseinbau Ihres Mieters erst 5 Jahre zurück und planen Sie jetzt selbst, im ganzen Haus die Heizungen zu modernisieren, müssen Sie noch etwas warten – so lange, bis Ihr Mieter seine Investitionen **abgewohnt** hat.

Ihr Mieter muss Ihre Modernisierung nämlich nur dann dulden, wenn er seine eigene Modernisierung bereits abgewohnt hat.

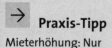

→ Praxis-Tipp

Mieterhöhung: Nur Ihre Einbauten zählen mit

Wollen Sie für die vom Mieter auf seine Kosten modernisierte Wohnung die Miete erhöhen, dürfen Sie bei der Ausstattung jedoch nur von dem **vermieterseits** geschaffenen Zustand der Wohnung ausgehen!

Die zwischenzeitlich von Ihrem Mieter vorgenommenen Modernisierungen bleiben dann außen vor!

Mieterselbstauskunft

Bevor Sie Ihrem Mieter Ihre Wohnung überlassen, sollten Sie ihn unbedingt ein **Mieterselbstauskunftsformular** ausfüllen lassen! Ob Ihr Mieter zahlungskräftig oder z. B. ein leidenschaftlicher Schlagzeuger ist, sehen Sie ihm nämlich nicht an. Auch nicht, ob er ein überregional bekannter Schlangenzüchter ist oder eine Großfamilie besitzt.

Aber: Sie können ihn danach fragen! Lügt er Sie in einem für das Mietvertragsverhältnis wesentlichen Punkt an, können Sie den Mietvertrag anfechten (vor dem Einzug des Mieters) oder kündigen (nach dem Einzug des Mieters).

Es gibt **keine** gesetzliche Regelung, wonach der Mieter eine Mieterselbstauskunft ausfüllen muss. Weigert er sich allerdings, sollten Sie sich gut überlegen, ob Sie dennoch mit diesem Mieter einen Mietvertrag abschließen wollen.

→ **Praxis-Tipp**
Wer sich weigert, darf nicht einziehen

Mietertrennung

Ihre Mieter trennen sich? Halten Sie sich erst einmal raus! Erst wenn Sie die Kündigung des Mieters erhalten, müssen Sie tätig werden.

Prüfen Sie, **wer** Ihnen **kündigt** und wer in Ihrem **Mietvertrag** steht: Hat der Richtige gekündigt? Kündigt nur einer, obwohl **beide** im Mietvertrag stehen, können Sie die Kündigung zurückweisen. Diese Kündigung ist unwirksam!

Beharrt der ausziehende Mieter darauf, aus dem Mietvertrag entlassen zu werden, können Sie das vertraglich regeln. Diesem „**Entlass-Vertrag**" müssen alle zustimmen, die auch den Mietvertrag unterschrieben haben.

Stimmt der noch verbliebene Mieter **nicht** zu, muss ihn der auszugswillige Mieter notfalls **auf Zustimmung** verklagen.

Wichtig: Denken Sie daran, dass Sie mit Ihrer Zustimmung zum Auszug auch einen Mietschuldner **verlieren**.

Bevor Sie also den Vertrag unterschreiben, prüfen Sie, ob Ihr verbliebener Mieter auch tatsächlich die Miete **allein aufbringen** kann. Lassen Sie sich am besten eine Einkommensbescheinigung oder eine Mietübernahme von der Wohngeldstelle vorlegen.

Geht es um eine Scheidung und wohnen auch Kinder mit in der Wohnung, weist das Familiengericht meist einem der beiden Mieter die Wohnung zu.

Mieterwechsel

Selbstverständlich müssen Sie **nicht** bei jedem Mieterwechsel auch gleich eine Betriebskostenabrechnung erstellen.

Sie müssen lediglich auf Ihrer Abrechnung strikt den **Abrechnungszeitraum** von dem **Nutzungszeitraum** trennen, sodass Ihr ausziehender Mieter auch nur für den Zeitraum, in dem er bei Ihnen wohnte, die Betriebskosten zahlen muss.

Ansonsten gilt: Lassen Sie sich zwischen einem Mietwechsel immer einen **Zeitpuffer**, in dem Sie die Wohnung noch notfalls „nachrenovieren" können. Die Erfahrung zeigt: Ein fliegender Mieterwechsel, um **kein** Mietverlust zu erleiden, bringt Ihnen meist nur Ärger ein!

Mieterwechsel-Pauschale

„Mieterwechsel-Pauschale" – noch nie gehört? Das vereinbaren viele Eigentümergemeinschaften als Teil des monatlich zu zahlenden **Hausgelds**.

Damit sollen die Kosten bei einem Mieterwechsel amortisiert werden. Beispielsweise für den vermehrt anfallenden Müll oder das beschädigte Treppenhaus.

Diese Kosten möchten die vermietenden Eigentümer gerne an ihre Mieter weitergeben. Am liebsten im Rahmen der Betriebskostenabrechnung. So einfach ist das allerdings nicht, denn die BetrKV regelt **abschließend**, was Sie umlegen dürfen und was nicht.

Da es sich bei der Mieterwechsel-Pauschale um **einmalige** Kosten handelt, die zudem keiner der 17 Betriebskostenarten zugeordnet werden kann, besteht **keine Möglichkeit**, die gezahlte Pauschale vom Mieter zurückzuholen.

Bei einem neuen Mieter hätten Sie die Chance, im Mietvertrag eine entsprechende Regelung, z.B. unter „Sonstige Betriebskosten", aufzunehmen. Allerdings ist eine solche mietvertragliche Vereinbarung, nach der Ihr Mieter eine Pauschale für Umzugsschäden im Treppenhaus zahlen muss, **unwirksam**.

Sie können eine solche Vereinbarung weder als Formularklausel noch als **individualvertragliche** Regelung treffen. Die würde zum einen gegen § 309 Nr. 5b BGB, zum anderen gegen § 555 BGB verstoßen.

Mietminderung

Für die Zeit, während der ein Mangel in Ihrer Wohnung besteht, darf Ihr Mieter die Miete mindern. Nehmen Sie deshalb Mängelanzeigen Ihres Mieters **nicht** auf die leichte Schulter.

Vergewissern Sie sich besser gleich, ob die Heizung tatsächlich nicht funktioniert bzw. sich die Fenster tatsächlich schlecht öffnen lassen. Helfen Sie **angezeigten Mängeln** so schnell wie möglich ab. Macht Ihr Mieter nämlich ernst und mindert er Ihnen deswegen die Miete, müssen Sie sich mit der vorgenommenen Kürzung zufrieden geben – jedenfalls wenn sie angemessen ist.

Das Recht zur Mietminderung beruht auf dem Prinzip, dass Sie dem Mieter für seine Leistung (Mietzahlung) eine entsprechende Gegenleistung (Mietgebrauch) schulden.

Ihr Mieter muss Ihnen die **volle** Miete also nur dann zahlen, wenn Sie auch Ihre Gegenleistung erbringen – also die Wohnung in dem vereinbarten, ordnungsgemäßen Zustand anbieten.

Solange Sie dies **nicht** können, darf Ihnen Ihr Mieter die Miete mindern. Kann Ihr Mieter nur 50 % der Wohnung nutzen, muss er auch nur 50 % der Miete zahlen. Das ist das Prinzip der Mietminderung!

Einige Vermieter glauben noch, der Mieter dürfe nur mindern, wenn der Vermieter den Mangel **verschuldet** habe. Das ist **falsch!**

Mindern darf Ihr Mieter unabhängig davon, ob Sie als Vermieter den Mangel **verschuldet** haben. Also selbst dann, wenn die Ursache des Mangels völlig außerhalb Ihres Einflussbereichs liegt oder von Ihnen nicht beseitigt werden kann.

 Praxis-Tipp

Unschuldig am Mangel: Dennoch darf der Mieter mindern

Das klassische Beispiel für einen vom Vermieter nicht verschuldeten Mangel zeigt sich bei einer Mietminderung wegen **Baulärms** vom gegenüberliegenden Nachbargrundstück. Auch deswegen darf Ihr Mieter die Miete mindern, obwohl Sie als Vermieter gar nichts dafür können, dass Ihr Nachbar baut!

Für den Gesetzgeber gilt nur, dass Sie als Vermieter **nicht** in der Lage sind, Ihrem Mieter ein störungsfreies Wohnen zu bieten. Deshalb muss Ihr Mieter auch nicht den vollen Mietpreis zahlen.

Mietminderung, Mängelanzeige

Will Ihr Mieter die Miete mindern, gibt es ein paar Spielregeln, an die er sich dabei halten muss: Die Miete darf er nur dann heruntersetzen, wenn er Ihnen den Mangel zuvor **angezeigt** hat.

Damit erhalten Sie Gelegenheit, den Mangel zu beseitigen. Solange Sie dies nicht tun bzw. nicht tun können, ist Ihre Miete kraft Gesetzes gemindert. Ihr Mieter muss Ihnen den Mangel **nicht schriftlich** anzeigen. Es genügt, wenn er es mündlich tut.

Er muss Ihnen auch **keine Frist** setzen, innerhalb derer Sie den Mangel noch „ungestraft" (= ohne die angedrohte Mietminderung) beseitigen können. Sein Mietminderungsrecht besteht vielmehr ab dem Zeitpunkt, an dem er Ihnen den Mangel angezeigt hat und so lange, wie der Mangel besteht.

Mietminderung, Mieterrechte

Zeigt Ihnen Ihr Mieter einen Mangel an, sollten Sie die Angelegenheit besser nicht auf die lange Bank schieben. Solange der Mangel besteht, kann Ihr Mieter die nachfolgenden Rechte geltend machen: Er kann

- darauf pochen, dass Sie den Mangel **beseitigen,**

- verlangen, dass Sie ihm seine **Aufwendungen** ersetzen, weil er – nachdem Sie trotz Anzeige des Mangels untätig geblieben sind oder in besonders dringlichen Fällen – selbst einen Handwerker gerufen hat, der dem Mangel abgeholfen hat,

- je nach Ausmaß des Mangels die ganze Miete oder nur einen Teil davon so lange **mindern,** bis Sie den Schaden endgültig beseitigt haben,

- maximal den 3-fachen Mietminderungsbetrag pro Monat so lange **zurückbehalten,** bis Sie den Schaden endgültig beseitigt haben,

- **Schadensersatz** von Ihnen verlangen, wenn es bei ihm durch den Mangel noch zu weiteren Schäden gekommen ist (wenn es z. B. durchs defekte Dachfenster hereinregnet und ein Gemälde Ihres Mieters dadurch beschädigt wird),

- **fristlos kündigen.**

Mietminderungshöhe

Um **wie viel** Ihr Mieter die Miete mindern darf, hängt immer vom speziellen **Einzelfall** ab. Gesetzlich festgelegte Mietminderungstabellen gibt es nicht. Es ist also nirgendwo normiert, wie viel Ihr Mieter z. B. von der Miete abziehen darf, wenn der Wasserhahn tropft oder ein Fenster klemmt.

Allerdings können Sie sich an den zahlreich ergangenen Gerichtsurteilen zur Mietminderung **orientieren**, die in ihrer Gesamtheit eine gewisse Tendenz aufzeigen.

Diese bereits gefällten Urteile betreffen zwar nur den jeweiligen **Einzelfall** und können meist nicht auf einen anderen Fall übertragen werden. Allerdings: Als **Orientierungshilfe**, wie Sie einen einzelnen Mangel bewerten können, taugen sie allemal.

Bei der Mietminderungsquote spielen auch die **Schwere** des Mangels sowie der **Grad** und die **Dauer** der Minderung der Tauglichkeit zum vertragsgemäßen Gebrauch eine Rolle.

Klar ist, dass Ihr Mieter nur für den Zeitraum mindern darf, in dem der Mangel den vertragsgemäßen Gebrauch beeinträchtigt hat. Diesen zeitanteiligen Betrag muss Ihr Mieter aus seiner Monatsmiete herausrechnen.

Die **Mietminderungsquote** hängt zudem vom Nutzungszweck der Räume ab. So fällt ein Mangel im Wohnzimmer regelmäßig schwerer ins Gewicht als ein Mangel im Kinderzimmer. Denn der **Wohnwert** der einzelnen Räume in einer Wohnung ist durchaus unterschiedlich.

So können Sie beispielsweise für das Wohnzimmer 32 % ansetzen, für das Kinderzimmer 23 %, für das Schlafzimmer 13 %, die Küche 12 %, das Bad 12 % und für betroffene Abstellräume z. B. nur 8 %.

Beispiel: Wie Sie die Mietminderungshöhe berechnen

Fällt im Winter die Heizung im Wohnzimmer aus, könnten Ihre Mietminderungsberechnungen z. B. so aussehen: Mietanteil des Wohnzimmers: Gesamtmiete von 900 EUR × 32 % Wohnwertanteil an der Gesamtwohnung = 288 EUR Monatsmiete für das Wohnzimmer.

Die **Mietminderungshöhe** können Sie so berechnen: 288 EUR (= Mietanteil pro Monat) × 50 % (= angenommene Mietminderungsquote für einen Heizungsausfall im Mai) = 144 EUR (= monatliche Mietminderungssumme).

Fällt die Heizung **nicht** den **ganzen Monat** lang, sondern nur an 7 Tagen aus, teilen Sie die Monatsmiete für das Wohnzimmer einfach durch die Anzahl der Tage des betroffenen Monats. Beispielsweise im Januar durch 31 Tage.

Das macht pro Tag 4,65 EUR. Falls in Ihrer Wohnung nur an 7 Tagen die Heizung nicht funktionierte, ergibt dies einen Minderungsbetrag in Höhe von 32,34 EUR.

Mindert Ihr Mieter also an zu vielen Tagen oder geht er von einer viel zu hohen Mietminderungsquote aus, machen Sie ihm Ihre Gegenrechnung auf. **Schreiben** Sie ihm, welcher Mietminderungsbetrag Ihres Erachtens **angemessen** ist.

Geben Sie die Tage an, an denen Ihres Erachtens der Mangel auftrat. Falls Sie wissen, wann z.B. die Heizung repariert wurde, teilen Sie auch dies dem Mieter mit.

Fordern Sie den zu viel einbehaltenen Differenzbetrag zurück. Setzen Sie Ihrem Mieter hierzu unbedingt eine **Zahlungsfrist**.

Drohen Sie ihm an, dass Sie diesen Differenzbetrag ansonsten gerichtlich geltend machen werden. Zahlt Ihnen Ihr Mieter die Differenz nicht binnen der Zahlungsfrist zurück, können Sie entscheiden, ob Sie **Zahlungsklage** erheben, einen **Mahnbescheid** beantragen oder in den sauren Apfel beißen und gänzlich auf Ihr Geld **verzichten**.

Mietminderungsrecht, ausgeschlossenes

Hat Ihnen Ihr Mieter einen Mangel **nicht** angezeigt, darf er Ihnen weder die Miete mindern noch Schadensersatz fordern noch Ihren Mietvertrag wegen des Mangels kündigen.

Gleiches gilt, wenn Ihr Mieter den Mangel **selbst verschuldet** hat. Aber Vorsicht: Sie als Vermieter tragen die Beweislast. Sie müssen Ihrem Mieter im Ernstfall nachweisen können, dass **er** den Mangel verschuldet hat!

Nach § 536 Abs. 1 Satz 3 BGB steht Ihrem Mieter auch **kein** Mietminderungsrecht zu, wenn der von ihm angezeigte Mangel die Tauglichkeit der Mietsache nur **unerheblich** beeinträchtigt.

Ein typisches Beispiel dafür ist z.B. eine Spinne, die der Mieter in seiner Wohnung entdeckt, oder der ganz normale Lärm vorbeifahrender Autos. Wusste Ihr Mieter schon beim Mietvertragsabschluss von diesem Mangel, steht ihm ebenfalls **kein** Mietminderungsrecht zu.

Ebenso darf Ihr Mieter nicht mindern, wenn die aufgetretene Beeinträchtigung nach Art, Alter und Lage des Mietobjekts **üblich** ist.

Zu solchen hinzunehmenden Nachteilen gehören beispielsweise knarrende Dielen, **Trittschall** und nicht ganz dicht schließende Fenster in einem alten Haus. Aber auch ein lagebedingt schlechter Fernsehempfang oder übliche Beeinträchtigungen, die sich aus der Lage des Mietobjekts an einer belebten Straße ergeben.

Lässt sich nicht von der Hand weisen, dass ein angezeigter Mangel vorgelegen hat, können Sie mit dem Mieter höchstens noch um die **Mietminderungshöhe feilschen.**

Weil es keine festen Mietminderungsquoten gibt, ist Ihrem Verhandlungsgeschick Tür und Tor geöffnet.

 Praxis-Tipp

Wie Sie die Mietminderungsquote drücken können

Neu ist seit dem Mietrechtsänderungsgesetz vom 1.5.2013 der Mietminderungsausschluss bei einer energetischen Modernisierung. Führen Sie eine **energetische Modernisierung** nach § 555b Nr. 1 BGB durch, darf der Mieter die ersten 3 Monate während Ihrer Modernisierungsarbeiten trotz z. B. Baulärm und Schmutz **nicht** die Miete mindern.

Mietnomaden

Wie erkennen Sie einen Mietnomaden? Ein Patentrezept gibt es dafür zwar nicht, allerdings gibt es ein paar sichere Indizien, bei denen bei Ihnen die Alarmglocken läuten sollten.

Die wichtigsten Faustregeln: Lassen Sie sich nicht von Äußerlichkeiten blenden! Je luxuriöser Ihre Immobilie und je höher die Miete, desto größer die Wahrscheinlichkeit, dass ein Mietnomade dort einziehen will.

Lassen Sie sich nicht unter **Zeitdruck** setzen, sondern prüfen Sie in aller Ruhe, ob Ihr Mieter solvent ist. Beispielsweise mit einer Mieterselbstauskunft, die Sie Ihren Mieter ausfüllen lassen sollten.

Fragen Sie Ihren Mieter nach seinem **Vormieter.** Erkundigen Sie sich beim Vormieter nach der Zahlungsmoral des Mieters.

Machen Sie eine **Kopie des Personalausweises** und prüfen Sie die dort angegebene Adresse. Mietnomaden stehen mit Behörden auf Kriegsfuß und melden sich ungern um bzw. lassen ihren Ausweis ständig an die neuen Adressen anpassen.

Übrigens: Da Mietnomaden stets flexibel sein müssen, leben sie häufig als Single oder kinderloses Paar.

Mietrückstand

Ärgerlich, wenn Sie Ihrer Miete hinterherlaufen müssen! Was können Sie tun, wenn der Mieter immer wieder zu spät oder zu wenig zahlt?

Der erste und einfachste Schritt: Mahnen Sie ihn ab und drohen Sie ihm mit der Kündigung, wenn er sein vertragswidriges Verhalten fortsetzt.

Ist Ihr Mieter zahlungswillig, aber zahlungsunfähig, können Sie mit ihm auch eine Ratenzahlungsvereinbarung schließen. Am besten Sie machen das schriftlich! Einigen Sie sich mit Ihrem Mieter, **wie viel** er **ab wann** und **bis zu welchem Termin** „abstottern" darf.

Gerät Ihr Mieter mit 2 **aufeinanderfolgenden** Mieten (inklusive Vorauszahlungen) in Höhe von 1 Monatsmiete und 1 Cent in Rückstand, dürfen Sie auch nach § 543 Abs. 2 Nr. 3 BGB **fristlos** kündigen.

Gleiches gilt, wenn er bei Ihnen mit Mietschulden aus mehreren Monaten mit einer **Mindesthöhe** von 2 Monatsmieten in der Kreide steht.

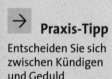

→ Praxis-Tipp

Entscheiden Sie sich zwischen Kündigen und Geduld

Sie müssen sich entscheiden, wenn der Mieter nicht zahlt: Entweder Sie gewähren ihm einen **Zahlungsaufschub** (bitte immer nur schriftlich und immer nur für eine exakt geschuldete Mietzahlung) oder Sie **kündigen** ihm gleich.

Oft hilft auch der Hinweis an den Mieter auf einen eventuell bestehenden **Wohngeldanspruch**. Mit einem sozialhilfeberechtigten Mieter fahren Sie nämlich besser als mit einer leer stehenden Wohnung!

Mietvertrag ausfüllen

Lassen Sie sich beim Ausfüllen des Mietvertragsformulars Zeit und gehen Sie sorgfältig vor. Häufig werden Mietverträge nämlich nur **unvollständig** ausgefüllt.

Das führt immer wieder zu Missverständnissen und Streitigkeiten. Achten Sie deshalb unbedingt darauf, dass Sie **alle** ausfüllungsbedürftigen Klauseln vervollständigen. Vergessen Sie dies, gilt die Klausel als **nicht vereinbart.**

Ist Ihre Klausel **widersprüchlich**, gilt das, was im Gesetz steht – und damit fahren Sie als Vermieter gerade bei den Betriebskosten, den Schönheitsreparaturen oder der Kaution immer **schlechter**: Gilt hier nichts als vereinbart, können Sie vom Mieter auch nichts fordern.

Passen Sie auch auf, wenn Sie im Mietvertrag zwischen mehreren Gestaltungsmöglichkeiten wählen können. Versäumen Sie hier ein Kreuz oder dort eine Streichung, gilt die Klausel als **nicht** vereinbart.

Wichtig: Verwenden Sie ein gekauftes Mietvertragsformular, hüten Sie sich bitte vor **Endrenovierungszusätzen.** Selbst wenn Sie dort eigenhändig hineinschreiben, dass der Mieter beim Auszug renovieren muss, gilt der Zusatz dennoch als **Klausel.**

So eine Endrenovierungsklausel in Ihrem Wohnungsmietvertrag ist selbst dann **unwirksam**, wenn in Ihrem Mietvertrag **kein Wort** davon steht, dass Ihr Mieter zusätzlich noch die laufenden Schönheitsreparaturen übernehmen muss.

„Isolierte Endrenovierungsklausel" nennen das die Juristen und verweisen dabei auf § 307 Abs. 1 Satz 1 BGB. Danach **benachteiligen** Sie Ihren Mieter mit einer solchen Klausel **unangemessen** (BGH, Urteil v. 12.9.2007, VIII ZR 316/06).

Mietvertrag nachträglich ändern

Vereinbarungen, die Sie mit Ihrem Mieter getroffen haben, können Sie **nicht** einfach **einseitig** – also ohne Zustimmung Ihres Mieters – ändern.

So können Sie z. B. nicht so einfach nachträglich per einseitiger Erklärung die Hausordnung **nachbessern**, die Mitbenutzung des Gartens widerrufen oder dem Mieter neue, umlagefähige, aber **nicht vereinbarte** Betriebskosten auf die Abrechnung setzen. Das können Sie nur, wenn Ihr Mieter der Änderung zustimmt.

Das muss unbedingt in Ihre **schriftliche Zustimmung** rein:

1. Aus der Vereinbarung muss exakt hervorgehen, **welcher** Mietvertrag und **was** darin geändert werden soll.

2. Sie müssen den **Ursprungsvertrag** so konkret wie möglich bezeichnen. Dazu gehört auch das Abschlussdatum.

3. Benennen Sie unbedingt die genaue **Adresse**, das Geschoss, die Vertragsparteien und beschreiben Sie die Wohnung.

4. Schreiben Sie eindeutig rein, **welche Klausel** des Ursprungsvertrags künftig nicht mehr gelten soll.

5. Lassen Sie den Änderungsvertrag **von allen** Vertragspartnern auf der Mieter- und Vermieterseite unterschreiben.

6. **Heften** Sie den Änderungsvertrag an den Ursprungsvertrag an.

Mietvertrag, nicht unterschriebener

Ihr Mieter hat den Mietvertrag noch nicht unterschrieben? Lassen Sie ihn bloß noch nicht ohne unterschriebenen Vertrag in Ihr Haus einziehen! Viele Vermieter glauben nämlich **tatsächlich** noch: Wenn es keinen schriftlichen Vertrag gibt, existiert auch kein Mietvertrag. Falsch!

Ein Mietvertrag kann durchaus auch mündlich oder **stillschweigend** geschlossen werden.

Deswegen kann Ihnen Gutmütigkeit schnell zum Verhängnis werden. Zum Beispiel wenn Sie den Mieter schon ins Haus oder in Ihre Wohnung lassen, obwohl der Mietvertrag noch nicht unterschrieben ist.

Der typische Fall: Sie geben Ihrem Mieter den Mietvertrag mit und bitten ihn, ihn unterschrieben an Sie zurückzuschicken. Der Vertrag kommt und kommt nicht. Wochen vergehen…

Ist der Mieter zwischenzeitlich eingezogen und müssen Sie sich mit ihm um die Miete oder die Kaution streiten, können Sie nicht beweisen, was Sie mit Ihrem Mieter eigentlich vereinbart haben. Lassen Sie also nicht locker und verzichten Sie nie auf einen **schriftlichen Mietvertrag** vor dem Einzug!

→ **Praxis-Tipp**

Kein schriftlicher Mietvertrag? Das sind Ihre Risiken

Haben Sie **keinen schriftlichen Vertrag** und können Sie auch nicht beweisen, was Sie mit Ihrem Mieter mündlich vereinbart hatten, gilt das, was im Gesetz steht. Das heißt unter anderem:

- keine Schönheitsreparaturen,
- keine Betriebskosten und
- keine Kaution!

Mietvertrag, Rücktritt

Schon häufig wurde mir die Frage gestellt, ob ein Mieter von einem geschlossenen Mietvertrag wieder zurücktreten kann.

Meist spielt sich das Ganze so ab: Der Mieter unterschreibt den Mietvertrag, findet dann doch noch eine andere, **günstigere** Wohnung und will schnell wieder aus dem ersten Mietvertrag raus.

Ein **Widerspruchsrecht** gibt es nur bei sogenannten „Haustürgeschäften". Ein solches läge vor, wenn Sie quasi den Mieter in seiner „alten" Wohnung besucht und ihm den Mietvertrag „aufgeschwatzt" hätten.

Ansonsten kann Ihr Mieter **nicht** so einfach wieder von seinem Mietvertrag zurücktreten. Ist der Mietvertrag erst einmal unterschrieben, muss er ihn erfüllen oder wieder **kündigen**. Jedenfalls muss er Ihnen aber die nächsten 3 Monate noch die Miete zahlen.

Ihr Mieter könnte sich allenfalls noch auf ein **Anfechtungsrecht** berufen, um vorzeitig aus einem einmal geschlossenen Mietvertrag wieder rauszukommen. Das setzt allerdings voraus, dass Sie ihn bei **Vertragsschluss** über vertragswesentliche Punkte arglistig getäuscht haben.

Ansonsten kommt er nicht so leicht aus einem einmal geschlossenen Mietvertrag wieder raus – es sei denn, Sie sind damit einverstanden!

Praxis-Tipp

Was für den Mieter gilt, gilt auch für Sie!

Wollen Sie als Vermieter aus einem einmal geschlossenen Mietvertrag wieder raus, gilt natürlich das Gleiche: Auch Ihnen bleibt hier nur das **Kündigungsrecht** oder – wenn Ihr Mieter mitspielt – eine **Mietvertragsaufhebung**!

Mietvertrag, stillschweigend fortgesetzter

In jeden Ihrer Mietverträge sollten Sie unbedingt hineinschreiben, dass Sie § 545 BGB ausschließen. Am besten Sie wiederholen sogar noch den Inhalt der Vorschrift.

Die besagt, dass sich Ihr Mietvertrag **über den Ablauf** der Mietzeit fortsetzt, sofern Sie dem nicht innerhalb von **2 Wochen** widersprechen. Also aufgepasst, wenn Sie Ihrem Mieter gekündigt haben und der nicht freiwillig auszieht: Widersprechen Sie sofort der stillschweigenden Fortsetzung des Mietvertrags!

Am besten Sie schreiben den Widerspruch zusätzlich auch in Ihre Kündigung rein, dann kann gar nichts mehr schiefgehen! Ihr Mietvertrag gilt dann nach Ablauf der Kündigungsfrist als **beendet** – auch wenn Ihr Mieter weiter in der Wohnung bleibt.

Weil Ihr Mietvertrag wegen des Widerspruchs nicht mehr fortbesteht, können Sie von Ihrem Mieter auch **keine Miete** mehr fordern. Doch keine Angst: Ihr Mieter darf jetzt nicht umsonst in Ihrer Wohnung weiterwohnen!

Statt eines Mietzinsanspruchs haben Sie jetzt einen Anspruch auf **Nutzungsentschädigung** nach § 546a BGB bzw. als Wohnungsvermieter nach § 571 BGB. Grundsätzlich bemisst sich die nach der Höhe der bisher vereinbarten Miete.

Das gilt selbst dann, wenn der Marktwert Ihres Mietobjekts mittlerweile gesunken ist und eine Weitervermietung nur zu einem geringeren Mietzins möglich ist (Schmidt-Futterer, § 557, Rz. 27).

Liegen Sie mit Ihrer Miete **unter** dem marktüblichen Mietpreis, können Sie statt des bisherigen Mietpreises die ortsübliche Miete verlangen (BGH, Urteil v. 14.7.1999, ZMR 1999 S. 749).

→ **Praxis-Tipp**

Bis wann der Mieter eine Miete zahlen muss

Der Mieter muss nur exakt bis zum Tag der Rückgabe **Nutzungsausfall** zahlen. Selbst wenn Sie mitten im Monat keinen neuen Mieter mehr finden (BGH, Urteil v. 5.10.2005, VIII ZR 57/05).

Mietvertrag, unbestimmte Zeit

Wollen Sie einen Mietvertrag auf unbestimmte Zeit abschließen, müssen Sie lediglich das **Datum** eintragen, ab dem Ihr Vertrag laufen soll.

Ihr Mietvertrag läuft dann so lange, bis einer von Ihnen kündigt oder Sie z. B. den Mietvertrag gemeinsam aufheben. Ein Verkauf oder der Tod des Mieters beendet Ihren Vertrag nicht automatisch.

Da Sie den Vertrag meist ein paar Tage oder Wochen vorher abschließen, weichen das Datum des Abschlusses und die Invollzugsetzung voneinander ab.

Beispiel: Ab wann Ihr Mietvertrag läuft

Sie und Ihr Mieter füllen am 15.5. gemeinsam ein Mietvertragsformular aus. Der Mieter will am 1.6. einziehen. Mietvertragsbeginn ist jedoch schon der 15.5., der Zeitpunkt der Mietvertragsunterzeichnung.

Dieses Datum tragen Sie hinten neben Ihrer Unterschrift ein. Das Datum, wann der Mieter einziehen will bzw. ab wann der Mietvertrag „zu laufen beginnen soll", ist dagegen der 1.6.

Dieses Datum müssen Sie weiter vorne eintragen, wo es um die Laufzeit geht.

Einen Mietvertrag auf unbestimmte Zeit können **beide Seiten** mit der gesetzlichen Frist ordentlich kündigen.

Die Kündigungsfrist beträgt für den Mieter **immer 3 Monate**, für den Vermieter – je nach Laufzeit des Vertrags (bis 5 Jahre, ab 5 Jahren, ab 8 Jahren) – 3, 6 bzw. 9 Monate.

 Praxis-Tipp

Wie schnell Sie kündigen können

Mietvertragsabschluss, Postweg

Ein Mietvertrag lässt sich auch auf dem **Postweg** schließen. Jedenfalls wenn **beide Seiten** unterschreiben.

Wenn Sie Ihrem Mieter den noch nicht von Ihnen unterschriebenen Mietvertrag **per Post** zuschicken mit der Bitte, ihn zu unterschreiben und zurückzusenden, ist noch nichts passiert!

Unterschreibt der Mieter brav und schickt er auch den Mietvertrag kurz darauf wieder an Sie zurück, gibt er damit **nur ein Angebot** auf Abschluss eines Mietvertrags ab.

Dieses Angebot nehmen Sie als Vermieter erst an, wenn Sie den Mietvertrag selbst unterschreiben und wieder an den Mieter zurücksenden (LG Berlin, Urteil v. 12.1.2006, 67 T 207/05, GE 2006 S. 259).

Was Sie wissen müssen: Entschließen Sie sich für einen Mietvertragsabschluss auf dem Postweg, können Sie noch bis zu dem Zeitpunkt, zu dem **Sie** den bereits vom Mieter unterschriebenen Mietvertrag gegenzeichnen, einen **Rückzieher** machen!

Aber Vorsicht: Ganz so einfach ist ein Rückzieher doch nicht, wenn Sie dem Mieter erst einmal eine Vertragszusage gemacht haben. Scheitert das Zustandekommen eines Mietvertrags allerdings am Ende an den umfangreichen Änderungswünschen Ihres Mietinteressenten, kann er von Ihnen **keinen Schadensersatz** verlangen, wenn er bereits im Vertrauen auf das Zustandekommen des Mietvertrags Aufwendungen getätigt hat. Dafür fehlt es dann schlichtweg an Ihrem notwendigen **Verschulden** (AG Besigheim, Urteil v. 28.10.2003, 7 C 214/03).

→ **Praxis-Tipp**

Wie schnell Sie zur Post gehen müssen

Wollen Sie den Mietvertrag auf dem Postweg abschließen, müssen Sie Ihre gegengezeichnete Ausfertigung **innerhalb von 3 Tagen** an den Mieter wieder zurückschicken. Ansonsten gilt Ihre verspätete Antwort als Ablehnung (BGH, Urteil v. 22.2.1999, ZR 99/98, GE 1999 S. 503).

Mietvertragsabschluss, Vermieterbescheinigung

Manch ein Vermieter verlangt bei seinem Mietvertragsabschluss von seinen Mietinteressenten immer eine „**Vermieterbescheinigung**". Viele sprechen hier auch von einer „Mietschuldenfreiheitsbescheinigung". Die muss sich dann der Mietinteressent von seinem derzeitigen Vermieter holen.

Mit der „Vermieterbescheinigung" erteilt der bisherige Vermieter Ihrem Mietinteressenten quasi ein **Führungszeugnis**. Hatte Ihr Mieter bis zum Auszug ein gutes Verhältnis zu seinem ehemaligen Vermieter, dürfte es ihm nicht schwer fallen, sich folgende Bescheinigung von diesem ausstellen zu lassen:

Herr/Frau ....

...

wohnt seit dem .... in meinem Haus in der .... Str. Nr. .... in ....

..

Hiermit bestätige ich, dass der vorgenannte Mieter den Verpflichtungen aus seinem Mietvertrag und der Hausordnung stets nachgekommen ist und die Miete pünktlich gezahlt hat.

Mietrückstände bestehen bis zum heutigen Tag keine.

Die monatliche Grundmiete für die zurzeit bewohnte Wohnung beträgt .... EUR.

....................., den ....

....

(Vermieter)

Nun ist es oftmals so, dass manch ein Vermieter ganz **froh** ist, seinen Mieter (endlich!) loszuwerden. Deswegen „loben" ihn manche Vermieter auch mal **gerne weg**, indem sie ihm bestätigen, stets pünktlich gezahlt zu haben.

Vorsicht also vor solchen Bescheinigungen, es könnte sich auch um eine „Gefälligkeitsbescheinigung" handeln.

→ **Praxis-Tipp**
Vorsicht vor Wegloben

Verlassen Sie sich nicht allein auf ein Stück Papier, sondern haken Sie beim Vorvermieter nochmals nach bzw. nutzen Sie **zusätzliche Möglichkeiten**, die Bonität des Mieters zu überprüfen.

Als einzelnes oder gar alleiniges Tool der Auskunftseinholung ist die Vorvermieterbescheinigung sicherlich nicht ausreichend aussagekräftig für einen zukünftigen Vermieter.

Bescheinigen Sie dem Mieter nicht mehr als Sie müssen. Geht es nach dem Bundesgerichtshof, müssen Sie Ihrem Mieter nur **quittieren**, dass er seine Mieten bezahlt hat. Mehr aber auch **nicht** (BGH, Urteil v. 30.9.2009, VIII ZR 238/08).

Sie „bescheinigen" Ihrem Mieter also lediglich, dass er pünktlich die laufende Miete bezahlt hat. Nicht mehr und nicht weniger.

Bescheinigen Sie dem Mieter **nur**, dass er seinen Zahlungspflichten regelmäßig nachgekommen ist, denn damit **verzichten** Sie dank dieses sehr knappen und nicht sehr aussagekräftigen Wortlauts in Ihrer Bescheinigung auf gar **nichts**.

Mietvertragskopf ausfüllen

Nennen Sie im Mietvertragskopf den Mieter korrekt und vollständig beim Namen.

Erklärungen wie z. B. Mieterhöhung, Abmahnung usw. werden nur gegenüber demjenigen wirksam, der auch Mietvertragspartner ist – Sie müssen Ihre Post also unbedingt an den Richtigen schicken können.

Tragen Sie bei **Ehepaaren** und **nichtehelichen Lebensgemeinschaften** beide Partner in den Mietvertragskopf ein. Je mehr Mietvertragspartner Sie haben, umso mehr Mietschuldner haben Sie!

Wichtig: Achten Sie darauf, dass auch tatsächlich alle Personen den Mietvertrag unterschreiben, die im Mietvertragskopf aufgeführt sind!

Auf der **Vermieterseite** ist es so: Tragen Sie z. B. sich und Ihre Frau als Vermieter ein, werden beide Vertragspartner. Dies hat allerdings eine Kehrseite: Müssen Sie gegen Ihren Mieter später einmal vor Gericht ziehen, kann Ihr Ehegatte nicht als Zeuge aussagen.

Aus dieser Misere können Sie sich dadurch retten, dass einer seine Ansprüche an den anderen Ehepartner **abtritt**. Dann ist nur noch einer Partei des Rechtsstreits und der andere kann als Zeuge aussagen.

Mietvertragsübernahme

Gerade bei Studenten-Wohnungen kommt es oft vor, dass der eine Mieter schnell raus will und Ihnen gleich einen neuen, einzugswilligen Mieter präsentiert.

Sind Sie mit dem neuen Mieter einverstanden, können Sie ihn schnell und unbürokratisch in den bestehenden Mietvertrag **eintreten** lassen. Dazu genügt es, wenn Sie, Ihr bisheriger

Mieter und der neue Mieter unter den bestehenden Mietvertrag folgende Vereinbarung schreiben:

Herr/Frau .... , bisher wohnhaft in der .... Str. Nr. .... in .... tritt zum .... in den bestehenden Mietvertrag zwischen dem Mieter Herrn/Frau .... und dem Vermieter Herrn/Frau .... ein.

Der bestehende Mietvertrag vom .... setzt sich ab diesem Zeitpunkt zwischen dem eintretenden Mieter Herrn/ Frau .... und dem bisherigen Vermieter Herrn/Frau .... fort.

Durch diesen Vertrag ändert sich nur die Mietpartei. Im Übrigen gelten die bisherigen Vereinbarungen zwischen den Vertragsparteien fort.

Der **Vorteil** eines solchen Mietvertragseintritts: Der bestehende Mietvertrag **bleibt** so, wie er ist. Die bereits zulasten Ihres bisherigen Mieters abgelaufenen Renovierungsfristen muss sich Ihr eintretender Mieter anrechnen lassen.

Versehen Sie Ihre Unterschriften mit dem aktuellen Datum. Natürlich können Sie die Vertragsübernahme auch auf einem extra Blatt als **Zusatzvereinbarung** zum bestehenden Mietvertrag vereinbaren.

Denken Sie aber bitte daran, dass Sie dann noch **nähere Angaben** zum Mietvertrag machen müssen, damit klar ist, in welchen Mietvertrag Ihr neuer Mieter eintritt.

Dies erreichen Sie, indem Sie beispielsweise das Mietvertragsdatum nennen, die ursprünglichen Mietvertragsparteien, die Zimmeranzahl und exakte Adresse und Lage der Wohnung.

Praxis-Tipp

Eine Mietvertragsübernahme ist kein Muss

Auf eine Mietvertragsübernahme müssen Sie sich nicht einlassen. Sie können genauso gut auch auf einen **neuen Mietvertrag** des Eintrittswilligen bestehen.

Dies ist gerade empfehlenswert, wenn Sie noch einen **alten Mietvertrag** haben, da hier die Gefahr besteht, dass einige Vertragsklauseln aufgrund des neuen Mietrechts oder der neuen Rechtsprechung nicht mehr rechtswirksam sind! In diesem Fall sollten Sie die Chance, einen neuen, aktuellen Mietvertrag abschließen zu können, nutzen.

Mietvorvertrag

Ein Mietvorvertrag will gut überlegt sein. **Besser** Sie schließen gleich den richtigen Mietvertrag ab – so sichern Sie sich Ihren Mieter und die Miete.

Hier ein einfaches Beispiel, dass Sie gleich den richtigen Mietvertrag abschließen sollten.

Der Mieter hatte einen Mietvorvertrag unterschrieben. Er weigerte sich jedoch, am vereinbarten Termin den eigentlichen Mietvertrag zu unterschreiben. Klar zahlte er auch keine Miete.

Bei einem Mietvorvertrag können Sie jetzt nur auf Abschluss des anvisierten **Hauptvertrags** bestehen. Der Mietvorvertrag gibt Ihnen aber **keinen** direkten Mietzahlungsanspruch gegen Ihren Mieter.

Hätten Sie dagegen schon den richtigen Mietvertrag abgeschlossen, dessen Vertragslaufzeit nur etwas später beginnt, könnten Sie von Ihrem Mieter **gleich die Miete** fordern und müssten nicht erst den Umweg über die Klage auf Abschluss des Hauptmietvertrags nehmen.

Einen Mietvertrag muss Ihr Mieter erst **kündigen**, um Ihrem Mietzahlungsanspruch wieder zu entgehen. Wenn Sie also „Bares" sehen wollen, können Sie bei Vorliegen eines echten Mietvertrags gleich auf **Zahlung** klagen bzw. einen **Mahnbescheid** beantragen.

Beim Mietvorvertrag lohnt es sich dagegen meist **nicht**, deswegen zu klagen: Bis Sie da Ihr Geld sehen, müssen **Sie 2 Prozesse** führen und zudem noch nachweisen, dass Sie die Wohnung bereits anderweitig hätten vermieten können.

Minderjährige

Stellen Sie nach Mietvertragsabschluss fest, dass Ihr neuer Mieter noch minderjährig ist, haben Sie ein Problem: Ihr Mietvertrag ist dann nämlich **schwebend unwirksam**. So lange, bis der gesetzliche Vertreter den Mietvertrag genehmigt bzw. Ihr Mieter volljährig wird.

Sie können Ihren Mietvertrag also noch dadurch retten, dass Sie sich **nachträglich** vom gesetzlichen Vertreter den Mietvertrag genehmigen lassen.

Gesetzlicher Vertreter ist meist die Mutter oder der Vater. Es genügt, wenn **einer der beiden** den Mietvertrag genehmigt.

Mischmietverhältnis

Ein Mischmietverhältnis haben Sie, wenn Sie Ihre Räume z. B. nicht nur zu Wohnzwecken vermieten, sondern teilweise auch gewerblich.

Beispielsweise wenn Sie Ihrem Mieter eine Wohnung vermieten und ihm gestatten, einen Raum der Wohnung auch als Büro zu nutzen.

Für solche Mischmietverhältnisse gibt es **keine extra Vorschriften.** Es ist vielmehr so, dass entweder Wohn- oder Gewerberaummietrecht auf das gesamte Mietverhältnis angewandt wird. Sie müssen sich hier also entscheiden, ob Sie Wohn- oder Gewerberäume vermieten.

Der **Vorteil** bei einer Gewerberaummiete: Sie können z. B. leichter die Miete erhöhen, mehr Betriebskosten umlegen und brauchen für Ihre Kündigung keinen Kündigungsgrund.

Bei den Gerichten entscheidet der **Schwerpunkt** des Mietvertrags, welches Recht angewandt wird. Dies wird meist an der vermieteten **Quadratmeterzahl** festgemacht. Wird mehr Wohn- als Gewerberaumfläche vermietet, überwiegt der wohnungsrechtliche Anteil. Damit gilt für den gesamten Mietvertrag grundsätzlich das Wohnungsmietrecht.

Aber selbst wenn der Mieter mehr Räume als Wohn- statt als Gewerberaum nutzt: Verdient er in diesem Gewerberaum seinen **gesamten Lebensunterhalt**, gilt dennoch der **gesamte Mietvertrag** als Gewerberaummietvertrag.

Lassen sich die Mietverträge voneinander trennen, wie z. B. der Wohn- und der Garagenmietvertrag, sollten Sie besser **2 Verträge** abschließen: einen Wohnraummietvertrag und einen Garagenmietvertrag.

Denn auch dabei handelt es sich grundsätzlich um ein **Mischmietverhältnis**, bei dem der Wohnraum dominiert.

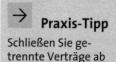

Praxis-Tipp

Schließen Sie getrennte Verträge ab

Möblierte Wohnung, Kündigungsfrist

Vermieten Sie ein möbliertes Zimmer oder eine möblierte Wohnung, gelten für Sie die gleichen Fristen, die auch für die Vermieter einer unmöblierten Wohnung gelten.

Einzige Ausnahme: Befindet sich das bzw. die möblierten Zimmer in Ihrer Wohnung und haben Sie die möblierten Räume **nicht** an eine Familie vermietet, können Sie wesentlich **schneller** kündigen.

Beispiel: Wann die kürzere Kündigungsfrist gilt

Sie haben ein möbliertes Zimmer Ihrer 5-Zimmer-Wohnung an einen Studenten vermietet.

Haben Sie 2 Zimmer dagegen an eine Kleinfamilie vermietet, gelten die „normalen" Kündigungsfristen.

Ist Ihre Kündigung bis spätestens zum 15. eines Monats bei Ihrem Mieter, muss er bereits zum Ende dieses Monats ausziehen (§ 573c Abs. 3 i. V. m. § 549 Abs. 2 Nr. 2 BGB)!

Modernisierung, Ankündigungsfrist

Mindestens 3 Monate, bevor Sie mit Ihren Modernisierungsarbeiten beginnen, sollten Sie Ihrem Mieter Ihre Arbeiten und die deswegen geplante Erhöhung ankündigen. Was in Ihrer Modernisierungsankündigung drinstehen muss, regelt § 555c BGB.

Informieren Sie Ihren Mieter **schriftlich** über Art, Umfang, Beginn, voraussichtliche Dauer und die geplanten Kosten der Arbeiten, die zu erwartende Mieterhöhung sowie die voraussichtlichen künftigen Betriebskosten.

Außerdem müssen Sie Ihren Mieter neuerdings bereits im Ankündigungsschreiben darauf **hinweisen,** dass er Ihre Arbeiten **nicht** dulden muss, wenn er Härtegründe dagegen vorbringen kann.

Dabei spielen **finanzielle Härtegründe** allerdings erst bei der eigentlichen Mieterhöhung, **nicht** dagegen schon bei der Frage der Duldung eine Rolle (§ 555d Abs. 3 Satz 1 BGB). Sprich: Kann sich der Mieter die Modernisierung nicht leisten, muss er die Arbeiten dennoch dulden. Ob er die Erhöhung dann auch in der vollen Höhe zahlen muss, ergibt sich aus dem späteren Mieterhöhungsschreiben.

Schicken Sie **nach** Abschluss der Arbeiten die Mieterhöhungserklärung an Ihren Mieter, beginnt wieder eine 3-monatige Frist: 3 Monate nach Erhalt dieser Erklärung muss der Mieter die erhöhte Miete zahlen.

Vergessen Sie, Ihre Umbauarbeiten anzukündigen, dürfen Sie zwar dennoch hinterher die Miete erhöhen (BGH, Urteil v. 2.3.2011, VIII ZR 164/10). Allerdings **verlängert** sich die übliche Wartezeit auf die höhere Miete von den üblichen 3 Monaten um zusätzliche 6 Monate auf insgesamt 9 Monate (§ 559b BGB).

Gleiches gilt, wenn die tatsächliche Mieterhöhung die angekündigte Erhöhung um **mehr als 10 % übersteigt.**

Beispiel: Ab wann Sie mehr Miete bekommen

Sie möchten im Juni Modernisierungsarbeiten in Ihrer Wohnung durchführen. Wenn Sie Ihrem Mieter diese Arbeiten sowie die Erhöhung bis zum 1.3. **ankündigen,** können Sie nach Abschluss der Arbeiten – z.B. am 15.6. – das Mieterhöhungsschreiben verschicken. Ihre Erhöhung wird ab dem 1.9. wirksam.

Haben Sie die Arbeiten jedoch erst am 1.4. angekündigt und damit **nicht** die 3-monatige Ankündigungsfrist eingehalten, wird Ihre Mieterhöhung erst am 1.3. des folgenden Jahres wirksam, wenn Sie die Mieterhöhungserklärung im Juni verschicken.

Angenommen, statt der geplanten 3.000 EUR und den angekündigten 27,50 EUR an Erhöhung belaufen sich Ihre **Modernisierungskosten** nach Abschluss der Arbeiten auf 3.500 EUR.

Ein Zwölftel von 11 % der höheren Kosten sind 32 EUR – damit ist die Erhöhung um **16 % höher** als die angekündigten 27,50 EUR monatlich.

Möchten Sie die Miete trotzdem um 32 EUR erhöhen und schicken Ihrem Mieter die Mieterhöhungserklärung im Juni zu, muss er statt ab dem 1.9. erst ab dem 1.3. des folgenden Jahres mehr Miete zahlen.

Praxis-Tipp

Wann Sie sich eine Ankündigung sparen können

Wegen „Kleinigkeiten" müssen Sie nicht gleich eine förmliche Ankündigung starten.

Sie können sich eine Modernisierungsankündigung **sparen**, wenn Ihre Mieterhöhung am Ende nicht höher ausfällt als 5 %.

Diese Bagatellklausel finden Sie in § 555c Abs. 4 BGB. Ein Wermutstropfen bleibt Ihnen aber dennoch: Für Ihre **unangekündigte** Modernisierungsmieterhöhung verlängert sich Ihre Wartefrist von 3 um **zusätzliche 6 Monate** auf 9 Monate.

Modernisierungsmieterhöhung

Mit einer Modernisierungsmieterhöhung können Sie sich einen **Teil** der Ihnen entstandenen Aufwendungen von Ihrem Mieter zurückholen. Eine Modernisierung liegt vor, wenn Sie eine dieser **7 baulichen Veränderungen** nach § 555b BGB durchführen, mit denen Sie

1. in Bezug auf die Mietsache **Endenergie** nachhaltig einsparen (energetische Modernisierung),

2. nicht erneuerbare Primärenergie nachhaltig einsparen oder das Klima nachhaltig schützen, sofern nicht bereits eine energetische Modernisierung nach Nummer 1 vorliegt,

3. den **Wasserverbrauch** nachhaltig reduzieren,

4. den **Gebrauchswert** der Mietsache nachhaltig erhöhen,

5. die **allgemeinen Wohnverhältnisse** auf Dauer verbessern,

6. die Sie aufgrund von Umständen durchführen müssen, die Sie **nicht** zu vertreten haben, und die keine Erhaltungsmaßnahmen nach § 555a sind, oder

7. **neuen Wohnraum** schaffen.

Neu ist seit dem Mietrechtsänderungsgesetz das: Führen Sie eine **energetische Modernisierung** nach § 555b Nr. 1 BGB durch, darf der Mieter die ersten 3 Monate während Ihrer Modernisierungsarbeiten trotz z. B. Baulärm und Schmutz **nicht** die Miete mindern.

Führen Sie eine Modernisierungsmaßnahme nach den Ziffern 1, 3, 4, 5 oder 6 durch, dürfen Sie **11 % Ihrer Umbaukosten** auf die Jahresmiete aufschlagen.

Ein Zwölftel dieses Betrags ergibt Ihren monatlichen Mieterhöhungsbetrag.

Praxis-Tipp

Nicht jede Modernisierung berechtigt zur Mieterhöhung

Beispiel: Wie Sie Ihre Mieterhöhung berechnen

Für den Umbau Ihrer Mietwohnung haben Sie 3.000 EUR ausgegeben. Sie können die monatliche Miete Ihres Mieters also um 27,50 EUR (11 % von 3.000 EUR = 330 EUR : 12 Monate = 27,50 EUR) erhöhen.

Die obere Messlatte für Ihre Modernisierungsmieterhöhung bildet § 5 Wirtschaftsstrafgesetz. Danach darf Ihre Miete nach der Modernisierung **maximal 20 %** über der ortsüblichen Vergleichsmiete liegen.

Sparen Sie durch die Modernisierung Kosten für Instandsetzung, die ohnehin notwendig wäre, müssen Sie diesen Betrag von den gesamten Modernisierungskosten abziehen. „**Fiktive Instandhaltungskosten**" nennen das die Juristen.

Ihre Mieterhöhungserklärung dürfen Sie **nicht** vor Abschluss der Arbeiten abgeben. Haben Sie die Modernisierung beendet, gibt es keine gesetzliche Frist, innerhalb derer Sie Ihr Erhöhungsschreiben an Ihren Mieter schicken müssen.

Je **länger** Sie also warten, umso mehr freut das Ihren Mieter.

Allerdings: Allzu lange sollten Sie sich mit Ihrer Mieterhöhungserklärung auch nicht Zeit lassen. Sie verschenken sonst nämlich nicht nur eine Menge Geld, sondern es droht Ihnen auch die Verwirkung Ihres Erhöhungsanspruchs.

Liegen zwischen der Modernisierung und Ihrer Mieterhöhungserklärung **mehrere Jahre**, verspielen Sie damit die Chance auf eine höhere Miete.

Verlieren Sie bitte bei Ihrer Modernisierungsmieterhöhung nie das Wirtschaftlichkeitsgebot aus den Augen. Das gilt in besonderem Maße, wenn Sie umbauen, um Energie einzusparen.

Praxis-Tipp

Sie müssen wirtschaftlich handeln

> **Unwirtschaftlich** ist Ihre Modernisierung dann, wenn Ihre Mieterhöhung doppelt so hoch ist wie die letztendlich eingesparten Energiekosten. Damit handeln Sie sich Ärger mit Ihrem Mieter ein!

Bauen Sie **in** der Mieterwohnung etwas um und müssen Sie deswegen Möbel verrücken, Teppiche zusammenrollen, Regale leer räumen oder Bilder abhängen, **bevor** Sie mit Ihren Arbeiten beginnen können, ist das **Ihre Angelegenheit:** Ihr Mieter muss das nur dulden – mehr aber auch nicht!

Und der ganze Modernisierungsschmutz? Auch den müssen Sie wegwischen (AG Hamburg, Urteil v. 6.3.2007, 40 C 230/06, WM 2007 S. 445).

Müssen Sie deswegen sogar die Möbel des Mieters außerhalb der Wohnung lagern, gehen diese Transport- und Lagerkosten ebenfalls auf **Ihre Rechnung!**

Und vergessen Sie bitte nicht: Hinterher muss wieder alles an den alten Platz **zurück!**

Modernisierungsmieterhöhung, Rechnungen

Erhöhen Sie Ihrem Mieter die Miete wegen einer Modernisierung, machen Sie sich darauf gefasst, dass Ihr Mieter vielleicht gerne die Rechnungskopien sehen will.

Ihre Modernisierungsmieterhöhung ist zwar auch **ohne** Rechnungsbelege **wirksam.** Die darf Ihr Mieter aber einsehen, wenn er will. Dieses Recht gibt ihm § 259 BGB. Sie müssen Ihrem Mieter also, wenn er es will, **sämtliche** Rechnungen und sonstigen Belege in geordneter Zusammenstellung nach Modernisierungsmaßnahmen und -gewerken sortiert präsentieren.

Dazu gehören auch Verträge und Ausschreibungen, sofern sie notwendig sind, um die Belege überprüfen zu können.

Das Einsichtsrecht ist am **Sitz des Vermieters** auszuüben. Das ergibt sich aus § 269 BGB, wonach der Erfüllungsort grundsätzlich der Wohnsitz des Schuldners ist.

Wohnen Sie allerdings **nicht** am gleichen Ort, in dem sich auch die Mieterwohnung befindet, kann Ihr Mieter von Ihnen verlangen, dass Sie ihm die Unterlagen am **Ort des Mietobjekts** vorlegen.

Anstelle des Einsichtsrechts kann Ihr Mieter auch von Ihnen verlangen, dass Sie ihm **gegen Erstattung der Auslagen** eine Kopie der Rechnungen zusenden.

Kommen Sie dieser Pflicht nicht nach, steht Ihrem Mieter ein Leistungsverweigerungsrecht zu. Damit kann er erreichen, dass er so lange **nicht zahlen** muss, bis Sie ihm die Belege vorgelegt bzw. die Kopien überlassen haben.

Wissen müssen Sie auch, dass Sie Ihre Mieterhöhungserklärung **nicht** vor Abschluss der Arbeiten abgeben können.

Modernisierungsvereinbarung

Statt den umständlichen Weg über eine Modernisierungsmieterhöhung zu gehen, können Sie es sich leichter machen: Schließen Sie mit Ihrem Mieter eine **Modernisierungsvereinbarung**.

Die hat seit der Mietrechtsänderung vom 1.5.2013 sogar einen eigenen Paragrafen **im Gesetz** bekommen: § 555f BGB.

Damit schaffen Sie von vornherein klare Verhältnisse. Ihr Mieter weiß, was auf ihn zukommt, und Sie sparen sich nicht nur viel Rechnerei, sondern auch eine Menge Schreibarbeit. Denn Sie müssen weder die Modernisierung **ankündigen** noch hinterher ausführliche Begründungen abgeben oder Zahlen offenlegen.

Der entscheidende Unterschied zur Modernisierungsmieterhöhung nach § 559 BGB: Sie einigen sich mit Ihrem Mieter bereits **vor** Beginn der Arbeiten auf eine bestimmte Miethöhe.

Zudem legen Sie fest, ob und **um wie viel** Ihr Mieter die Miete während der Bauarbeiten wegen des Schmutzes und Lärms mindern darf. So nehmen Sie eventuellen Mietminderungsansprüchen von Anfang an den Wind aus den Segeln.

Ihr **Prozess- und Kostenrisiko** sinkt damit auf null. Sie können den Ablauf der Bauarbeiten besser terminieren und mit einem fest vereinbarten Mieterhöhungsbetrag kalkulieren.

Noch ein Pluspunkt: Mit einer Modernisierungsvereinbarung umgehen Sie ganz legal das **Sonderkündigungsrecht** Ihres Mieters, falls Sie mit ihm einen Zeitmietvertrag abgeschlossen haben.

Praxis-Tipp

Wie Sie dem Mieter Ihre Vereinbarung schmackhaft machen

Auch wenn so eine Modernisierungsvereinbarung eine feine Sache wäre: Ihr Mieter muss diesen Vertrag **nicht** unterschreiben – besser ist es für Sie, er tut es doch. Lieber wird er es natürlich tun, wenn es Ihnen gelingt, ihm die Vereinbarung so richtig schmackhaft zu machen.

Das kann dadurch geschehen, dass Sie den **Termin** für den Beginn der erhöhten Zahlungen weiter nach hinten setzen, als es bei einer „normalen" Modernisierungserhöhung üblich wäre.

Rechnen Sie Ihrem Mieter vor, **ab wann** Sie laut § 559 BGB die höhere Miete verlangen könnten und zeigen Sie ihm auf, dass er im Vergleich dazu mit Ihrer Erhöhungsvereinbarung **besser** fährt.

Am besten, Sie rechnen ihm genau aus, was er spart, wenn er die Modernisierungsvereinbarung unterzeichnet.

Welchen Mietpreis Sie von Ihrem Mieter für die modernisierte Wohnung verlangen können, hängt in erster Linie von Ihrem **Verhandlungsgeschick** ab. Dabei haben Sie einen entscheidenden Trumpf in der Hand: Sie sind **nicht** an die 11-%-Grenze des § 559 BGB gebunden.

Das bedeutet, dass Sie sich mit Ihrem Mieter auf einen durchaus **höheren Betrag** als „nur" die 11 % der Modernisierungskosten, aufgeschlagen auf die Jahresmiete, einigen können – vorausgesetzt, Ihr Mieter billigt das mit seiner Unterschrift unter der Modernisierungsvereinbarung.

Praxis-Tipp

Dieses Risiko sollten Sie kennen

Vorsicht: Sie legen mit einer Modernisierungsvereinbarung die Miete bis auf die letzte Kommastelle **vertraglich fest**.

Wird der Umbau **teurer** als erwartet, muss Ihr Mieter Ihnen dennoch keinen Cent mehr zahlen. Das Risiko geht also auf Ihr Konto.

Modernisierungsvereinbarung, Fristen

Da es sich bei einer Modernisierungsvereinbarung um eine vertragliche, wenngleich erst nach Abschluss des Mietvertrags abgeschlossene Vereinbarung zwischen Ihnen und Ihrem Mieter handelt, haben Sie alle Fristen in der Hand.

Nutzen Sie diesen **Vorteil** aus! Einem kritischen Mieter können Sie z. B. mit einem **großzügigen Mietpreisnachlass** während der Bauarbeiten entgegenkommen. Oder aber Sie vereinbaren mit ihm, dass die Mieterhöhung erst 2 oder 3 Monate **nach** Beendigung der Arbeiten in Kraft treten soll – das alles können Sie vertraglich mit ihm aushandeln!

Beginnen Sie erst dann mit Ihren Modernisierungsarbeiten, wenn Sie die Modernisierungsvereinbarung bereits in der Tasche haben.

Stimmt Ihr Mieter nämlich **nicht** zu, müssen Sie den ganz normalen Weg über § 559 BGB (= Modernisierungsmieterhöhung) gehen – und sich natürlich auch an alle dort genannten Formalitäten halten.

→ **Praxis-Tipp**

Erst unterschreiben und dann erst loslegen

Mülltonne, zusätzliche

Bestellt Ihr Mieter eine **zusätzliche** Mülltonne, muss er sie auch bezahlen. Sie als Eigentümer sind **nicht verpflichtet,** das Entgelt für eine vom Mieter bestellte zusätzliche Mülltonne zu entrichten (AG Berlin-Charlottenburg, Urteil v. 27.9.2004, 236 C 248/03, GE 2005 S. 189).

Etwas anderes gilt nur, wenn Sie sich bisher noch gar nicht um die Grundabfallentsorgung gekümmert hatten. Geht es dagegen nur um eine zusätzliche Abfallentsorgungsleistung, haften Sie als Eigentümer nicht.

Nachbar, Lärmbeschwerde

Beschwert sich Ihr Nachbar über den Lärm, den Ihre Mieter verursachen und drohen ihm seine Mieter mit einer Mietminderung, Kündigung und sogar Schadensersatzansprüchen, sollten Sie die Angelegenheit nicht auf die leichte Schulter nehmen.

Schreiben Sie Ihrem Nachbarn und bitten Sie ihn, den **Lärmverursacher** zu nennen. Fordern Sie ihn auf, den Vorfall möglichst genau zu beschreiben und Zeugen zu nennen. Schließlich müssten Sie wissen, **gegen wen** Sie vorgehen sollen, ansonsten sei Ihnen eine angemessene Reaktion nicht möglich. So verschaffen Sie sich erst einmal Zeit.

Befragen Sie in der Zwischenzeit Ihre eigenen Mieter im Haus, ob der Lärm tatsächlich aus Ihrem Haus kommt, und bitten Sie einen Mitmieter, ein **Lärmprotokoll** zu führen. Das hilft Ihnen schlimmstenfalls in einem späteren Kündigungsprozess!

Tatsächlich haben nur Sie als Vermieter einen **vertraglichen Anspruch** gegen den Störenfried, falls der tatsächlich in Ihrem Haus wohnt und lärmt. Zugunsten des Eigentümers des Nebenhauses sind Sie verpflichtet, dagegen einzuschreiten. Der Eigentümer hat gegen Sie einen entsprechenden **Unterlassungsanspruch**.

Der Eigentümer und seine Mieter aus dem Nachbarhaus können sich **nicht** an den Störenfried direkt wenden, weil sie mit ihm **kein Vertragsverhältnis** haben – Sie aber schon.

Ein **Unterlassungsanspruch** besteht grundsätzlich nur von Eigentümer zu Eigentümer. Deswegen kann sich auch hier der Mieter des Nachbarn **nicht direkt** an den störenden Mieter aus Ihrem Haus wenden.

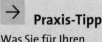

Praxis-Tipp

Was Sie für Ihren Nachbarn tun müssen

Steht fest, wer in Ihrem Haus der Störenfried ist, schicken Sie ihm sofort eine **Abmahnung** mit Kündigungsandrohung – das ist das Mindeste, was Sie tun können.

Der Anspruch Ihres Nachbarn kann sogar so weit gehen, dass Sie Ihren Mieter rausklagen müssen, sofern er seine Störungen nicht unterlässt!

Nachmietergestellung

Viele Vermieter glauben noch an das Ammenmärchen, sie müssten ihren Mieter aus dem Mietvertrag entlassen, sofern er ihnen nur 1 oder 3 **akzeptable** Nachmieter stellt. Das ist schlichtweg **falsch**!

Bis zur Mietrechtsänderung zum 1.9.2001 hatte die Nachmietergestellung mehr Bedeutung. Sie war immer dann die Lösung, wenn der Mieter seine Kündigungsfrist abkürzen wollte. Die betrug noch bis zur Mietrechtsänderung bis zu 1 Jahr. Jetzt beträgt die Kündigungsfrist des Mieters nur noch 3 Monate, deswegen ist die praktische Anwendung der Nachmietergestellung mittlerweile fast bei null.

Es gibt nur 2 Gründe, wann Sie sich heute noch mit einem Nachmieter zufriedengeben müssen:

1. wenn Ihr Mietvertrag eine entsprechende Klausel enthält oder

2. wenn der Mieter aus **Gründen**, die er nicht zu vertreten hat und die außerhalb seines Einflussbereiches liegen, vorzeitig aus seinem Zeitmietvertrag rauskommen will.

Wann ein unverschuldeter und nicht vorhersehbarer Grund für eine Nachmietergestellung vorliegt, haben die Gerichte bereits mehrfach entschieden. Bereits **gerichtlich ausgefochten** sind, dass eine berufliche Versetzung, Familienzuwachs, der Umzug in ein Altersheim oder eine schwere Krankheit ein Grund für eine Nachmietergestellung sind.

Zudem muss der Nachmieter für den Vermieter akzeptabel sein. Dabei kommt es ausschließlich auf **objektive Kriterien** an.

Persönliche Vorbehalte oder Vorlieben des Vermieters spielen dabei **keine** Rolle: Allein die wirtschaftlichen und persönlichen Verhältnisse des Nachmieters geben den Ausschlag, ob Ihr Mieter damit seine Nachmieterpflicht erfüllt hat oder nicht.

Wenn Sie einen Nachmieter ablehnen wollen, müssen Sie Ihrem Mieter dafür **objektive Gründe** nennen können. Fernliegende Befürchtungen, bloße persönliche Antipathien oder Ihre objektiv nicht begründbare negative Einstellung zu bestimmten Mieterkreisen reichen dafür noch nicht.

Sie dürfen auch **nicht** einen alleinstehenden Nachmieter mit Kind nur deshalb ablehnen, weil Sie Beschwerden anderer Mieter wegen **möglichen Kinderlärms** fürchten. Die Behauptung, Kinder würden grundsätzlich mehr Lärm verursachen, ist eine unzulässige Verallgemeinerung und damit noch **kein** objektiver Ablehnungsgrund (BGH, Urteil v. 22.1.2003, VIII ZR 244/02, NZM 2003 S. 277).

So muss ein Vermieter beispielsweise ein türkisches Ehepaar mit 2 Kleinkindern in seine 3-Zimmer-Wohnung nehmen (AG Wetzlar, Urteil v. 9.5.2006, 38 C 1639/05 [38], WM 2006 S. 374). Oder statt 2 alleinstehenden Mietern einen Vater mit Kleinkind (BGH, Urteil v. 22.1.2003, VIII ZR 244/02, GE 2003 S. 455).

Praxis-Tipp

Sie müssen nicht den Nachmieter nehmen, den Ihr Mieter will

Der Mieter kann **nicht** von Ihnen verlangen, dass Sie eine bestimmte Person, z. B. einen Verwandten des Mieters oder seinen besten Freund, als Nachfolger akzeptieren.

Auch eine hohe Ablösesumme, die der vom Mieter vorgeschlagene Nachmieter für die Übernahme seiner Einbauküche zahlt, ist noch **kein zwingender Grund**, weshalb Sie diesen Nachmieter nehmen müssen.

Nachtstromspeicherheizungen

Für die einen sind es teure Stromfresser, für die anderen sind sie ein wichtiger Baustein in der Energiewende. Die Rede ist von Nachtspeicheröfen, auch elektrische Speicherheizung, **Nachtspeicherheizung**, Nachtstromspeicherheizung oder Niedertarif-Speicherheizung genannt. Aktuell soll es noch 1,5 Millionen Nachtspeicheröfen in Deutschland geben.

Diese elektrisch betriebene Heizung funktioniert so, dass ein Wärmespeicher mit dem im Vergleich zum Normaltarif **günstiger** angebotenen elektrischen Strom aufgeheizt wird. Gerade nachts war der Stromtarif meist günstiger, daher der Name „Nachtspeicherofen".

Erst wurde mit der EnEV 2009 ein schrittweises Verbot für Nachtöfen beschlossen. Die Regelung sah vor, dass alle vor 1990 eingebauten Nachtspeicheröfen bis Ende 2019 außer Betrieb genommen werden müssten.

Ab 1990 gebaute Öfen sollten noch maximal 30 Jahre laufen dürfen.

Jetzt rudert der Gesetzgeber mit der Änderung des Energieeinsparungsgesetzes (EnEV 2014) zum 1.5.2014 wieder zurück: Darin wurden die Vorschriften über die **Abschaffung** der Nachtspeicheröfen wieder **gestrichen**, sodass Sie Ihre Nachtspeicherheizungen nun auch über die genannten Zeiträume hinaus betreiben dürfen.

Nachzahlung, vorbehaltlose

Zahlt Ihr Mieter **vorbehaltlos** sein Saldo aus der Betriebskostenabrechnung, so liegt darin kein deklaratorisches Schuldanerkenntnis.

Das bedeutet: Sie können Ihre Abrechnung trotz ausbezahltem Guthaben bzw. vom Mieter nachbezahlten Betriebskosten noch zu Ihren Gunsten ändern, wenn Sie z. B. feststellen, dass Sie **vergessen haben**, bestimmte Kosten umzulegen (BGH, Urteil v. 12.1.2011, VIII ZR 296/09). Das gilt aber nur **bis** zum Ablauf der Abrechnungsfrist! Danach können und müssen Sie Ihre Abrechnung zwar noch korrigieren, wenn der Mieter darauf besteht, **nachfordern** können Sie aber nichts mehr!

Nachzahlungsfrist

Noch immer sind viele Vermieter verunsichert, innerhalb welcher Frist der Mieter seine Betriebskosten nachzahlen muss. Grund ist die 1-jährige Einwendungsfrist, die Ihrem Mieter nach dem neuen Mietrecht zusteht.

§ 556 Abs. 3 Satz 5 BGB berechtigt den Mieter 12 Monate lang dazu, **Einwendungen** gegen die Betriebskostenabrechnung vorzubringen. Die Frist beginnt ab dem Zeitpunkt zu laufen, ab dem Ihre Abrechnung dem Mieter zugeht.

Dies bedeutet jedoch nicht, dass Ihr Mieter sich 1 Jahr lang mit dem Bezahlen Zeit lassen darf! Zu lange darf er aber auch nicht warten! Ihm steht zwar eine Prüfungs- und Überlegungsfrist zu. Die endet entsprechend § 560 Abs. 2 Satz 1 BGB mit dem **übernächsten Monatsbeginn**, nachdem ihm Ihre Abrechnung zugegangen ist.

Tut er das **nicht**, gerät er in Zahlungsverzug. Dann können Sie von ihm Verzugszinsen fordern und die Betriebskostennachzahlung sogar einklagen (§ 286 Abs. 3 BGB).

Allerdings: Auf diese bitteren Folgen müssen Sie einen Privatmieter schon mit dem Abrechnungsschreiben hinweisen. Ihren Hinweis formulieren Sie am besten so:

Ich weise Sie darauf hin, dass Ihr Nachzahlungsbetrag mit dem übernächsten Monatsbeginn, nachdem Ihnen unsere Abrechnung zugegangen ist, fällig ist und von uns gerichtlich geltend gemacht werden kann.

Davon unberührt bleiben Sie gemäß § 556 Abs. 3 BGB berechtigt, Einwendungen noch spätestens bis zum Ablauf des 12. Monats nach Zugang der Abrechnung zu erheben. Um unnötigen Rechtsstreitigkeiten aus dem Weg zu gehen, bitte ich Sie, Ihre Einwendungen innerhalb der Monatsfrist vorzubringen.

Nebenkosten

Wer wissen will, was Nebenkosten sind, blättert vergeblich im Gesetz. Den Betriebskosten ist im Unterschied dazu ein **komplettes Gesetz** gewidmet: Die Betriebskostenverordnung, die für die Wohnungsmiete gilt.

Der Begriff „Nebenkosten" geht **weiter**: Damit sind nicht nur die in der Betriebskostenverordnung aufgeführten umlagefähigen Betriebskostenpositionen gemeint, sondern **alle weiteren** Kosten, die sonst noch anfallen können, aber leider nicht auf Wohnungsmieter umlegbar sind.

So beispielsweise Verwaltungskosten: Das sind zwar Nebenkosten, aber **keine** umlagefähigen Betriebskosten!

Nebenkostenpauschale

Diese müssen Sie von der Nettomiete unterscheiden. Nettomiete heißt: Mietzins **ohne** Nebenkosten. Um die Nebenkosten von Ihrem Mieter einzuziehen, müssen Sie dies extra vereinbaren und im Mietvertrag festschreiben.

Vereinbaren Sie mit Ihrem Mieter aber eine **Nebenkostenpauschale**, erklären Sie damit insgeheim, dass Sie **nicht** über die tatsächlichen, sondern nur über die vermeintlich anfallenden Nebenkosten abrechnen werden.

Zahlt Ihr Mieter eine **Pauschale**, deckt er damit praktisch alle Nebenkosten ab, die Ihnen als Vermieter entstehen. Müssen Sie unterm Strich tatsächlich **mehr** Nebenkosten zahlen, als Sie als Pauschale von Ihrem Mieter erhalten, können Sie dennoch **nichts** mehr nachfordern. Mit der Pauschale sind alle Kosten abgedeckt.

Deshalb sollten Sie als Vermieter besser Mietverträge verwenden, bei denen Sie die Nebenkosten **getrennt** von der Nettomiete vereinbaren. Nur bei derartigen Mietverträgen können Sie von Ihrem Mieter wirklich alle Nebenkosten zurückholen, die Sie zahlen.

Netto-Kaltmiete

Damit ist das Gleiche gemeint wie mit einer Nettomiete. Haben Sie also eine Netto-Kaltmiete vereinbart, bedeutet das, dass Sie **nur** eine Grundmiete erhalten.

Darin sind weder die kalten noch die warmen Betriebskosten enthalten. Wollen Sie diese auf Ihren Mieter umlegen, sollten Sie das nochmals **ausdrücklich** in Ihrem Mietvertrag so vereinbaren.

Niederschlagswasser

In manchen Bundesländern werden Ihnen über die Grundbesitzabgaben Kosten für Niederschlagswasser berechnet. Der Betrag ermittelt sich aus einer bestimmten m^2-Fläche $\times$ Kostensatz.

Die Gebühren für das Niederschlagswasser zählen zu den **umlegbaren** Betriebskosten, und zwar zu den Kosten der Entwässerung (§ 2 Nr. 3 BetrKV). Solche „Niederschlagsgebühren" gibt es **nicht** in allen Bundesländern bzw. Gemeinden.

Voraussetzung für eine Umlage ist, dass Sie die Umlage der Betriebskosten nach der Betriebskostenverordnung auf Ihren Mieter vereinbart haben!

Bezüglich des **Umlageschlüssels** gilt „ganz normal": Sie verteilen die Kosten entsprechend dem Umlageschlüssel, den Sie im **Mietvertrag** für die einzelnen Positionen vereinbart haben. Haben Sie **keinen** Umlageschlüssel vereinbart, rechnen Sie aber schon längere Zeit z.B. nach Mieteigentumsanteilen ab, gilt dieser Umlageschlüssel als vereinbart.

Ist es Ihre 1. Abrechnung und sind Sie Wohnungsvermieter, gilt der Umlageschlüssel entsprechend § 556a Abs. 1 Satz 1 BGB. Sie müssen also nach m^2-Wohnfläche abrechnen.

Nur bei Betriebskosten, die Sie **verbrauchsabhängig** abrechnen könnten, würde dieser Abrechnungsmaßstab vorgehen. Beim Niederschlagswasser kommt dies jedoch nicht in Betracht!

 Praxis-Tipp

Wer nichts vereinbart hat, muss nach m^2 abrechnen

Notfallschlüssel

Haben Sie eigentlich einen **Notfallschlüssel** für Ihre vermietete Wohnung? Weiß Ihr Mieter davon? Besser, er weiß **nichts** davon, denn eigentlich müssen Sie Ihrem Mieter **alle Schlüssel** zur Wohnung bei Mietvertragsabschluss übergeben.

Es gibt zwar **kein** Gesetz bzw. keine Vorschrift, die dies ausdrücklich bestimmt. Rechtlich ist es aber so, dass Sie keinen Schlüssel zurückbehalten dürfen.

Der Grund: Mit der Vermietung Ihrer Wohnung räumen Sie Ihrem Mieter das **alleinige** Besitzrecht an den Räumen ein.

Zum **Besitzrecht** nach § 854 BGB gehört, dass Sie dem Besitzberechtigten die tatsächliche, alleinige Gewalt über die Mietsache einräumen. Dies geschieht bei Wohnungen durch die Übergabe **aller** dazugehörenden **Schlüssel.**

Wenn Sie einen Schlüssel für die Wohnung **zurückbehalten**, räumen Sie dem Mieter **nur Mitbesitz** ein – und das ist zu wenig, um Ihren Mietvertrag zu erfüllen!

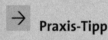

→ Praxis-Tipp

Treffen Sie mit dem Mieter eine Notfallschlüsselvereinbarung

Sichern Sie sich für den Notfall ab: Verlangen Sie vom Mieter, dass er Ihnen eine **Person seines Vertrauens** nennt, bei der er einen Wohnungsschlüssel hinterlegt hat.

Am besten klären Sie das mit Ihrem Mieter, **bevor** er in Urlaub fährt! Bewährt haben sich „Notfallschlüsselvereinbarungen" in einem verklebten Briefumschlag, der quer über die Lasche unterschrieben wird.

Notfallschlüsselvereinbarung

Angenommen, ein Rohr platzt, während Ihr Mieter gerade im Urlaub ist? Für solche „Notfälle" können Sie von Ihrem Mieter verlangen, dass er Ihnen eine **Person seines Vertrauens** nennt, bei der er einen Wohnungsschlüssel hinterlegt hat.

Am besten klären Sie das mit Ihrem Mieter, **bevor** er in Urlaub fährt! Besser ist es natürlich, wenn Sie selbst einen Notschlüssel haben. Haben Sie das nicht bereits mit ihm im Mietvertrag geregelt, können Sie es nachträglich mit dieser Vereinbarung erreichen:

1. Der Mieter überlässt dem Vermieter einen Zweitschlüssel für die Mietwohnung.
   Dieser „Notfallschlüssel" ist vom Vermieter sorgsam zu verwahren. Der Vermieter darf von diesem Schlüssel nur in **Notfällen** und nur bei **Abwesenheit** bzw. Unerreichbarkeit des Mieters Gebrauch machen.
   Dies gilt insbesondere bei Feuer- oder Wassereintrittsverdacht oder ähnlichen für Leib, Leben oder Eigentum beeinträchtigenden Situationen, die das sofortige Einschreiten des Vermieters oder seiner Hilfspersonen erforderlich machen.

2. Hinsichtlich der **Verwahrung** treffen die Vertragsparteien folgende Vereinbarung: Der Vermieter verwahrt den „Notfallschlüssel" in einem verschlossenen Briefumschlag auf. Dieser wird vom Mieter über der Verschlusslasche quer unterschrieben, sodass ein unbeschädigtes Öffnen des Umschlags ausgeschlossen ist.

3. Der Mieter ist berechtigt, sich in regelmäßigen Abständen – insbesondere bei einem Verdacht des unberechtigten Betretens seiner Wohnung durch den Vermieter – von der Unversehrtheit des Umschlags zu überzeugen.

4. Der Mieter kann seine Einwilligung zur Überlassung eines solchen „Notfallschlüssels" beim Vorliegen eines wichtigen Grundes **widerrufen**. Ein solcher Grund ist beispielsweise gegeben, wenn der Vermieter von seinem Zweitschlüssel vereinbarungswidrig Gebrauch macht.

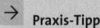

Praxis-Tipp

Wie Sie sich das Vertrauen des Mieters sichern

Bewährt hat sich hier folgende Vorgehensweise: Ihr Mieter übergibt Ihnen einen Notschlüssel. Den stecken Sie vor seinen Augen in einen **Umschlag** und kleben ihn zu. Bitten Sie Ihren Mieter dann, quer über die Öffnungslasche zu unterschreiben.

So kommen Sie an einen Notschlüssel, und Ihr Mieter hat die Gewissheit, dass Sie den Umschlag **nicht** unbemerkt öffnen können. Hat Ihr Mieter irgendwann das Gefühl, dass Sie ohne sein Wissen in seiner Wohnung waren, können Sie ihm den verschlossenen Umschlag als Entlastungsbeweis präsentieren.

Öffentliche Lasten

Darunter fällt vor allen Dingen der Grundsteuerbeitrag. Den dürfen Sie auf Ihren Mieter umlegen, sofern Sie die Umlage von öffentlichen Lasten im Mietvertrag vereinbart haben.

Ist die Grundsteuer zuerst **gering**, erhöht sie sich aber später, dürfen Sie selbstverständlich auch die höheren Grundsteuerbeträge auf Ihren Mieter umlegen.

Ferner gehören dazu noch die Realkirchensteuer, Deichabgaben, die Zweitwohnungsteuer, Sielgebühren sowie die häufig in den neuen Bundesländern anzutreffende Abgeltungslast aufgrund der Hauszinssteuer. Ebenso die abzuführenden Beiträge an die Wasser- und Bodenverbände.

Dagegen **nicht** die Gewerbesteuer, die Hypothekengewinnabgabe oder die Grunderwerbsteuer.

Öltank

Sie dürfen die Kosten für die Öltankreinigung umlegen. Das hat der Bundesgerichtshof bereits so entschieden (BGH, Urteil v. 11.11.2009, VIII ZR 221/08).

Die Kosten für die Öltankversicherung zählen zu den Kosten der Sach- und Haftpflichtversicherung und sind **umlagefähig**. Vielerorts werden sie als **Gewässerschadenhaftpflichtversicherung** bezeichnet. Gemeint ist jedoch das Gleiche. Wie viel Sie so eine Versicherung kostet, hängt von der Größe des Tanks und seiner Unterbringung ab.

Dagegen dient die Öltankbeschichtung dem Korrosionsschutz des Öltanks. Damit liegen die Kosten näher bei den Instandhaltungs- als bei den Betriebskosten und sind deswegen **nicht** umlegbar.

Auch deswegen, weil die **nicht** laufend entstehen.

Ortsübliche Vergleichsmiete

Unter der ortsüblichen Vergleichsmiete einer Wohnung versteht man den Betrag, der üblicherweise für eine Wohnung vergleichbarer Art, Größe, Ausstattung, Beschaffenheit und Lage einschließlich der energetischen Ausstattung und Beschaffenheit in derselben Gemeinde oder in einer vergleichbaren Gemeinde gezahlt wird. Dabei fallen nur die **Mieten** ins Gewicht, die in den letzten 4 Jahren vereinbart oder erhöht wurden.

Die ortsübliche Vergleichsmiete benötigen Sie als Wohnungsvermieter immer dann, wenn es um eine **Mieterhöhung** geht. Sie ist die obere Messlatte für Ihre Miete.

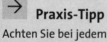 **Praxis-Tipp**

Achten Sie bei jedem Mietvertragsabschluss auf die ortsübliche Miete

Liegt Ihre Miete mehr als 20 % über der ortsüblichen Vergleichsmiete, begehen Sie als Wohnraumvermieter eine Ordnungswidrigkeit nach § 5 Wirtschaftsstrafgesetz, wenn Sie zudem noch die **Wohnungsknappheit ausnutzen**, um eine höhere Miete als die ortsübliche zu erzielen.

Um dem zu entgehen, sollten Sie sich **bei jedem neuen Mietvertragsabschluss** und bei jeder Mieterhöhung an der ortsüblichen Vergleichsmiete orientieren.

Wollen Sie wissen, **wie hoch** die ortsübliche Vergleichsmiete in Ihrer Stadt liegt, können Sie dies am einfachsten und am günstigsten mithilfe des Mietspiegels Ihrer Stadt herausfinden.

Existiert für Ihre Stadt **kein** Mietspiegel, können Sie bei dem Wohnungsbauamt Ihrer Stadt nachhaken, ob dort eine Mietdatenbank geführt wird.

Seit dem 1.9.2001 können Sie Ihre Mieterhöhung auch mit einer **Auskunft aus einer Mietdatenbank** begründen.

Die Mietdatenbank wird entweder von der Gemeinde oder vom Mieterverein gemeinsam mit dem Haus- und Grundeigentümerverein geführt. In ihr werden – ähnlich wie bei einem Mietspiegel, jedoch **fortlaufend** – die Mietpreisdaten gesammelt. Dort können Sie sich die Mietpreisauskunft holen und damit Ihre Mieterhöhung begründen.

Ist auch das nicht der Fall, können Sie sich an den örtlichen Haus- & Grundeigentümerverein wenden. Dort werden meist die Mieten ähnlicher Wohnungen festgehalten.

Parken

Parkt Ihr Mieter regelmäßig **vor** und nicht **in** der Garage, sollten Sie dem Falschparker schleunigst einen Riegel vorschieben. Das darf Ihr Mieter nämlich nicht!

Am besten fordern Sie ihn schriftlich auf, das Falschparken zu unterlassen – notfalls per **Abmahnung**. Denn: Schauen Sie dem Falschparken des Garagenmieters jahrelang tatenlos zu, wird aus der Unsitte des Garagenmieters leicht das Recht, vor der Garage parken zu dürfen.

Reagieren Sie zu spät, müssen Sie damit rechnen, dass Ihre **Unterlassungsklage** wegen des Schikaneverbots nach § 226 BGB abgewiesen wird (AG Flensburg, Urteil v. 1.9.1998, 68 C 691/97, WuM 2000 S. 628).

Das unerlaubte Parken auf einem Grundstück stellt zumindest jedoch dann keine erhebliche, eine fristlose Kündigung rechtfertigende Vertragsverletzung des Mieters dar, wenn zuvor das Parken längere Zeit geduldet oder gestattet wurde (AG Offenbach, Beschluss v. 4.12.2013, 37 C 180/13).

Parkt Ihr Mieter sein Auto lieber immer im Innenhof statt auf der Straße, dürfen Sie ihm das verbieten. Auch dann noch, wenn Sie es bisher **geduldet** haben. Rechtlich ist es so: Wenn im Mietvertrag **nichts** von einem Stellplatz steht, hat der Mieter auch **keinen Anspruch** darauf.

Selbst eine **stillschweigende Zustimmung** scheidet dann aus. Das Abstellen eines Autos auf dem Hof oder im Innenhof zählt als Sondernutzung.

Auf so eine Sondernutzung hat der Mieter ohne **besondere Vereinbarung** keinen Anspruch. Nur wenn Sie als Vermieter ihm zu erkennen geben, dass er dort parken darf, darf Ihr Mieter auch künftig bis vor seine Haustür fahren. So ein zustimmendes Verhalten ist aber noch **nicht** darin zu sehen, dass Sie bloß untätig zusehen, wie Ihr Mieter unerlaubt im Innenhof parkt.

Dem kommt **nicht** die Bedeutung einer Willenserklärung mit dem Inhalt: *„Ich bin damit einverstanden!"* zu, sondern es handelt sich lediglich **um ein Dulden** eines Zustands. Dieses Dulden können Sie jedoch jederzeit **widerrufen**.

Lediglich, wenn es auf der Straße **keine** Be- und Entlademöglichkeit gibt, müssen Sie dem Mieter das **kurzzeitige Benutzen** des Hofs zum Ein- und Ausladen gestatten (AG Berlin-Hohenschönhausen, Urteil v. 22.2.2007, 10 C 492/06, GE 2007 S. 725).

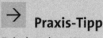

→ Praxis-Tipp

Falschparker: Warum Sie nicht zu lange tatenlos zusehen sollten

Wenn Sie als Vermieter ein bestimmtes Verhalten Ihres Mieters **lange Zeit akzeptieren** und erst Jahre später beanstanden, erschweren Sie sich vor Gericht den Nachweis, dass das Verhalten plötzlich **vertragswidrig** sein soll.

Ärgern Sie sich über ein bestimmtes Mieterverhalten, sollten Sie das zunächst zeitnah – also nicht Jahre später! – abmahnen. Hilft das **nichts**, können Sie eine Unterlassungsklage wegen **vertragswidrigem Gebrauch** durch den Mieter erheben.

Das ist gegenüber einer Kündigung der „**mildere Weg**", noch dazu, wenn Sie den Mieter behalten wollen.

Parkettfußboden

Sie können nicht vom Wohnungsmieter verlangen, dass er während oder am Ende des Mietverhältnisses Ihren Parkettboden **abschleift** und **neu versiegelt**.

Das zählt nämlich **nicht** mehr zu den Schönheitsreparaturen. Eine solche Klausel ist unabhängig von der Ausführungsfrist nach § 307 BGB **unwirksam** (BGH, Urteil v. 13.1.2010, VIII ZR 48/09; OLG Düsseldorf, Urteil v. 16.10.2003, 10 U 46/03, WuM 2003 S. 621; AG Köln, WuM 1984 S. 197; LG Berlin, GE 1996 S. 925; AG Bergisch Gladbach, WuM 1997 S. 211).

Die Renovierungsklausel bleibt in diesem Fall auch **nicht** mit ihrem zulässigen Inhalt aufrechterhalten. Vielmehr ist die Renovierungsregelung **insgesamt unwirksam** (BGH, Urteil v. 18.2.2009, VIII ZR 210/08; Urteil v. 13.1.2010, VIII ZR 48/09).

Gleiches gilt, wenn Sie den Mieter laut Mietvertrag verpflichten, das Parkett abzuziehen oder Schäden am Verputz der Wände und Decken und am Bodenbelag auszubessern (LG Köln, WuM 1989 S. 70).

Zu **viel verlangt** ist es auch, wenn der Mieter das Parkett in der Wohnung reinigen, abschleifen und neu mit Ölwachs behandeln lassen soll (AG Münster, Urteil v. 28.6.2002, 3 C 1206/02).

Wegen des Unwirksamkeitsrisikos verpflichtete ein Vermieter seinen Mieter in einer Formularklausel, das Parkett nur für den Fall versiegeln zu müssen, dass das Übertragen dieser Pflicht irgendwann einmal zulässig sein sollte. Clever gedacht, aber leider ebenfalls unwirksam (BGH, Beschluss v. 5.3.2013, VIII ZR 137/12).

Übrigens: Kratzer und Schrammen im Parkett des Eingangsbereichs einer Wohnung sind grundsätzlich **vertragsimmanent** und müssen Sie als Vermieter noch als vertragsgemäße Abnutzung hinnehmen (OLG Düsseldorf, Urteil v. 16.10.2003, 10 U 46/03, WuM 2003 S. 621).

Beim Parkett gilt Folgendes: **Druckstellen** von Möbeln lassen sich meist nicht vermeiden. Deswegen über Schadensersatz streiten? Das lohnt sich nicht!

Befinden sich an der Oberfläche des Lacks einige Kratzer, lassen sich die selbst bei einem ganz normalen Gebrauch nicht vermeiden. Deswegen müssen Sie die leider hinnehmen.

 Praxis-Tipp

Wegen Druckstellen und kleinen Kratzern lohnt es sich nicht zu streiten

Sie können allerdings **Schadensersatz** geltend machen, wenn Ihre Mieter Schäden an den Fußböden verursacht haben, die über einen vertragsgemäßen Gebrauch hinausgehen.

Ist Ihr Parkettboden schon 10 Jahre alt, liegt nach Ansicht der Gerichte **kein** erheblicher wirtschaftlicher Schaden mehr vor, da die Gerichte die mittlere Nutzungsdauer einer Parkettbodenversiegelung bei etwa 12 $^1/_2$ Jahren ansetzen. Der Ihnen entstandene Schaden beträgt somit allenfalls 15–20 % der entstandenen Kosten.

! **Wichtig**

Gewerberaumvermieter müssen mehr hinnehmen

Die Toleranzgrenze geht bei Gewerberaumvermietern weiter: Die müssen es hinnehmen, wenn sich auf ihrem Parkett Spuren von **Pfennigabsätzen** abzeichnen.

Ob dies auch für Wohnungsvermieter gilt, ist allerdings fraglich: Die haben nämlich Einfluss darauf, wer und mit welchen Schuhen ihre Wohnung betritt.

Personenanzahl

Das Ermitteln der richtigen Personenanzahl ist ein häufiger Zankapfel – gerade wenn es auch Kleinkinder im Haus gibt. Geht es nach der Umlage nach Köpfen, zählen **sie mit** (AG Wuppertal, DWW 1988 S. 282).

Dagegen müssen Sie den Hund eines Mieters **nicht** mit auf die Personenliste setzen (AG Paderborn, DWW 1988 S. 151).

Entscheiden Sie sich für den Verteilungsschlüssel **nach Personen**, müssen Sie Ihr Augenmerk darauf richten, wer die Wohnung **tatsächlich** nutzt. Es kommt **nicht** auf die melderechtliche Registrierung an (BGH, Urteil v. 23.1.2008, VIII ZR 82/07, WM 2008 S. 151).

Der **Besuch** Ihres Mieters zählt ebenfalls nicht beim Ermitteln der korrekten Personenzahl mit – selbst wenn er mehr oder weniger häufig kommt (AG Ahaus, WM 1997 S. 232). Als „Besuch" werden Aufenthalte bis zu 4 oder 6 Wochen angesehen.

Wenn Sie sich schon für eine Umlage nach Personen entscheiden, achten Sie unbedingt darauf, dass Sie in Ihrer Abrechnung

- die Gesamtanzahl der im Haus lebenden Personen,

- die Anzahl der in der abzurechnenden Mietwohnung lebenden Personen sowie

- die Dauer ihrer Nutzung

angeben. Nur dann kann Ihr Mieter auch nachrechnen, ob die auf ihn entfallenden Kosten korrekt sind. Fehlt auch nur eine dieser Angaben, leidet Ihre Abrechnung unter einem **formellen Fehler**, der Ihre Abrechnung **unwirksam** macht (LG Berlin, Urteil v. 24.2.2009, 63 S 304/08, GE 2009 S. 980).

Geben Sie die Gesamtpersonenzahl dagegen mit einer **krummen Zahl** wie z. B. 20,39 an, macht das Ihre Abrechnung nicht unwirksam (BGH, Urteil v. 15.9.2010, VIII ZR 181/09). Dies betrifft „nur" die inhaltliche Richtigkeit. Das bedeutet: Ist die Zahl **falsch**, müssen Sie Ihre Abrechnung korrigieren.

Schaffen Sie das noch vor Ablauf der Abrechnungsfrist und kommt unterm Strich ein höherer Nachzahlungsbetrag heraus, können Sie den vom Mieter nachfordern. Das gilt sogar dann, wenn Ihr Mieter die zuerst errechnete Nachzahlung bereits gezahlt hat.

Sie können zwar eine Umlage nach Personen vereinbaren, empfehlenswert ist es jedoch **nicht**!

Denn Sie müssen bei Ihrer Abrechnung jederzeit darlegen können, wie viele Personen insgesamt im Abrechnungszeitraum in Ihrem Haus gewohnt haben.

Deshalb müssen Sie ständig die aktuelle Belegung festhalten bzw. überprüfen. Das schaffen Sie selbst dann **nicht**, wenn Sie damit einen zuverlässigen Angestellten oder Ihren Hausmeister betrauen.

 Praxis-Tipp

Warum die Umlage nach Personen keine gute Idee ist

Pfändung, Mietereinkommen

„Wie kann ich das Einkommen meines Mieters pfänden?", fragen sich viele Vermieter, deren Mieter sich weigern, die Miete zu zahlen. Sie brauchen zuerst einen „Titel", aus dem Sie vollstrecken können. Sonst nimmt der Gerichtsvollzieher für Sie nicht einmal einen Bleistift in die Hand.

Ein solch **vollstreckbarer Titel** wäre beispielsweise ein gerichtliches Zahlungsurteil, ein vollstreckbarer Prozessvergleich oder der Vollstreckungsbescheid aus einem gerichtlichen Mahnverfahren – ohne Gerichtsverfahren geht es also leider nicht!

Zudem: **Nicht jedes Einkommen** Ihres Mieters ist pfändbar. Erziehungsbeihilfen, Urlaubs- und ein Teil des Weihnachtsgeldes sind beispielsweise **nicht pfändbar.**

Und auch nur, wenn Ihr Mieter ein **monatliches Arbeitseinkommen von mehr als 1.**049,99 EUR hat, können Sie sich Hoffnungen machen, dass Ihre Pfändung Erfolg hat.

Muss Ihr Mieter sogar noch für einen **Unterhaltsberechtigten** sorgen, steigt sein pfändungsfreies Einkommen auf 1.439,99 EUR. Je mehr Unterhaltspflichtige es gibt, desto höher ist sein Freibetrag. Bei 5 und mehr Angehörigen sind **2.319,99 EUR pfändungsfrei.**

Zu den **Unterhaltsberechtigten** zählen beispielsweise der Ehegatte, der Ex-Ehegatte, der Lebenspartner, Kinder, Eltern und Enkelkinder. Die stehen vor Ihnen in der Reihe, wenn es ums Bezahlen geht!

Postweg

Angenommen, Ihr Mieter behauptet steif und fest, er hätte Ihre Betriebskostenabrechnung **nie erhalten.** Weil die Abrechnungsfrist längst abgelaufen ist, kommt er so um eine saftige Nachzahlung herum.

Haben Sie Ihre Betriebskostenabrechnung mit **einfacher Post** verschickt, brauchen Sie jetzt einen Zeugen, der bestätigt, dass Sie genau diese Abrechnung pünktlich – also noch vor Ablauf der Abrechnungsfrist – zur Post gegeben haben.

Können Sie das nämlich nicht beweisen, ist es so, als hätten Sie nie abgerechnet – und Ihre Nachzahlung können Sie dann auch vergessen!

Idealerweise können Sie jetzt ein **Zustellprotokoll** der Person vorlegen, die Ihre Abrechnung gelesen, einkuvertiert und dem Mieter in den Hausbriefkasten geworfen hat.

→ **Praxis-Tipp**

Warten Sie nicht zu lange auf die Nachzahlung

Haben Sie Ihre Abrechnung selbst verschickt, hören Sie aber nichts von Ihrem Mieter und überweist er Ihnen auch nicht stillschweigend die Nachzahlung, heißt es **aufgepasst:** Haken Sie spätestens 3 Monate **vor** Ablauf der Abrechnungsfrist nochmals beim Mieter nach und fragen Sie ihn, **warum** er bis jetzt noch nichts nachgezahlt hat.

Schicken Sie **mit jeder Mahnung** nochmals die Abrechnung mit. So kann Ihr Mieter nicht behaupten, Ihre Abrechnung nicht bekommen zu haben.

Schlimmstenfalls ergeht es Ihnen sonst so wie einem Vermieter aus Münster. Dem warf das Gericht vor, dass er die Zahlung hätte **anmahnen** müssen. Als Vermieter müssen Sie dem Mieter rechtzeitig **vor** Ablauf der Frist noch eine Mahnung schicken – und der sicherheitshalber gleich nochmals die Abrechnungen beifügen (AG Münster, Urteil v. 17.1.2007, 49 C 2648/06, ZMR 2007 S. 546).

Andere Gerichte sehen das **weniger streng!** So hat das Amtsgericht Leipzig beispielsweise entschieden, dass es genügt, wenn Sie alles Notwendige getan haben, damit Ihre Abrechnung **fristgerecht** dem Mieter zugeht.

Dazu gehört, dass Sie die Abrechnung **richtig adressieren** und ausreichend **frankiert** zur Post geben.

Können Sie beweisen, dass Sie die Abrechnung richtig **adressiert** und **frankiert** per Post verschickt haben, haben Sie die verspätete Abrechnung **nicht** verschuldet (AG Berlin-Neukölln, Urteil v. 20.3.2007, 7 C 418/05, GE 2007 S. 727).

Schließlich können Sie ja nicht wissen, dass die Abrechnung nie beim Mieter angekommen war, wenn sie auch **nicht** mit „Absender verzogen" oder einem ähnlichen Vermerk wieder zurückkommt. Deswegen durfte der Vermieter vom ordnungsgemäßen Zugang ausgehen.

Vorsicht, wenn Sie kurz vor „Torschluss" Ihre Abrechnung verschicken: Selbst wenn Sie rechtzeitig Ihre Abrechnung in den Postbriefkasten eingeworfen haben, reicht das **nicht**, um die Jahresabrechnungsfrist von § 556 Abs. 3 Satz 2 BGB einzuhalten. Entscheidend ist vielmehr – so der Bundesgerichtshof –, dass Ihre Abrechnung auch noch innerhalb der Abrechnungsfrist bei Ihrem Mieter **ankommt** (BGH, Urteil v. 21.1.2009, VIII ZR 107/08).

„Ihre Abrechnung? Habe ich nie bekommen!", ist die häufigste Ausrede, die benutzt wird, um einer dicken Nachzahlung aus dem Weg zu gehen. Der können Sie mit 2 Argumenten entgehen:

 Praxis-Tipp
Wie Sie sich vor Ausreden schützen

1. Weisen Sie nach, dass Sie Ihre Abrechnung rechtzeitig, richtig adressiert und frankiert zur Post gegeben haben. Bei kritischen Mietern am besten mit einem Zustellprotokoll vom Boten oder sogar mit einer Zustellung per Gerichtsvollzieher.

2. Haken Sie **rechtzeitig** vor Fristablauf nochmals beim Mieter nach. Am besten mit einer **Mahnung**, an die Sie nochmals die ursprüngliche Abrechnung anhängen!

Nach § 556 Abs. 3 Satz 3 BGB drücken die Gerichte bei einer Verspätung nur dann ein Auge zu, wenn Sie diese **nicht zu vertreten** haben. Sogar wenn an sich einen Ihrer Erfüllungsgehilfen wie z. B. die Post die Schuld trifft, müssen Sie sich das zurechnen lassen!

Kommt es also auf dem **Postweg** zu unerwarteten und nicht vorhersehbaren Verzögerungen oder geht Ihr Brief verloren, wird Ihnen das als **Ihr Verschulden** angekreidet!

Erst wenn selbst die Post an der verzögerten Zustellung (z. B. wegen eines Poststreiks) oder dem Verlust Ihrer Abrechnung **keine Schuld** trifft, sind auch Sie gegenüber Ihrem Mieter fein raus!

Ansonsten ist es so: Ohne (nachweisbar zugegangene) Abrechnung wird Ihr Nachzahlungsbetrag **nicht fällig**! Deswegen müssen Sie sofort, nachdem Sie vom Nichtzugang der Abrechnung erfahren haben, dem Mieter **nochmals** Ihre Abrechnung zukommen lassen (AG Berlin-Neukölln, Urteil v. 20.3.2007, 7 C 418/05, GE 2007 S. 727).

Es reicht also **nicht**, dass Sie nur bedauernd mit den Schultern zucken, wenn sich herausstellt, dass Ihr Mieter angeblich **nie** Ihre Abrechnung erhalten hat.

Selbst wenn Sie beim Postversand **alles richtig** gemacht haben, müssen Sie sofort nach Kenntnis von der fehlgeschlagenen Zustellung die Abrechnung **erneut** dem Mieter zusenden – auch noch wenn die Abrechnungsfrist dann schon längst verstrichen ist!

Ein **Einschreiben mit Rückschein** nützt Ihnen im Ernstfall wenig, wenn es der Mieter trotz Benachrichtigungsschein nicht abholt. Es gilt dann als nicht zugegangen, weil der Mieter nicht damit rechnen muss, dass es sich um ein Schreiben und noch dazu ein wichtiges von Ihnen handelt (KG Berlin, Urteil v. 10.6.2010, 8 U 11/10, GE 2011 S. 56).

Adressieren Sie wichtige Schreiben immer an alle, die den Mietvertrag unterschrieben haben.

Sonst muss beispielsweise nur der die Nachzahlung aus einer formell ordnungsgemäßen Abrechnung zahlen, dem die Abrechnung auch zugegangen ist.

Das gilt auch gegenüber Ehepaaren: Nur der muss nachzahlen, an den Sie die Abrechnung adressiert haben (BGH, Urteil v. 28.4.2010, VIII ZR 263/09).

 Praxis-Tipp

An wen Sie Ihre Schreiben adressieren sollten

Quotenabgeltungsklausel

Eine Abgeltungsklausel (auch z.B. Quotenhaftungsklausel genannt) haben Sie im Mietvertrag stehen, wenn Ihr Mieter sich bei seinem Auszug **anteilig** an den Renovierungskosten beteiligen muss, wenn die Schönheitsreparaturen bei Vertragsende noch **nicht fällig** sind. Wie viel er zahlen muss, hängt dabei davon ab, wann er das letzte Mal renoviert hat.

So eine Abgeltungsklausel liest sich ungefähr so und kann auch **formularmäßig** – also nicht nur als Individualvereinbarung – vereinbart werden:

Beispiel: Wie Ihre Quotenabgeltungsklausel aussehen könnte

*Endet das Mietverhältnis, **bevor** die Schönheitsreparaturen fällig sind, so ist der Mieter verpflichtet, einen prozentualen Anteil der Renovierungskosten zu tragen, der dem Abnutzungsgrad der Räume entspricht.*

Ob Sie das Geld tatsächlich hinterher für die Renovierung nutzen, bleibt Ihnen überlassen.

Damit Ihre Abgeltungsklausel **wirksam** ist, müssen Sie sich an ein paar Spielregeln halten. Dazu gehört beispielsweise das Berechnen der Abgeltung: Sie können dazu als Grundlage den **Kostenvoranschlag** eines Malermeisters nehmen.

Allerdings dürfen Sie in Ihrer Klausel den Kostenvoranschlag **nicht** ausdrücklich für verbindlich erklären, sondern Sie müssen dem Mieter die Möglichkeit lassen, selbst einen Kostenvoranschlag einzuholen (LG Berlin, Urteil v. 17.7.2012, 65

S 66/12, GE 2012 S. 1231). Das müssen Sie zwar in Ihrem Mietvertrag nicht extra erwähnen – aber ausschließen dürfen Sie's eben auch **nicht!**

Ihre Abgeltungsklausel im Mietvertrag ist außerdem **unwirksam,** wenn sie beispielweise **starre Quoten** enthält oder sich der Mieter **nicht selbst** ausrechnen kann, wie viel er bei einem vorzeitigen Auszug zahlen muss.

Dennoch sollten Sie in Ihrem Mietvertrag **nicht** auf eine Abgeltungsregelung verzichten, denn eine – schlimmstenfalls – unwirksame Abgeltungsklausel wirkt sich **nicht** auf eine für sich gesehen wirksame Renovierungsklausel aus.

Sprich: Trotz unwirksamer Abgeltungsklausel bleibt die Renovierungspflicht Ihres Mieters bestehen, wenn diese wirksam vereinbart wurde. Anders herum ist es jedoch so: Entpuppt sich bereits Ihre Renovierungsklausel als **unwirksam,** wird damit auch gleichzeitig Ihre Abgeltungsklausel unwirksam (BGH, Urteil v. 5.4.2006, VIII ZR 178/05, WuM 2006 S. 248).

→ **Praxis-Tipp**
Vorsicht: Abgeltungs-
klausel könnten bald
unwirksam sein!

Beim BGH ist zurzeit ein Verfahren anhängig (VIII ZR 352/12), in dem es um die Wirksamkeit einer Quotenabgeltungsklausel geht!

Es könnte also durchaus sein, dass Abgeltungsklauseln künftig für unwirksam erklärt werden. Noch sind sie allerdings wirksam.

Ohnehin: Sofern nur die Abgeltungsklausel für **unwirksam** erklärt wird, bleibt die Klausel, nach der dem Mieter die Schönheitsreparaturen übertragen wurden, wirksam.

Rasenmäher

Sie dürfen das Benzin bzw. den Strom für den Rasenmäher im Rahmen der Gartenpflegekosten auf Ihren Mieter umlegen.

Die Kosten für eine Erst- oder Ersatzanschaffung von Gartengeräten sind dagegen **nicht umlegbar.** Das betrifft auch den Rasenmäher (LG Hamburg, WM 1985 S. 390). Das gilt allerdings dann nicht mehr, wenn die Ersatzbeschaffung günstiger ist als eine (umlegbare!) Reparatur.

Das Landgericht Hamburg hat die laufenden Unterhaltskosten wie beispielsweise **Reparaturen** für umlagefähig erklärt.

Die Kosten für das Mähen, Wässern, Düngen, Vertikutieren oder Nachsäen des Rasens zählen zu den Gartenpflegekosten.

Bevor Sie gleich einen neuen Rasenmäher kaufen, sollten Sie sich bestätigen lassen, **wie viel** eine Reparatur kosten würde.

Kommt Sie eine Rasenmäherreparatur **teurer** zu stehen als der Kauf eines neuen Rasenmähers, gelten die Neuanschaffungskosten noch als **umlagefähige** Betriebskosten (AG Berlin-Lichtenberg, Urteil v. 30.1.2003, 10 C 281/02, NZM 2004 S. 96).

 Praxis-Tipp

Holen Sie sich einen Kostenvoranschlag für die Reparatur

Raucher

„Normales" Rauchen zählt noch als vertragsgemäßer Gebrauch der Wohnung (BGH, Urteil v. 28.6.2006, VIII ZR 124/05, GE 2006 S. 1158).

Sind die Schönheitsreparaturen dann bei Mietvertragsende ohnehin **fällig** und **notwendig**, werden die Nikotinspuren mit dem Anstrich gleich mit wegrenoviert.

Entpuppt sich Ihre Renovierungsklausel allerdings als **unwirksam**, können Sie nur dann vom Mieter verlangen, dass er die Nikotinspuren entfernt, wenn sie eine **übervertragsmäßige Abnutzung** darstellen würden.

Der Bundesgerichtshof sah es so: Nur wenn Sie mit Ihrem Mieter vereinbart haben, dass er in den Mieträumen **nicht** rauchen darf, stellt das Rauchen eine Pflichtwidrigkeit dar. Das gilt auch, wenn der Mieter stark raucht!

Können Sie **keine** solche Vereinbarung vorweisen, verhält sich Ihr Mieter vertragsgemäß, wenn er in Ihrer Mietwohnung raucht – selbst wenn er dadurch Nikotinablagerungen an den Wänden verursacht.

Wenn Sie **nicht** eine total verrauchte Wohnung zurückhaben wollen, bleibt Ihnen nur eines: Vereinbaren Sie mit Ihrem Mieter **individualvertraglich**, dass **nicht** in Ihren Mieträumen geraucht werden darf.

Am besten Sie schreiben eine solche **Nichtraucherabrede** handschriftlich in Ihren Mietvertrag hinein!

 Praxis-Tipp

Wie Sie sich einen Nichtraucher sichern

Einen Schadensersatzanspruch gegen den Mieter haben Sie erst, wenn sich durch sein Rauchen die Wohnung so **verschlechtert** hat, dass sich die Schäden nicht mehr mit den **normalen** Schönheitsreparaturen wegrenovieren lassen.

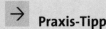

Praxis-Tipp

Mehr als normal? Dann winkt Schadensersatz

Sind mehr als normale Schönheitsreparaturen erforderlich, um eine Raucherwohnung instand zu setzen, gilt Ihre Wohnung als **übervertragsgemäß abgenutzt** (BGH, Urteil v. 5.3.2008, VIII ZR 37/07).

Rauchwarnmelder

Rauchwarnmelder sind in einigen Bundesländern Pflicht, in anderen nicht. Wer bisher noch keine installiert hat, muss sein Haus schlimmstenfalls sogar nachrüsten.

Einzelne Bundesländer – noch nicht alle! – haben eine **Einbau- und Nachrüstpflicht** bei Neu- und Altbauten verbindlich vorgeschrieben. Die Pflicht trifft den Bauherrn bzw. den Eigentümer/Vermieter. Lediglich in Mecklenburg-Vorpommern ist der Mieter/Besitzer dafür zuständig.

In den anderen Bundesländern ist ein Übertragen dieser Pflicht auf den Mieter per Klausel **unwirksam.**

Ist in Ihrem Bundesland der Einbau Pflicht, muss der Wohnungsmieter den Einbau als **Modernisierung** nach § 559 Abs. 1 BGB **dulden.**

Kaufen Sie Rauchwarnmelder, können Sie 11 % der **Anschaffungskosten** jährlich im Rahmen einer Modernisierungserhöhung als Modernisierungskosten umlegen.

Die **Wartungskosten** dürfen Sie nur auf den Mieter umlegen, wenn Sie das extra unter „Sonstige Kosten" in Ihrer Betriebskostenklausel so vereinbart haben! Das gilt auch für die jährliche **Funktionsprüfung.** Wer das **nicht vereinbart,** kann die Kosten auch nicht vom Mieter ersetzt verlangen!

Haben Sie einen Dritten (z. B. Techem) mit der jährlichen Funktionsprüfung beauftragt, können Sie die Kosten ebenfalls nur dann als Betriebskosten auf den Mieter umlegen, wenn Sie Ihren Mietvertrag bei den „Sonstigen Betriebskosten" (§ 2 Nr. 17 BetrKV) entsprechend ergänzt haben (AG Lübeck, Urteil v. 5.11.2007, 21 C 1668/07, ZMR 2008 S. 302).

Mieten Sie die Rauchwarnmelder, sind die Kosten dafür gemäß der aktuellen BetrKV noch **nicht** umlegbar. Mietkosten dürfen nur dann umgelegt werden, wo es die BetrKV ausdrücklich zulässt, wie z. B. beim Wasserzähler.

Deswegen sollten Sie die **Anmiet- oder Leasingkosten** extra in Ihrer Betriebskostenklausel unter den „Sonstigen Kosten" hineinschreiben.

Angenommen, unter den „Sonstigen Betriebskosten" steht **nichts** über Rauchmelder. Dennoch sollten Sie die Wartungsbzw. Prüfkosten mit auf die Abrechnung nehmen. Zweifelt Ihr Mieter Ihre Abrechnung an, weil seiner Ansicht nach die **Prüfkosten** des Rauchmelders **keine** Betriebskosten sind, können Sie sich im Streitfall auf dieses „umlagegünstige" BGH-Urteil zur regelmäßigen Elektroinspektion berufen: BGH, Urteil v. 14.2.2007, VIII ZR 123/06.

In diesem Urteil hat der BGH entschieden, dass **wiederkehrende Kosten**, die dem Vermieter z. B. durch das Prüfen der Betriebssicherheit von technischen Anlagen dienen und die Sicherheit im Haus erhöhen, zu den Betriebskosten zählen.

Halten Sie zudem im Mietvertrag bei den Betriebskosten nach einer sogenannten **Mehrbelastungsklausel Ausschau.**

So eine **Mehrbelastungsklausel** ist dann die rechtliche Grundlage für die Umlage der Wartungskosten für den Rauchmelder, falls Sie diese **nicht** unter den „Sonstigen Kosten" erwähnt haben.

 Praxis-Tipp
Wo die Rauchwarnmelder hin müssen

Nach der DIN 14676, die für Wohnhäuser, Wohnungen und Räume mit wohnähnlicher Nutzung gilt, müssen **mindestens** in den Schlafräumen, in Kinderzimmern sowie in den Fluren und Rettungswegen Rauchwarnmelder installiert werden.

Im Idealfall an der **Decke** in der Raummitte mit mindestens 50 cm Abstand von der Wand. Sinnvoll – allerdings **kein Muss** – ist es jedoch, alle Wohnräume – also insbesondere Küche und Bad – mit Rauchwarnmeldern auszustatten!

Räum- und Streukosten

Die Kosten, die Ihnen für die Schneeräumung an **öffentlichen** Verkehrsflächen rund um Ihr Haus entstehen, können Sie nach § 2 Nr. 8 BetrKV **umlegen**. Diese fallen unter die Straßenreinigungs- bzw. Müllbeseitigungskosten.

Schippen Sie auf Plätzen, Zugängen und Zufahrten im **Privatbereich** Ihres Mietshauses Schnee, gilt § 2 Nr. 10 BetrKV: Danach zählen die Kosten dafür zu den „Kosten der Gartenpflege".

Beide Positionen können Sie unter Nr. 8 „Kosten der Straßenreinigung" zusammenfassen, wenn die gleiche Firma sowohl den öffentlichen als auch den von den Mietern privat genutzten Bereich räumt und streut.

An den Winterdienstkosten muss sich auch ein Mieter beteiligen, der erst **im Sommer** eingezogen ist (OLG Düsseldorf, Beschluss v. 3.2.2000, 10 W 1/00, GE 2000 S. 341).

Natürlich nur **zeitanteilig** für die Zeit, in der er im Abrechnungsjahr die Wohnung gemietet hatte – unabhängig davon, ob es in der Zeit tatsächlich geschneit hat oder nicht. Bei der Verteilung der Räumkosten dürfen Sie also **nicht** die üblichen 365 Tage des Jahres zugrunde legen, sondern z.B. nur die 197 Tage, in denen er in Ihrer Wohnung wohnte.

Beispiel: Wie Sie Ihre Kosten korrekt umlegen

Ihr Haus hat insgesamt eine Wohnfläche von 400 m^2. 2014 mussten Sie 500 EUR für Räum- und Straßenreinigungskosten ausgeben. Umgelegt auf jede Mietpartei im Haus macht das 1,25 EUR pro m^2.

Auf den Mieter der 200-m^2-Wohnung entfallen 250 EUR. Verteilt auf 365 Tage im Jahr sind das 0,68 EUR pro Tag. Der Mieter, der **erst im Juni 2014** eingezogen ist, muss sich nur zeitanteilig daran beteiligen, also für die Zeit von Juni bis Dezember.

Wohnte er im Abrechnungsjahr lediglich 197 Tage im Haus, beträgt sein Anteil an den Räumkosten 133,96 EUR (197 Tage × 0,68 EUR Tagesanteil = 133,96 EUR).

Übrigens: Die zum Schneeräumen nötigen **Geräte** müssen Sie Ihrem Mieter stellen, es sei denn, Sie haben etwas anderes mit ihm vereinbart.

Die Kosten für das **Streugut** sind dagegen **Mietersache**. Weigert sich Ihr Mieter, machen Sie es einfach so: Kaufen Sie das

Streugut und legen Sie die Kosten im Rahmen der Betriebs-kostenabrechnung auf ihn um. So gehen Sie unnötigen Diskussionen aus dem Weg.

Räum- und Streupflicht

Eigentlich obliegt die Räum- und Streupflicht der Stadt oder der Gemeinde. Die hat sie in der Regel aber **per Satzung** auf Sie als Eigentümer übertragen.

Sie dürfen Ihrerseits den „Schwarzen Peter" an Ihren Mieter weitergeben. Wichtig ist dabei, dass Sie eine solche Vereinbarung in Ihren Mietvertrag aufnehmen, sonst bleiben Sie als Eigentümer in der Pflicht.

Haben Sie das getan, dürfen Sie sich aber nicht blind darauf verlassen, dass Ihr Mieter seiner Pflicht ordentlich nachkommt. Sie müssen ihn vielmehr **kontrollieren**, ob er auch tatsächlich schippt und streut.

Die Streupflicht beginnt (soweit die örtliche Satzung nichts anderes bestimmt) um **7 Uhr** und endet gegen **20 Uhr**. Auch dann, wenn Mitmieter das Haus schon früher verlassen.

Bei starkem Schneefall muss Ihr Mieter tagsüber **mehrmals** Schnee räumen. Nur in den Nachtstunden bleibt er vom Streuen verschont – auch dann, wenn es heftig schneit. Gleiches gilt bei Glatteis. Verstößt Ihr Mieter gegen seine Räum- und Streupflicht, können Sie ihn deswegen abmahnen!

Der Mieter muss einen 1 bis 1,2 m breiten Streifen frei-schippen. Als **Faustregel** für den Gehweg gilt: Es müssen 2 Fußgänger aneinander vorbeikommen. Bei einem Zugang zum Haus, der **nur selten** benutzt wird, reicht sogar eine Breite von einem **halben Meter**.

Verstößt Ihr Mieter gegen seine Räum- und Streupflicht, können Sie ihn **abmahnen**.

Kann Ihr Mieter seiner Räum- und Streupflicht nicht nachkommen, weil er z. B. berufstätig oder im Urlaub ist, muss er für die Zeit seiner Abwesenheit für eine Vertretung sorgen.

Praxis-Tipp

Verhindert? Dann muss Ihr Mieter für Ersatz sorgen

Raumüberlassung

Einem Mieter schnell mal einen Raum kostenlos überlassen, damit er dort seine Möbel unterstellen kann? Bloß nicht!

Gutmütigkeit zahlt sich nämlich in den seltensten Fällen aus. Schaffen Sie besser gleich von vornherein klare Verhältnisse: Überlassen Sie **zusätzliche** Räume, tun Sie dies bitte **nie** ohne Zusatzvereinbarung im Mietvertrag!

Stellt Ihr Mieter sich nämlich nach einigen Monaten stur und gibt er den nur vorübergehend zur Verfügung gestellten Kellerraum nicht mehr frei, haben Sie einen komplizierten Streit am Hals.

Kann Ihr Mieter den Mietrichter z. B. davon überzeugen, dass Sie den Kellerraum nicht nur aus **Gefälligkeit** dem Mieter überlassen haben, stecken Sie bereits in einem über diesen Kellerraum erweiterten Mietvertrag.

Schlimmstenfalls können Sie den nur wieder **zusammen** mit der dazugehörigen Wohnung oder dem mitvermieteten Haus kündigen – also fast gar nicht.

Räumung, teilweise

Gibt Ihnen Ihr Mieter nur eine teilweise geräumte Wohnung zurück, gilt sie als vorenthalten und Sie können vom Mieter eine Nutzungsentschädigung verlangen.

Nur als **teilweise geräumt** gilt Ihre Wohnung, wenn Ihr Mieter zwar Wohnzimmer, Bad oder Schlafzimmer geräumt hat, aber der Keller oder die Küche noch voller Gerümpel steht. In diesem Fall können Sie von ihm das Entfernen der Gegenstände verlangen.

Zudem noch nach § 546a BGB eine **Entschädigung** für das Vorenthalten der Mietsache.

Allerdings nur, wenn die Entrümpelung **mindestens das 3-Fache** der Wohnungsmiete kostet.

Ansonsten gilt Ihre Wohnung nach Ansicht mancher Gerichte schon als geräumt (LG Berlin, Urteil v. 23.4.2001, 62 S 500/00, GE 2001 S. 926).

Räumungskosten

Wenn Sie bisher ein Räumungsurteil erkämpft hatten und dachten: *„Jetzt ist der ganze Ärger gleich vorbei!"*, wurden Sie oft eines Besseren belehrt.

Spätestens, wenn sie dem Gerichtsvollzieher den Räumungsauftrag erteilt hatten und der erst einmal einen **saftigen Vor-**

schuss von Ihnen verlangte, dämmerte es einigen Vermietern, dass der Ärger noch lange nicht vorbei sein dürfte – und es immer noch teurer wird!

Der Gerichtsvollzieher wurde erst tätig, wenn er den **Vorschuss** für den Abtransport und das Einlagern der Möbel erhalten hatte.

Das geht seit dem 1.5.2013 nun schneller und günstiger: Mit der sogenannten „**Berliner Räumung**", die mit der Mietrechtsänderung erstmals in Gesetzesform gegossen wurde.

Bisher lief die klassische Räumung so ab: Der Gerichtsvollzieher setzte den ehemaligen Mieter **aus** dem Besitz der Wohnung und **verschaffte** gleichzeitig dem Vermieter wieder Besitz an seiner Wohnung (§ 885 Abs. 1 ZPO).

Außerdem schaffte der Gerichtsvollzieher die in der Wohnung befindlichen Möbel und Sachen **weg**. Da er das natürlich **nicht persönlich** machte, beauftragte er damit meist eine Umzugsfirma – und für die brauchte er erst einmal einen **Vorschuss** von Ihnen.

Nach dem neuen § 885a ZPO, der die Berliner Räumung regelt, können Sie Ihren Vollstreckungsauftrag an den Gerichtsvollzieher lediglich auf die Besitzeinweisung beschränken.

Dazu müssen Sie nur dem Gerichtsvollzieher einen **beschränkten** Vollstreckungsauftrag erteilen.

Das macht die Räumung für Sie **günstiger**, weil das Wohnungsinventar in der Wohnung bleibt. Sie sparen sich also erst mal den Vorschuss für den Abtransport und das Einlagern der Möbel.

Gleichzeitig können Sie (müssen Sie aber nicht!) an den in der Wohnung befindlichen Sachen des Mieters Ihr Vermieterpfandrecht geltend machen.

 Praxis-Tipp

So formulieren Sie Ihren Auftrag an den Gerichtsvollzieher

Ihren Auftrag an den Gerichtsvollzieher können Sie ungefähr so formulieren:

*In der Anlage übersende ich Ihnen die vollstreckbare Ausfertigung des Räumungsurteils des Amtsgerichts ... vom ... mit dem Auftrag, den Titel dem Beklagten zuzustellen und die Zwangsvollstreckung durch **Herausgabe** der in dem Urteil bezeichneten Wohnung durchzuführen.*

*Der Auftrag wird auf den Herausgabeanspruch nach § 885a ZPO **beschränkt**.*

Sie haben nun die Wahl:

– Entweder Sie lassen die Möbel in der Wohnung stehen und warten, bis sie Ihr **Mieter** selbst abholt. Ihr Nachteil: So lange die Möbel noch in der Wohnung stehen, können Sie diese nicht weitervermieten. Zudem haben Sie während dieser Zeit **keinen** Anspruch auf Nutzungsentschädigung, da Ihnen ja der Besitz an der Wohnung eingeräumt wurde und sie Ihnen somit nicht vorenthalten wird.

– Sie schaffen die Möbel selbst aus der Wohnung. Allerdings müssen Sie sie dann auch (außer Müll und Unrat) verwahren! Die Kosten dafür können Sie vom Mieter als Vollstreckungskosten ersetzt verlangen. Dafür gibt es extra ein Kostenfestsetzungsverfahren, das Sie allerdings erst mal beantragen müssen.

Rauputz

Darf der Mieter einfach statt der Tapete einen Rauputz anbringen? Nein, das zählt nicht mehr zum vertragsgemäßen Gebrauch Ihrer Mietwohnung (AG Kerpen, Urteil v. 28.6.1989, 3 C 199/89, WM 1990 S. 198).

Was aber, wenn Ihr Mieter seine bunte Blümchentapete auf Ihrem schönen Rauputz anbringt? So lange der Mietvertrag noch läuft, können Sie nichts dagegen sagen – aber **beim Auszug**: Da können Sie darauf bestehen, dass Ihr Mieter die Wohnung wieder vertragsgemäß zurückgibt – und zwar ohne Blümchentapete, dafür aber mit dem ursprünglichen Putz (AG Münster, Urteil v. 9.10.2000, 49 C 910/00, WuM 2000 S. 693).

Natürlich können Sie als Vermieter auch darauf verzichten, dass der Mieter statt der Tapete den Rauputz wieder anbringt. Sie können, **müssen** aber **nicht**. Ob Tapeten im Bad üblich oder unüblich sind, spielt dabei keine Rolle.

Rechtsschutzversicherung

Diese Kosten dafür zählen **nicht** zu den Kosten der Sach- und Haftpflichtversicherung. Aus diesem Grund dürfen Sie diese auch **nicht** auf Ihren Mieter umlegen.

Renovierung bei Auszug

Äußerst beliebt ist bei Vermietern der Satz, dass der Mieter **bei Auszug** renovieren muss. Doch damit können Sie leicht Schiffbruch erleiden. Viele Urteile beweisen das!

Eine Endrenovierung können Sie höchstens individuell mit Ihrem Mieter aushandeln. Als **Vertragsklausel** im Mietvertrag ist dieser Satz schlichtweg **unwirksam**! Für Sie als Vermieter heißt das, dass Sie auf Ihren Renovierungskosten sitzen bleiben.

Eine Klausel haben Sie immer dann, wenn Sie den Endrenovierungszusatz in mehr als 2 Mietvertragsformulare hineinschreiben. Auch schon dann, wenn Sie **vorgefertigte Formularmietverträge** beispielsweise von einem Haus- & Grundeigentümerverein, Verlagen oder Grundstücksverwaltungen verwenden oder sich selbst ein solches Formular an Ihrem PC zwecks Mehrfachverwendung zusammenstellen.

Damit haben Sie schon einen **Formularmietvertrag**, auf den die §§ 305 bis 310 BGB (bis zum 31.12.2001 noch im AGB-Gesetz geregelt) Anwendung finden.

Die Richter sehen das so: Den Mieter dürfen Sie **nicht per Klausel** dazu verpflichten, auf jeden Fall bei Auszug zu renovieren. Dies ist **unwirksam** (BGH, Urteil v. 26.9.2007, VIII ZR 143/06, Pressemitteilung 137/2007). Sie bürden dem Mieter nämlich die Renovierung unabhängig davon auf, wie lange seine letzte Renovierung zurückliegt und ob die Renovierung überhaupt fällig und notwendig ist.

Mit diesem einzigen Satz bringen Sie sich nicht nur um die Endrenovierung, sondern Ihre **gesamte** Schönheitsreparaturenklausel ist damit **unwirksam**. Also auch, dass Ihr Mieter die laufenden Renovierungen übernehmen muss. Merkt Ihr Mieter das, müssen Sie bei ihm regelmäßig anrücken und renovieren – das Ganze natürlich auf **Ihre Kosten**.

Um den AGB-Regelungen zu entgehen, schreiben viele Vermieter den Satz mit der Endrenovierung **handschriftlich** unter „Sonstige Vereinbarungen" in den Mietvertrag hinein bzw. lassen sich die Endrenovierungsvereinbarung nochmals extra unterschreiben.

Doch damit allein gilt die Endrenovierung noch **nicht** als individuell ausgehandelt. Der handschriftliche Zusatz ist

 Praxis-Tipp

Wieso Ihnen eine handschriftliche Endrenovierungsklausel wenig nutzt

lediglich ein Indiz dafür, dass der Vertrag im Einzelnen ausgehandelt wurde.

Das lässt sich jedoch schnell entkräften. Ihr Mieter muss Ihnen nur nachweisen, dass Sie diese Ergänzungen bereits **planmäßig** in andere Mietverträge sinngemäß eingefügt haben – dabei muss nicht einmal der verwendete Wortlaut genau der gleiche sein.

Renovierung, Fälligkeit

Viele Vermieter glauben noch, dass ihr Mieter immer automatisch bei Auszug renovieren muss. Das ist schlichtweg **falsch!**

Renovieren muss Ihr Mieter nur, wenn Sie die Schönheitsreparaturenpflicht **wirksam** auf ihn übertragen haben. Das gilt gleichermaßen für Wohn- und Gewerberaumvermieter.

Zudem müssen die vereinbarten bzw. **üblichen Renovierungsfristen** von mittlerweile 5, 8 bzw. 10 Jahren abgelaufen sein. Doch damit nicht genug: Zum einen dürfen die Fristen nicht starr vereinbart sein. Zum anderen muss auch der dekorative Zustand der Wohnung eine Renovierung erfordern.

 Praxis-Tipp

Zu kurze Fristen machen Ihre Klausel unwirksam

Vereinbaren Sie zu kurze Renovierungsfristen, ist nicht nur Ihre Fristenvereinbarung im Mietvertrag **unwirksam**, sondern vielmehr gleich Ihre **gesamte** Renovierungsvereinbarung (BGH, Urteil v. 23.6.2004, VIII ZR 361/03, NZM 2004 S. 653).

Das bedeutet: Sie müssen **alle Renovierungskosten** aus der eigenen Tasche zahlen.

Renovierungsarbeiten

Natürlich würden Ihnen hier auf Anhieb viele Dinge einfallen, die Sie gerne vom Mieter regelmäßig oder am liebsten **spätestens** bei Auszug renoviert hätten. Doch nicht alles, was Sie sich wünschen, billigen die Gerichte auch. Und: Vorsicht beim Formulieren, denn schon das Wörtchen „spätestens" oder „alles in weiß" kann Sie bereits Ihre Renovierung kosten: Starre Fristen-Klauseln und Weiß-Streich-Klauseln, die sich nicht erkennbar nur auf das Mietvertragsende beziehen, machen Ihre Renovierungsklausel unwirksam.

Beschränken Sie sich beim **Umfang** besser auf die folgenden, anerkannten Arbeiten, die zu den Schönheitsreparaturen zählen. Viele Vermieter sind mit folgender Vereinbarung schon gut gefahren:

Zu den Schönheitsreparaturen gehört das Anstreichen oder Tapezieren der Wände und Decken, das Streichen der Fußböden, die Grundreinigung der Teppichböden (sofern vom Vermieter verlegt), das Streichen der Heizkörper einschließlich der Heizrohre, der Innentüren sowie der Fenster und Außentüren von innen und der übrigen Holzteile innerhalb der Wohnung.

Parkettfußböden muss der Mieter nur bei übermäßigen Abnutzungsspuren abziehen bzw. abschleifen und danach versiegeln. Gleiches gilt für Innentreppen und das Reinigen von Teppichböden. Alle Arbeiten müssen in fachmännischer Qualitätsarbeit (handwerksgerecht) ausgeführt werden.

Stellen Sie bei den Fristen immer klar, dass es sich beispielsweise bei den Heizkörpern, Heizrohren sowie Türen und Fenstern nur um **Regelfristen** handelt. Ihrem Mieter obliegt der Beweis dafür, dass eine Renovierung trotz Ablauf der Regelfrist **nicht** erforderlich ist.

Ist ein Streichen nach 5 Jahren unnötig, weil der Anstrich noch in Ordnung ist, darf Ihr Mieter trotz Fristablauf ausziehen, **ohne** den Heizkörper oder die Türen streichen zu müssen.

 Praxis-Tipp

Die Renovierung muss fällig und notwendig sein

Renovierungsklausel

Schönheitsreparaturen sind ein heikles Thema. Stundenlang zerbrechen sich manche Vermieter darüber den Kopf, wie sie **möglichst das Günstigste** für sich herausholen. Leider geht der Schuss oftmals nach hinten los und sie bleiben auf den gesamten Schönheitsreparaturen sitzen.

Der Grund ist der: Eigentlich sind Schönheitsreparaturen **Vermietersache**, denn laut Gesetz ist der Vermieter zur Instandhaltung der Mieträume verpflichtet (§ 535 Abs. 1 Satz 2 BGB).

Wenn Sie also keine oder nur eine **unwirksame** Schönheitsreparaturenklausel vereinbart haben, muss Ihr Mieter während der Laufzeit des Mietvertrags **nicht renovieren** – und erst recht nicht, wenn er auszieht.

Es ist mittlerweile besser, in einer Schönheitsreparaturenklausel keine festen **Fristen** zu nennen. Maximal als **Regelfristen**, oder Sie verweisen einfach auf „die üblichen Fristen".

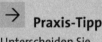

Praxis-Tipp

Unterscheiden Sie fachmännisch von „durch einen Fachmann"

Die Arbeiten muss Ihr Mieter in fachmännischer Qualitätsarbeit erbringen. **Fachmännisch** heißt: Sie können **nicht** darauf bestehen, dass Ihr Mieter auch tatsächlich die Arbeiten von einem Fachmann durchführen lässt. Das Recht, dass Ihr Mieter **selbst** zu Farbe und Pinsel greift, dürfen Sie ihm nicht nehmen. Solche Fachhandwerkerklauseln sind **unwirksam!**

Deshalb: Greifen Sie zu einer **bewährten, gerichtlich anerkannten** Schönheitsreparaturenklausel, wenn es darum geht, die laufenden Renovierungen auf den Mieter zu übertragen und „verschlimmbessern" Sie eine bestehende Klausel bitte nicht mit eigenen Zusätzen.

Renovierungspflicht, Häufigkeit

Die üblichen Renovierungsfristen betragen derzeit

- für Küche und Bad alle 5 Jahre,
- für Wohnräume alle 8 Jahre und
- für Nebenräume alle 10 Jahre.

Diese Fristen können Sie auch in Ihrem Mietvertrag festhalten – allerdings bitte nicht als starre Frist!

Wegen der „Starre-Fristen-Rechtsprechung" des Bundesgerichtshofs ist es mittlerweile empfehlenswert, **keine Fristen** dazuzuschreiben.

Schreiben Sie nämlich in den Mietvertrag hinein, dass der Mieter „**mindestens**" innerhalb bestimmter Fristen renovieren muss, macht dieses kleine Wörtchen Ihre Schönheitsreparaturenklausel bereits **unwirksam** (BGH, Urteil v. 23.6.2004, VIII ZR 361/03).

Dieses teure Schicksal droht Ihnen immer, wenn ein Gericht Ihre Renovierungsklausel so auslegen könnte, dass Ihr Mieter auf jeden Fall nach Ablauf **bestimmter** Renovierungsfristen zu Farbe und Pinsel greifen muss!

Nennen Sie gar **keine Fristen** im Mietvertrag, gelten die üblichen Fristen. Das sind laut Rechtsprechung derzeit noch die 3, 5 bzw. 7 Jahre.

Praxis-Tipp

Wer keine Frist nennt, vereinbart die üblichen Fristen

Renovierungspflicht, Umfang

Eine gesetzliche Bestimmung, was alles unter den Begriff „Schönheitsreparaturen" fällt, gibt es nicht – selbst nach der Mietrechtsreform nicht!

Allenfalls an § 28 Abs. 4 Satz 3 II. Berechnungsverordnung können Sie sich orientieren. Diese Norm gilt eigentlich nur für **preisgebundenen** Wohnraum. Sie wird aber auch auf preisfreien Wohnraum übertragen.

Danach zählen zu den Schönheitsreparaturen: das Tapezieren, Anstreichen oder Kalken der Wände und Decken, das Streichen der Fußböden und der Heizkörper einschließlich der Heizrohre, der Innentüren sowie der Fenster und der Außentüren von innen.

Grob gesagt sind darunter **alle Maler- und Tapezierarbeiten** zu verstehen, die eine Wohnung äußerlich ansehnlich machen. Damit sind vor allem die Instandsetzungsarbeiten gemeint, die mit Malerutensilien wie z. B. Farbe, Tapete, Kleister usw. zu erledigen sind.

Räumlich beschränken sich die Mieterpflichten auf die Wohnung! Den Balkon oder den Keller muss Ihr Mieter nicht streichen.

Bei der Fensterinnenseite ist es so: Dazu zählen alle Flächen, die – wenn Sie in der Wohnung stehen und auf das **geschlossene** Fenster schauen – von innen sichtbar bzw. noch als Teil der Wohnung anzusehen sind. Deswegen gehören die Innenfalzen der Fenster **nicht** dazu (AG Hannover, Urteil v. 22.8.2003, 535 C 2521/03, WuM 2007 S. 406).

Gebrauchsspuren des Mieters, die durch eine vertragsmäßige Nutzung entstanden sind, muss dieser auch spätestens bei Mietvertragsende beseitigen – sofern die Schönheitsreparaturen zu diesem Zeitpunkt auch fällig sind!

Ebenfalls zu den Schönheitsreparaturen zählt das Beseitigen von **kleineren Schäden** am Putz oder an Holzteilen. Allerdings nur, soweit sie sich üblicherweise bei den Malerarbeiten mit beseitigen lassen.

Praxis-Tipp

Trennen Sie Schönheitsreparaturen von Schadensersatzansprüchen

Nicht mehr zu den Schönheitsreparaturen, sondern zu den ersatzfähigen Schadensersatzansprüchen zählen Schäden, die durch das **übermäßige** Bohren von Dübellöchern entstanden sind.

Gleiches gilt für beschädigte Wandfliesen, Brandlöcher im Teppich, durch Tiere verkratzte Türen oder Parkett sowie Feuchtigkeits- oder Brandschäden.

Reparaturkosten

Reparaturkosten sind grundsätzlich **nicht** als Betriebskosten umlegbar. Es sei denn, es handelt sich um Kleinteile, die bei der Wartung der Wasserversorgungsanlage, des Aufzugs oder der Heizung anfallen.

Ansonsten sind Reparaturkosten **kein Fall** für Ihre Betriebskostenabrechnung, sondern bestenfalls für Ihre Kleinreparaturenklausel im Mietvertrag.

Beachten Sie dort jedoch bitte die Einschränkungen: Sie dürfen die Kosten von solchen Kleinreparaturen nur umlegen, wenn sie **unter** die Kleinreparaturengrenze fallen (üblicherweise maximal 100 EUR) und das zu reparierende Teil auch dem **häufigen Zugriff** des Mieters unterliegt.

Deswegen fällt ein Ersatz der Kosten für Reparaturen an Elektroleitungen, Heizungs- oder Wasserrohren über die Kleinreparaturenklausel von vornherein aus!

Rohrreinigung

Wird diese vorbeugend durchgeführt, um Rohrverstopfungen zu vermeiden, können Sie die Kosten dafür **nicht** als Betriebskosten auf den Mieter umlegen.

Sie zählen vielmehr zu den Instandhaltungskosten. Gleiches gilt, wenn eine Rohrverstopfung in einer Entwässerungsleitung auftritt.

Müssen Sie einmal im Jahr den Klempner holen, weil es in Ihrem Haus zu einer Rohrverstopfung kommt, dürfen Sie die

Kosten **nicht** als Betriebskosten auf alle Mieter im Haus umlegen.

Bei diesen Kosten handelt es sich nämlich eindeutig **nicht** um **regelmäßig** entstehende Betriebskosten des Hauses. Umlegen dürfen Sie aber nur die in der BetrKV ausdrücklich genannten Betriebskostenpositionen.

Allenfalls wenn Sie den **konkreten** Verursacher ausfindig machen können, können Sie von diesem Schadensersatz für die Beschädigung verlangen. Ist das nicht der Fall, bleiben die Kosten an Ihnen als Vermieter als Instandsetzungskosten hängen.

→ **Praxis-Tipp**
Den Schuldigen können Sie zur Kasse bitten

Rollator

Wissen Sie, was ein Rollator ist? Das ist eine rollende Gehhilfe auf 4 Rädern mit 2 Griffen. Der ist für Personen gedacht, die alters- oder krankheitsbedingt unsicher auf den Beinen sind.

Für den Rollator gelten die gleichen Spielregeln wie für einen Kinderwagen: Die dürfen nur im Treppenhaus stehen, wenn es dem Mieter nicht zumutbar ist, diese mit in die Wohnung zu nehmen. Dies ist der Fall, wenn der Weg noch oben zu lang ist bzw. der Mieter gesundheitlich nicht in der Lage ist, den Rollator zu tragen.

Sie als Vermieter müssen in Ihrem Mehrfamilienhaus einen extra Abstellplatz für Rollatoren einrichten, sofern es **baulich möglich** ist. Zudem muss so eine extra Abstellfläche auch für die anderen Mieter im Haus verträglich sein. Die müssen nämlich nach wie vor das Treppenhaus **gefahrlos** nutzen können.

Ansonsten muss der Mieter seinen Rollator **Platz sparend** zusammenklappen, sodass er notfalls auch mal zur Seite geschoben werden kann (LG Hannover, Urteil v. 17.10.2005, 20 S 39/05).

Schuhschrank, Schirmständer oder Getränkekisten haben im Treppenhaus **nichts** verloren. Dagegen können Sie vorgehen!

Schwieriger ist es bei einem Kinderwagen, einem Rollator oder Rollstuhl.

→ **Praxis-Tipp**
Was im Treppenhaus nichts zu suchen hat

Die muss Ihr Mieter **nur** wegräumen, wenn ihm das gesundheitlich zumutbar ist bzw. ein anderer Abstellplatz genauso gut erreichbar ist und Mitmieter dadurch gestört werden.

Rollladenkasten

Muss der Rollladenkasten in Ihrer Mietwohnung repariert werden, stellt das **keine** Kleinreparatur dar (AG Leipzig, Urteil v. 14.8.2003, 11 C 4919/03, ZMR 2004 S. 120). Darunter würden tatsächlich nur **kleinere** Instandhaltungen an den Bedienvorrichtungen für Roll- und Fensterläden fallen. Nicht aber, wenn gleich der ganze Rollladenkasten abmontiert werden muss.

Mit den Kleinreparaturen ist es so: Nur wenn Sie eine entsprechende **wirksame Klausel** im Mietvertrag haben, muss Ihnen Ihr Mieter diese ersetzen. Fällt der Rechnungsbetrag **höher** aus als der Betrag, den Sie in Ihrem Mietvertrag **pro Einzelreparatur** vereinbart haben, zählt die Reparatur nicht mehr als „Kleinreparatur".

Nur wenn der Rechnungsbetrag **maximal** den vereinbarten Kleinreparaturpreis beträgt, muss Ihnen Ihr Mieter die Kosten ersetzen.

Übrigens ist natürlich auch auf Ihrer Betriebskostenabrechnung **kein Platz** für die Rollladenrechnung! Da können Sie nämlich nur **laufende Kosten** unterbringen und keine Reparaturkosten.

Rollstuhl

Ist Ihr Mieter aus dem Obergeschoss an den Rollstuhl gefesselt, darf er diesen im Treppenhaus **abstellen**. Selbst dann, wenn sich dadurch der Zugang zur Kellertreppe auf weniger als 1 m Breite verengt.

Vorausgesetzt ihm bzw. seinen Mitbewohnern ist es nicht möglich, den Rollstuhl ständig in die Wohnung zu transportieren (AG Wennigsen/Deister, Urteil v. 9.5.1996, 3 C 125 / 96, WuM 1996 S. 468).

Rückzahlung, Nachzahlung

Rechnen Sie zu spät über Ihre Betriebskosten ab, wissen Sie ja, was passiert: Hätte der Mieter nachzahlen müssen, **verlieren**

Sie diesen Anspruch! Was aber, wenn der Mieter **trotzdem** zahlt: Dürfen Sie das Geld dann behalten oder müssen Sie es zurückzahlen?

Sie müssen es zurückzahlen! So jedenfalls hat es der Bundesgerichtshof entschieden (BGH, Urteil v. 18.1.2006, VIII ZR 94/05). Der Mieter leistet dann nämlich **ohne Rechtsgrund!**

Anders, wenn der Mieter auf eine längst verjährte Betriebskostennachzahlung zahlt. In diesem Fall darf der Gläubiger – also Sie als Vermieter – nämlich das Geld behalten!

Bei einer abgelaufenen **Verjährungsfrist** bleibt Ihr Forderungsrecht bestehen. Der Mieter kann es aber abwehren, indem er einfach nur sagt: *„Verjährt!"*

Schadensersatz

Als Ihr Mieter auszieht, zieht sich durch den Linoleumboden in der Küche ein dicker Riss. Um den wieder herzustellen, muss er den ganzen Boden rausreißen und neu verlegen.

Bekommen Sie jetzt die Kosten für einen neuen Boden ersetzt? Nein, denn der Grundsatz **„neu für alt"** schmälert Ihren Schadensersatzanspruch. Beim Berechnen Ihres Schadensersatzanspruchs wird die durchschnittliche Lebensdauer des beschädigten Bodens berücksichtigt.

Geht es um einen Teppichboden, können Sie vom Mieter statt Ihres alten keinen neuen Teppichboden verlangen. Wie viel Ihr Mieter an Sie zahlen muss, hängt von der **durchschnittlichen Lebensdauer** des Teppichs ab.

Die Gerichte gehen dabei von einer Lebensdauer von **maximal 10 Jahren** aus. Ist also der beschädigte Teppich zum Zeitpunkt des Schadenseintritts bereits 5 Jahre alt gewesen, muss Ihnen Ihr Mieter allenfalls noch 50 % vom Kaufpreis eines neuen, gleichwertigen Teppichbodens bezahlen.

Ist bei Ihrem beschädigten Teppichboden die durchschnittliche Lebensdauer sogar schon **überschritten**, gehen Sie leer aus: Am neuen Teppich muss sich Ihr Mieter gar nicht beteiligen. War also Ihr Teppichboden bei Einzug des Mieters zwar schon 9 Jahre alt, aber in top gepflegtem Zustand, und ist er ein Jahr später bei Auszug völlig ramponiert, muss Ihnen Ihr Mieter trotzdem **keinen Cent** mehr zahlen. Schließlich hat der Teppichboden seinen zeitlichen Zenit bereits erreicht!

Als Anhaltspunkt können Sie von folgenden „Lebenszeiten" ausgehen, über die deutsche Gerichte bereits entschieden haben:

Parkettböden sind alle 15 bis 20 Jahre zu schleifen und zu versiegeln (LG Wiesbaden, WM 1991 S. 540; a.A. AG Köln, WM 1984 S. 197: alle 12 bis 15 Jahre).

PVC-Böden: Unterschiedliche Lebensdauer je nach Qualität. Schwankt zwischen 8 bis 10 Jahren (LG Wiesbaden, WM 1991 S. 540), höchstens 15 Jahren (AG Staufen, WuM 1992 S. 430), aber auch 20 Jahren (AG Kassel, WM 1996 S. 757).

Spülbecken aus Steingut oder Edelstahl 27 Jahre (Schmidt-Futterer, Mietrecht-Kommentar § 548 Rz. 163).

Teppichböden: Lebensdauer ca. 10 Jahre. Abhängig auch von der Qualität des Teppichs. Bei besserem Teppich auch schon einmal 15 Jahre (LG Köln, WuM 1983 S. 126).

Toilettenschüssel: Lebensdauer maximal 30 Jahre (AG Rheine, Urteil v. 10.10.1997, 10 C 223/97, WuM 1998 S. 250).

Waschbecken aus Porzellan, Steingut oder Keramik 30 Jahre (AG Rheine, Urteil v. 10.10.1997, 10 C 223/97, WuM 1998 S. 250).

Scheidung

Lassen sich Ihre Mieter scheiden, endet damit nicht automatisch Ihr Mietvertrag! Haben Sie damals den Mietvertrag mit **beiden Ehepartnern** geschlossen und trennen sich die beiden oder lassen sich scheiden, gilt: Ihr Mietverhältnis bleibt trotz des Auszugs eines der beiden Vertragspartner aus der Ehewohnung nach wie vor bestehen.

Der ausgezogene Ehepartner kann das Mietverhältnis weder **ganz** noch **teilweise** kündigen. Das geht nur **zusammen** mit seinem/seiner Ex.

Solange der Mietvertrag **nicht gemeinsam** gekündigt wurde, haftet der ausgezogene Mieter dennoch dem Vermieter weiterhin als Gesamtschuldner für **alle** Verpflichtungen aus dem Mietverhältnis.

Will einer von mehreren Mietern, die den Mietvertrag **gemeinsam** unterschrieben haben, wieder raus aus dem noch fortbestehenden Mietvertrag, geht das **nur einvernehmlich**. Das bedeutet: Entweder beide kündigen zusammen oder sie einigen sich **einvernehmlich** mit dem Vermieter, dass einer der Mieter aus dem Mietvertrag aussteigt, der andere aber den Mietvertrag fortsetzt.

So einem „**Ausscheidungsvertrag**" müssen also beide Mieter **und** der Vermieter zustimmen.

Allerdings: Die Mieter können Sie als Vermieter **nicht zwingen,** dass Sie Ihre Zustimmung zu einem solchen Vertrag geben!

Anders ist die Rechtslage, wenn der Mietvertrag **nur mit einem Ehepartner** abgeschlossen wurde. Der typische Fall: Der andere Ehepartner ist erst **nach** seiner Heirat in die bereits gemietete Wohnung eingezogen. Deswegen hat auch nur einer der Ehepartner den Mietvertrag unterschrieben.

In diesem Fall kann der Ehegatte, der **alleiniger Mieter** der Ehewohnung ist und nach der Trennung aus der Wohnung ausgezogen ist, den Mietvertrag **allein kündigen.** Diese Kündigung „im Alleingang" wäre dann gegenüber dem Vermieter **rechtswirksam.**

Dies ungeachtet der Frage, ob aus der gesetzlichen Pflicht der Ehegatten zur ehelichen Lebensgemeinschaft automatisch ein **Kündigungsverbot** folgt.

Allerdings: Erfährt der Ehepartner von der Absicht des anderen, das Mietverhältnis zu kündigen, kann er versuchen, durch das Familiengericht ein **Verbot der Kündigung** zu erreichen. Dies geht selbst dann noch, wenn Sie bereits Räumungsklage gegen den noch verbliebenen Ehepartner erhoben haben.

So ein vom Familiengericht ausgesprochenes Kündigungsverbot würde dann auch gegenüber Ihnen als Vermieter gelten.

Ihr Mietvertrag **ändert** sich durch die Zuteilung nur insofern, dass eventuell die Person des Mieters wechselt. Die übrigen Bestimmungen des Mietvertrags wie beispielsweise die Miethöhe, Mietzeit und Kündigungsfristen bleiben jedoch wie bisher.

Angenommen, der **Ehepartner,** der die Wohnung gemietet hat, will aus dem Mietvertrag raus und schließt mit dem Vermieter einen Mietaufhebungsvertrag.

Bleibt die Ehefrau und das Kind in der Wohnung, müssten Sie – wenn die beiden sich weigern auszuziehen – gegen die verbliebene Ehefrau und das Kind eine **Räumungsklage** erheben.

Auch in diesem Fall kann jedoch die Ehefrau versuchen, über das Familiengericht ein **Verbot** zum Abschluss des Mietaufhebungsvertrags zu erreichen.

→ **Praxis-Tipp**

Nur wer unterschrieben hat, muss auch zahlen

Haben Sie Ihren Mietvertrag zunächst mit einem **alleinstehenden Mieter** abgeschlossen und heiratet dieser **nach** Vertragsabschluss oder geht er eine Lebensgemeinschaft ein, weitet sich Ihr Mietvertrag nicht automatisch auf den später eingezogenen Ehepartner aus.

Leider haben Sie auch **keinen** Anspruch darauf, dass dieser Ihrem Mietvertrag als weiterer Mieter beitritt, denn damit hätten Sie 2 statt nur 1 Mietschuldner!

Scheidung, Zuzug des neuen Lebenspartners

Ein typischer Fall, der auch Ihnen in Ihrem Vermieter-Alltag begegnen kann: Ihre Mieter trennen sich, der eine zieht aus, der neue Lebenspartner gleich ein. Beide – also sie und er – hatten den Mietvertrag bei Einzug unterschrieben.

So bekommen Sie das rechtlich korrekt hin, dass der Ex aus dem Mietvertrag ausscheidet und „der Neue" neben Ihrer bisherigen Mieterin Mitmieter wird:

Sie können den Ex-Mann aus seinem Mietvertrag **entlassen** und „den Neuen" in den Mietvertrag **eintreten** lassen. Allerdings müssen alle Beteiligten ihr Scherflein dazu beitragen!

Sie müssen also **2 Vereinbarungen** abschließen:

1. Einen **Auflösungsvertrag** mit dem Ex. Den müssen Sie als Vermieter, der auszugswillige Ex-Mann und Ihre verbliebene Mieterin unterschreiben.
   Die Folge: Sie verlieren Ihren bisherigen Mieter als Mietvertragspartner.

2. Sie schließen mit dem „Neuen" eine „**Eintrittsvereinbarung**". Die müssen Sie als Vermieter, die verbliebene Mieterin und der neue Mitmieter unterschreiben.
   Die Folge: Damit tritt der neue Mitbewohner in den bereits bestehenden Mietvertrag ein und wird neben der bisherigen Mieterin Mitmieter.

Wenn Sie die Eintrittsvereinbarung abschließen, **bevor** Sie den Ex-Mann aus Ihrem Mietvertrag entlassen haben, müsste er noch Ihrer Eintrittsvereinbarung zustimmen. Schließlich ist er zu dem Zeitpunkt ja noch Ihr Mietvertragspartner. Um dem zu entgehen, schließen Sie besser zuerst die **Entlassvereinbarung** mit dem Ex-Mieter ab und dann erst die **Eintrittsvereinbarung** mit dem eintrittswilligen „Neuen".

Sie als Vermieter sind **nicht** verpflichtet, den Mieter aus dem Mietvertrag zu entlassen. Auf der anderen Seite können Sie „den Neuen" aber auch nicht zwingen, in Ihren Mietvertrag einzutreten!

→ **Praxis-Tipp**
Entlassvertrag: Sie können, aber Sie müssen nicht

Schließanlage

Lassen Sie Ihre Schließanlage regelmäßig kontrollieren, dürfen Sie diese Kosten **nicht** auf die Mieter umlegen. Die Gerichte sehen das als typische Hausmeisterarbeit an.

Ohnehin dürfen Sie Reparaturen an der Schließanlage **nicht** umlegen.

Als **Gewerberaumvermieter** können Sie aber die Umlage der Prüf- und Nachstellkosten als „Sonstige Kosten" vereinbaren!

Müssen Sie also einen neuen Schließzylinder einbauen, weil der alte kaputt ist, zählt das neue Türschloss zu den **nicht umlegbaren** Instandhaltungskosten (AG Lörrach, WM 1996 S. 628).

→ **Praxis-Tipp**
Verlorener Schlüssel: Welche Klausel Ihnen was nützt

Der Austausch einer Schließanlage wegen eines verlorenen Schlüssels ist eine teure Sache. Deswegen schreiben viele Vermieter eine Formularklausel in ihren Mietvertrag, wonach sie bei einem Schlüsselverlust die Schließanlage auf Kosten des Mieters auswechseln dürfen.

So eine Klausel ist jedoch nach § 9 AGBG (seit dem 1.1.2002 in § 307 BGB geregelt) **unwirksam**. Der Mieter muss Ihnen die Kosten für eine ausgewechselte Schließanlage nur dann ersetzen, wenn wegen des abhanden gekommenen Schlüssels eine Missbrauchsgefahr fortbesteht (LG Berlin, Urteil v. 2.5.2000, 64 S 551/99, GE 2000 S. 810)

Schlossaustausch

Ihr Mieter tauscht ungefragt das Türschloss an seiner Wohnungseingangstür aus – darf er das so einfach? **Ja**, so lange das Mietverhältnis läuft, darf Ihr Mieter sein eigenes Schloss dort einbauen.

Bei Mietvertragsende muss er Ihnen jedoch die Räume wieder mit dem ursprünglichen Schloss zurückgeben. Das gehört zu seiner **Rückbaupflicht**. Wahlweise kann er Ihnen aber auch das neue Schloss überlassen und Ihnen alle dazugehörigen Schlüssel übergeben – allerdings nur, wenn Sie damit einverstanden sind!

Schraubt Ihr Mieter nicht freiwillig das alte Schloss wieder rein, sollten Sie ihn schriftlich dazu **auffordern**. Teilen Sie ihm die 2 Alternativen mit. Setzen Sie ihm eine Frist: Er soll sich innerhalb von 7 Tagen dazu äußern.

Weisen Sie ihn darauf hin, dass Sie **nach** fruchtlosem Ablauf dieser Frist die Schlösser **auswechseln** lassen werden. Die Kosten können Sie selbstverständlich im Wege des Schadensersatzes bei ihm geltend machen.

Praxis-Tipp

Schlüsselrückgabe:
Was bei
Mietvertragsende gilt

Bei Mietvertragsende schuldet Ihnen Ihr Mieter die Rückgabe der Mietsache. Diese Pflicht erfüllt er nur, wenn er Ihnen wieder den **Alleinbesitz** an den Räumen verschafft.

Solange Ihr Mieter aber noch einen Schlüssel zurückbehält, liegt **keine** ordnungsgemäße Rückgabe vor. Mit der Folge, dass Sie vom Mieter für die Vorenthaltung eine **Nutzungsentschädigung** nach § 546a BGB verlangen können.

Schlüssel, Anzahl

Wie viele Schlüssel müssen Sie Ihrem Mieter aushändigen? Das richtet sich nach der Anzahl der **Bewohner**. Einem Alleinmieter stehen beispielsweise mindestens je 2 Schlüssel für die Haus- und Wohnungseingangstür zu.

Für jeden weiteren Bewohner müssen Sie ihm jeweils einen weiteren Schlüssel aushändigen.

Darüber hinaus nötige **zusätzliche** Schlüssel kann der Mieter z. B. für einen Angehörigen, die Putzhilfe, den Pflegedienst oder eine Tagesmutter verlangen. Muss dazu extra ein Schlüssel angefertigt werden, geht das auf Rechnung des **Mieters**.

Rein rechtlich gesehen müssen Sie dem Mieter den unmittelbaren Besitz an der Wohnung verschaffen. Dazu gehört, dass Sie ihm **alle** Schlüssel zur Wohnung aushändigen. Sie dürfen **keinen** Wohnungsschlüssel zurückbehalten – auch nicht für Notfälle! – es sei denn, Ihr Mieter ist damit **ausdrücklich** einverstanden.

Es ist eine Sache, „heimlich" einen Schlüssel für die Wohnung zurückzubehalten. Eine ganz andere ist es, diesen auch noch zu benutzen! Das wäre nämlich **Hausfriedensbruch** und der ist bekanntlich **strafbar** bzw. zusätzlich auch ein fristloser Kündigungsgrund für den Mieter.

! Wichtig

Rücken Sie alle Schlüssel raus

Lässt Ihr Mieter selbst zusätzliche Schlüssel nachmachen, muss er Ihnen dies mitteilen. Allerdings muss er Ihnen nicht mitteilen, wem er den Schlüssel überlässt!

Bei **Mietvertragsende** muss Ihnen Ihr Mieter aber alle Schlüssel, auch die nachgemachten, übergeben.

Allerdings **nicht kostenlos**! Für die nachgemachten Schlüssel kann er von Ihnen verlangen, dass Sie ihm die Herstellungskosten ersetzen. Haben Sie **kein Interesse** an dem nachgemachten Schlüssel, können Sie von ihm verlangen, dass er den Schlüssel **vernichtet** oder **unbrauchbar** macht.

Und auch hier gilt das alte Motto: „Vertrauen ist gut, Kontrolle aber besser!" Deswegen muss Ihnen Ihr Mieter einen **Beweis** dafür liefern, dass er den nachgemachten Schlüssel tatsächlich vernichtet hat. Lassen Sie sich notfalls von ihm eine **schriftliche Bestätigung** aushändigen, dass er die nachgemachten Schlüssel vernichtet hat.

Ist Ihr Mieter **längere Zeit abwesend**, muss er Ihnen eine Person seines Vertrauens nennen, die im Besitz eines „Notfallschlüssels" ist. Ihnen als Vermieter kann er einen „Notfallschlüssel" überlassen, muss er aber **nicht**.

Eine praktische Lösung für solche Notsituationen bietet eine **Notfallschlüsselvereinbarung**.

Schönheitsreparaturen, Begriff

Was Schönheitsreparaturen sind, klärt § 28 Abs. 4 Satz 3 II. **Berechnungsverordnung.** Nämlich das Tapezieren, Anstreichen oder Kalken der Wände und Decken, das Streichen der

Fußböden und der Heizkörper einschließlich der Heizrohre, der Innentüren sowie der Fenster und der Außentüren von innen.

Weiterhin zählen dazu das Beseitigen von

- Dübellöchern,
- Schraubenlöchern,
- ungewöhnlichen Anstrichen oder
- Tapezierungen (LG Braunschweig, WuM 1986 S. 275).

Grob gesagt versteht man unter Schönheitsreparaturen alle **Instandsetzungsarbeiten,** die zum Beseitigen eines verschlechterten Aussehens der Mieträume erforderlich sind.

Dazu gehört auch das Beseitigen der durch Alterung entstandenen Deckenrisse im Zuge seiner Schönheitsreparaturen.

! Wichtig

Laut Gesetz sind Schönheitsreparaturen Vermietersache

Laut Gesetz sind Schönheitsreparaturen eigentlich **Aufgabe des Vermieters,** sie werden allerdings häufig vertraglich auf den Mieter übertragen. Jeder gute, vermieterfreundliche Mietvertrag sieht das automatisch so vor.

Allerdings sind nicht alle Formularklauseln **wirksam,** weshalb die Pflicht, Schönheitsreparaturen auszuführen, bei einer unwirksamen Schönheitsreparaturenklausel wieder auf den Vermieter zurückfällt.

Schönheitsreparaturen, betroffene Räume

Sie sollten auch die Räume kennen, die Ihr Mieter renovieren muss. Eindeutig ist, dass er bei den zu seinem **Wohnbereich** gehörenden Räumen den Pinsel in die Hand nehmen muss.

Ebenso inner- und außerhalb seines eingebauten Wandschranks, in seiner abgeschlossenen Loggia und im Wintergarten.

Dagegen muss Ihr Mieter **nicht** die Räume außerhalb seiner Wohnung streichen. Also im Keller, in seinem Speicherabteil oder der Garage muss Ihr Mieter keinen Pinselstrich tun.

Die **Außenanstriche** an Fenstern, Terrassen und Balkonen des Mietobjekts zählen **nicht** mehr zu den Schönheitsreparaturen. Fordern Sie das von Ihrem Mieter bzw. steht das sogar in Ihrer Renovierungsklausel so drin, macht das Ihre gesamte Renovierungsklausel **unwirksam** (BGH, Urteil v. 18.2.2009, VIII ZR 210/08).

Genauso wenig können Sie von Ihrem Mieter verlangen, dass er **Gemeinschaftsräume** von innen streicht. Das schmutzige Treppenhaus oder den Fahrradkeller müssen also Sie als Vermieter streichen.

Diese Arbeiten sind als reine Instandsetzungsarbeiten zu sehen und die sind Sache des Vermieters.

Passen Sie auf, dass Sie dem Mieter keine Farbvorgabe machen wie z. B., dass der Mieter „alles nur in Weiß" streichen darf.

Könnte Ihre **Weiß-Streich-Pflicht** so verstanden werden, dass sich das Farbdiktat nicht nur auf das Mietende bezieht, ist Ihre Renovierungsklausel **unwirksam** (BGH, Urteil v. 20.1.2010, VIII ZR 50/90).

 Praxis-Tipp

Vorsicht vor Farbwunschklauseln im Mietvertrag

Schönheitsreparaturen, Eigenleistung

Zieht Ihr Mieter aus, ohne die laut Vertrag geschuldeten Schönheitsreparaturen auszuführen, und ist die ihm gesetzte Nachfrist **fruchtlos** verstrichen, wandelt sich Ihr Erfüllungsanspruch in einen Schadensersatzanspruch.

Der steht Ihnen nicht nur zu, wenn Sie die Renovierungsarbeiten von einem **Fachmann** ausführen lassen, sondern auch, wenn Sie oder einer Ihrer Bekannten zum Pinsel greifen.

Der Mieter muss Ihnen das **Material** sowie die Kosten Ihrer **Eigenleistungen** ersetzen.

Am besten, Sie rechnen so mit Ihrem Mieter ab – so steht es übrigens auch in jedem guten Mietvertrag: Holen Sie sich für die Arbeiten einen **Kostenvoranschlag** von einem Handwerker und rechnen Sie mit Ihrem Mieter auf dieser Basis ab – ob Sie die Arbeiten tatsächlich am Ende von einem Maler durchführen lassen oder selbst renovieren, spielt dabei keine Rolle.

Wichtig: Schlüsseln Sie die Kosten exakt auf nach Material, Stundenanzahl und Stundensatz.

Für die **Mehrwertsteuer** gilt: Die muss Ihnen Ihr Mieter bei einer Abrechnung aufgrund eines Kostenvoranschlags selbst dann ersetzen, wenn sie gar nicht anfällt, weil Sie die Arbeiten nicht bei einer Firma in Auftrag geben, sondern **selbst erledigen** oder Sie die Renovierung gar nicht durchführen lassen (BGH, Urteil v. 16.6.2010, VIII ZR 280/09).

Schönheitsreparaturen, Fristen

Wie lange die **üblichen** Renovierungsfristen laufen, steht weder im Gesetz, noch hat der Bundesgerichtshof bisher diese Frage endgültig geklärt. Das Bundesjustizministerium hat im Jahr 1976 einen **Mustermietvertrag** herausgegeben, in dem Renovierungsfristen genannt sind, die auf den Fristen der Musterverträge des Gesamtverbandes gemeinnütziger Wohnungsunternehmen e. V. aus den Jahren 1962 und 1963 basieren.

Danach sind die **üblichen Fristen** für Nassräume und die Küche 3 Jahre, für Wohnräume wie Wohn-, Schlaf- oder Kinderzimmer 5 und für sonstige Nebenräume, wie z. B. den Flur, 7 Jahre.

Allerdings tendieren die Gerichte dahin, diese Renovierungsfristen **nicht mehr als zeitgemäß** anzuerkennen. Der Bundesgerichtshof hat diese Fristen in einem Urteil, in dem es um die Wirksamkeit von Quotenabgeltungsklauseln ging (BGH, Urteil v. 26.9.2007, VIII ZR 143/06), nur noch „für die in der **Vergangenheit** abgeschlossenen Mietverträge" für zulässig erklärt.

Ob die Fristen auch noch für Mietverträge gelten, die nach dem 26.9.2007 (VIII ZR 143/06) abgeschlossen wurden, hat er leider offengelassen. Mittlerweile werden die dort genannten Fristen aber zunehmend für **zu kurz** gehalten.

Verkürzen Sie die üblichen Fristen, verstoßen Sie damit gegen § 307 BGB. Dann sind nicht nur die vereinbarten Fristen unwirksam, sondern vielmehr Ihre **gesamte** Renovierungsvereinbarung (BGH, Urteil v. 23.6.2004, VIII ZR 361/03, NZM 2004 S. 653).

Nennen Sie gar **keine** Fristen in Ihrem Mietvertrag, gelten die üblichen Fristen. Das sind die, die die Mehrzahl der Gerichte gerade für angemessen halten.

Um einem Unwirksamkeitsrisiko der gesamten Klausel wegen zu kurzer Renovierungsfristen zu entgehen, empfiehlt es sich deswegen, die Renovierungsintervalle zu verlängern:

- für Bad und Küche auf 5 Jahre,
- für Wohn- und Schlafräume auf 8 Jahre und
- für sonstige Nebenräume auf 10 Jahre.

Stellen sich Ihre Renovierungsfristen als zu kurz heraus, müssen Sie die **gesamten** Renovierungsarbeiten selbst tragen.

Hüten Sie sich vor **starren Fristen** in Ihrem Mietvertrag.

Eine wirksame Fristenregelung setzt voraus, dass Ihr Mieter erkennen kann, dass Ihr Fristenplan lediglich den Charakter einer **Richtlinie** hat.

Bringen Sie die Flexibilität Ihrer Renovierungsfrist mit einem Zusatz wie „in der Regel" oder „im Allgemeinen" zum Ausdruck.

→ Praxis-Tipp

Welche Worte Sie unbedingt vermeiden sollten

Schönheitsreparaturen, schlecht ausgeführte

Zu den schlecht ausgeführten Schönheitsreparaturen zählen beispielsweise

- überlappend geklebte Tapeten,
- offene Nähte zwischen den Tapetenbahnen,
- Überstreichen von Mustertapeten,
- Neutapezierung, ohne zuvor alte Tapeten zu entfernen,
- wolkige oder nicht deckende Anstriche von Wänden oder Decken,
- streifige Lackarbeiten mit Pinselhaaren und Schmutzpartikeln,
- Farbläufer oder -nasen an Lackflächen.

Bevor Sie die von einem Fachmann beseitigen lassen können, müssen Sie Ihrem Mieter erst eine Nachfrist setzen. Schreiben Sie in Ihr **Nachfrist-Schreiben** alle Beanstandungen, die Sie an den Renovierungsarbeiten Ihres Mieters haben, hinein.

Beschreiben Sie dazu genau im Einzelnen die Arbeiten, die Sie vom Mieter noch fordern. Dies könnte ungefähr so aussehen:

Das Wohnzimmer weist einen wolkigen Deckenanstrich auf. Dieser sollte durch einen nochmaligen oder neuen Deckenanstrich ersetzt werden.

Falsch wäre folgender Eintrag: *Alle Räume befinden sich in einem sehr schlechten dekorativen Zustand. Keine Wand wurde neu tapeziert und gestrichen.*

Damit machen Sie Ihrem Mieter nicht deutlich, **welche** Schönheitsreparaturen er erledigen soll (LG Itzehoe, Urteil v. 10.12.1996, WuM 1997 S. 175). Eine Niederlage vor Gericht müssten Sie sicherlich auch dann einstecken, wenn Sie Ihren

Mieter ganz allgemein auffordern, die „**erforderlichen Arbeiten**" auszuführen.

Das Landgericht Berlin (Urteil v. 1.7.1994, GE 1994 S. 1119) hat entschieden, dass folgende Angabe **nicht** ausreicht:

Die Tapeten der Wohnung sind stark beschädigt und verschmutzt. Ebenso der Anstrich der Türen und Türrahmen.

Schreiben Sie **besser,** welche Tapete an welcher Ecke und in welchem Zimmer abgerissen ist und deshalb neu tapeziert werden sollte. Beschränken Sie sich also **nicht** auf allgemeine Beschreibungen.

Mit der Beschreibung, dass die Wohnung „einen erbärmlichen Zustand aufweist", kommen Sie vor Gericht **nicht** durch.

→ **Praxis-Tipp**

So genau müssen Sie formulieren, was Sie wollen

Nehmen Sie sich beim Formulieren Ihrer Aufforderung folgende **Faustregel** zu Herzen: Das Was und das Warum sind wichtig!

Schönheitsreparaturenklausel

Schönheitsreparaturen können Sie nur vom Mieter fordern, wenn Sie im Mietvertrag vereinbart haben, dass der Mieter die Schönheitsreparaturen tragen muss – und das wirksam!

Haben Sie die Renovierungspflicht **nicht wirksam** auf den Mieter übertragen, bleibt es bei dem, was im Gesetz steht und danach gehört die Renovierungspflicht zu Ihren Instandhaltungspflichten als Vermieter.

Führt der Mieter Renovierungsarbeiten aus, obwohl er dies wegen einer unwirksamen Schönheitsreparaturenklausel gar **nicht** müsste, müssen Sie ihm die Kosten dafür erstatten (BGH, Urteil v. 27.5.2009, VIII ZR 302/07). Diesen Anspruch muss Ihr Mieter **innerhalb von 6 Monaten** nach Mietvertragsende geltend machen. Kommt er erst danach auf die Idee, können Sie sich darauf berufen, dass sein Anspruch mittlerweile bereits **verjährt** ist (BGH, Urteil v. 4.5.2011, VIII ZR 195/10).

Für sich und Ihren Geldbeutel holen Sie das Beste heraus, wenn Sie Ihre Schönheitsreparaturenklausel mit einer Quotenhaftungsklausel **kombinieren**. Diese Kombination verhilft Ihnen dazu, dass Ihr Mieter Ihnen beim Auszug **vor** Ablauf der üblichen Renovierungsfrist wenigstens einen Teil der Renovierungskosten ersetzen muss bzw. der Mieter lieber gleich selbst renoviert statt zu zahlen.

Achten Sie darauf, dass sich Ihre Kostenquote nur an den üblichen Renovierungsfristen orientiert und weder die Fristen noch die Quoten starr sind.

Die Höhe der Renovierungskosten können Sie als Vermieter mittels eines **Kostenvoranschlags** eines von Ihnen ausgewählten Malerfachbetriebs nachweisen. Erscheint dem Mieter Ihr Kostenvoranschlag zu **hoch**, müssen Sie ihm vertraglich zugestehen, dass die Renovierungskosten anhand eines von ihm eingeholten günstigeren Angebots abgerechnet werden.

Erwecken Sie den Eindruck, dass Ihr Kostenvoranschlag **verbindlich** bzw. der von Ihnen ausgewählte Fachbetrieb **zwingend** zu nehmen ist, ist Ihre Klausel unwirksam (LG Berlin, Urteil v. 17.7.2012, 65 S 66/12, GE 2012 S. 1231).

Allerdings nutzt Ihnen die beste Quotenhaftungsklausel wenig, wenn Ihre Renovierungsklausel bereits unwirksam ist, denn damit wird auch gleichzeitig Ihre Abgeltungsklausel **unwirksam** (BGH, Urteil v. 5.4.2006, VIII ZR 178/05, WuM 2006 S. 248).

Scoring

Unter „Scoring" versteht man ein **Prognoseverfahren** der SCHUFA. Dabei wird berechnet, wie wahrscheinlich es ist, dass Geschäfte vertragsgemäß erfüllt werden. Je höher der Scorewert, umso wahrscheinlicher ist es z. B., dass Sie Ihre Miete pünktlich bekommen.

Der Scorewert Ihres Mieters basiert auf den zu seiner Person bei der SCHUFA gespeicherten Daten. Welche das sind, können Sie der Schufa-Auskunft entnehmen.

Zu den gespeicherten Informationen zählen z. B., wie viele und was für Kredite gerade laufen, etwaige Zahlungsausfälle oder Informationen darüber, seit wann schon Kreditgeschäfte getätigt werden und wie.

Der **Branchenscore** wird tagesaktuell berechnet und enthält branchenspezifische Werte z. B. für Versicherungen oder Banken.

Wichtiger für Sie als Vermieter ist der **Basisscore**, der einen von Branchen, Unternehmen und speziellen Geschäften unabhängigen Orientierungswert darstellt. Den Basisscore erhält jeder Verbraucher im Rahmen seiner Schufa-Selbstauskunft automatisch **ohne** zusätzliche Kosten.

Der Basisscore ist ein Prozentwert zwischen 1 und 100, der alle 3 Monate auf Basis der bei der SCHUFA gespeicherten Daten berechnet wird. Der sagt Ihnen, wie wahrscheinlich es ist, dass z. b. Ihr Mieter seine Miete pünktlich zahlt.

Je **höher** der Scorewert, umso besser ist es um die **Bonität des Mieters** bestellt.

Damit Sie die ermittelten Scorewerte und deren Bedeutung besser interpretieren können, hat die SCHUFA jedem Prozentwert eine Erfüllungswahrscheinlichkeit zugeordnet:

- höher als 97,5 %: sehr geringes **Erfüllungsrisiko**

- 95 % bis 97,5 %: geringes bis überschaubares Risiko

- 90 % bis 95 %: zufriedenstellendes bis erhöhtes Risiko

- 80 % bis 90 %: deutlich erhöhtes bis hohes Risiko

- 50 % bis 80 %: sehr hohes Risiko

- kleiner als 50 %: sehr kritisches Risiko

Eine Erfüllungswahrscheinlichkeit von 95 % sagt aus, dass die Wahrscheinlichkeit, dass der Mieter seine Miete pünktlich zahlt, bei 95 % liegt.

Oder anders ausgedrückt: Nach statistischen Erkenntnissen würden 95 von 100 Mietern mit diesem Basisscore ihre Miete zuverlässig zahlen.

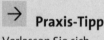

→ Praxis-Tipp

Verlassen Sie sich nicht allein auf den Scorewert

Der Scorewert ist zwar für Sie als Vermieter eine echte Entscheidungshilfe, allerdings sollten Sie Ihre Entscheidung für oder gegen einen solchen Mieter **nicht** allein davon abhängig machen.

Lassen Sie in Ihre Entscheidung vielmehr auch weitere Informationen über Ihren Mieter einfließen. So z. B., welches Einkommen er hat, welchen Beruf er ausübt und wie es sonst um seine Vermögenslage bestellt ist.

Sonstige Betriebskosten

Unter „Sonstige Betriebskosten" verstehen manche Vermieter, dass sie darunter alle Nebenkosten „packen" können, die ihnen sonst noch entstehen, die sich aber **nicht** unter die 16 Begriffe der Betriebskostenverordnung einordnen lassen. Diese weitverbreitete Ansicht ist schlichtweg **falsch**.

Es handelt sich bei den „Sonstigen Betriebskosten" um einen Auffangtatbestand für solche Betriebskosten, die in der Betriebskostenverordnung nicht ausdrücklich geregelt, aber **gerichtlich anerkannt** sind.

Sie müssen davon Verwaltungs-, Instandhaltungs- sowie Instandsetzungskosten abgrenzen.

Legen Sie in Ihrem Mietvertrag einfach nur pauschal „Sonstige Kosten" auf Ihren Mieter um, ohne diese einzeln aufzuzählen und konkret zu benennen, genügt das **nicht** für die Übertragung der Kosten. Dann ist Ihre Vereinbarung **nicht bestimmt genug** (BGH, Urteil v. 7.4.2004, VIII ZR 146/03, WM 2004 S. 292 und VIII ZR 167/03, WM 2004 S. 290).

Sie können die nachfolgend genannten Kosten nur dann auf Ihren Mieter umlegen, wenn Sie diese **ausdrücklich** in Ihrem Mietvertrag als „Sonstige Betriebskosten" aufgeführt haben:

– Betriebskosten für folgende Gemeinschaftsanlagen: Schwimmbad, Sauna, Fitnessraum, Hobby- und Partykeller

– Blitzschutzanlage, soweit sie vorgeschrieben ist (TÜV-Gebühren)

– Bewachungskosten

– Brandschutzwartung, Rauchwarnmelder, Rauchabzüge, Sprinkler

– Dachrinnenreinigung

– Druck- und Dichtigkeitsprüfung von Gasleitungen

– E-Check-Kosten (BGH, Urteil v. 14.2.2007, VIII ZR 123/06)

– Feuerlöschgeräte, einschließlich des Austauschs des Löschmittels

– Müllschlucker, Müllabsauganlage, Müllpresse

– Notstromanlage für die Sicherheitsbeleuchtung von Rettungswegen, soweit sie gesetzlich vorgeschrieben ist

– Rückstausicherung

– Strom für die Dachrinnenbeheizung

– Tankreinigung

- Wartung einer Lüftungsanlage
- Wartung und Prüfung von Blitzschutzanlagen mit TÜV-Abnahme
- Wartungskosten für ein Rolltor (OLG Düsseldorf, Urteil v. 15.12.2011, I 10 U 96/11, GE 2012 S. 162).

Nicht als sonstige Betriebskosten umlegbar sind bei Wohnraum:

- Bank- und Kontogebühren, weil es sich dabei um Verwaltungskosten handelt
- Reinigen von Abflussrohren, weil es sich dabei um Instandhaltungskosten handelt
- Durchflussbegrenzer, weil nur Warmwasserregler laut § 2 Nr. 2 BetrKV wegen angeblicher technischer Vorteile der Vorzug gegeben wurde
- Wartung der Klingelanlage bzw. Gegensprechanlage
- Wartung der Schließanlage.

Bei Gewerberäumen können Sie weitere Kosten vereinbaren. Als „Sonstige Kosten" werden hier häufig die Kosten für einen Wach- und Schließdienst vereinbart.

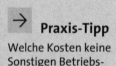

→ Praxis-Tipp

Welche Kosten keine Sonstigen Betriebskosten sind

Zu den „Sonstigen Kosten" gehören **nicht** die Kontoführungsgebühren, die Reparaturkosten oder ähnliche Kosten, wie z.B. Instandhaltungs- oder Instandsetzungskosten. Diese sind **nicht** umlagefähig.

Sozialhilfeberechtigter Mieter

Lebt Ihr Mieter von der Sozialhilfe, erhält er meist auch jeden Monat vom Sozialamt Geld für die Wohnung. Zahlt er Ihnen dennoch keine Miete, sollten Sie sich ans Sozialamt wenden.

Versuchen Sie das Sozialamt zu bewegen, die Miete **direkt** an Sie zu überweisen. Gemäß § 22 Abs. 7 Satz 2 SGB II und § 35 Abs. 1 Satz 4 SGB XII sollen die Kosten für Unterkunft und Heizung in den Fällen, in denen die zwecksprechende Verwendung der hierfür gewährten Leistung nicht sichergestellt ist, **direkt an den Vermieter** oder andere Empfangsberechtigte (wie z.B. Energieversorgungsunternehmen) überwiesen werden.

Zweckentfremdet Ihr Mieter das Geld, können Sie beim Jobcenter anregen, die Miete **direkt** an Sie zu zahlen. Reden Sie mit dem Beamten Tacheles.

Sagen Sie ihm, dass Sie Ihrem Mieter ansonsten wegen Zahlungsverzugs kündigen müssen. Dass er also trotz Sozialhilfe seine Wohnung verlieren wird.

Das Gesetz sieht zwar einen solchen „Direktzahlungs-Antrag" **nicht** vor. Vielleicht hilft Ihnen aber ein freundliches, klärendes Gespräch mit dem zuständigen Sachbearbeiter, an Ihre Miete zu kommen.

Sozialmieter, Kautionsrückzahlung

Normalerweise ist es ja so: Die Kaution müssen Sie an den Mieter zurückzahlen.

Ausnahme: Das Sozialamt zahlt die Kaution für Ihren Mieter. Dann müssen Sie das Geld auch wieder ans Sozialamt zurückzahlen (LG Aachen, Urteil v. 2.8.2000, 7 S 86/2000, NZM 2000 S. 1179).

Schließlich haben Sie in diesem Fall die Kautionsvereinbarung **direkt** mit dem Sozialamt und nicht mit Ihrem Mieter geschlossen.

Wenn Sie sich nicht sicher sind, wem Sie die Geldsumme richtigerweise aushändigen müssen: Ziehen Sie sich elegant aus der Affäre. **Hinterlegen** Sie den strittigen Kautionsbetrag einfach.

Zuständig dafür ist das Amtsgericht. Dann müssen sich die 2 Streithähne selbst darum kümmern, wie sie an ihr Geld kommen – und nicht Sie!

 Praxis-Tipp

Sicher ist sicher: Hinterlegen Sie die Kaution

Sperrmüll

Das Amtsgericht Siegburg hat entschieden, dass die Kosten von Sperrmüllaktionen in **gemeinschaftlich genutzten**, allen Mietern zugänglichen Räumen wie z. B. Dachböden und Kellerräumen umgelegt werden können.

Vorausgesetzt, es handelt sich um solche Mengen Müll, die der Hausmeister in bestimmten Sperrmüllaktionen beseitigen kann (AG Siegburg, Urteil v. 3.9.1993, 3 C 344/92, ZMR

1996 S. IV, Nr. 19, für eine 297 Wohneinheiten umfassende Wohnanlage).

Diese Ansicht vertritt auch das Amtsgericht Düsseldorf (Urteil v. 22.11.1990, 22 C 12.364/90, ZMR 1996 S. IV, Nr. 20). Dort wurde ein privates Unternehmen mit der Sperrmüllabfuhr beauftragt. Der Grund für die Umlage unter der Rubrik „Müllabfuhr": Die Sperrmüllbeseitigung bringt **allen Mietern Vorteile** bei der Müllbeseitigung, denn es wird auch Müll abgefahren, den die normale Müllabfuhr nicht transportiert.

Ebenso für die Umlagefähigkeit spricht sich das Amtsgericht Köln aus. Die Entfernung von Müll und Unrat führt dazu, dass die **allgemein zugänglichen Teile** eines Mietobjekts wieder in einen vertragsgemäßen Zustand versetzt werden, der allen Mietern zugutekommt (AG Köln, Urteil v. 15.11.1994, 218 C 259/94, ZMR 1996 S. IV, Nr. 21).

Staffelmiete vereinbaren

Eine Staffelmiete empfiehlt sich, wenn Sie Ihre künftigen Mietsteigerungen gleich **zu Beginn** des Mietverhältnisses festlegen wollen. Eine Staffelmiete können Sie zwar auch noch **nach** der Mietvertragsunterzeichnung vereinbaren – allerdings muss Ihr Mieter damit **einverstanden** sein.

Entscheiden Sie sich also für eine Staffelmiete, sind Sie daran gebunden. Denken Sie aber daran, dass mit einer Staffelmiete Mieterhöhungen nach § 558 BGB auf die ortsübliche Vergleichsmiete und die Modernisierungsmieterhöhung nach § 559 BGB **ausscheiden.**

Was viele Vermieter nicht wissen: Wer eine Staffelmiete abschließen will, muss **nicht** unbedingt einen befristeten Mietvertrag abschließen. Sie können also auch bei einem Mietvertrag, dessen Laufzeit Sie noch gar nicht kennen, die künftige Miethöhe festlegen. Ebenso ist eine Kombination von einer Staffelmiete mit einem Kündigungsverzicht möglich.

Bis zum 31.8.2001 durften Sie nur für maximal 10 Jahre eine Staffelmiete abschließen. Diese zeitliche Obergrenze ist **weggefallen.** Sie können bei Ihrem nächsten Mietvertragsabschluss also schon für die nächsten 2, 5 oder 15 Jahre eine Staffelmiete festlegen.

Der **Vorteil** einer Staffelmiete gegenüber einer Mieterhöhung nach § 558 BGB auf die ortsübliche Vergleichsmiete: Sie sparen sich den Aufwand, die ortsübliche Vergleichsmiete mit Mietspiegel, Auskunft aus einer Mietdatenbank, einem Gutachten usw. nachweisen zu müssen.

Kombinieren Sie eine Staffelmiete mit einem Kündigungsverzicht, dürfen Sie höchstens für 4 Jahre das ordentliche Kündigungsrecht ausschließen.

 Praxis-Tipp
Kündigungsverzicht: Maximal für 4 Jahre zulässig

Die Frist beginnt bereits dann zu laufen, wenn der letzte Vertragspartner den Mietvertrag unterschrieben hat (BGH, Urteil v. 3.5.2006, VIII ZR 243/05, NZM 2006 S. 579).

Staffelmiete, ausgelaufene

Ist die letzte Stufe Ihrer Mietstaffel erreicht, bleiben Sie als Wohnungsvermieter auf dieser letzten Stufe **nicht** für die restliche Laufzeit Ihres Mietvertrags sitzen.

Für die **Zeit danach** gelten für Sie vielmehr wieder die allgemeinen Mieterhöhungsregeln. Wollen Sie danach die Miete erhöhen, halten Sie sich einfach an § 558 BGB. Der kleine **Haken an der Sache:** Sie müssen Ihrem Mieter beweisen, dass Sie mit Ihrer Miete noch **unter** der ortsüblichen Vergleichsmiete liegen.

Als Begründungsmittel brauchen Sie entweder den Mietspiegel, eine Auskunft aus einer Mietdatenbank, 3 Vergleichswohnungen oder ein Sachverständigengutachten.

Sind Sie **Gewerberaumvermieter,** müssen Sie sich etwas anderes einfallen lassen: § 558 BGB gilt nämlich nur für Wohnungsvermieter!

Läuft also die Staffelmiete Ihres **Gewerberaummietvertrags** aus und lässt sich Ihr Mieter nicht freiwillig auf eine höhere Miete ein, bleibt Ihnen nur noch die Änderungskündigung: Also den bestehenden Mietvertrag kündigen und gleichzeitig einen neuen Mietvertrag zu geänderten Konditionen anbieten. Zwingen können Sie Ihren Mieter allerdings **nicht**, sich darauf einzulassen.

Als Wohnungsvermieter bleibt Ihnen nach § 558 BGB wenigstens noch die **Zustimmungsklage,** um Ihre Mieterhöhungswünsche in die Tat umzusetzen.

Staffelmiete, Höhe

Bei einer Staffelmiete bestimmen Sie den Mietpreis! Allerdings dürfen Sie nicht zu hoch greifen. Nach § 5 Wirtschaftsstrafgesetz darf Ihre einzelne Mietpreisstaffel **nie höher als 20 %** über der ortsüblichen Vergleichsmiete liegen.

Ansonsten können Sie den Mietpreis staffeln, wie Sie wollen. Sie können Ihre Miete also z. B. in einem Jahr um 20 %, im nächsten Jahr um 10 % und 5 Jahre später um weitere 20 % anheben.

Da Sie bei einer Staffelmiete **keine** Kappungsgrenze (20 % bzw. 15 % in 3 Jahren) einhalten müssen, bietet sie Ihnen die Chance, mit einer geringen Anfangsmiete für Ihren Mieter einen Mietanreiz zu schaffen.

Die günstige Anfangsmiete können Sie dann im 2. Jahr sogar verdoppeln und schließlich für die weiteren Mietjahre angemessene Erhöhungen vorsehen.

! Wichtig

Halten Sie die Jahresfrist ein

Achten Sie peinlichst genau darauf, dass zwischen Ihren einzelnen Erhöhungen ein Zeitraum von **mindestens 1 Jahr** liegt. Ansonsten ist Ihre Vereinbarung **unwirksam!**

Die Jahresgrenze bedeutet nicht, dass Sie pro Jahr 1 Mietstaffel vorsehen **müssen**. Sie können für die nächsten 5 Jahre durchaus nur z. B. 2 Mietstaffeln vereinbaren.

Schauen Sie darauf, dass aus Ihrer Vereinbarung genau ablesbar ist, **zu welchem Zeitpunkt** die Miete wie hoch ist. Geben Sie also nicht nur den Differenzbetrag zur vorherigen Miete an, sondern nennen Sie zusätzlich den neuen Gesamtmietpreis ganz konkret.

Falsch wäre es, nur die prozentuale Steigerung oder nur den Differenzbetrag anzugeben!

Während der Laufzeit der Staffelmiete müssen Sie sich von folgenden Mieterhöhungsmöglichkeiten verabschieden:

– § 558 BGB (Anpassung der Miete an die ortsübliche Vergleichsmiete) **und**

– § 559 BGB (Modernisierungsmieterhöhung).

Planen Sie also während der Laufzeit Ihrer Staffelmietvereinbarung eine **Modernisierungsmaßnahme**, sollten Sie sich gut überlegen, ob Sie sich für eine Staffelmiete oder eine Modernisierungsmieterhöhung entscheiden.

Starre Fristen, Gewerberaum

Auch für Gewerberaumvermieter heißt es jetzt aufgepasst bei den Renovierungsfristen. Der Bundesgerichtshof hat nämlich entschieden, dass eine starre Fristenregelung im Gewerberaummietvertrag Ihren Renovierungsanspruch **unwirksam** macht (BGH, Urteil v. 8.10.2008, XII ZR 84/06).

Dazu reicht schon dieser eine Satz:

*Schönheitsreparaturen sind **mindestens** in der Zeitfolge von 3 Jahren in Küche, Bad und Toilette sowie von 5 Jahren in allen übrigen Räumen auszuführen.*

Solche verbindlichen Renovierungsfristen verstoßen gegen § 307 Abs. 1 Satz 1 BGB. Ein gewerblicher Mieter ist nämlich, was die Renovierungsfristen betrifft, nicht weniger schutzwürdig als ein Wohnungsmieter. Deshalb darf er auch **nicht** mit Renovierungspflichten belastet werden, die über den **tatsächlichen** Renovierungsbedarf hinausgehen.

Das wäre aber der Fall, wenn der Mieter **ausnahmslos** nach Ablauf **fixer Fristen** auf jeden Fall renovieren müsste – ohne Rücksicht darauf, ob tatsächlich ein Renovierungsbedarf besteht oder nicht.

Schließlich könnte es ja sein, dass der Mieter seine Mieträume mit besonders „langlebigen" Tapeten oder Farben dekoriert hat. Müsste so ein Mieter **unabhängig** vom Renovierungsbedarf zu Farbe und Pinsel greifen, wäre das eine unbillige Benachteiligung des Mieters.

Starre Fristen, Wohnraum

Eine Klausel, wonach Ihr Mieter bei Mietvertragsende Schönheitsreparaturen durchführen muss, weil die **üblichen** Renovierungsfristen seit der Übergabe der Mietsache bzw. seit den letzten durchgeführten Schönheitsreparaturen verstrichen sind und die Räume zudem renovierungsbedürftig aussehen, ist **zulässig** (BGH, Urteil v. 28.4.2004, VIII ZR 230/03, WuM 2004 S. 333).

Passen Sie aber auf, dass ein Gericht Ihre Renovierungsklausel nicht so auslegen könnte, dass Ihr Mieter **auf jeden Fall** nach Ablauf **bestimmter** Renovierungsfristen zu Farbe und Pinsel greifen muss.

Dafür reicht schon diese sinngemäße, unwirksame Regelung im Mietvertrag:

*Der Mieter ist verpflichtet, auf seine Kosten die Schönheitsreparaturen in den Mieträumen, wenn erforderlich, **mindestens** aber in der nachstehenden Zeitfolge fachgerecht auszuführen: Bei Küche und Bad alle 2 Jahre, bei allen übrigen Räumen alle 5 Jahre.*

Sicherlich: Die Renovierungsfrist für die Küche war vom Vermieter ohnehin viel zu kurz angesetzt. Normalerweise ist sie erst nach 3 Jahren fällig. Doch das allein war es nicht. Viel wichtiger war für die Bundesrichter: Ein Mieter könnte diese Klausel so verstehen, dass er **auf jeden Fall** nach Ablauf der genannten Fristen renovieren muss – auch wenn die Wohnung rein optisch gesehen eigentlich noch gar **nicht renoviert** werden müsste.

Schuld daran ist das kleine Wörtchen „**mindestens**" bei den Renovierungsfristen. Das legt Ihnen mittlerweile jedes Gericht als unwirksame, starre Fälligkeitsklausel aus.

Sie schneiden mit solchen starren Renovierungsfristen dem Mieter den Beweis ab, dass Ihre Räume eigentlich noch gar nicht renovierungsbedürftig sind! So eine starre Fälligkeitsregelung ist **unwirksam**.

Liegt ein starrer Fristenplan vor, kann der Mieter ausziehen, **ohne** zu renovieren!

→ **Praxis-Tipp**

Achten Sie auf diese „k.o."-Worte

Durchforsten Sie Ihre bestehenden Mietverträge, ob sich dort eine starre Fristenregelung findet. Worte wie „**mindestens**" oder „**spätestens**" in Bezug auf die Fälligkeit der Renovierung sind ein sicheres Indiz für eine starre Renovierungsfrist!

Steht in Ihrem Mietvertrag nur, dass der Mieter innerhalb der **üblichen Fristen** renovieren muss oder die Renovierung in der Regel innerhalb bestimmter Fristen fällig ist, können Sie beruhigt sein: Damit haben Sie die Klippe „starre Frist" bereits sicher umschifft.

Stillschweigende Vertragsfortsetzung

Sie kündigen Ihrem Mieter, aber er zieht nicht aus? Was Sie jetzt tun müssen? Widersprechen Sie bitte sofort der Vertragsfortsetzung. Sie haben dazu nur **2 Wochen Zeit.**

Die Zeit läuft ab dem Zeitpunkt, ab dem Sie von der stillschweigenden Vertragsfortsetzung **erfahren**. Versäumen Sie das, setzt sich Ihr Mietvertrag auf unbestimmte Zeit fort. Ihr Mietvertrag läuft dann unverändert weiter.

Um diese unangenehme Folge zu vermeiden, widersprechen viele Vermieter bereits im **Kündigungsschreiben** der Vertragsfortsetzung. Das kann allerdings ins Auge gehen:

Viele Gerichte pochen auf einen **engen zeitlichen Zusammenhang** zwischen dem Vertragsende und der Widerspruchserklärung. Eine **3-monatige Kündigungsfrist** ist damit eindeutig zu lang.

Klären Sie deswegen auf jeden Fall schnell bei Mietvertragsende, ob Ihr Mieter die Wohnung weiternutzt. Falls ja, **widersprechen** Sie sofort – auch wenn Sie dies bereits im Kündigungsschreiben getan haben bzw. der Widerspruch sogar schon im Mietvertrag enthalten ist. Zieht Ihr Mieter trotz des Widerspruchs nicht aus, hilft Ihnen nur noch eines: eine Räumungsklage!

Stimmrecht, Eigentümerversammlung

Wie viel ist Ihre Stimme in der Eigentümerversammlung wert? Laut Gesetz ist es so: Wird innerhalb einer Eigentümerversammlung abgestimmt, gilt das **Kopfprinzip** (§ 25 Abs. 2 WEG). Das bedeutet, dass jeder Eigentümer nur 1 Stimme hat – selbst dann, wenn ihm mehrere Wohnungen gehören!

Gehört die Wohnung nicht Ihnen allein, sondern z. B. noch Ihrem Ehepartner, gilt: Mehreren Eigentümern steht dennoch **nur 1 Stimme** zu. Sie müssen sich also mit Ihrem Ehepartner einigen, ob Sie mit Ja oder Nein stimmen. Sie können Ihr Stimmrecht nämlich nur einheitlich ausüben.

Vorsicht: Manchmal ist auch in der Teilungserklärung bestimmt, dass sich das Stimmrecht nach der Größe der Miteigentumsanteile bestimmt.

Das nennt sich **Wertprinzip** und damit kann schon alleine das Eigentum an einer einzigen Wohnung dem Eigentümer zur

Stimmenmehrheit verhelfen. Nämlich dann, wenn mit dieser einen Wohnung **mehr als** 50 % der Miteigentumsanteile verbunden sind.

Das Stimmrecht kann auch nach dem **Objektprinzip** geregelt sein. Damit richtet sich die Stimmkraft des einzelnen Eigentümers danach, **wie viele Wohnungen** bzw. Geschäftsräume ihm gehören. Jeder Wohnung bzw. jedem Geschäftsraum wird damit eine Stimme gewährt. Besitzt also 1 Eigentümer mehr als die Hälfte der Wohnungen im Haus, hat er damit das Sagen!

→ **Praxis-Tipp**

Wohnungskauf: Prüfen Sie Ihr Stimmrecht

Klären Sie unbedingt **vor** einem Wohnungskauf ab, wie das Stimmrecht geregelt ist. Gerade bei kleinen Eigentümergemeinschaften kann es sein, dass der teilende Eigentümer das zu seinen Gunsten so geregelt hat, dass er immer „das Sagen" hat!

Stundenlohn

Hat Ihr Mieter beispielsweise eine Scheibe im Treppenhaus versehentlich beim Hochtragen von Möbeln beschädigt, muss er Ihnen den Schaden ersetzen. Legen Sie selbst Hand an und tauschen Sie die Scheibe aus, tun Sie das bitte **nicht kostenlos**. Auch Sie als privater Vermieter können Ihrem Mieter das gebrauchte Material und Ihre Arbeitsstunden auf die Rechnung setzen. Für das Material müssen Sie aber Belege vorlegen können.

Bei der Arbeitszeit ist es so, dass Sie hier nicht trödeln dürfen, sondern dass Ihr Stundenumfang noch im üblichen Rahmen liegen muss.

Führen Sie beispielsweise **selbst** Schönheitsreparaturen durch, weil der Mieter ausgezogen ist ohne zu renovieren, dürfen Sie dafür **nicht den Stundenlohn** ansetzen, den Sie für Ihre eigentliche berufliche Tätigkeit bekommen würden.

Es ist vielmehr so, dass Sie für Eigenreparaturen **pro Stunde 10,23 bis 12,78 EUR** ansetzen können. Nur in Fällen ganz besonderer Fachkunde dürfen Sie für Ihre Arbeit einen Stundenlohn von 15,34 EUR verlangen.

Beauftragen Sie dagegen einen Fachbetrieb mit den entsprechenden Arbeiten, können Sie **die üblichen Reparaturkosten** einschließlich der Mehrwertsteuer verlangen. Doch auch bei dem neuen Waschbecken, das der Installateur anbringt, oder bei der neuen Tür, die der Schreiner bringt, gilt: Vergessen Sie nicht den **Abzug „neu für alt"**, den Sie schlucken müssen.

Unterm Strich bedeutet das: Je **älter** das Waschbecken oder der Teppich war, umso **weniger** bekommen Sie am Ende.

Teppichboden

Häufiger Zankapfel beim Mieterauszug: der fleckige Teppich. Leider steht das Gesetz hier mehr auf der Seite Ihres Mieters.

Denn: Ist der Teppich nur **vertragsgemäß** abgenutzt, muss ihn der Mieter nur gründlich mit einem handelsüblichen Staubsauger saugen – **mehr nicht**, sofern Sie nicht ausdrücklich eine Teppichreinigung vereinbart haben. Im Klartext heißt das: Ihr Mieter darf ausziehen, **ohne** auch nur 1 Cent für den neuen Teppichboden zu zahlen.

Laufstraßen im Teppich und **Druckstellen** von Möbelstücken zählen dabei noch zu den unausweichlichen Verschlechterungen, die bei einer normalen Nutzung auftauchen und deswegen noch als vertragsgemäßer Gebrauch hinzunehmen sind.

Dagegen sind **Rotweinflecken oder Urinflecken** von Tieren häufig selbst nicht mehr durch Reinigen des Teppichs zu beseitigen. Brandflecken sowieso nicht. Hier können Sie auf einen neuen Teppich bestehen, müssen dabei aber einen **Abzug „neu für alt"** hinnehmen.

Erst wenn der Teppichboden mehr als nur vertragsgemäß abgenutzt ist, wird es für Ihren Mieter teuer: Für die **übervertragsgemäße** Abnutzung bzw. die Schäden muss er Ihnen Schadensersatz zahlen. Vorausgesetzt Sie können beweisen, dass der Teppichboden mehr als nur normal abgenutzt ist.

Gute Chancen haben Sie nur, wenn Sie die folgenden 3 Punkte nachweisen können:

1. Wie alt der Teppich in der Mietwohnung ist,

2. wie viel er gekostet hat und

3. dass er **übervertragsgemäß** abgenutzt ist.

Praxis-Tipp

Warum Sie sich keine Hoffnung auf den Neupreis machen brauchen

Streiten Sie sich um den Teppichboden, bekommen Sie selten den kompletten Neupreis. Sie müssen sich beim Schadensersatz nämlich den **Vorteil „neu für alt"** anrechnen lassen.

Beim Teppichboden gehen die Richter von einer 10-jährigen „Lebenszeit" aus. Ist Ihr Teppich bei Auszug erst 3 Jahre alt, muss Ihnen Ihr Mieter nur 70 % des Neupreises ersetzen.

Ist Ihr Teppich also nur üblich bzw. altersbedingt abgenutzt, muss Ihnen Ihr Mieter bei Auszug **keinen** neuen Teppichboden bezahlen.

Auf der anderen Seite ist es jedoch so: Haben Sie dem Mieter eine Wohnung **mit** Teppichboden vermietet und ist der Teppichboden im Laufe der Zeit durch normale Abnutzung verschlissen, müssen **Sie** ihn auf eigene Kosten erneuern. Das gehört nämlich zu Ihrer **Instandhaltungspflicht** als Vermieter.

Hat Ihr Mieter den Teppich allerdings **selbst verlegt** oder vom Vormieter ausdrücklich übernommen, ist es sein Teppich. Den muss er dann beim Auszug wieder rausreißen und mitnehmen.

Teppichbodenreinigung

Bisher war es **umstritten**, ob der Mieter statt des Fußbodenanstrichs heute eine Teppichbodenreinigung beim Auszug durchführen muss (dafür: Kraemer, in NZM 2003 S. 417; a. A.: AG Braunschweig, WuM 1986 S. 310).

Der BGH hat entschieden, dass eine Grundreinigung des Teppichbodens zu den Schönheitsreparaturen gehört (BGH, Urteil v. 8.10.2008, XII ZR 15/07). Allerdings ging es dabei um einen verfleckten Teppich in einem **Bekleidungsgeschäft**.

Allerdings lässt die Urteilsbegründung Wohnungsvermieter hoffen, dass das Gericht auch bei **Wohnraum** nicht anders urteilen wird.

Sicher ist jedenfalls: Bei Gewerberaum reicht es **nicht**, wenn Ihr Mieter beim Auszug nur mal eben mit dem Staubsauger über den Teppich geht, sondern Ihr Mieter muss mit einem **speziellen Teppichreinigungsgerät** einen unansehnlichen Teppich wieder auffrischen!

Eine Klausel, mit der Sie einen **Wohnungsmieter** im Rahmen der Schönheitsreparaturen verpflichten, auch den Teppichboden zu reinigen, ist jedenfalls **wirksam** (OLG Celle, Urteil v. 21.6.2001, 2 U 36/01, WuM 2001 S. 393).

→ **Praxis-Tipp**

Wie Sie einen gereinigten Teppich bekommen

Terrasse

Bis zum Inkrafttreten der Wohnflächenverordnung am 1.1.2004 war es noch so: Bei der Wohnflächenberechnung durften Sie zwar den Balkon, **nicht** aber die **Terrasse** mitzählen. Nur wenn Ihre Mieterterrasse noch als Freisitz durchging, war das anders.

Jetzt ist es so: Sie dürfen die Fläche von Terrassen jetzt zumindest teilweise – je nach **Wertigkeit** zwischen 25 % und 50 % – bei der Wohnfläche mitberechnen.

Damit vergrößern Sie die Wohnfläche Ihrer Erdgeschosswohnung bei einer zu 50 % anrechenbaren, 20 m^2 großen Terrasse immerhin um 10 m^2.

Terrorversicherung

Die Kosten einer Terrorversicherung zählen zu den Kosten der Sachversicherung, die Sie nach § 2 Nr. 13 BetrKV umlegen dürfen. Aber nur, wenn die Terrorversicherung auch **objektiv erforderlich** ist. Das ist sie, wenn sich das zu versichernde Gebäude in einer **gefährdeten Gegend** befindet.

Beispielsweise in unmittelbarer Nähe einer Botschaft, eines Konsulats oder einer militärischen Einrichtung, auf die terroristische Anschläge zu befürchten sind (AG Berlin-Spandau, Urteil v. 8.2.2005, 2 a C 755/04, GE 2005 S. 1255).

Tiere, gefährliche

Das Halten von gefährlichen Tieren ist **vertragswidrig**. Dazu zählt nicht nur z. B. eine Giftschlange, sondern das Halten eines Haustieres, das sich im **konkreten Fall** als gefährlich erwiesen hat, weil es z. B. einen Mitbewohner im Hausflur angefallen und verletzt hat.

Bestimmte, normalerweise **wild** lebende Tierarten gelten **generell als gefährlich**. Deswegen ist das Halten solcher Tiere **vertragswidrig**. Dazu zählen (nach der Verordnung des Landes Berlin über das Halten gefährlicher Tiere wild lebender

Arten vom 28.2.1996 – GVBl Berlin S. 102) folgende Tierarten: Affen (mit Ausnahme der Halbaffen und der Krallenaffen), Wildhunde, Bären, Hyänen, Wildkatzen, Krokodile, Riesenschlangen, Giftnattern, Vipern, Grubenottern, Seeschlangen, Trugnattern, Echsen, giftige Spinnen, Skorpione und Hundertfüßler.

Weil auch **Kampfhunde** von Privatpersonen teilweise nur mit Erlaubnis einer Behörde gehalten werden dürfen, gelten auch sie als generell gefährlich und ihr Halten als vertragswidriger Gebrauch der Mietsache.

→ **Praxis-Tipp**

Tierische Besuch müssen Sie nur so lange erlauben, bis es tierisch Ärger gibt

Ihr Mieter bekommt Besuch von einem Hundehalter. Bello ist mit dabei. Darf er bleiben? Ja. Ebenso dürfen auch Tiere bleiben, die der Mieter nur eine vorübergehende Zeit versorgt.

Geht jedoch von den „Besuchstieren" eine Störung aus oder werden die Tiere wegen ihrer Größe oder Eigenart von den übrigen Hausbewohnern als gefährlich angesehen, dürfen Sie dem Mieter den Besuch solcher Tiere auch verbieten!

Tierhaltung

In jeden guten Mietvertrag gehört etwas zur Tierhaltung – aber bitte etwas **Wirksames**! Dazu ist es wichtig, dass Sie die Tierhaltung nicht komplett ausschließen. Kleintiere darf Ihr Mieter beispielsweise immer halten.

Zu den **Kleintieren**, die Ihr Mieter auch **ohne** Ihre **Zustimmung** halten darf, zählen: Kanarienvogel, Goldhamster, Meerschweinchen, Chinchilla, Zwergkaninchen, Goldfische oder eine Schildkröte.

Umstritten ist, ob Katzen noch zu den Kleintieren zählen. Die Mehrzahl der Gerichte bejaht dies, sodass Ihr Mieter auch **ohne** Ihre Erlaubnis eine Katze halten darf.

Gefährliche Tiere sind tabu für den Mieter. Dazu zählen Gift- und Riesenschlangen, Spinnen, Skorpione und Kampfhunde.

Hält Ihr Mieter ungefragt ein größeres oder gefährliches Tier, können Sie ihm die Tierhaltung **untersagen**. Begründen Sie das aber gut. Verweisen Sie beispielsweise auf das die Mitbewohner störende Bellen und eine eventuelle Verunreinigung der hauseigenen Grünanlagen.

Es genügt, wenn **einer** von mehreren Vermietern die Nicht-gestattung ausspricht. Besser: Lassen Sie das Schreiben von allen im Mietvertrag genannten Vermietern unterschreiben.

Egal, ob Sie Ihrem Mieter die Tiererlaubnis gestatten oder untersagen: Tun Sie es immer **schriftlich!**

Stellen Sie fest, dass Ihr Mieter **ohne** Ihre Genehmigung ein Tier hält, das nicht zu den Kleintieren zählt, schauen Sie nicht zu lange tatenlos zu. Sonst legen Ihnen die Gerichte das als **stillschweigende Zustimmung** zur Tierhaltung aus.

Tierhaltungsklausel

Nicht jeder Vermieter teilt jedoch die Tierliebe seines Mie-ters. Noch dazu, wenn er sie **ungefragt** oder **zu extensiv** in seiner Mietwohnung auslebt. Um dem zu entgehen, ver-suchen viele Vermieter mit den entsprechenden **Tierhaltungs-klauseln** im Mietvertrag das Halten von Haustieren in der Mietwohnung ganz zu **verbieten** bzw. dem Mieter vertraglich zumindest eine vorherige schriftliche **Erlaubniseinholung** ab-zuringen.

Vorsicht: Generelle Tierhaltungsverbotsklauseln in Miet-verträgen sind **unwirksam!** Anders sieht es dagegen aus, wenn Sie eine entsprechende **Individualvereinbarung** in Ih-ren Mietvertrag hineinschreiben.

Praxis-Tipp

Wie Sie die Tierhal-tung beschränken können

Mit einer solchen Individualvereinbarung wie: *„Das Halten von Haustieren ist nicht gestattet"* könnten Sie das Recht des Mieters zur Tierhaltung rechtswirksam **ausschließen.** Achten Sie jedoch darauf, dass Sie dieses Tierhaltungsverbot **maximal in 2 Verträge** hineinschreiben. Ab dem 3. Mal könnte daraus nämlich schon eine (unwirksame!) Mietver-tragsklausel werden.

Wichtig: Das gilt **nicht** für Kleintiere!

Steht in Ihrem Mietvertragsvordruck eine **Klausel,** wonach Sie **keine** Tiere in der Wohnung erlauben, gibt es dafür sicherlich viele gute Gründe. Sei es die **Angst** davor, dass Ihr Eigentum durch einen nagenden Hamster oder eine kratzende Katze beschädigt werden könnte oder dass Sie fürchten, Mit-bewohner könnten sich über ständiges Hundegebell beschwe-ren.

Allerdings: Solche generellen Verbotsklauseln bringen Ihnen nichts, denn absolute Tierhaltungsverbote, die auch die Kleintierhaltung ausschließen, sind **unwirksam**. Ihre Klausel muss dem Mieter zumindest erlauben, **ungefragt** sogenannte Kleintiere in seiner Wohnung zu halten.

Die Kleintierhaltung können Sie nicht einmal mit einer noch so ausgefeilten Klausel im Mietvertrag ausschließen. Deswegen darf der Mieter **kleine Tiere** wie Hamster, Meerschweinchen oder Kanarienvögel auch **ohne** Ihre Erlaubnis halten. Jedenfalls im üblichen Rahmen.

Was noch als **Kleintier** zählt, hat der Bundesgerichtshof schon einmal in einem Urteil genauer definiert (BGH, Urteil v. 14.11.2007, VIII ZR 340/06): Das sind solche, die in **geschlossenen** Behältnissen gehalten werden, also **nicht** frei in der Wohnung oder dem Haus umherlaufen.

Danach würde schon einmal per Definition weder ein Hund noch eine Katze unter die erlaubten Kleintiere fallen.

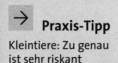

→ **Praxis-Tipp**
Kleintiere: Zu genau ist sehr riskant

Der Teufel liegt auch bei den Tierhaltungsklauseln im Detail. So verstößt die nachfolgende Tierhaltungsklausel nach § 307 BGB und ist **unwirksam**:

Jede Tierhaltung, insbesondere von Hunden und Katzen, mit Ausnahme von Ziervögeln und Zierfischen, bedarf der Zustimmung des Vermieters.

Der Grund: Sie erlauben nur das ungefragte Halten von Ziervögeln und Zierfischen. Dagegen muss Sie der Mieter bei anderen Kleintieren, wie z. B. Hamster und Schildkröten, um Ihre **Zustimmung** fragen. Darin liegt ein Verstoß gegen § 307 BGB.

Bei **größeren** Tieren – dazu zählen auch die meisten Hunderassen und auch Katzen – greift die Kleintierregelung jedoch **nicht**. Deswegen muss Sie Ihr Mieter grundsätzlich um Erlaubnis fragen, wenn er einen Hund oder eine Katze anschaffen will. Als Vermieter dürfen Sie jedoch Ihre Erlaubnis **nicht** nach freiem Ermessen erteilen oder versagen, sondern Sie müssen vielmehr eine Interessenabwägung vornehmen und dann erst entscheiden.

Sie können die Hunde- oder Katzenhaltung auch **nicht per Klausel** im Mietvertrag generell ausschließen.

Das hat der Bundesgerichtshof bereits entschieden. Danach benachteiligt so ein **generelles** Hunde- und Katzenhaltungsverbot den Mieter unangemessen, weil Sie ihm die Hunde- und Katzenhaltung ausnahmslos und ohne Rücksicht auf besondere Fallgestaltungen und Interessenlagen verbieten.

Ob das Halten des Hundes in der Wohnung noch **artgerecht** ist oder nicht, spielt vor Gericht **keine** Rolle (BGH, Urteil v. 22.1.2013, VIII ZR 329/11)! Die Richter schauen vielmehr darauf, was Sie im Mietvertrag zur Tierhaltung geregelt haben. Je nachdem ist dann das Halten des Hundes zulässig oder nicht.

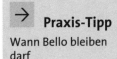

Praxis-Tipp
Wann Bello bleiben darf

Benötigt Ihr Mieter aus gesundheitlichen Gründen – etwa weil er blind ist oder an einer Depression leidet – einen Hund, **müssen** Sie ihm die Tierhaltung erlauben (LG Hamburg, 316 S 44/94).

Tierhaltung, Genehmigung

Sie können im Mietvertrag vereinbaren, dass Ihr Mieter Sie **vorher** um Erlaubnis fragen muss, bevor er ein Tier anschafft, was nicht ohnehin schon als erlaubnisfreies Kleintier gilt. Dabei kommt es auf jedes Wort an. Tappen Sie dabei nicht in diese 3 Unwirksamkeitsfallen:

1. Aus Ihrer Klausel muss sich ergeben, dass der Mieter Kleintiere auch **ohne** Ihre Erlaubnis halten darf. Das Recht zur Kleintierhaltung dürfen Sie nicht einschränken.

2. **Verzichten** Sie auf eine **schriftliche** Erlaubniserteilung. Mündlich gefragt und erlaubt zählt auch. Ganz gleich, ob Sie Ihre Erlaubnis dennoch nachweislich schriftlich erteilen.

3. Erwecken Sie in Ihrer Klausel **nicht** den Eindruck, dass die Erteilung der Erlaubnis in Ihrem freien **Ermessen** steht, sondern dass vielmehr eine Interessenabwägung stattfindet.

Der neue Hund Ihres Mieters bellt ständig – auch mitten in der Nacht. Die Mitbewohner haben sich bereits deswegen beschwert.

Kommt es zu erheblichen Belästigungen durch ein erlaubtes Haustier, müssen Sie Ihren Mieter zunächst auffordern, dass er Maßnahmen ergreift, die zum Beseitigen der Belästigung erforderlich sind.

Bleiben die Bemühungen **erfolglos,** kann Ihr Mieter trotz einer vertraglichen Vereinbarung bzw. Ihrer erteilten Erlaubnis verpflichtet sein, das Tier wieder aus der Wohnung zu entfernen. Weigert er sich zu Unrecht, können Sie das Mietverhältnis schlimmstenfalls nach §§ 543, 569 Abs. 2, 573 Abs. 2 Nr. 1 BGB kündigen.

→ **Praxis-Tipp**

Wann Sie den Tierhalter anzeigen sollten

Lässt Ihr Mieter seine Tiere verwahrlosen, verstößt er gegen das **Tierschutzgesetz.** Sie können ihn dann **anzeigen.** Allerdings sollten Sie nicht vorschnell handeln.

Wenden Sie sich besser bei einem Verdacht erst einmal an den Tierschutzbund und informieren Sie sich, welche Möglichkeiten Sie im konkreten Fall als Vermieter haben.

Wollen Sie einem Mieter die Tierhaltung **gestatten,** sprechen Sie Ihre Erlaubnis so **konkret** wie möglich aus. Nennen Sie das Tier am besten beim Namen und schreiben Sie in Ihr Erlaubnisschreiben auch gleich die Rasse des Tieres hinein. Damit beschränken Sie Ihre Erlaubnis auf dieses Tier und beugen einer „Ersatzbeschaffung" vor.

Erteilen Sie also nur die Erlaubnis für z.B. das Rauhaardackel-Weibchen Sissi. So vermeiden Sie, dass Ihr Mieter plötzlich die kleine Sissi gegen einen Bernhardiner eintauscht. Und wenn Sissi stirbt, können Sie zu einem neuen Hund schlicht und einfach „Nein" sagen.

Zudem können Sie besser argumentieren, wenn andere Mieter plötzlich ihr vermeintliches Recht, ein Haustier zu halten, einfordern. Sagen Sie z.B.: *„Sissi ist ein besonders kleiner, ruhiger und gut erzogener Hund. Da konnte ich schon mal eine Ausnahme machen."*

Tierhaltung, Schäden

Wenn es um die Tierhalterhaftung geht, kommt automatisch immer § 833 BGB ins Spiel. Danach haftet ein Tierhalter auch **ohne** Verschulden, wenn sich eine typische Tiergefahr verwirklicht.

Eine typische Tiergefahr verwirklicht sich, wenn das Tier beispielsweise ein **unberechenbares** und **selbstständiges** Verhalten an den Tag legt, z. B. wenn ein Pferd durchgeht oder ein Hund zubeißt. Deswegen haften Tierhalter auch strenger, weil ein solches „tierisches Verhalten" selbst für den Halter nicht beherrschbar ist.

Hinterlässt allerdings der Hund Ihres Mieters mit seinen Nägeln Kratzer im Parkett, verwirklicht sich damit **keine typische Tiergefahr**. Ein Schadensersatzanspruch scheidet dann aus, sofern Sie dem Mieter auch noch die Hundehaltung erlaubt haben (AG Koblenz, Urteil v. 20.12.2013, 162 C 939/13).

Lässt Ihr Mieter dagegen seine 3 Katzen tagsüber allein in der Wohnung und verursachen die Urinschäden am Parkett und den Sockelleisten, können Sie vom Mieter Schadensersatz verlangen.

Ob seine Haftpflichtversicherung den Schaden übernimmt, kann Ihnen dabei eigentlich egal sein: An Ihrem Anspruch gegenüber dem Mieter ändert das **nichts!** Die Haftpflichtversicherer lehnen eine Kostenübernahme zumindest teilweise ab, wenn die Tiere unsachgemäß gehalten wurden und deswegen den Mieter ein **erhebliches Mitverschulden** am Schaden trifft.

Zwar sind die Schäden durch zahme Haustiere grundsätzlich **mitversichert**, doch es gibt auch gewisse Grenzen (Beschluss des Saarländischen OLG, 5 W 72/13, Deutsches Recht, Heft 21/2013).

Tierhaltungsklausel, unwirksame

Entpuppt sich Ihre Tierhaltungsklausel als **unwirksam**, darf der Mieter nicht automatisch einen Hund oder eine Katze halten.

Es ist vielmehr so, dass zunächst einmal geprüft wird, was im **Mietvertrag** steht. Ist dort **nichts** zur Hunde- oder Katzenhaltung geregelt oder entpuppt sich die dortige Regel als **unwirksam**, wird zwischen den Vermieter- und Mieterinteressen **abgewogen**.

Bei der **Interessenabwägung** sind insbesondere zu berücksichtigen:

– Die Art, die Größe, das Verhalten und die Anzahl der gewünschten **Tiere**,

- die Art, Größe, Zustand und Lage der **Wohnung** sowie des Hauses, in dem sich die Wohnung befindet,
- die Anzahl und die persönlichen Verhältnisse, namentlich Alter und berechtigte Interessen der **Mitbewohner** und **Nachbarn,**
- wie viele und welche **anderen Tiere** es bereits im Haus gibt,
- wie der Vermieter **bisher** die Tierhaltung im Haus gehandhabt hat sowie
- welche besonderen Bedürfnisse der Mieter an der Tierhaltung hat.

Außerdem spielen bei der Abwägung noch die Belange der anderen Hausbewohner und der Nachbarn eine gewichtige Rolle. Insofern müssen dann Sie bzw. das Gericht **pro Einzelfall** entscheiden, ob das Tier in der Wohnung gehalten werden darf oder nicht.

Deswegen sprach der BGH einem 20 cm großen Hündchen ein Bleiberecht zu (BGH, Urteil v. 20.3.2013, VIII ZR 168/12).

Treppenhausbeleuchtung

Sorgen Sie immer dafür, dass der Zugang zu Ihrem Haus ausreichend beleuchtet ist. Und: Lassen Sie das **Treppenhauslicht** lange genug brennen.

Brennt es nur **20 Sekunden** lang, ist das bei einem mehrgeschossigen Gebäude viel zu kurz. In dieser Zeit schafft es niemand, bei durchschnittlicher Gehgeschwindigkeit im Hellen in den 2. Stock zu gelangen (OLG Koblenz, Urteil v. 12.10.1995, 5 U 324/95, WM 1997 S. 50).

Muten Sie Ihrem Mieter zu, beim Durchlaufen jedes Stockwerks erneut den Lichtschalter zu drücken, ist das zu viel verlangt! Stürzt der Mieter deswegen im Dunkeln, stecken Sie mittendrin in der **Haftung** wegen Verletzung Ihrer Verkehrssicherungspflicht!

→ **Praxis-Tipp**

Sparen Sie nicht an der falschen Stelle

Sparen Sie hier nicht an der falschen Stelle – schließlich können Sie die Stromkosten für die Treppenhausbeleuchtung ja **umlegen:** Als Kosten für die Beleuchtung im Rahmen Ihrer Betriebskostenabrechnung!

Treppenhausfenster

Lassen Sie die Treppenhausfenster reinigen, dürfen Sie dem Mieter die Kosten dafür auf die Betriebskostenabrechnung setzen. Denn diese Kosten zählen zur **Hausreinigung** und fallen unter § 2 Nr. 9 BetrKV.

Das Putzen der Fenster und Fensterrahmen muss also der Mieter bezahlen. Schließlich handelt es sich dabei um **gemeinschaftlich genutzte Gebäudeteile** (LG Hamburg, Beschluss v. 21.5.2001, 311 S 42/01, HE 2001 S. 306).

Treppenhausreinigung

Die Treppenhausreinigung zählt bekanntermaßen nicht gerade zu den liebsten Aufgaben eines Mieters. Dennoch: Ist der Mieter laut Mietvertrag samt Hausordnung dazu **verpflichtet**, regelmäßig das Treppenhaus zu reinigen, muss er seiner Pflicht auch nachkommen. Was dort nicht steht, können Sie auch nicht fordern!

Sind die Weichen im Mietvertrag richtig gestellt, regelt normalerweise ein **zusätzlicher Kehrplan**, wann und wie oft welcher Mieter im Haus zum Schrubber greifen muss.

Haben Sie die Treppenhausreinigung **nicht** bereits im Mietvertrag geregelt, bleiben **Sie** als Vermieter zur Treppenhausreinigung verpflichtet, es sei denn, Sie **ändern** den Mietvertrag zu Ihren Gunsten. Dies geht allerdings nur **mit Zustimmung** Ihres Mieters!

Angenommen, Sie haben zwar **keine** Putzpflicht im Mietvertrag stehen, entdecken aber, dass Sie laut Ihrer Betriebskostenklausel die Kosten der Hausreinigung umlegen dürfen.

In dem Fall können Sie zwar **nicht** vom Mieter verlangen, dass er **selbst** putzt. Allerdings können Sie dafür eine Reinigungskraft einstellen oder eine Reinigungsfirma beauftragen und die Kosten im Rahmen der Betriebskostenabrechnung auf den Mieter **umlegen.**

Übrigens ist die Umlagemöglichkeit auch ein schönes Argument **für** Ihre **Vertragsergänzung**, falls Ihr Mieter der **nicht** zustimmen will. Schreiben Sie ihm, dass er mit der „Selbstreinigung" Betriebskosten spart. Vielleicht greift Ihr Mieter dann doch lieber **freiwillig** zum Schrubber und unterschreibt Ihnen bereitwillig die Vertragsergänzung.

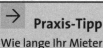

Praxis-Tipp

Wie lange Ihr Mieter Zeit hat zum Putzen

> Wer vertraglich zum Durchführen der Treppenhausreinigung verpflichtet ist, muss spätestens **bis zum 3. Werktag** des Monats seiner Pflicht nachkommen (AG Bremen, Urteil v. 15.11.2012, 9 C 346/12).
>
> Die Reinigung muss dabei **im Voraus** erfolgen und darf **nicht** bis zum Monatsende aufgeschoben werden. Das gilt selbst dann, wenn der Putzplan **erstmalig** aufgenommen wird.

Treppenhausreinigung, Ersatzvornahme

Vielleicht reinigen auch in Ihrem Haus die Mieter das Treppenhaus selbst. Dann kennen Sie das sicherlich: Ein Mieter kommt seiner Pflicht nicht so sorgfältig und pünktlich nach, wie er eigentlich sollte.

Was Sie dagegen tun können? **Mahnen** Sie den Mieter deswegen ab. Setzen Sie ihm zusätzlich noch eine **Nachholfrist,** innerhalb der er seine „Putzpflichten" nachholen soll. Dies klingt zwar etwas umständlich und ein wenig wirklichkeitsfremd, aber so will es nun mal das Gesetz.

Verstreicht die Frist **fruchtlos**, können Sie einen Dritten – also eine Reinigungsfirma oder den Hausmeister – mit den Arbeiten beauftragen. Achten Sie darauf, dass die Kosten für die Treppenhausreinigung auf jeden Fall nachweisbar sind. Die muss Ihnen Ihr Mieter dann ersetzen. „**Ersatzvornahme**" nennen das die Juristen.

Bei der Höhe der Kosten gilt das Gebot der Wirtschaftlichkeit. Sie müssen das Treppenhaus also nicht zum günstigsten, aber zu einem **üblichen Preis** reinigen lassen.

Treppenhausreinigung, Schadensersatz

Da putzt ein Mieter sein Treppenhaus nicht. Der andere, der 14-täglich dran ist, putzt quasi immer für ihn mit. Den ärgert das natürlich, und es dauert nicht lange, da beschwert er sich bei Ihnen. Er will **Schadensersatz** vom nicht putzenden Mieter.

Doch so einfach ist das nicht! Sie als Vermieter können Ihren nicht putzenden Mieter **abmahnen** und ihm eine **Frist setzen,** innerhalb der er seine Putzpflichten nachholen muss.

Verstreicht diese Frist **erfolglos**, können Sie eine Reinigungsfirma oder die Nachbarin mit dem Putzen beauftragen. Die

Kosten, die Ihnen dadurch entstehen – also die Rechnung der Reinigungsfirma oder der Lohn, den Sie der Nachbarin dafür gezahlt haben – können Sie vom Mieter ersetzt verlangen.

Die Variante, dass der putzende Mieter sich **direkt** an den nicht putzenden Mieter halten und von diesem etwas ersetzt verlangen kann, gibt es **nicht.**

Treppenlift

Angenommen, Ihr schwer gehbehinderter Mieter will ins Treppenhaus einen **Treppenlift** einbauen – darf er das? Ja, wenn er die Kosten übernimmt.

Allerdings muss er ihn bei Vertragsende natürlich wieder beseitigen (LG Duisburg, Urteil v. 10.12.1996, 23 S 452/96, ZMR 2000 S. 463).

Gleiches gilt, wenn nicht Ihr Mieter, sondern die mit ihm lebende behinderte Lebensgefährtin einen Treppenlift benötigt (BVerfG, Beschluss v. 28.3.2000, 1 BvR 1460/99, WuM 2000 S. 298).

Sie wissen ja: Seit dem 1.9.2001 müssen Sie bei behindertengerechten Einbauten großzügiger sein wegen der in § 554a BGB geregelten **Barrierefreiheit.** Um Ihr Rückbaurecht abzusichern, bleibt Ihnen nur eines: Verlangen Sie für die Rückbaupflicht eine Kaution!

Tür

Bohrt Ihr Mieter in die Küchen- oder Badezimmertür, um dort einen **Kleiderhaken** anzubringen, überschreitet er damit den vertragsgemäßen Gebrauch (AG Kassel, Urteil v. 15.3.1996, 451 C 7217/95, WuM 1996 S. 757).

Klebt Ihr Mieter während seiner Mietzeit an die Türen und Türrahmen Kunststofffolie im Eiche-Rustikal-Design, gehört das noch zum vertragsgemäßen Gebrauch. Die **Folie** muss er selbstverständlich beim Auszug wieder entfernen (AG Berlin-Tempelhof-Kreuzberg, Urteil v. 5.6.2001, 19 C 39/01, HE 2001 S. 374).

Verlegt Ihr Mieter einen Laminat-Fußboden und **kürzt** er deswegen die **Zimmertüren,** können Sie bei Mietende darauf bestehen, dass der ursprüngliche Bodenbelag wieder reinkommt und Ihnen der Mieter den Schaden für die gekürzten

Türen ersetzt (AG Hamburg, Urteil v. 23.6.1998, 39A C 114/98, WuM 1998 S. 723).

Will der Mieter, dass **Sie** ihm die Türen kürzen, weil er einen Teppichboden verlegt hat, hängt Ihre Kürzungspflicht davon ab, was in Ihrem Mietvertrag steht, aber auch von der Verkehrsanschauung bzw. dem konkreten Mietobjekt.

Jedenfalls muss der Mieter nach Mietvertragsende wieder „lange" Türen zurückgeben und – wenn das nicht möglich ist – zumindest den Schaden ersetzen (AG Berlin-Lichtenberg, Urteil v. 9.6.2011, 111 C 319/09, GE 2011 S. 981).

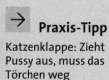

→ Praxis-Tipp

Katzenklappe: Zieht Pussy aus, muss das Törchen weg

Katzenklappen müssen (erst!) beim Auszug wieder entfernt werden bzw. Ihr Mieter muss Ihnen die zersägte Tür wieder ersetzen (AG Erfurt, Urteil v. 9.7.1999, 223 C 1095/98, WuM 2000 S. 630).

Hat Ihr Mieter eine **Tür ausgehängt** und während der Mietzeit im Keller unsachgemäß gelagert, muss er Ihnen den Schaden ersetzen, wenn die Tür danach völlig verzogen ist!

Sie vermieten Ihre Wohnung mit schönen transparent lackierten Naturholztüren und -rahmen. Und was macht Ihr Mieter? Er überstreicht sie einfach mit einer mittelgrau glänzenden bzw. graublau glänzenden Farbe.

Müssen Sie das hinnehmen? **Nein!** Diese ungewöhnliche Farbgebung gilt nämlich als Beschädigung der Mietsache (LG Aachen, Urteil v. 17.10.1996, 6 S 90/96, WM 1998 S. 596).

Dafür, dass die Wohnungseingangstür **funktioniert**, sind übrigens Sie als Vermieter zuständig! Klafft zwischen Tür und Rahmenfalz noch ein offener Schlitz von 0,5 cm und hängt das Türblatt schräg im Rahmen „auf der Nase", darf der Mieter die Miete um 10 % mindern (AG Köln, Urteil v. 29.5.2013, 214 C 198/12).

Übergabeprotokoll

Nehmen Sie zum nächsten Mietvertragsabschluss unbedingt auch ein Wohnungsübergabeprotokoll mit. Besichtigen Sie mit Ihrem neuen Mieter **gemeinsam** die Wohnung und fertigen Sie darüber ein Übergabeprotokoll an.

So ein sorgfältig ausgefülltes Übergabeprotokoll zahlt sich beim Auszug wieder aus. Denn damit können Sie schwarz auf weiß **beweisen**, dass Ihre Teppichböden noch beim Einzug in Ordnung waren, das Fensterbrett keinen Riss hatte und an der Badewanne nicht daumengroß das Emaille abgeplatzt war.

Die Mängel, die im Übergabeprotokoll nicht vermerkt sind, waren auch **nicht** da. Steht dort also nichts vom Riss in der Fensterbank und ist dort nun beim Auszug einer vorhanden, spricht das Übergabeprotokoll für Sie!

Ein Übergabeprotokoll zahlt sich nicht erst beim Auszug des Mieters aus, sondern kann es auch schon **während** des Mietverhältnisses.

Beispielsweise, wenn Sie Ihren Mieter bei der Wohnungsbesichtigung **ausdrücklich** auf die Hellhörigkeit der Wohnung hingewiesen haben und das im Protokoll vermerken.

Dann kann er später **nicht** wegen diesem, ihm nachweislich bekannten Mangel die Miete mindern.

 Praxis-Tipp

So hilft Ihnen ein Übergabeprotokoll bei Mieterbeschwerden

Umlage, nicht vereinbarte Kosten

Rechnen Sie über Betriebskosten ab, die Sie gar nicht vereinbart haben, macht das Ihre Abrechnung noch nicht automatisch unwirksam. Ihr Mieter kann sie aber **unwirksam** machen, indem er noch rechtzeitig innerhalb der einjährigen „Meckerfrist" Einwendungen gegen die Abrechnung erhebt (BGH, Beschluss v. 31.1.2012, VIII ZR 335/10).

Rechnen Sie über Betriebskosten bzw. einzelne Betriebskosten ab, obwohl gar **keine** vereinbart waren, gilt das als **materieller** Fehler Ihrer Abrechnung. Das bedeutet: Die Abrechnung bleibt trotz des Fehlers **wirksam**. Dagegen kann der Mieter bei einer **formell** unwirksamen Abrechnung auch nach Ablauf der Einwendungsfrist eine neue Abrechnung verlangen.

Will der Mieter etwas gegen seine inhaltlich falsche Abrechnung unternehmen, muss er die Einwendungsfrist von 12 Monaten **einhalten**. Das ist eine Ausschlussfrist und beginnt bereits mit dem **Zugang** einer formell korrekten Abrechnung beim Mieter zu laufen.

Im Übrigen muss der Mieter konkrete Einwände erheben. So reicht es **nicht**, wenn der Mieter pauschal behauptet, „die Abrechnung ist nicht nachvollziehbar".

Bestehende Vereinbarungen lassen sich zwar auch **stillschweigend** wieder ändern, ja sogar erweitern, allerdings nicht einfach dadurch, dass Sie Ihrem Mieter eine Abrechnung zuschicken, die vom vertraglich Vereinbarten abweicht (BGH, Urteil v. 13.2.2008, VIII ZR 14/06, GE 2008 S. 534).

Umsatzmiete

Das Wort „Umsatzmiete" höre ich oft in Zusammenhang mit neuen Einkaufszentren. Hier wissen nämlich meist weder Mieter noch Vermieter, wie der neue Standort vom Kunden „angenommen" wird und wie hoch die erstmalige und weiteren Mietzinszahlungen festgesetzt werden sollen.

Weil dies so ist, wird eine Umsatzmiete als die Patentlösung betrachtet. Steigt der **Nettoumsatz** ohne Mehrwertsteuer, steigt auch die Miete. Doch diese einfache Rechnung geht nicht immer auf!

Die **bessere Lösung** ist es da, Sie kombinieren die Umsatzmiete gleich mit einer Festmiete. Legen Sie zu Ihrer eigenen Absicherung einen festen Grundbetrag als **Mindestmiete** fest.

Um Ihrem Mieter das Ganze schmackhaft zu machen, können Sie zudem auch eine Höchstmiete vereinbaren. Nehmen Sie in einen solchen Vertrag immer auch eine ausführliche Regelung zur Auskunfts- und Nachweispflicht des Mieters über seinen Umsatz auf.

 Praxis-Tipp

Was Sie bei einer Umsatzmiete unbedingt noch vereinbaren sollten

Schließen Sie bei einer Umsatzmiete immer eine Untervermietung oder eine Nachmietergestellung aus.

Sonst binden Sie Ihre Miethöhe an einen Ihnen unbekannten Drittmieter. Damit riskieren Sie Ihre künftige Mietrendite.

Umsatzsteuer

Der steuerliche Normalfall bei der **Gewerberaumvermietung** sieht so aus: Vermieten Sie als Unternehmer einen Gewerberaum an einen anderen Unternehmer, können Sie nach § 9 Abs. 1 UStG auf die Steuerfreiheit Ihrer Mieteinnahmen **verzichten**.

„Umsatzsteueroption" nennt sich das. Dann müssen Sie in Ihren Mietvertrag reinschreiben, dass der Mieter die Miete plus die Umsatzsteuer zahlen muss.

Was viele Vermieter dabei leicht übersehen: Die Garage zählt auch als **Gewerberaum**, es sei denn, Sie vermieten eine Wohnung **zusammen** mit der Garage an den gleichen Mieter.

Das bedeutet: Die Vermietung wäre umsatzsteuerfrei, gäbe es da nicht § 4 Nr. 12a UStG.

Danach gilt die grundsätzliche Steuerbefreiung **nicht** für alle Vermietungstätigkeiten. Vermieten Sie z. B. einen Stellplatz oder eine Garage **ohne** dazugehörige Wohnung, machen Sie sich damit umsatzsteuerpflichtig.

Beispiel: Wann Sie keine Umsatzsteuer zahlen müssen

Sie vermieten eine Wohnung zusammen mit einem Stellplatz an denselben Mieter.

Es liegt eine **einheitliche** Vermietungsleistung vor, weswegen Sie **keine** Umsatzsteuer zahlen müssen.

Vermieten Sie allerdings die Wohnung an Herrn Müller und die Garage an Herrn Meier, müssen Sie für die Garage die derzeitige Umsatzsteuer von 19 % ans Finanzamt abführen. Auch dann, wenn Sie im Mietvertrag gar nicht stehen haben, dass der Mieter auch eine zahlen muss.

Doch das ist noch nicht alles: Sie müssen beim Finanzamt auch eine **Umsatzsteuervoranmeldung** abgeben.

Vorsicht: Verlangen Sie irrtümlich **keine** Umsatzsteuer im Mietvertrag, kann der Mieter die Miete als Bruttowert – also **inklusive** Mehrwertsteuer – ansehen.

Dennoch schulden Sie dem Finanzamt die darin enthaltene Umsatzsteuer!

Nach dem Urteil des EuGH kommen Sie jedoch um die Umsatzsteuer herum, wenn Ihre Garage oder Ihr Stellplatz mit einer anderen (steuerfreien) Vermietung so eng verschlungen ist, dass sie einen **einheitlichen wirtschaftlichen Vorgang** darstellen.

Diese Voraussetzungen lägen z. B. vor, wenn der Kfz-Stellplatz und das für einen anderen Gebrauch (z. B. zu Wohnzwecken) bestimmte Grundstück

- Teile ein und desselben Gebäudekomplexes sind **und**
- Sie diese beiden Gegenstände an ein und denselben Mieter vermietet haben (EuGH, Urteil v. 13.7.1989, 173/88, Morten Henriksen; ebenso der BFH mit Urteil v, 28.2.2006, V B 175/04).

Doch selbst, wenn Sie um die Umsatzsteuer auf den ersten Blick nicht herumkommen, können Sie sich immer noch auf die sog. „**Kleinunternehmerregelung**" nach § 19 UStG berufen.

Danach können Sie beantragen, wie ein „Nichtunternehmer" behandelt zu werden.

Gute Karten haben Sie, wenn Ihre Jahresmieteinnahmen im vorangegangenen Kalenderjahr 17.500 EUR **nicht** überstiegen haben und sie im laufenden Kalenderjahr voraussichtlich 50.000 EUR nicht übersteigen werden.

Betragen Ihre Jahresmieteinnahmen **maximal** 17.500 EUR, können Sie sich zudem auf die Kleinunternehmerregelung stützen.

> ! **Wichtig**
> Wann Sie von der Kleinunternehmerregelung profitieren können

Die Kleinunternehmerregelung hilft Ihnen natürlich nur, wenn Sie von Ihrem Mieter bisher **keine** Umsatzsteuer verlangt und auch keine in Ihren Rechnungen ausgewiesen haben!

Dann können Sie sich auch die **Umsatzsteuervoranmeldung** und die Umsatzsteueridentifikationsnummer auf Ihrer Rechnung sparen.

Ungezieferbekämpfung

Die Kosten für den Kammerjäger dürfen Sie Ihrem Mieter nur auf die Betriebskostenabrechnung setzen, wenn es sich dabei um **regelmäßig** anfallende Kosten handelt. Und auch dann nur, wenn „das Ungeziefer" auf **Gemeinschaftsflächen** „bekämpft" wird, also **nicht** in einer einzelnen Mieterwohnung (LG München I, Urteil v. 5.12.2000, 20 S 19147/00, WuM 2001 S. 245, Schabenbefall in einer Wohnung).

Zu den Gemeinschaftsflächen zählen z.B. der Zugangsbereich, der Flur, die Treppe, der Keller, der Bodenraum oder die Waschküche.

Regelmäßig bedeutet **nicht**, dass die Kosten **jährlich** anfallen müssen. Vielmehr reicht ein Turnus von mehreren Jahren aus.

Tauchen die Tierchen in einer einzelnen Mieterwohnung auf, muss der sie bekämpfen, der dafür verantwortlich ist! Erstrecken sich also Ungeziefer-Beseitigungsmaßnahmen (auch) auf **einzelne Wohnungen**, müssen Sie diese Kosten aus den Gesamtkosten herausrechnen.

Den **Bienenstock** im Dachstuhl oder das **Wespennest** am Hauseingang müssen Sie dagegen auf Ihre Kosten beseitigen (AG Freiburg, Urteil v. 9.6.1993, 5 C 1738/93, WuM 1997 S. 471). Der Grund: Dabei handelt es sich um selten anfallende Maßnahmen, die nicht umlagefähig sind!

Ebenso zählt die Holzbockbekämpfung zu den nicht umlagefähigen Instandhaltungskosten, ebenso die Nachschau.

Unpünktliche Mietzahlung

Ihr Mieter zahlt mal heute, mal morgen, obwohl in Ihrem Mietvertrag exakt drinsteht, dass die Miete **bis zum 3. Werktag** im Voraus zu zahlen ist?

Hartnäckige Zahlungsunpünktlichkeit ist ein Kündigungsgrund. Sie können wahlweise nach § 543 Abs. 1 BGB fristlos oder nach § 573 BGB ordentlich kündigen.

Eine fristlose Kündigung wegen unpünktlicher Mietzahlungen setzt **4 Dinge** voraus:

– Ihr Mieter muss den vereinbarten Zahlungstermin **nachhaltig**, d. h. fortdauernd, überschritten haben.

– Sie müssen den Mieter deswegen abgemahnt haben.

– Ihr Mieter muss trotz der Abmahnung erneut zu spät zahlen.

– Sie müssen das Vertrauen darauf, dass der Mieter künftig wieder pünktlich zahlt, verloren haben.

Nachhaltig heißt: Eine gelegentliche Zahlungsunpünktlichkeit ist noch **kein** fristloser Kündigungsgrund. Die Zahlungsunpünktlichkeit muss vielmehr einen längeren Zeitraum umfassen.

Eine gesetzliche Mindestgrenze gibt es **nicht**, allerdings sollten innerhalb eines Jahres **6 Zahlungstermine** oder mehr

! **Wichtig**

Wie oft? Es gibt keine gesetzliche Mindestanzahl

überschritten sein (Schmidt-Futterer, Mietrecht Kommentar, § 543 Rz. 173).

Bei der Frage, **wann** das Vertrauensverhältnis zerstört ist, werden alle Umstände des Einzelfalls, insbesondere ein Verschulden, unter die Lupe genommen und die beiderseitigen Interessen am Festhalten des Vertrags miteinander abgewogen.

Bei der Frage, ob Ihnen eine Vertragsfortsetzung noch **zumutbar** ist, spielen auch die Vertragsverletzungen aus der Zeit **vor** der Abmahnung eine Rolle. Hat der Mieter damals schon unpünktlich gezahlt, rechtfertigt schon **ein** weiteres Zahlungsversäumnis trotz Mahnung eine fristlose Kündigung (BGH, Urteil v. 14.9.2011, VIII ZR 301/10).

Insgesamt hatte der Mieter im BGH-Fall **11-mal zu spät gezahlt**. Als der Vermieter nach einer nochmaligen unpünktlichen Mietzahlung fristlos kündigte, sah das Gericht die Kündigung als gerechtfertigt.

Unterschrift

Geht es nach den Juristen, heißt Unterschrift: Es muss ein aus Buchstaben einer üblichen Schrift bestehendes Gebilde vorliegen. Das muss zwar **nicht lesbar** sein, aber es muss einen, die Identität des Unterschreibenden ausreichend kennzeichnenden individuellen Schriftzug erkennen lassen.

Wird eine Erklärung dagegen nur mit einem **Handzeichen** unterschrieben, das nur einen Buchstaben verdeutlicht, oder mit einer Buchstabenfolge, die erkennbar nur eine **Namensabkürzung** sein soll, liegt **keine** Namensunterschrift im Rechtssinne vor. Derartige Paraphen genügen **nicht**, um einen Vertrag hieb- und stichfest zu machen.

Bei der Betriebskostenabrechnung müssen Sie sich darum keine Sorgen machen: Fehlt unter der Abrechnung Ihre Unterschrift oder ist sie unleserlich, ist Ihre Abrechnung dennoch **wirksam**. Betriebskostenabrechnungen müssen Sie nämlich **nicht** unterschreiben (AG Berlin-Schöneberg, Urteil v. 21.2.2000, 109 C 491/99, GE 2000 S. 475).

Etwas anderes gilt für Vermieter von preisgebundenem Wohnraum: Für die ist die Unterschrift unter der Abrechnung ein **absolutes „Muss"**.

Untervermietung, Ablehnung

Bittet Sie Ihr Mieter, die Mieträume untervermieten zu dürfen, sollten Sie ihm das nie **ohne guten Grund** verbieten. Sonst spielen Sie ihm geradewegs ein Sonderkündigungsrecht in die Hände – gerade bei langen Zeitmietverträgen ein teures „Nein".

Das gilt übrigens auch für Ihren Gewerberaummietvertrag!

Das Sonderkündigungsrecht regelt § 540 Abs. 1 BGB. Danach darf der Mieter kündigen, wenn Sie ihm die Untervermietung **grundlos verweigern**. Für den Gewerberaummieter gilt dann die „normale" Kündigungsfrist des § 580a BGB. Danach kann er bis spätestens am 3. Werktag eines Kalendervierteljahres zum Ablauf des nächsten Kalendervierteljahres kündigen.

Unterm Strich gilt also die gleiche Kündigungsfrist, wie wenn Ihr Geschäftsraummieter **ordentlich** kündigen würde.

 Praxis-Tipp

Warum Sie nicht vorschnell Nein sagen sollten

Nur wenn Sie mit Ihrem Mieter einen **Zeitmietvertrag** geschlossen haben, kommt er dank der Untervermietungsverweigerung **früher** aus seinem Mietvertrag raus. Lehnen Sie schon deswegen die Untervermietungsbitte Ihres Mieters – ganz gleich ob Wohn- oder Gewerberaum – **nie** vorschnell ab. Sie spielen ihm damit nur ein **Sonderkündigungsrecht** zu. Das ist meist der Zweck der Übung!

Haken Sie besser nochmals nach, z.B. indem Sie nach dem **Namen des Untermieters** fragen. So spielen Sie auf Zeit und finden heraus, ob der Untervermietungswunsch Ihres Mieters ernst gemeint ist oder tatsächlich nur eine Finte, um vorzeitig aus dem Mietvertrag aussteigen zu können.

Siehe auch unter „Zeitmietvertrag, Auflösung".

Urkundenklage

Urkundenklage – was ist das eigentlich? Die Urkundenklage ist eine besondere Prozessart. In diesem Prozess müssen Sie Ihren Anspruch **nur per Urkunde** nachweisen können. So eine Urkundenklage ist auch bei Wohnraumstreitigkeiten zulässig (BGH, Urteil v. 1.6.2005, VIII ZR 216/04).

Allerdings können Sie nur einen **Geldanspruch** per Urkundenklage geltend machen. Also beispielsweise eine rückständige

Miete, eine Kautionsrate oder eine Betriebskostennachzahlung.

Ihr Mietvertrag ist beispielsweise eine solche Urkunde, mit der Sie Ihren Mietzahlungsanspruch vor Gericht belegen können. Es gelten nur Originalurkunden.

Ihrem Mieter stehen **nur 2 Beweismittel** zur Verfügung, sich gegen den Anspruch zu wehren: Entweder er wartet ebenfalls mit einer Urkunde auf, aus der sich ein niedrigerer Zahlungsanspruch ergibt, oder es ergibt sich durch seine Vernehmung, dass dem Vermieter der Anspruch nicht zusteht.

Hat der Mieter mit seinem Gegenbeweis keinen Erfolg, erhält der Vermieter ein **Vorbehaltsurteil**. Damit muss der Prozess aber noch nicht am Ende sein! Der Mieter kann nämlich noch in einem sogenannten Nachverfahren weiter seine Rechte verfolgen.

Damit geht der Urkundenprozess dann wieder in einen „**ganz normalen Prozess**" über – und alle weiteren Beweismittel wie z. B. Zeugen oder Augenschein sind wieder zugelassen.

Urlaub

Ihr Mieter winkt Ihnen fröhlich zu, als er mit seinem voll gepackten Urlaubswagen um die Ecke biegt. Da fällt Ihnen siedend heiß ein: „*Ich habe ja gar keinen Notfallschlüssel für seine Wohnung!*"

Steht Ihnen der überhaupt zu? Rechtlich ist es so: Trotz längerer Abwesenheit muss der Mieter für eine **ausreichende Kontrolle** der Wohnung sorgen.

Wahlweise kann er auch einem Dritten – in der Regel einer Vertrauensperson – den Zugang zur Wohnung gestatten.

Dann muss er allerdings seinem Vermieter Bescheid geben und ihm den **Namen seiner Vertrauensperson** nennen, die ihm während seiner Abwesenheit den Zutritt zur Wohnung verschaffen kann.

Das gilt übrigens auch, wenn Ihr Mieter **vor** Ablauf der Kündigungsfrist bereits ausgezogen ist und Sie mit einem Mietinteressenten in die Wohnung wollen.

Mehr unter dem Stichwort „Notfallschlüsselvereinbarung".

Vergessene Kosten

Kaum haben Sie Ihre Abrechnung abgeschickt, stellen Sie fest, dass Sie vergessen haben, die Grundsteuer auf den Mieter umzulegen. Hat Ihr Mieter mittlerweile die Nachzahlung bezahlt oder haben Sie ihm schon sein Betriebskostenguthaben ausbezahlt, bedeutet das: Entdecken Sie jetzt noch, dass Sie **vergessen** haben, Ihrem Mieter eine Rechnung auf die Abrechnung zu setzen, sind diese Kosten **nicht** unbedingt für Sie verloren. Das gilt jedenfalls, solange die Abrechnungsfrist noch **nicht** verstrichen ist!

Das Bezahlen der Nachzahlung bzw. das Auszahlen eines Betriebskostenguthabens gilt nämlich noch **nicht** als deklaratorisches Schuldanerkenntnis (BGH, Urteil v. 12.1.2011, VIII ZR 296/09). Vor diesem Grundsatzurteil des Bundesgerichtshofs galt ja noch die Faustregel: „Bezahlt heißt anerkannt". Doch damit ist es jetzt **vorbei.**

Bezahlt heißt also noch lange **nicht,** dass damit Ihre Abrechnung vom Tisch ist: Solange die Abrechnungsfrist noch **läuft,** dürfen Sie Ihre Abrechnung noch **korrigieren.**

 Praxis-Tipp

Wie lange Sie Ihre Abrechnung noch korrigieren dürfen

Auf der anderen Seite kann aber auch Ihr **Mieter** von Ihnen fordern, dass Sie seine Abrechnung zu seinen Gunsten ändern, wenn er noch einen Fehler entdeckt und er zu diesem Zeitpunkt bereits seine Abrechnung bezahlt hat, die Abrechnungsfrist aber noch läuft.

Ist die Abrechnungsfrist jedoch erst einmal **abgelaufen,** müssen Sie zwar Ihre Abrechnung korrigieren, falls Ihr Mieter darauf besteht. Ergibt sich am Ende aber eine höhere Nachzahlung, weil Sie z.B. vergessene Kosten noch eingestellt haben, dürfen Sie nichts mehr nachfordern (BGH, Urteil v. 17.11.2010, VIII ZR 112/10).

Entdeckt Ihr Mieter einen **formellen Fehler** in Ihrer Abrechnung, kann er sogar noch **nach** Ablauf der Abrechnungsfrist fordern, dass Sie den **korrigieren.** Auch dann gilt: Ergibt sich dadurch ein **höherer Nachzahlungsbetrag** zu Ihren Gunsten, muss Ihr Mieter dennoch nichts nachzahlen: Da hätten Sie **vor** Ablauf der Abrechnungsfrist selbst drauf kommen müssen!

Ergibt sich jedoch ein **höheres Guthaben** zu seinen Gunsten, müssen Sie es ihm sehr wohl auszahlen (BGH, Urteil v.

8.12.2010, VIII ZR 27/10). Eine Betriebskostenabrechnung **mit** einem formellen Fehler setzt **nicht** die einjährige Meckerfrist des Mieters nach § 556 Abs. 3 Satz 5 BGB in Gang.

Der **Einwendungsausschluss** des § 556 Abs. 3 Satz 6 BGB greift nur bei solchen Kostenpositionen, die **formell** korrekt abgerechnet wurden. Solche, die an einem formellen Fehler leiden (z. B. weil Sie bei dieser Position vergessen haben, den Verteilungsschlüssel anzugeben), kann Ihr Mieter sehr wohl noch trotz abgelaufener Abrechnungsfrist beanstanden.

→ **Praxis-Tipp**
Wie Sie Versäumtes nachholen können

Haben Sie bereits im Mietvertrag vergessen, die Umlage bestimmter Betriebskosten zu vereinbaren, können Sie die künftig nur umlegen, wenn Ihr Mieter einer solchen Vertragserweiterung **zustimmt**, denn das kommt einer **Vertragsänderung** gleich!

Vergleichswohnungen

Mindestens 3 Vergleichswohnungen brauchen Sie immer dann, wenn Sie Ihre Wohnungsmiete kostengünstig auf die ortsübliche Vergleichsmiete nach § 558 BGB erhöhen wollen und es weit und breit keinen Mietspiegel gibt.

Begründen Sie Ihr Erhöhungsschreiben nach §§ 558 ff. BGB mit (**mindestens!** Je mehr umso besser.) 3 Vergleichswohnungen, müssen Sie deren Lage so exakt beschreiben, dass der Mieter sie mühelos finden und Ihre Angaben überprüfen kann.

Neben der Adresse müssen Sie Hinweise zur Ausstattung, zur Wohnfläche und der gezahlten Miete geben.

Zudem müssen Sie das Geschoss nennen und – wenn es auf dem Stockwerk mehr als eine Wohnung gibt – deren Lage ergänzen: rechts, links bzw. Mitte.

Gibt es eine von außen erkennbare **Wohnungsnummer**, gehört auch diese in Ihr Erhöhungsschreiben hinein. Existiert keine Wohnungsnummer, sollten Sie den Namen des Mieters, der in der Vergleichswohnung wohnt, nennen.

Nennen Sie lieber eine Wohnung zu viel als zu wenig: Mehr als 3 Wohnungen sollten es immer sein! Fällt nämlich eine davon als **unbrauchbar** aus, weil sie nicht so vergleichbar ist, wie Sie meinten, ist Ihr Mieterhöhungsbegehren **unwirksam** (BGH, Urteil v. 28.3.2012, VIII ZR 79/11). Sie können es leider nicht mehr dadurch retten, dass Sie eine andere Wohnung nachschieben.

Ihnen bleibt dann nur noch eines: ein **neues** Mieterhöhungsschreiben mit neuen Fristen loszuschicken.

Gibt es in Ihrer Stadt einen **Mietspiegel**, müssen Sie darauf in Ihrem Mieterhöhungsschreiben eingehen.

Auch dann, wenn Sie Ihre Erhöhung mit mindestens 3 Vergleichswohnungen begründen.

Praxis-Tipp

Wo es einen Mietspiegel gibt, müssen Sie auch darauf eingehen!

Verjährung

Ihre Nachforderungen aus der Betriebskostenabrechnung verjähren gemäß § 195 BGB nach **3 Jahren**. Diese Frist gilt sowohl für den Wohn- als auch für den Gewerberaumvermieter.

Die Verjährungsuhr beginnt für beide aber erst dann zu ticken, wenn dem Mieter eine prüffähige Abrechnung **zugeht**. Erhält Ihr Mieter also irgendwann zwischen dem 1.1.2014 und dem 31.12.2014 eine prüffähige Abrechnung für 2013, verjährt Ihr Nachzahlungsanspruch daraus am 1.1.2018.

D.h. bis zum 31.12.2017 lohnt es sich noch, die Nachzahlung einzuklagen. Danach riskieren Sie, dass sich Ihr Mieter auf die Verjährung beruft und das Gericht Ihre Zahlungsklage **abweist**.

Verwechseln Sie die Verjährungsfrist **nicht** mit der Abrechnungsfrist nach § 556 BGB: Die Abrechnungsfrist besagt nur, **bis wann** Sie über die Betriebskosten abrechnen müssen. Die Verjährungsfrist betrifft aber den Fall, dass Sie bereits über die Betriebskosten abgerechnet haben, Ihr Mieter aber nicht zahlt.

Oder einfacher ausgedrückt: **Ohne Abrechnung keine Verjährung!**

Auf der anderen Seite ist es so: Haben Sie auf Ihren Wohnungsmieter eine Nebenkostenart umgelegt, die Sie nicht dürfen (z.B. Verwaltungskosten), verjähren die Rückzahlungsansprüche Ihres Mieters ebenfalls in 3 Jahren.

Ist der Anspruch Ihres Mieters bereits verjährt, müssen Sie sich in einem Mietprozess auch ausdrücklich darauf beru-

Praxis-Tipp

Berufen Sie sich auf die Verjährung

fen. Nur dann haben Sie ein **Leistungsverweigerungsrecht**, müssen also keinen Cent an Ihren Mieter zahlen.

Vermieterpfandrecht

Falls Sie wirklich einmal feststellen müssen, dass Ihr Mieter auszieht und noch Mietschulden hat, versuchen Sie per Vermieterpfandrecht Ihren Schaden so gering wie möglich zu halten. Um es gleich vorwegzunehmen: Das Vermieterpfandrecht ist so etwas wie ein Tiger ohne Zähne. Hört sich gut an, nützt Ihnen in der Praxis aber wenig.

Das Vermieterpfandrecht funktioniert so: Sie erklären Ihrem Mieter gegenüber – natürlich **schriftlich** oder vor Zeugen – das Vermieterpfandrecht über bestimmte wertvolle Gegenstände in seiner Mietwohnung.

Schafft Ihr Mieter nun diese Sachen aus der Wohnung, bevor er seine Mietschulden beglichen hat, dürfen Sie ihn daran hindern und den Gegenstand wieder ins Haus zurücktragen.

Mehr noch: Sie können sogar die Polizei rufen! Der Verstoß gegen das Vermieterpfandrecht gilt als **Straftat**.

Ich muss es Ihnen nicht lange erklären: Die Durchsetzung Ihres Vermieterpfandrechts ist wirklich der **letzte Versuch**, doch noch ohne Gericht an Ihre Miete zu kommen.

→ **Praxis-Tipp**

Bitte keine Alleingänge!

Tun Sie beim Vermieterpfandrecht bitte nichts ohne vorherige fachliche Beratung – denn bestimmte Mietergegenstände dürfen Sie **nicht pfänden**. Zudem unterliegen nur solche Gegenstände dem Pfandrecht, die dem Mieter gehören.

Hat er z. B. die Videokamera nur per Ratenzahlung gekauft und die letzte Rate noch nicht bezahlt oder die Kamera sogar nur von einem Freund ausgeliehen, bleibt der Verkäufer bzw. Freund Eigentümer, und die Kamera ist damit für Sie **nicht pfändbar**.

Vermieterwechsel

Wechselt während der Abrechnungsperiode der Vermieter, fragt sich, wer am Jahresende abrechnen muss.

Dazu ist **der Käufer** verpflichtet. Und zwar für die gesamte Abrechnungsperiode, auch wenn er am Anfang noch gar nicht Eigentümer war.

Beispiel: Wer abrechnen muss

Sie rechnen immer von Januar bis Dezember über die Betriebskosten ab. Im Mai verkaufen Sie Ihre Immobilie. Der **neue Eigentümer** muss die Betriebskosten für den gesamten Abrechnungszeitraum abrechnen. Auch für die Zeit von Januar bis April – also auch für die Zeit, als er noch gar **nicht Eigentümer** war und noch keine Vorauszahlungen erhalten hat.

Für **abgeschlossene** Abrechnungsjahre bleibt allerdings noch der **vorherige** Eigentümer zuständig! Findet also der Eigentümerwechsel im Mai 2015 statt und rechnet der Eigentümer immer von Januar bis Dezember ab, muss der neue Eigentümer nur die Abrechnung für **2015** machen. Die Abrechnung für 2014, die noch offen ist, muss noch der **alte Eigentümer** machen.

Verschwundener Mieter

Die Mittel, einem untergetauchten Mieter auf die Spur zu kommen, sind leider spärlich gesät. Zum einen können Sie selbstverständlich eine Anfrage beim **Einwohnermeldeamt** machen.

Doch wenn ein Mieter schon spurlos verschwindet, meldet er sich vorher sicherlich nicht noch schnell beim Einwohnermeldeamt um!

Gute Chancen, den Mieter zu finden, haben Sie allenfalls, wenn er **Sozialhilfe** in Anspruch nimmt oder aufgrund von ausländerrechtlichen Vorschriften lückenlos gemeldet sein muss.

In diesem Fall können Sie darauf hoffen, dass er sich rasch ummeldet und auch das Einwohnermeldeamt davon erfährt. **Frühestens** nach Ablauf von 2 oder 3 Monaten nach Verschwinden des Mieters lohnt sich eine Anfrage beim Einwohnermeldeamt.

Kennen Sie den **Arbeitgeber** des Mieters, können Sie natürlich versuchen, den Lohn zu pfänden. „Versuchen" deshalb, weil das Arbeitsverhältnis häufig nicht mehr besteht – dann nutzt Ihnen auch das schönste Zahlungsurteil gegen Ihren Mieter nichts. Ebenso wenn bereits andere Gläubiger vor Ihnen zugeschlagen haben.

Gute Chancen, an Ihr Geld zu kommen, haben Sie, wenn Sie die **Bankverbindung** Ihres Mieters kennen. Durch eine Kontopfändung können Sie das Mieterkonto zumindest blockieren – wenn schon nichts mehr zu holen ist. Will Ihr Mieter über das Konto noch Bankgeschäfte tätigen, **muss** er sich bei Ihnen melden oder die gerichtliche Freigabe beantragen.

Hilfreich ist häufig eine **Anfrage bei der Post,** ob der Mieter einen Nachsendeantrag gestellt hat. Weisen Sie hierbei auf Ihren bereits bestehenden vollstreckbaren Titel hin, der Sie zur Verfolgung Ihrer Ansprüche berechtigt.

Hatte Ihr Mieter einen Pkw, können Sie über eine **Kfz-Halteranfrage** bei der örtlichen Kfz-Zulassungsstelle an die neue Adresse kommen. Doch bevor Sie sich zu früh freuen: Bis hier eine neue Adresse gespeichert ist, kann einige Zeit vergehen. Ihre Anfrage lohnt sich deshalb in der Regel erst nach 2 oder 3 Monaten, nachdem Ihr Mieter verschwunden ist.

War Ihr Mieter **selbstständig** tätig und versucht er weiterhin Geschäfte zu machen, bleibt Ihnen noch eine weitere Möglichkeit, ihm auf die Spur zu kommen: Starten Sie eine **Anfrage beim Handelsregister.** Am besten Sie fordern eine unbeglaubigte Abschrift an, denn die ist weitaus billiger als eine beglaubigte.

Dort sind alle Vollkaufleute, Offene Handelsgesellschaften (OHG), Kommanditgesellschaften (KG), Gesellschaften mit beschränkter Haftung (GmbH) und die Aktiengesellschaften (AG) registriert.

Nicht alle Informationen, die Sie gerne über Ihren Mieter hätten, stehen in der Handelsregisterauskunft. Aber: Das Handelsregister führt bei jeder Gesellschaft auch eine **Gesellschafterliste.**

Über die kommen Sie manchmal an die Privatadressen der einzelnen **Gesellschafter** sowie die Privatadresse des Geschäftsführers einer GmbH. Auch von dieser Gesellschafterliste können Sie eine unbeglaubigte Kopie anfordern!

Bei selbstständig Tätigen führt auch eine Auskunft beim **Gewerbeamt** oftmals zum Erfolg. Hat Ihr Mieter seine neue

Adresse dort noch nicht hinterlegt, sollten Sie die für Ihren Mieter zuständige Handwerkskammer bzw. **Industrie- und Handelskammer** darüber informieren.

Voraussetzung dafür ist natürlich, dass Ihr Mieter handwerklich oder gewerblich selbstständig tätig ist. Nach einem entsprechenden Hinweis ermitteln diese **Kammern** häufig selbst die neue Adresse des Mieters und teilen sie dem Gewerbeamt mit. Nach entsprechender Frist können Sie dort durch eine erneute Anfrage dann fündig werden.

Versicherungen

Die Kosten der Sach- und Haftpflichtversicherung sind umlagefähig. Darunter fällt die Feuer-, Sturm-, Leitungswasserschadens- und Glasbruchversicherung. Ebenso die Haftpflichtversicherung für das Gebäude, die Öltankversicherung und die Versicherung für den Aufzug. Entscheidend ist, ob die jeweilige Versicherung gebäude- oder betriebsbezogen ist.

Die Kosten Ihrer Rechtsschutzversicherung können Sie allerdings **nicht** auf Ihren Mieter umlegen.

Bei einer **Mischnutzung** kann die Versicherungsprämie wegen des gesteigerten Risikos, das mit der Gewerberaumvermietung verbunden ist, höher ausfallen. Ist der entsprechende Zuschlag **erheblich** und auch **sichtbar**, dürfen Sie diesen nur auf die jeweiligen Verursacher vorverteilen (= Vorwegabzug).

! Wichtig

Wann Sie einen Vorwegabzug machen müssen

Versicherungskosten, neue

Sorgen Sie mit der richtigen Formulierung im Mietvertrag dafür, dass Sie erst **nachträglich** entstehende Betriebskosten auf Ihren Mieter umlegen dürfen. Am einfachsten gelingt Ihnen das, wenn Sie diese Formulierung (= **Mehrkostenklausel**) sinngemäß in Ihren Mietvertrag hineinschreiben:

Werden öffentliche Abgaben neu eingeführt oder entstehen während der Vertragszeit neue Betriebskosten, so können diese vom Vermieter umgelegt und dafür angemessene Vorauszahlungen neu festgesetzt werden.

Sind die Kosten, die Sie umlegen wollen, ohnehin im **Betriebskostenkatalog** aufgeführt, steht einer Umlage der neuen Kosten nichts mehr im Wege (BGH, Urteil v. 13.10.2010, XII ZR 129/09; BGH, Urteil v. 27.7.2006, VIII ZR 80/06).

Dank so einer Mehrbelastungsklausel durfte ein Wiesbadener Vermieter die Kosten einer Terrorversicherung auf den Mieter umlegen, obwohl er die erst **nach** Abschluss des Mietvertrags abgeschlossen hatte.

Ohne eine solche Mehrbelastungsklausel geht es Ihnen so wie einem Pfälzer Vermieter, der die Kosten für seine Haftpflichtversicherung auf seinen Mieter umlegen wollte. Er hatte **keine** Mehrkostenklausel im Mietvertrag stehen, sondern nur, dass er die Kosten für die „Sach- und Haftpflichtversicherung" auf den Mieter umlegen darf.

Allerdings schloss er die Haftpflichtversicherung erst ab, **nachdem** der Mietvertrag bereits einige Jahre lief.

In einem solchen Fall muss der Vertrag danach ausgelegt werden, ob er auch **künftige** Betriebskosten, die **nicht** schon bei Vertragsabschluss angefallen sind, erfasst. Die Auslegung ergab: Der Vermieter darf **ohne** Rücksprache mit dem Mieter **nicht** einfach nachträglich anfallende Betriebskosten auf ihn umlegen. So eine „Blankoermächtigung" hat der Mieter nicht ausdrücklich erteilt.

Nur wenn die Haftpflichtversicherung **auch** dem wirtschaftlichen Interesse des Mieters entspricht, darf sie der Vermieter auf den Mieter umlegen (LG Landau/Pfalz, Urteil v. 24.6.2005, 3 S 129/04, ZMR 2005 S. 871). Da weder der Vermieter noch sein Anwalt dem Gericht plausibel machte, **wie** der Mieter wirtschaftlich davon profitiere, musste der Vermieter die Kosten für die Versicherung von seiner Abrechnung **streichen**.

Verteilungsschlüssel

Als Vermieter sind Sie verpflichtet, die Kosten **angemessen** zu verteilen. Vermieten Sie Gewerbe- oder preisfreien Wohnraum, sollten Sie den Verteilungsschlüssel bereits im Mietvertrag festlegen.

Steht in Ihrem Gewerberaummietvertrag **kein** Verteilungsschlüssel drin, haben Sie ein **einseitiges** Leistungsbestimmungsrecht (AG Köln, ZMR 1997 S. 30). Das bedeutet, Sie können einmalig frei wählen, wie Sie beispielsweise die Müllkosten verteilen.

Für Wohnungsmietvertrag gilt: Haben Sie **keinen** Verteilungsschlüssel vereinbart, müssen Sie die Kosten **anteilig** nach der Wohnfläche auf die Mieter verteilen – es sei denn, Sie haben den **Verbrauch** erfasst und können verbrauchsabhängig abrechnen. Dann hat die verbrauchsabhängige Abrechnung **Vorrang** vor dem Umlageschlüssel nach der Wohnfläche.

Haben Sie dagegen bereits im Mietvertrag einen Umlageschlüssel festgelegt, gilt er **für beide Seiten** als vereinbart. An diesem Verteilungsschlüssel können Sie als Wohnungsvermieter nur noch rütteln, wenn Sie künftig verbrauchsabhängig abrechnen wollen. Ansonsten können Sie einen einmal vereinbarten Umlageschlüssel nur wieder **mit Einverständnis** Ihres Mieters ändern.

Einseitig können Sie den Verteilungsmaßstab von Müll, Abwasser oder Wasser immer ändern, wenn Sie künftig nach einem konkret gemessenen **Verbrauch** abrechnen wollen – Ihr Mieter also direkt davon profitiert, wenn er z. B. Wasser- oder Müllkosten spart.

Das Recht, den Umlageschlüssel einseitig zu ändern, können Sie sich auch im Mietvertrag mit einer entsprechenden Klausel vorbehalten. Allerdings muss in der Klausel zum Ausdruck kommen, dass Sie den Umlageschlüssel nur bei Vorliegen eines sachgerechten Grundes **einseitig** ändern dürfen. Das geht allerdings nur für **künftige**, nicht bereits für eine laufende Abrechnungsperiode.

Halten Sie sich **nicht** an den vertraglich vereinbarten Umlageschlüssel bei Ihrer Abrechnung, gilt das jedoch „nur" als materieller Fehler Ihrer Abrechnung (BGH, Urteil v. 17.11.2004, VIII ZR 115/04).

Sie können Ihre Abrechnung noch **vor** Ablauf der Abrechnungsfrist korrigieren und Sie können vom Mieter noch Geld **nachfordern**, falls sich nach der Korrektur ein **höherer** Nachzahlungsbetrag zulasten Ihres Mieters ergibt.

 Praxis-Tipp

Wenn Sie einen falschen Verteilungsschlüssel verwendet haben

Sie können innerhalb Ihrer Abrechnung eine Betriebskostenart z. B. die Grundsteuer nach m^2 und eine andere z. B. den Müll nach Personen abrechnen, falls Ihr Mietvertrag das so vorsieht. Achten Sie darauf, dass Sie eine Betriebskostenart wie z. B. Müll bei jeder Mietpartei im Haus nach dem **gleichen Umlageschlüssel** abrechnen.

Wollen Sie bereits im Mietvertrag einen Verteilungsschlüssel **festlegen**, haben Sie die Qual der Wahl: Sie können entweder für alle Betriebskosten – außer Heizung und Warmwasser – frei einen **einheitlichen** Verteilungsschlüssel wählen oder aber Sie wählen für jede Kostenart einen unterschiedlichen Schlüssel.

Die folgenden 8 Verteilungsschlüssel kommen in Betracht:

- das Verhältnis der Nutz- oder Wohnflächen oder des umbauten Raums,
- die Zahl der Nutzer (Personenschlüssel),
- der unterschiedliche Verbrauch,
- die unterschiedliche Nutzung,
- das Verhältnis der Mieten,
- nach Miteigentumsanteilen.

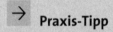

Praxis-Tipp

Vereinheitlichen Sie Ihren Umlageschlüssel

Bevor Sie mit einem neuen Mieter einen neuen Verteilungsschlüssel vereinbaren, denken Sie bitte daran, dass Ihr Umlageschlüssel bezüglich einer Betriebskostenart wie z. B. Müll im ganzen Gebäude **einheitlich** sein muss.

Sie können also z. B. bei Ihren Altmietern die Müllgebühren nicht nach Köpfen und bei jedem neuen Mieter nach Quadratmetern abrechnen.

Verteilungsschlüssel, Änderung

Einen einmal vertraglich vereinbarten Umlageschlüssel können Sie nur **mit Zustimmung** Ihres Mieters wieder ändern. Lediglich Wohnungsvermieter haben die Möglichkeit, dies auch **einseitig** zu tun. Dies immer dann, wenn sie zu einer **verbrauchsabhängigen** Abrechnung wechseln wollen (§ 556a BGB).

Wissen müssen Sie auch, **ab wann** der geänderte Verteilungsschlüssel in Kraft tritt. Er wirkt grundsätzlich **nur für die Zukunft**. Ein Wechsel des Umlagemaßstabs für eine zurückliegende Abrechnungsperiode ist **nicht zulässig**.

Am besten Sie schicken Ihre Erklärung, dass Sie künftig verbrauchsabhängig abrechnen wollen, Ihrem Mieter **mit** der Betriebskostenabrechnung für das vergangene Jahr zu und stellen gleich mit dem neuen Abrechnungszeitraum den Umlagemaßstab um.

Wollen Sie dennoch für ein **laufendes** Abrechnungsjahr den Verteilungsschlüssel ändern, können Sie das **nicht** einmal dadurch erreichen, dass dem **alle Mieter** zustimmen. Denn § 556a Abs. 2 BGB bestimmt, dass dies **nur zu Beginn** eines Abrechnungszeitraums zulässig ist – und davor dürfen Sie keine für den Mieter nachteilige Vereinbarung treffen!

Verteilungsschlüssel, Eigentumswohnung

Vermieten Sie Teil- oder Wohnungseigentum, können Sie vereinbaren, dass Sie die Betriebskosten nach dem Verhältnis der **Miteigentumsanteile** umlegen (LG Berlin, Urteil v. 29.4.2002, 62 S 413/01, GE 2002 S. 860).

Es ist rechtlich bedenkenlos – ja sogar ein **absolutes Muss!** –, wenn Sie in Ihrem Wohnraummietvertrag vereinbaren, dass der vom Wohnungsverwalter für die Wohnungseigentümergemeinschaft verwendete Umlageschlüssel auch für Ihren Mieter gelten soll (AG Frankfurt/M., Urteil v. 2.3.1999, 33 C 3923/98-29).

Haben Sie in Ihrem Wohnraummietvertrag keinen **bestimmten** Umlageschlüssel vereinbart, müssen Sie die Nebenkosten Ihrer Eigentumswohnung nach der **Wohnfläche** umlegen oder verbrauchsabhängig abrechnen.

Erkundigen Sie sich **vor** dem Mietvertragsabschluss unbedingt bei Ihrem Hausverwalter, nach welchem Verteilungsschlüssel die einzelnen Betriebskosten auf die Eigentümer umgelegt werden.

Übernehmen Sie am besten diesen Umlageschlüssel, um sich so später die Abrechnung gegenüber Ihrem Mieter zu erleichtern.

Denn: Rechnen Sie gegenüber Ihrem Mieter die Betriebskosten ab, müssen Sie sich an den mit ihm vereinbarten Umlageschlüssel halten. Auch dann, wenn innerhalb der Wohnungseigentümergemeinschaft ganz anders abgerechnet wird.

So ein unterschiedlicher Verteilungsschlüssel kann nämlich dazu führen, dass Sie als Vermieter Ihren Mieter mit höheren Kosten belasten, als Sie letztendlich selbst an die Eigentümergemeinschaft zahlen müssen. Das macht Ihre Abrechnung **unwirksam** (LG Berlin, GE 1988 S. 1169).

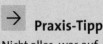

→ Praxis-Tipp

Nicht alles, was auf der Eigentümer-abrechnung steht, dürfen Sie umlegen

Denken Sie daran, dass Sie nicht alle Kosten, die auf Ihrer Verwalterabrechnung stehen, auf Ihren Wohnraummieter umlegen dürfen. Das gilt insbesondere für diese Positionen:

– Verwaltungskosten,

– Kontoführungskosten,

– Instandhaltungsrücklage und

– Kleinteile.

Andererseits dürfen Sie **nicht** die Umlage der Grundsteuer vergessen, die nicht auf Ihrer Abrechnung steht, sondern die Sie gesondert bekommen haben.

Verteilungsschlüssel, Leerstand

Sie rechnen Müll, Wasser und Strom nach der Wohnfläche ab. Da in Ihrem Haus einige Wohnungen leer stehen, möchten Sie diesen Umlageschlüssel **ändern** – schließlich bleiben sonst die meisten Kosten an Ihnen hängen!

Dürfen Sie das so einfach? Nur wenn es ansonsten zu einem erheblich unbilligen Ergebnis bei der Abrechnung kommt. Die Juristen nennen das „Störung der Geschäftsgrundlage" (BGH, Urteil v. 31.5.2006, VIII ZR 159/05, WM 2006 S. 655). Ansonsten gilt: Was der Vermieter einmal vereinbart hat, daran muss er sich halten. Auch wenn einige Wohnungen im Haus **leer stehen**! Das Leerstandsrisiko gehört zu seinem Vermieterrisiko.

Steht in Ihrem Mietvertrag, dass Sie die Betriebskosten nach m^2 umlegen, müssen Sie die auf die leer stehenden Wohnungen entfallenden Betriebskosten **selbst tragen** (BGH, Urteil v. 31.5.2006, VIII ZR 159/05, WM 2006 S. 655).

Verteilen Sie bestimmte Betriebskosten dagegen immer nach Personen, stößt dieser Umlageschlüssel bei **erheblichem** Wohnungsleerstand an seine Grenzen, weil er z. B. bei den Fixkosten beim Wasser zu einer **unzumutbaren Mehrbelastung** der restlichen Mieter führt. In diesem Fall sind Sie verpflichtet, Ihren Umlagemaßstab zu ändern (BGH, Urteil v. 6.10.2010, VIII ZR 183/09).

Der Bundesgerichtshof hat sich nun auch einmal kurz der Frage angenommen, **wann** Sie sich einen **fiktiven Mieter** in eine leer stehende Wohnung hineindenken müssen. Seine pauschale Antwort: *„Das hängt vom Einzelfall ab!"*.

Eines lässt sich dem BGH-Beschluss allerdings entnehmen: Steht **ein Drittel** der Wohnungen im Haus leer, kommen Sie jedenfalls nur schlecht um den fiktiven Mieter (= Phantommieter) herum (BGH, Beschluss v. 8.1.2013, VIII ZR 180/12).

Verteilungsschlüssel, Personen

Soweit nicht zwingende Vorschriften wie z. B. die Heizkostenverordnung entgegenstehen, können Sie im Mietvertrag vereinbaren, dass einzelne oder alle Betriebskosten nach der **Anzahl der Bewohner** der einzelnen Wohnungen umgelegt werden.

Rechnen Sie also den Wasserverbrauch nach Personen ab, ist das zulässig – vorausgesetzt Sie haben den Umlageschlüssel nach Personen auch im Mietvertrag vereinbart. Ansonsten müssten Sie **zwingend** die Kosten entsprechend der Wohnfläche verteilen oder verbrauchsabhängig abrechnen (§ 556a BGB).

Bei der Personen- bzw. Nutzerzahl müssen Sie alle Personen hinzurechnen, die **ständig** im Haushalt Ihres Mieters leben. Ändert sich nur kurzzeitig etwas in der Wohnungsbelegung, z. B. durch Besucher, ändert das nichts an der Personenzahl. Bei jeder ein- oder auszilehenden Mietpartei müssen Sie jedoch genau abzählen, wer da alles mit ein- oder auszieht. Kommt so unterm Strich eine krumme Gesamtpersonenzahl, wie z. B. 20,39 heraus, ist Ihre Abrechnung dennoch wirksam (BGH, Urteil v. 15.9.2010, VIII ZR 181/09).

Ob und wann Sie leer stehende Wohnungen im Haus beim Umlageschlüssel nach Personen gar nicht, mit der durchschnittlichen Belegung oder mit 1 Person berücksichtigen können, ist nach wie vor **umstritten** (siehe Schmid in GE 2010, S. 1589, Langenberg in Schmidt-Futterer, § 556a, Rz. 55).

Gerade für solche Betriebskosten, die **nicht** von der Anzahl der im Haus wohnenden Personen abhängt, müssen Sie zu Ihren Lasten eine **fiktive Person** ansetzen, damit Sie auf diese Weise einen Teil der Leerstandskosten mittragen müssen. Das gilt jedenfalls, wenn ein Drittel der Wohnungen im Haus **leer** steht (BGH, Beschluss v. 8.1.2013, VIII ZR 180/12). So beispielweise, wenn es um Müll- oder Entwässerungskosten geht, die Gemeinschaftsantenne oder den Aufzug.

Der Verteilungsschlüssel nach Personen ist **unpraktikabel.** Denn Sie müssen bei Ihrer Abrechnung jederzeit darlegen können, wie viele Personen insgesamt im Abrechnungszeitraum in Ihrem Haus gewohnt haben.

Deshalb müssen Sie ständig die aktuelle Belegung im Auge behalten und überprüfen. Das schaffen Sie selbst dann **nicht,** wenn Sie damit einen zuverlässigen Angestellten oder Ihren Hausmeister betrauen.

Bestreitet Ihr Mieter in einem Rechtsstreit die Gesamtpersonenzahl in Ihrer Abrechnung, müssen Sie dem Gericht beweisen, in welchem Monat wie viele Personen in den einzelnen Wohnungen wohnten (AG Köln, ZMR 1995, Heft 9 S. IX).

$\rightarrow$ **Praxis-Tipp**

Was in Ihrer Abrechnung stehen muss

Achten Sie in Ihrer Abrechnung unbedingt darauf, dass Sie

– die Gesamtanzahl der im Haus lebenden Personen,

– die Anzahl der in der abzurechnenden Mietwohnung lebenden Personen sowie

– die Dauer ihrer Nutzung

angeben. Nur so ist Ihre Abrechnung für den Mieter nachvollziehbar und korrekt. Fehlt auch nur eine dieser Angaben, leidet Ihre Abrechnung unter einem formellen Fehler, der Ihre Abrechnung **unwirksam** macht (LG Berlin, Urteil v. 24.2.2009, 63 S 304/08, GE 2009 S. 980).

Verteilungsschlüssel, Verbrauch

Keine Frage: Der Verteilungsschlüssel nach Verbrauch ist die **beste Möglichkeit,** das Nutzerverhalten mit den Kosten zu verknüpfen.

Er ist sogar für Wohnungsvermieter der **zwingende** Verteilungsschlüssel, wenn Sie als Vermieter den Verbrauch erfasst haben und verbrauchsabhängig abrechnen könnten. Sie müssen aber nicht extra Verbrauchserfassungsgeräte montieren, es sei denn, dies ergibt sich aus landesrechtlichen Baubestimmungen.

Gerecht ist der Umlageschlüssel nach Verbrauch deshalb, weil derjenige, der z. B. Wasser spart, am Ende auch tatsächlich weniger zahlen muss als derjenige, der z. B. täglich ein Vollbad nimmt.

Wollen Sie tatsächlich **verbrauchsabhängig** abrechnen, benötigen Sie dafür zuverlässige technische Einrichtungen. Um die Wasser- und Abwasserkosten zu ermitteln, können Sie **Einzelwasserzähler** installieren.

Allerdings: Erst wenn alle Wohnungen einen Zähler haben, **müssen Sie** verbrauchsabhängig abrechnen. Ansonsten muss der Vermieter die Betriebskosten so umlegen, wie es **vereinbart** ist bzw. – sofern darüber keine ausdrückliche Vereinbarung besteht – nach dem **Anteil der Wohnfläche** (BGH, Urteil v. 12.3.2008, VIII ZR 188/07).

Können Sie nach **Verbrauch** abrechnen, müssen Sie das auch – vorausgesetzt Sie können **im ganzen Haus** vom gesetzlichen bzw. vereinbarten Umlageschlüssel auf einen verbrauchsabhängigen umsteigen.

→ **Praxis-Tipp**

Erst wenn alle einen Zähler haben, müssen Sie nach Verbrauch abrechnen

Verteilungsschlüssel, Wohnfläche

Für Vermieter von Wohnraum ist er Pflicht, für Gewerberaumvermieter einfach nur **praktisch**: Der Verteilungsschlüssel nach der **Wohnfläche** (§ 556a BGB, § 20 Abs. 2 Satz 1 NMV).

Der **Vorteil** dieses Verteilungsschlüssels liegt auf der Hand: Sie als Vermieter können ihn leicht handhaben. Solange Sie nicht um-, an- oder ausbauen, bleibt er immer gleich.

Auch dann, wenn in Ihrem Mietobjekt gleich große Wohnungen von einer unterschiedlichen Anzahl von Personen bewohnt werden, **müssen Sie** alle Kosten, die Sie nicht nach Verbrauch abrechnen können oder für die Sie keinen anderen Umlageschlüssel im Mietvertrag vereinbart haben, nach der Wohnfläche umlegen.

Trotzdem kann es Ihnen passieren, dass sich ein einzelner Mieter über den Umlageschlüssel nach m^2 ärgert. Anlass sind meist die Versicherungskosten oder die Kosten für die Hausreinigung. Denn bei diesen **verbrauchsunabhängigen** Kosten muss ein alleinstehender Mieter genauso viel bezahlen wie die mehrköpfige Familie aus dem Stockwerk über ihm.

In diesem Fall können Sie sich zum einen auf das Gesetz berufen: § 556a BGB bestimmt, dass Sie die Betriebskosten nach der **Wohnfläche** umlegen **müssen**, sofern Sie keinen anderen Verteilungsschlüssel im Mietvertrag stehen haben.

Zum anderen können Sie den Umlageschlüssel nach der Wohnfläche damit verteidigen, dass die Wohnfläche und die Anzahl der Bewohner einer Wohnung häufig zueinander in Bezug stehen. Trifft dies im Einzelfall **nicht** zu, ändert das nichts an der Angemessenheit Ihres Flächenmaßstabs.

→ **Praxis-Tipp**

Wie Sie die Wohnfläche korrekt berechnen

Was bei der Wohnflächenberechnung alles mitzählt, Treppenstufen, Balkon, Wintergarten, Abstellräume usw., steht in der seit 1.1.2004 geltenden Wohnflächenverordnung. Oder schauen Sie doch einfach unter dem Stichwort „Wohnfläche" nach!

Vertragsabschlussgebühr

Vertragsabschlussgebühr – können Sie die heute noch quasi als Bearbeitungsgebühr verlangen?

Ob Sie dies verlangen können, ist rechtlich sehr **umstritten** (AG Wandsbek, Urteil v. 27.5.2004, 711 C 36/04, WM 2005 S. 47). Das Amtsgericht Hamburg-Wandsbek hat so eine Mietvertragsklausel, die den Mieter zum Zahlen einer Vertragsausfertigungsgebühr an den Vermieter oder dessen Hausverwaltung verpflichtet, als **nichtig** beurteilt.

Dem hat sich das Landgericht angeschlossen und Klauseln über eine Vertragsausfertigungsgebühr zulasten des Mieters für unwirksam erklärt (LG Hamburg, Urteil v. 5.3.2009, 307 S 144/08).

Deswegen: Überlegen Sie sich gut, ob Ihnen die 75 EUR Bearbeitungsgebühr wirklich einen Streit mit dem Mieter wert sind.

Noch dazu, wo sie gleich bei Mietvertragsbeginn fällig werden und die derzeitige Marktlage diese nicht gerade hergibt.

Vertragswidriger Gebrauch

Was tun, wenn Ihr Mieter beispielsweise aus Ihrer Wohnung einen gut florierender Laden macht? **Mahnen Sie ihn ab,** und zwar so konkret, dass Ihr Mieter weiß, was er zu unterlassen hat.

Hilft das nicht, können Sie eine **Unterlassungsklage** nach § 541 BGB erheben. Stattdessen können Sie dem Mieter aber auch den Mietvertrag nach § 573 Abs. 2 Nr. 1 BGB **fristgerecht** wegen schuldhafter erheblicher Pflichtverletzung **kündigen.**

Sogar eine **fristlose Kündigung** ist nach § 543 Abs. 1 BGB möglich. Ist Ihnen durch den vertragswidrigen Gebrauch sogar ein Schaden entstanden, muss Ihr Mieter Ihnen den **ersetzen.** *„Anspruch aus positiver Vertragsverletzung"* nennt sich das.

Der typische **Schadensersatzfall:** Mitmieter haben Ihnen wegen der Vertragsverletzungen des Mieters die Miete gemindert.

Abwehransprüche gegen den „Störer" stehen Ihnen **nicht nur** zu, wenn Ihr Mieter die Vertragsverletzung persönlich begeht.

 Praxis-Tipp

Der Mieter muss auch für seine Schäfchen geradestehen

Gleiches gilt, wenn Familienangehörige, Hausgenossen oder der Untermieter des Mieters die Mietsache vertragswidrig gebrauchen!

Vertretung

In diese Falle tappen manchmal sogar Rechtsanwälte: Lassen Sie sich als Vermieter bei der Abgabe einer einseitigen, rechtsgeschäftlichen Erklärung vertreten, muss dieser Erklärung immer eine von Ihnen unterschriebene **Originalvollmacht** beiliegen.

Das gilt beispielsweise für Mieterhöhungen oder Kündigungen.

Lassen Sie Ihre Mieterhöhung also von Ihrer Hausverwaltung durchführen, achten Sie darauf, dass diese dem Schreiben Ihre **Originalvollmacht** beilegt. Sonst kann Ihr Mieter diese Mieterhöhung **zurückweisen** – und Sie müssen noch lange auf die höhere Miete warten.

Verwaltungskosten

Wohnungsvermieter müssen anfallende Verwaltungskosten aus der eigenen Tasche bezahlen. Selbst wenn sie diese auf der Eigentümerabrechnung für ihre Eigentumswohnung stehen haben.

Vermieten Sie Gewerberaum, können Sie **vereinbaren**, dass Sie auf Ihren Mieter auch Verwaltungskosten umlegen dürfen (OLG Nürnberg, Urteil v. 21.3.1995, 3 U 3727/95, WM 1995 S. 308). **Ohne** eine solche ausdrückliche Erwähnung z.B. bei den „Sonstigen Betriebskosten" haben Sie nämlich vor Gericht schlechte Karten.

Mittlerweile ist selbst der Bundesgerichtshof recht großzügig, wenn es darum geht, ob eine Formularklausel in einem Gewerberaummietvertrag, die den Vermieter zur Umlage der „Kosten der **kaufmännischen** und **technischen** Hausverwaltung" berechtigt, **wirksam** ist (BGH, Urteil v. 9.12.2009, XII ZR 109/08). Die Antwort lautete schon damals: „Ja".

Selbst die Tatsache, dass die Verwaltungskosten **nicht** der Höhe nach **begrenzt** waren, sind für Vermieter **nicht** unbedingt ein Stolperstein (BGH, Urteil v. 24.2.2010, XII ZR 69/08).

Allerdings müssen Sie das Kind auch beim Namen nennen: Sprechen Sie von den „Kosten des **Centermanagers**" und schlüsseln Sie die Kosten nicht weiter auf, ist das intransparent und daher **unwirksam** (BGH, Urteil v. 26.9.2012, XII ZR 112/10; BGH, Urteil v. 3.8.2011, XII ZR 205/09, NJW 2012 S. 54 Rz. 15).

Vereinbaren Sie daneben jedoch noch die Umlage von „Kosten der Verwaltung", dürfen Sie dennoch die Kosten umlegen (BGH, Urteil v. 26.9.2012, XII ZR 112/10).

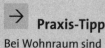

→ Praxis-Tipp

Bei Wohnraum sind Verwaltungskosten nicht umlegbar

Bei der Wohnraummiete gehören die Verwaltungskosten **nicht** zu den Betriebskosten. Davon abweichende Vereinbarungen sind bei der Wohnraummiete unzulässig.

Verwirkung

Verwirkung bedeutet, dass ein Vertragspartner (der Mieter) infolge **Zeitablaufs** und besonderer **Umstände** darauf vertrauen darf, dass der andere (der Vermieter) seine Ansprüche nicht mehr geltend machen werde. Verwirken kann Ihr Anspruch nur, wenn die folgenden 2 Umstände vorliegen: das Zeit- und das Umstandsmoment.

In der Praxis war die Verwirkung immer dann ein Thema, wenn der Vermieter es lange Zeit **unterlassen** hatte über die Betriebskosten abzurechnen und dann nach Jahren noch eine **Nachforderung** vom Mieter forderte. Mit dem Einführen der einjährigen Abrechnungsfrist für die Betriebskosten hat sich die Praxisrelevanz jedoch weitgehend erledigt.

Verzug

Ein Verzug liegt immer dann vor, wenn der Mieter beispielsweise **zu spät** seine Miete zahlt. Der Mieter muss seit 1.9.2001 laut Gesetz bis zum 3. Werktag seine Miete **im Voraus** zahlen. Damit gerät Ihr Mieter ab dem 4. Werktag in Verzug.

Um Verzugszinsen zu erhalten, müssen Sie dem Mieter nicht ausdrücklich eine Mahnung schicken, sondern er gerät wegen der gesetzlichen bzw. auch mietvertraglichen Fälligkeitsregelung, bis zum 3. Werktag die Miete zahlen zu müssen, automatisch in Verzug.

Damit schuldet Ihnen Ihr Wohnungsmieter Verzugszinsen. Laut Gesetz stehen dem Mieter 5 % über dem Basiszinssatz zu. Vermieten Sie **Gewerberaum**, kann der Mieter als Mindestschaden sogar 8 % über dem Basiszinssatz (§ 288 Abs. 2 BGB) verlangen.

Auch wenn Sie mit Ihrer Betriebskostenabrechnung in Verzug geraten, kann es teuer werden! Sie müssen nicht nur Ihre Abrechnung nachholen, sondern Ihrem Mieter auch **Verzugszinsen** für Ihre Verspätung zahlen – jedenfalls, wenn unterm Strich ein Guthaben für Ihren Mieter rauskommt.

Fällt der 3. Werktag auf einen Samstag, Sonntag oder Feiertag, verschiebt sich der Fristablauf auf den nächsten Montag bzw. Werktag. Diese Tage werden dann so behandelt, als seien sie der 3. Werktag im Monat (§ 193 BGB).

 Praxis-Tipp

Welche Tage Sie beim Fristberechnen mitzählen dürfen

Verzugszinsen berechnen

Verzugszinsen berechnen: Wie geht das eigentlich? Laut Gesetz stehen Ihnen auf jeden Fall **5 % über dem Basiszinssatz** zu. Der Basiszinssatz liegt derzeit bei -0,73 % (Stand bis

31.12.2014), sodass Sie insgesamt Zinsen in Höhe von 4,27 % vom Mieter verlangen können.

Um Ihre Verzugszinsen berechnen zu können, müssen Sie kein Rechengenie sein.

Beispiel: Wie Sie Ihre Verzugszinsen berechnen

Ihre Miete ist bis zum 3. Werktag fällig. Das wäre für die Juli-Miete der 3.7.2014 gewesen. Am 4.7.2014 hat Ihr Mieter noch immer nicht bezahlt.

Ihr Mieter befindet sich deswegen seit dem 4.7.2014 mit seiner Miete in Höhe von 850 EUR in Verzug. Angenommen, Sie warten geduldig bis zum 4.9.2014 auf Ihr Geld.

Für diese Zeit stehen Ihnen 6,27 EUR an Verzugszinsen zu. 4,27 % Jahreszins aus der geschuldeten Miete für Juli in Höhe von 850 EUR sind 36,30 EUR Zinsen fürs Jahr (= 850 EUR × 0,0427).

Wenn Sie den **Tageszins** berechnen wollen, müssen Sie den Jahreszins von 36,30 EUR durch die 365 Tage teilen, sodass Sie auf einen Tageszins von 0,0995 EUR kommen.

Die Verzugstage berechnen Sie so:

28 Tage für Monat Juli

+ 31 Tage für Monat August

+ 4 Tage für Monat September

= 63 Tage × den Tageszins von 0,0995 EUR

= 6,27 EUR Verzugszinsen.

Hat Ihr Mieter also bis zum 4.9.2014 seine Juli-Miete nicht gezahlt, können Sie von ihm immerhin 6,27 EUR Verzugszinsen plus die ausstehende Miete fordern!

Denken Sie daran, dass der Basiszinssatz immer zum 1.1. und 1.7. eines Jahres angepasst wird und sich so das Berechnen der Zinsen halbjährlich verändern kann.

Vollwartungsvertrag

Diese Kosten können Sie nicht auf den Mieter im Rahmen der Betriebskostenabrechnung umlegen, weil darin immer auch ein **Reparaturkostenanteil** enthalten ist. Reparaturkosten zählen aber zu den Instandhaltungskosten und können nicht auf den Mieter umgelegt werden.

Deshalb müssen Sie aus den Wartungskosten den Reparaturkostenanteil herausrechnen, den die Wartungsfirma dafür veranschlagt hat (AG Köln, ZMR 1995 S. VIII, Nr. 21, bei einem Aufzug).

Die folgenden 4 Gerichte haben deshalb folgenden prozentualen Instandhaltungsanteil aus den Vollwartungsverträgen herausgerechnet:

- Landgericht Berlin: 35 % (GE 1988 S. 463)
- Landgericht Berlin: 20 % (GE 1988 S. 523)
- Landgericht Essen: 50 % (WuM 1991 S. 702)
- AG Rheinbach: 50 % (WuM 1988 S. 221).

Vorauszahlungen

Nur wenn Sie mit Ihrem Mieter im Mietvertrag Vorauszahlungen auf die Betriebskosten vereinbart haben, können Sie diese auch von ihm fordern.

Prangt unter der Betriebskostenabrechnung Ihres Mieters eine dicke **Nachzahlung,** sollten Sie die monatlichen Betriebskostenvorauszahlungen erhöhen. Denn mit einer **hohen Nachzahlung** am Jahresende ist keinem geholfen: Sie müssen das Geld vorauslagen und der Mieter ärgert sich über seine – oft unverhofft „hereinschneiende" – Abrechnung.

Ihr Erhöhungsrecht ergibt sich aus § 560 Abs. 4 BGB. Danach dürfen Sie als Wohnungsvermieter die Vorauszahlungen auf eine angemessene Höhe anpassen. Das müssen Sie dem Mieter lediglich **schriftlich** mitteilen. Am besten mit der Betriebskostenabrechnung.

Neu ist, dass Sie Ihre Vorauszahlungen nur anpassen können, wenn Sie eine formell und inhaltlich korrekte Abrechnung vorgelegt haben (BGH, Urteil v. 15.5.2012, VIII ZR 245/11 und VIII ZR 246/11).

Praxis-Tipp

Wie Sie mit nur einem Satz Ihre Vorauszahlung erhöhen können

Die Vorauszahlungen dürfen Sie immer nur **nach** einer Abrechnung und auch nur für die Zukunft anheben – also nicht rückwirkend (BGH, Urteil v. 18.5.2011, VIII ZR 271/10). Dazu reicht schon dieser eine Satz unter Ihrer Abrechnung:

*Ihre neue monatliche Vorauszahlung beträgt ab dem ...
.... EUR.*

Setzen Sie Ihre Vorauszahlungen bitte in **angemessener Höhe** an. Locken Sie Ihren Mietinteressenten mit zu geringen Betriebskostenvorauszahlungen zum Mietvertragsabschluss, kann der Schuss schnell nach hinten für Sie losgehen. Ihr Mieter muss Ihnen dann schlimmstenfalls gar **keine** Betriebskosten mehr zahlen.

Vorbehalt

Was tun, wenn Ihr Mieter beispielsweise seine Miete nur unter Vorbehalt zahlt?

Ganz einfach: Behält sich Ihr Mieter das Recht vor, unter Umständen einen Teil seiner geleisteten Miete wieder zurückzufordern, wirkt sich das rechtlich nur aus, wenn er Ihnen erklärt, auf **welche Tatsache** er seinen Vorbehalt stützt.

Um hier Klarheit zu schaffen, fordern Sie Ihren Mieter einfach auf, Ihnen mitzuteilen, worauf sich sein Vorbehalt bezieht.

Auf der anderen Seite können natürlich **auch Sie** unter Vorbehalt leisten. Beispielsweise wenn Sie Ihrem Mieter ein Betriebskostenguthaben auszahlen, aber noch wissen, dass z. B. eine Grundsteuererhöhung aussteht.

In diesem Fall sollten **Sie** Ihrem Mieter einen Brief schreiben und ihm den **Grund** für Ihren Vorbehalt mitteilen und zudem Ihren Überweisungsträger mit dem Wörtchen „unter Vorbehalt" versehen.

Vorbehaltlose Zahlung

Bezahlt Ihr Mieter **vorbehaltlos** seine Nachzahlung aus Ihrer Betriebskostenabrechnung, ist das eine reine Erfüllungshandlung und noch kein **deklaratorisches Schuldanerkenntnis**.

Ebenso wie das vorbehaltlose Erstatten eines sich aus der Abrechnung ergebenden Guthabens muss das vorbehaltlose Zahlen eines Saldos durch den Mieter **nicht** gleich ein **Schuldanerkenntnis** sein (BGH, Urteil v. 12.1.2011, VIII ZR 296/09).

Die Folge: Ihr Mieter kann noch bis zum Ablauf der Ausschlussfrist Einwendungen vorbringen. Betriebskosten, die nicht vereinbart waren bzw. die nicht umlegbar sind, kann der Mieter sogar noch nach Ablauf der Ausschlussfrist von Ihnen **nachfordern**.

Hier erfolgte die Mehrleistung **ohne Rechtsgrund**, sodass der Vermieter zur Herausgabe wegen ungerechtfertigter Bereicherung nach §§ 812, 818 BGB verpflichtet ist (Schmidt-Futterer § 556, Rz. 515).

Zahlt der Mieter auf eine Betriebskostenabrechnung, die Sie erst **nach** Ablauf der Jahresfrist erstellt haben, gilt das ebenfalls noch **nicht** automatisch als Anerkenntnis (BGH, Urteil v. 18.1.2006, VIII ZR 94/05)!

Der Mieter kann vielmehr die Zahlung auf eine bereits verfristete Abrechnung wieder von Ihnen zurückfordern.

> **! Wichtig**
>
> Rechnen Sie zu spät ab, müssen Sie das Geld wieder zurückzahlen

Vordach

Natürlich können Sie eine Glasreinigungsfirma damit beauftragen, das verglaste Vordach über dem Eingang zu putzen – allerdings geht das **auf Ihre Kosten**!

Denn das Reinigen und Instandhalten von Dächern ist Sache des Vermieters. So sehen es jedenfalls die Gerichte (LG Hamburg, Beschluss v. 21.5.2001, 311 S 42/01, HE 2001 S. 306).

Vorkaufsrecht

Vorkaufsrecht – wer hat das eigentlich? Viele Vermieter gehen irrtümlich noch davon aus, dass langjährigen Mietern automatisch ein **Vorkaufsrecht** zusteht. Das ist **falsch**!

Spielen Sie mit dem Gedanken, Ihr Haus oder Ihre Eigentumswohnung zu verkaufen, sollten Sie Folgendes wissen: Grundsätzlich hat ein Mieter **kein** Vorkaufsrecht! Davon gibt es 2 Ausnahmen:

1. Wenn Sie es im Mietvertrag **formell wirksam** vereinbart haben. Das bedeutet: die Vorkaufs-Klausel muss notariell beurkundet worden sein.

2. Wenn Sie Ihr Mietshaus **nach Einzug** Ihrer Mieter in Eigentumswohnungen **umgewandelt** haben oder dies beabsichtigen.

Die Rechtsfolge bei einem Vorkaufsrecht: Besteht ein Vorkaufsrecht, kann der Vorkaufsberechtigte – beispielsweise Ihr

Mieter – in Ihren bereits geschlossenen Kaufvertrag zu den gleichen Bedingungen einsteigen wie der von Ihnen ausgesuchte Käufer.

→ **Praxis-Tipp**
Was Sie Ihrem Mieter verschweigen dürfen

Sie müssen Ihren Mieter nicht nur darüber informieren, dass Sie beabsichtigen, seine Wohnung zu verkaufen. Zu Ihren Informationspflichten gehört vielmehr auch, dass Sie ihm **den genauen Vertragsinhalt** mitteilen! Ab diesem Zeitpunkt beginnt die 2-Monats-Frist zu laufen.

Wichtig: Informieren Sie Ihren Mieter gar nicht oder unzutreffend, machen Sie sich schadensersatzpflichtig.

Vorkaufsrecht, umgewandelte Wohnung

Wenn Sie **nach** Mietvertragsabschluss Ihre Mieterwohnung in eine Eigentumswohnung umwandeln und diese verkaufen, gilt § 577 BGB. Danach hat Ihr Mieter ein **gesetzliches Vorkaufsrecht**, sofern diese chronologische Reihenfolge gegeben ist:

1. Sie haben **vor** dem Verkauf den Mietvertrag geschlossen und die Wohnung an den Mieter überlassen **und**

2. Sie haben **danach** die Wohnung in Wohnungseigentum umgewandelt.

Vermieten Sie dagegen eine bereits umgewandelte Wohnung und wollen Sie diese Wohnung weiterverkaufen, hat Ihr Mieter **kein Vorkaufsrecht** mehr.

Bei der Reihenfolge Umwandlung – Überlassung besteht also **kein Vorkaufsrecht**. Ebenso wenn Sie als Vermieter Ihr Mietshaus komplett verkaufen und erst **Ihr Käufer** das Haus in Eigentumswohnungen aufteilt.

Als verkaufswilliger Eigentümer einer vermieteten und umgewandelten Wohnung sind Sie verpflichtet, Ihren Mieter über sein Vorkaufsrecht zu **belehren** und ihm den Inhalt des Kaufvertrags mitzuteilen.

! **Wichtig**
Das Vorkaufsrecht gilt nur beim ersten Verkauf nach der Umwandlung

Ihr Mieter hat nur beim ersten Verkauf nach der Umwandlung ein Vorkaufsrecht.

Vorvermieterbescheinigung

Von einer Mietschuldenfreiheitsbescheinigung, einer Vorvermieterbescheinigung oder einem Mieterzeugnis haben Sie sicher auch schon gehört. Vielleicht gehören Sie ja selbst zu den Vermietern, die vor dem Mietvertragsabschluss vom potenziellen Neumieter eine solche Bescheinigung des Vorvermieters sehen wollen.

Auf der anderen Seite ist es so: Will Ihr Mieter ausziehen und bittet er Sie darum, ihm so eine Bescheinigung auszustellen, begeben Sie sich auf einen schmalen Grat: Ein falsches Wort und ruckzuck sind Sie Ihre Nachzahlung los!

Eine Vorvermieterbescheinigung ist so etwas wie ein „**Führungszeugnis des Mieters**". Der Vermieter beurteilt damit quasi für den Nachfolgevermieter das Verhalten seines ausziehenden Mieters während der Mietzeit.

Nun ist es oftmals so, dass manch ein Vermieter ganz **froh** ist, seinen Mieter (endlich!) loszuwerden. Deswegen „loben" ihn manche Vermieter auch mal **gerne weg**, indem sie ihm bestätigen, stets pünktlich gezahlt zu haben.

→ **Praxis-Tipp**
Vorsicht vor Gefälligkeitsbescheinigungen

Vorsicht bei Bescheinigungen vom Vorvermieter: Es könnte sich um eine „Gefälligkeitsbescheinigung" handeln.

Haken Sie beim Vorvermieter nochmals nach bzw. nutzen Sie **zusätzliche Möglichkeiten**, die Bonität des Mieters zu überprüfen. Als einzelnes oder gar alleiniges Tool der Auskunftseinholung ist die Vorvermieterbescheinigung sicherlich nicht ausreichend aussagekräftig für einen zukünftigen Vermieter.

Dass **Vorvermieterbescheinigungen** nach wie vor in der Praxis genutzt werden, zeigt die Tatsache, dass der BGH erst kürzlich über einen solchen Fall entschieden hat (BGH, Urteil v. 9.4.2014, VIII ZR 107/13). Anlass war die Tatsache, dass der Mietinteressent seinem neuen Vermieter eine **erfundene Vorvermieterbescheinigung** vorgelegt hatte.

Als der neue Vermieter dem Mieter **3 Jahre nach dem Mietvertragsabschluss** auf die Schliche kam, kündigte der Vermieter das Mietverhältnis fristlos. Ob die Kündigung gerechtfertigt war, konnte der BGH **nicht** entscheiden, weil die

Vorinstanz nicht geklärt hatte, wie lange der Vermieter vom Betrug bereits wusste.

Angenommen, Ihr Mieter möchte gerne von Ihnen eine Vorvermieterbescheinigung ausgestellt haben. **Müssen** Sie die dem Mieter ausstellen?

Der Bundesgerichtshof sagt dazu lediglich, dass Sie Ihrem Mieter **quittieren** müssen, dass er seine Mieten bezahlt hat. Mehr aber auch **nicht** (BGH, Urteil v. 30.9.2009, VIII ZR 238/08). Sie „bescheinigen" Ihrem Mieter also lediglich, dass er pünktlich die laufende Miete bezahlt hat. Nicht mehr und nicht weniger.

→ **Praxis-Tipp**

Vorsicht, wenn Sie dem Mieter „mietschuldenfrei" quittieren

Sie sollten und müssen Ihrem Mieter nicht bescheinigen, dass er „mietschuldenfrei" ist. Das hat selbst der BGH so entschieden.

Bestätigen Sie Ihrem Mieter, dass er **mietschuldenfrei** ist, kann Ihr Mieter beim Auszug den Spieß auch umdrehen und Ihre Bescheinigung **gegen Sie** verwenden und behaupten, Sie hätten auf alle noch offenen Zahlungsansprüche **verzichtet** (LG Berlin, Urteil v. 26.11.2010, 63 S 188/10, GE 2011 S. 56).

Verwechseln Sie das aber **nicht** damit, dass Sie Ihrem Mieter sehr wohl „**quittieren**" müssen, dass Sie seine Miete regelmäßig erhalten haben. Natürlich nur, falls dies auch wirklich stimmt!

Wer versucht, seinen Mieter „**wegzuloben**", sollte Folgendes wissen: Sie **haften** dem neuen Vermieter, wenn er aufgrund Ihrer (bewussten!) Falschaussage einen Schaden erleidet. Schon deswegen sollten Sie in Ihrer Vorvermieterbescheinigung **wahrheitsgemäße** Angaben machen.

Sie kennen ja das alte Sprichwort: Wer anderen eine solche „Grube gräbt", kann am Ende selbst hineinfallen!

Vorwegabzug

Ein Vorwegabzug bedeutet nichts anderes, als dass Sie die Kosten von **verschiedenen Mietergruppen** im Haus zunächst vorerfassen und damit quasi vorweg abziehen. Es handelt sich dabei genau genommen um einen schlichten **Rechenvorgang**.

Das bietet sich an, wenn Ihr Gebäude gemischt genutzt wird, wenn sich also in Ihrem Haus sowohl Geschäftsbetriebe als auch Wohnungen befinden. Dem Grundsatz nach müssten Sie in diesem Fall die Betriebskosten, die auf die gewerblich genutzten Objekte entfallen von denjenigen, die auf die als Wohnungen genutzten Objekte entfallen, **trennen.**

Das gilt **nicht,** wenn die gewerblich genutzte Fläche nur einen **sehr geringen Anteil** der Gesamtfläche in Anspruch nimmt.

Geht es nach dem BGH, dürfen Sie den Wohnungsmieter **nicht** mit Kosten belasten, die allein oder in einem höheren Maße durch die gewerbliche Nutzung entstehen (BGH, Urteil v. 8.3.2006, VIII ZR 78/05).

Ob durch die Geschäftsräume eine **Mehrbelastung** der Wohnungsmieter erfolgt, müssen Sie **für jede einzelne Betriebskostenart** getrennt prüfen.

Fällt die Mehrbelastung **nicht** erheblich ins Gewicht, müssen Sie sich diese Rechenarbeit gar nicht machen!

Wenn es darum geht, **ab wann** eine erhebliche Mehrbelastung vorliegt, orientieren sich die Gerichte an der 10-%-Rechtsprechung des Bundesgerichtshofs zur Wohnflächenabweichung.

Ob nun eine Mehrbelastung zulasten des Mieters vorliegt oder nicht, muss der **Mieter** beweisen (BGH, Urteil v. 8.3.2006, VIII ZR 78/05). Nur wenn ihm der Nachweis anhand der Betriebskostenbelege gelingt, müssen Sie einen Vorwegabzug vornehmen.

Um einen Vorwegabzug kommen Sie auch dann nicht herum, wenn Sie **preisgebundenen** Wohnraum vermieten oder einen Vorwegabzug mit Ihrem Mieter **vereinbart** haben. Aber auch dann, wenn Sie Wohnungen mit Garagen vermieten.

Vergessen Sie einen eigentlich notwendigen Vorwegabzug, handelt es sich dabei „nur" um einen noch heilbaren **materiellen** Fehler (BGH, Urteil v. 11.8.2010, VIII ZR 45/10).

Praxis-Tipp

Erläutern Sie, wo und um wie viel Sie etwas gekürzt haben

Hüten Sie sich davor, Ihre Betriebskosten vorab schon um die **nicht umlagefähigen Teile** zu bereinigen. Geben Sie **nicht** die Gesamtkosten, sondern nur die um den Vorwegabzug „bereinigte" Summe an, begehen Sie bereits einen **formellen** Fehler, weil Sie immer die Gesamtkosten angeben müssen.

Sie müssen immer angeben, **ob** und in **welcher Höhe** Sie vom Gesamtrechnungsbetrag nicht umlagefähige Kosten vorab abgezogen haben (BGH, Urteil v. 14.2.2007, VIII ZR 1/06).

Wärmecontracting

Hinter dem Begriff „Contracting" verbirgt sich das Übertragen von bisher selbst erbrachten Aufgaben auf einen anderen, z. B. ein Dienstleistungsunternehmen.

Bei Ihrer Betriebskostenabrechnung könnten Sie auf diesen Begriff im Rahmen eines Liefer-, Anlagen-, Wärme- oder Energiecontractings stoßen. Gemeint ist damit das Bereitstellen bzw. das **Liefern** von Betriebsstoffen wie Wärme, Kälte, Strom, Dampf, Druckluft usw. sowie den Betrieb der zugehörigen **Anlagen** durch einen Dritten im eigenen Namen und auf eigene Rechnung.

Beispiel: So sparen Sie die Kosten für die neue Heizung

Sie müssten normalerweise eine **neue Heizungsanlage** einbauen. Um die Anschaffungs- bzw. Reparaturkosten zu sparen, schließen Sie einen Contracting-Vertrag.

Der Contractor stellt Ihnen eine neue Heizanlage zur Verfügung, und Sie schließen mit ihm dafür einen langfristigen **Energieversorgungsvertrag**. Meist kalkuliert er in den Energiepreis neben seinem unternehmerischen Gewinn auch (nicht umlegbare!) Investitions-, Instandhaltungs- und Instandsetzungskosten mit ein.

Contracting heißt also: Sie haben **keine** eigene Heizung mehr im Keller stehen, sondern beziehen Ihre Wärme von einem darauf spezialisierten **externen** Unternehmen.

Oder wie es der Gesetzgeber ausdrückt: Von einem auf gewerbliche Lieferung spezialisierten Unternehmen.

Bisher war es so: Das Contracting war **nirgendwo** im Gesetz geregelt. Das hat sich mit dem seit dem 1.5.2013 geltenden Mietrechtsänderungsgesetz und dem neu eingefügten § 556c BGB allerdings geändert.

Seither müssen Sie den Mieter **nicht mehr** vor der Umstellung **fragen**, wenn Sie auf Contracting umstellen wollen: Eine

Umstellung ist künftig auch gegen den Willen des Mieters möglich, wenn alle 3 Voraussetzungen des § 556c BGB vorliegen:

1. Eine **Klausel im Mietvertrag**, nach der der Mieter die Betriebskosten für Wärme und Warmwasser tragen muss.

2. Eine **verbesserte Effizienz** der neuen Anlage.

3. Der Grundsatz der **Kostenneutralität** muss eingehalten sein. Sprich: Die Kosten der Wärmelieferung dürfen die bisherigen Betriebskosten für Heizung und Warmwasser nicht übersteigen.

Erst dann dürfen Sie die Contractingkosten auf den Mieter anstelle der bisherigen Heizkosten umlegen.

Bis es so weit ist, dass Sie die Contractingkosten umlegen dürfen, müssen Sie sich an gewisse Spielregeln halten. Eine Umstellung auf Contracting ist nur erlaubt, wenn die folgenden Voraussetzungen erfüllt sind:

1. Der Contractor muss eine **neue Anlage** errichten oder die Wärme aus einem Wärmenetz liefern, z. B. als Fernwärme oder aus einem Blockheizkraftwerk. Bei **Bestandsanlagen,** die noch effizient weiter betrieben werden können, kann er sich auch auf die **verbesserte** Betriebsführung beschränken.

2. Der Vermieter muss die Umstellung rechtzeitig **vorher ankündigen,** damit der betroffene Mieter prüfen kann, ob die Voraussetzungen für eine spätere Umlage als Betriebskosten tatsächlich vorliegen.

 Praxis-Tipp

Kündigen Sie die Umstellung rechtzeitig an

Wenn Sie Ihre Wärmelieferung auf Contracting umstellen wollen, müssen Sie das Ihrem Mieter **3 Monate vorher** ankündigen. Weil das eine **Mindestfrist** ist, empfiehlt es sich, bereits früher den Mieter über Ihre Umstellungspläne zu informieren.

Was in der Umstellungsankündigung drin stehen soll und wie sich eine fehlende Ankündigung auf Ihre Umstellungsabsichten auswirkt, steht in der seit 1.7.2013 geltenden Wärmelieferungsverordnung.

Mit dem Ankündigen auf Contracting ist es noch nicht getan: Da ja z. B. auch die Heizung ausgetauscht werden muss, müssen Sie Ihrem Mieter auch gleich eine **Modernisierungs-ankündigung** mitschicken, damit er die Maßnahme **dulden muss!**

Oder einfacher ausgedrückt: Die Contracting-Ankündigung sorgt dafür, dass Ihr Mieter die anfallenden Betriebskosten dafür zahlen muss, die Modernisierungsankündigung, dass er die Handwerker auch reinlässt.

! Wichtig

Achten Sie auf Kostenneutralität

Die Kosten der Wärmelieferung sind nur **umlagefähig,** wenn sie die Betriebskosten für die bisherige Eigenversorgung mit Wärme oder Warmwasser nicht übersteigen.

Wärmemengenzähler

Mit Wärmemengenzählern (auch Wärmezähler genannt) können Sie den exakten physikalischen Verbrauch erfassen. Die sind zwar recht teuer, aber beispielsweise bei einer Fußbodenheizung die einzige Möglichkeit, überhaupt den Verbrauch zu erfassen. Außerdem kann der Mieter jederzeit selbst seinen Verbrauch ablesen und sein Heizverhalten entsprechend steuern.

Brauchen Sie einmal neue Batterien für den Wärmemengenzähler, dürfen Sie die Kosten Ihrem Mieter auf die Betriebskostenabrechnung setzen. Dass ergibt sich meist sogar schwarz auf weiß aus Ihrem Mietvertrag. Diese Kosten der Verwendung des Wärmemengenzählers stehen nämlich **ausdrücklich** in der Betriebskostenverordnung drin (AG Steinfurt, Urteil v. 4.2.1999, 4 C 629/98, WM 1999 S. 721).

→ Praxis-Tipp

Alle 5 Jahre wieder: Geräte eichen lassen

Denken Sie daran, dass Sie die Geräte alle 5 Jahre **nacheichen** müssen!

Wärmemengenzähler, Austausch

Tauschen Sie einen Wärmemengenzähler aus, halten Sie besser nachweisbar fest, ob der ursprüngliche Zähler kaputt oder nur die Eichfrist abgelaufen war.

Der kleine Unterschied ist der: Waren die Zähler **kaputt,** fällt der Einbau des neuen Geräts unter die nicht umlagefähigen Instandsetzungskosten.

Ist dagegen die **Eichfrist abgelaufen** und müssen die Geräte deswegen ausgetauscht werden, gehören sie nach § 7 Abs. 2 der HeizKV zu den umlagefähigen Wartungskosten von Erfassungsgeräten.

Allerdings: Die Kosten für die neuen Geräte dürfen nicht höher sein als das Nacheichen der alten Geräte. So jedenfalls sah es das Landgericht Berlin (LG Berlin, Urteil v. 14.11.2002, 62 S 230/02, GE 2003 S. 121).

Die für die zentrale Warmwasserbereitung in Mehrfamilienhäusern benötigte Energiemenge muss schon seit dem 31.12.2013 mit einem **separaten Wärmemengenzähler** erfasst werden. Das steht in der Heizkostenverordnung von 2009.

Anderenfalls darf der Mieter den Anteil der Wärmekosten, der **nicht** gemäß der Verordnung erfasst wurde, **pauschal um 15 % kürzen,** so die Verbraucherzentrale.

Eine Ausnahme gibt es nur für Zweifamilienhäuser, wenn eine der Einheiten vom Besitzer bewohnt wird.

! **Wichtig**

Ein fehlender Zähler kann Ihnen einen Abzug bescheren

Warmwasserkosten

Die Warmwasserkosten können sich auf 3 **umlagefähige** Bereiche erstrecken:

– die Kosten des Betriebs der zentralen Warmwasserversorgungsanlage, wozu die Kosten der Wasserversorgung und die Kosten der Wassererwärmung zählen;

– die Kosten der **eigenständig** gewerblichen Lieferung von Warmwasser. Hierzu gehört das Entgelt für die Lieferung des Warmwassers und die Kosten des Betriebs der dazugehörigen Hausanlagen, entsprechend § 2 Nr. 4a BetrKV;

– die Kosten für das Reinigen und Warten von Warmwassergeräten, die Kosten für das Beseitigen von Wasserablagerungen und Verbrennungsrückständen im Inneren der Geräte sowie die Kosten für das regelmäßige Prüfen der Betriebsbereitschaft und Betriebssicherheit und der damit zusammenhängenden Einstellung durch einen Fachmann. Voraussetzung ist allerdings, dass die Warmwassergeräte **funktionsfähig** sind und dass sie **vom Vermieter** angeschafft wurden.

Warmwasser, Vorlaufkosten

Drückt Ihr Mieter auf den Warmwasserhebel, muss nach einem maximalen Vorlauf von **3 Litern das Wasser 50 °C warm werden.**

So sieht es das Arbeitsblatt W 551 des DVGW (= Deutsche Vereinigung des Gas- und Wasserfachs e.V.) vor, das Vorgaben für Neuerstellung von Trinkwassererwärmungsanlagen macht.

Sinkt die Warmwassertemperatur dagegen **unter 40 °C** oder beträgt die **Vorlaufzeit 5 Minuten,** darf der Mieter die Miete um 10 % mindern (LG Berlin, Urteil v. 26.5.1998, 64 S 266/97, NZM 1999 S. 1039).

Wartungskosten

Bei den Wartungskosten handelt es sich um **vorbeugende Aufwendungen** des Vermieters, durch die später anfallende Reparaturkosten vermieden oder gering gehalten werden.

Wartungskosten dürfen Sie bei Wohnraum nur dann umlegen, wenn Ihnen das die Betriebskostenverordnung ausdrücklich erlaubt. Das trifft bei den folgenden **7 Kostenarten** zu:

– Wassermengenregler (§ 2 Nr. 2)

– Heizung (§ 2 Nr. 4)

– Warmwasser (§ 2 Nr. 5 c)

– Fahrstuhl (§ 2 Nr. 7)

– Gartenpflege (§ 2 Nr. 10)

– Gemeinschaftsantenne (§ 2 Nr. 15)

– Wascheinrichtung (§ 2 Nr. 16)

Deshalb können Sie z.B. die Kosten für einen Wartungsvertrag für die Klingel- und Gegensprechanlage, die Fenster oder den Durchlaufbegrenzer zur Wassereinsparung **nicht** umlegen.

Wartungskosten, Rolltor

Sie dürfen die Kosten für die Wartung des Rolltors **nicht** auf den Wohnungsmieter umlegen.

Rechtlich sieht es folgendermaßen aus: Ob Wartungskosten umlegbar sind, bestimmt die BetrKV.

Steht dort **ausdrücklich** bei einer bestimmten Betriebskostenposition, dass auch die Wartungskosten bzw. die Kosten der laufenden Instandhaltung umlegbar sind, dürfen Sie diese Kosten Ihrem Mieter auf die Abrechnung setzen.

Weil das Rolltor schon gar **nicht** in der Anlage 3 erwähnt ist, müssen Sie die Wartungskosten dafür aus der eigenen Tasche bezahlen.

Dass Sie die Kosten dafür umlegen dürfen, können Sie mit Ihrem Wohnungsvermieter **nicht** einmal zusätzlich vertraglich so vereinbaren.

Der Grund: Genau das, was in der Betriebskostenverordnung steht, ist für Sie als Wohnungsvermieter **abschließend**. Was hier nicht erfasst ist, dürfen Sie auch nicht umlegen. Auch nicht unter „Sonstige Kosten".

Gewerberaumvermieter haben es da besser: Die können auch die Umlage der Wartungskosten für das Rolltor im Mietvertrag vereinbaren. Haben Sie dies allerdings versäumt, bleibt es dabei: Die Kosten dafür sind **nicht umlegbar!**

Waschmaschine

Es ist völlig vertragsgemäß, wenn Ihr Mieter seine eigene Waschmaschine in der Wohnung anschließt und benutzt. Sogar wenn Sie im Mietvertrag vereinbart haben, dass er die Gemeinschaftswaschmaschine nutzen muss (AG Hameln, Urteil v. 17.12.1993, 23 C 380/93, WM 1994 S. 426).

Das hat das Amtsgericht Köln bestätigt (AG Köln, Urteil v. 11.1.2001, 207 C 221/00, WM 2001 S. 276): Obwohl der Vermieter dem Mieter im Wäschekeller eigens eine Waschmaschine zur Verfügung gestellt hat, darf er dennoch seine eigene Waschmaschine in der Wohnung aufstellen.

Die Gerichte sehen das so: Das Aufstellen und Betreiben von Waschmaschinen und Wäschetrocknern in der Wohnung zum Haushaltsgebrauch gehört zumindest in Neubauten ohne Weiteres zum **vertragsgemäßen Gebrauch** der Mietsache, solange nicht ausdrücklich etwas anderes vertraglich vereinbart ist (LG Freiburg, Urteil v. 10.12.2013, 9 S 60/13).

Einem Kölner nutzte es jedoch nicht einmal, dass er zusätzlich **handschriftlich** Folgendes in seinen Mietvertrag hineingeschrieben hatte:

Die Waschmaschine darf nur in der Waschküche aufgestellt werden.

Der Vermieter hatte nämlich dummerweise den Fehler begangen, das **standardmäßig** in seine Mietverträge hineinzuschreiben. Sie kennen das ja: So wird aus einer Vereinbarung ganz schnell eine Klausel und die unterliegt der strengen Prüfung der §§ 305 ff. BGB. *„Unwirksam"*, urteilte das Gericht.

Zudem sah die Waschkellerordnung vor, dass der Mieter nur im Turnus von 3 Wochen mit dem Waschen dran war. Zu wenig für eine 5-köpfige Familie!

Im Klartext heißt das: Ihr Mieter darf in seiner Wohnung auch dann eine Waschmaschine aufstellen, wenn Sie ihm einen Waschkeller im Haus zur Verfügung stellen.

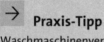

→ Praxis-Tipp

Waschmaschinenverbot: Eine Klausel nützt Ihnen gar nichts

Allenfalls mit einer eigens ausgehandelten **Individualvereinbarung** könnten Sie Ihrem Mieter verbieten, eine Waschmaschine in die Wohnung zu stellen, obwohl es eine Waschküche im Keller gibt.

Findet sich so eine Vereinbarung jedoch standardmäßig in mehreren Mietverträgen, die Sie auch mit anderen Mietern abgeschlossen haben, wird sie **zur Klausel** und ist nach den §§ 305–310 BGB (früher AGB-Gesetz) unwirksam.

Wasser sparen, Gießwasser

Die einfachste Möglichkeit, wie Sie Wasser sparen können, ist diese: Fangen Sie Regenwasser zum Blumengießen auf Ihrem Grundstück auf. Dafür kann Ihnen niemand Abwassergebühren anrechnen.

Gießen Sie allerdings mit **Frischwasser** aus der Wasserleitung, zahlen Sie doppelt drauf: Zum einen für das Frischwasser, zum anderen für das Abwasser!

Die gesamte „gezapfte" Frischwassermenge wird nämlich auch beim Berechnen der Abwassergebühr zugrunde gelegt. Um dies zu vermeiden, sollten Sie bei der Gemeinde beantragen, dass dieses Wasser vom Frischwasserverbrauch abgesetzt wird.

Das lohnt sich für Sie jedoch nur ab einem Grenzwert von derzeit rund 12 bis 20 m^3 pro Jahr. Das entspricht zirka

40-mal dem Inhalt einer normalen Regentonne bzw. 12.000 l Wasser. So jedenfalls sehen das die Gerichte.

Für Wasser, das Sie **nachweislich** zum Gartengießen verwenden, müssen Sie **keine** Abwassergebühren zahlen. Das hat der Verwaltungsgerichtshof Baden-Württemberg erst kürzlich so entschieden (Az. 2 S 2650/08).

Deswegen verlangen einige Städte und Gemeinden wie z. B. Berlin, dass Sie die Sprengwassermenge mit einem **Wasserzähler** nachweisen! Erkundigen Sie sich deswegen vorab bei den Stadtwerken Ihrer Gemeinde oder Stadt, ob ein Nachweis per Wasserzähler notwendig ist.

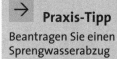

Praxis-Tipp

Die Gemeinde zieht Ihnen den Gießwasseranteil nicht automatisch ab. Sie haben darauf aber grundsätzlich einen Anspruch – auch wenn nichts davon in der Gemeindesatzung steht!

Beantragen Sie einen Sprengwasserabzug

Erkundigen Sie sich bei Ihrer Gemeinde, wie und innerhalb welchen Fristen Sie einen **Antrag** auf Absetzung des Gießwassers stellen können. Werfen Sie aber zuvor noch einen Blick in die Abwassergebührensatzung Ihrer Gemeinde, ob sich dort eine entsprechende Regelung findet.

Übrigens: Sie können auch auf den Abzug pochen, wenn Sie in Ihrem Haus oder Garten ein Schwimmbad haben und sich dementsprechende **Verdunstungsverluste** nachweisen lassen. Bauen Sie fürs Schwimmbad am besten einen separaten Wasserzähler ein!

Wasserkosten

Sie dürfen nur die tatsächlich im Verbrauchszeitraum entstandenen Kosten umlegen.

Legen Sie Ihrer Abrechnung immer die Endabrechnung Ihres Versorgungsunternehmens zugrunde, **nie** eine nur vorläufige Abrechnung oder gar nur geleistete Vorauszahlungen.

Gelten innerhalb eines Abrechnungszeitraums **verschiedene Tarife**, müssen Sie in Ihrer Abrechnung die Kosten des Versorgungsunternehmens nach den auf die Mietzeit des Mieters entfallenden Kosten aufschlüsseln (GE 1994 S. 1379).

Wassermengenregler

Mit einem Wassermengenregler können Sie die Durchlaufmenge des Wassers begrenzen. Egal, wie stark Sie den Hahn aufdrehen: Es gibt immer nur einen maximalen Wasserdurchlauf unabhängig vom Wasserdruck.

Seit dem 13.9.2001 dürfen Sie die Kosten für das **Warten** (nicht den Kauf!) von Wassermengenreglern auf Ihre Mieter **umlegen**. Dies steht seit diesem Zeitpunkt sogar ausdrücklich im Gesetz: In § 2 Nr. 2 BetrKV unter „Kosten für die Wasserversorgung".

Wasserschadenversicherung

Diese Kosten zählen zu den Kosten der Sach- und Haftpflichtversicherung und sind **umlagefähig**.

Wasseruhr

Befinden sich in Ihrem Haus Wasseruhren, müssen Sie auch verbrauchsabhängig abrechnen. Nach dem neuen Mietrecht ist es nämlich so: Wenn Sie als Wohnungsvermieter **verbrauchsabhängig** abrechnen können, müssen Sie es auch tun (§ 556a Abs. 1 Satz 2 BGB). Das gilt allerdings nur, wenn Sie die Wasseruhren angebracht haben.

Baut Ihr Mieter eigenmächtig eine Wasseruhr ein, kann er Sie damit nicht zur verbrauchsabhängigen Abrechnung zwingen (AG Berlin-Wedding, Urteil v. 26.2.2002, 16 C 473/01, GE 2002 S. 536).

Sie sind auch **nicht verpflichtet**, nachträglich Kaltwasserzähler einzubauen, nur um verbrauchsabhängig abrechnen zu können!

Nur wenn Sie nicht verbrauchsabhängig abrechnen können und Sie auch keinen Umlageschlüssel im Mietvertrag festgelegt haben bzw. Sie nicht schon jahrelang nach einem bestimmten Umlageschlüssel abrechnen, müssen Sie als Wohnungsvermieter die Betriebskosten nach der **Wohnfläche** umlegen (§ 556a Abs. 1 Satz 2 BGB).

Wasserverbrauchskosten

Darunter fallen die laufenden Kosten, die Ihnen das Wasserwerk in Rechnung stellt. Weil auch die verbrauchsunabhängigen Kosten hierunter zu fassen sind, können Sie die Miete für den **Zähler** auf den Mieter umlegen sowie die Kosten für die Verwendung von Zwischenzählern. Ebenso können Sie die Kosten des Messdienstes umlegen.

Nicht umlagefähig sind dagegen die Wasserkosten, die z.B. durch einen Wasserrohrbruch oder undichte Leitungen entstehen (AG Salzgitter, WM 1996 S. 285). Ebenso der Wasserverbrauch, der durch eine Baumaßnahme verursacht wird, die Sie oder Ihr Mieter durchführen (AG Görlitz, WM 1996 S. 48).

Wasserzähler

Die Kaltwasserzählergebühren dürfen Sie auf Ihren Mieter **umlegen**. Die gehören zu den Kosten des Wasserbezugs gemäß der Betriebskostenverordnung.

Schließlich liegt es ja im Interesse der Mieter, dass die Kosten für den Wasserbezug nach dem **tatsächlichen Verbrauch** abgerechnet und umgelegt werden (AG Steinfurt, Urteil v. 4.2.1999, 4 C 629/98, WM 1999 S. 721).

Die Anschaffungskosten eines neuen Zählers können Sie dagegen **nicht** umlegen. Die Miet- oder Leasingkosten aber schon. Ebenso die Eichkosten (AG Bremerhaven, WM 1987 S. 33) und die Kosten für den Zähleraustausch.

Umlagefähig sind auch die Kosten von gemieteten Einzel- und Zwischenzählern. Ganz egal, ob Sie diese vom Wasserversorger oder von einer privaten Firma gemietet haben.

 Praxis-Tipp

Mietkosten sind umlagefähig

WC, Schäden

Urinstein im WC? Das müssen Sie **nicht** hinnehmen. Ihr Mieter ist verpflichtet, die Sanitärobjekte sachgerecht zu reinigen.

Stellen Sie also bei der Wohnungsrückgabe fest, dass reichlich Urinstein im WC vorhanden ist, muss Ihr Mieter **nachreinigen**. Sie dürfen im Zweifelsfall nämlich davon ausgehen, dass dieses Sanitärobjekt nicht sachgerecht gereinigt wurde und damit ein vertragswidriger Gebrauch vorliegt.

Allerdings: Hat sich am Abfluss Ihrer Toilettenschüssel Kalk abgesetzt, können Sie die Schüssel erneuern. Sie müssen allerdings damit rechnen, dass Sie von dem Neupreis von

260,21 EUR nur 86,72 EUR zugesprochen bekommen, wenn Ihre Toilettenschüssel z. B. bereits 20 Jahre alt ist.

Bei einer Toilettenschüssel gehen die Gerichte nämlich von einer durchschnittlichen Haltbarkeit von schätzungsweise **30 Jahren** aus (AG Rheine, Urteil v. 10.10.1997, 10 C 223/97, WuM 1998 S. 250). Sie müssen nach 20 Jahren also einen Abzug „neu für alt" in Höhe von 2/3 Ihrer Forderung hinnehmen.

Ein Vermieter aus Osnabrück wollte von seinem Mieter eine WC-Schüssel ersetzt haben, weil die Wasserränder hatte. Der Richter schaute sich Fotos an und meinte: *„Da sind doch lediglich ganz normale Wasserränder drauf!"*

Falls eine Toilette nicht mittels Scheuermittel extra geputzt wird, sind solche Wasserränder ab einem bestimmten Alter der Toilette durchaus **normal**.

Die Toilette, um die es ging, war gerade einmal **10 Jahre alt**. Dennoch: Die entstandenen Wasserränder stufte er als ganz normale Abnutzung ein, die mit der Mietzahlung bereits abgegolten sei (AG Osnabrück, Urteil v. 3.9.2003, 47 C 9/03 (XXXII), WuM 2007 S. 406).

Weihnachtsdekoration

Rechtlich ist es so: Das Gestaltungsrecht Ihres Mieters endet an der Außenfassade! In seiner Wohnung kann Ihr Mieter sich an die Wände hängen, was er will. Außen gilt das nicht: Er darf keinesfalls Löcher in Ihre Hausfassade bohren, um seinen kletternden Plüschweihnachtsmann vor dem Absturz zu bewahren.

Da der Balkon noch zur Hausfassade gehört, darf der Mieter hier nur behutsam und im üblichen Rahmen dekorieren. Die **Balkonaußenbrüstung** zählt dabei noch zur Fassade, während Sie beim Geländer ein Auge zudrücken müssen.

Schließlich ist die Störung nur vorübergehend, deswegen können Sie sich an die folgende **Faustregel** halten: Die Mieterdekoration am Balkongeländer darf optisch nicht so sehr stören wie eine **Parabolantenne** und auch nicht mehr als beispielsweise die typischen **Blumenkästen** am Geländer.

→ **Praxis-Tipp**

Jahreszeitliche Deko ist erlaubt

Prinzipiell gilt: Jahreszeitliche Dekorationen an Fenstern oder auch an der Wohnungseingangstür müssen Sie hinnehmen – jedenfalls solange sie nur vorübergehender Natur sind.

Weiß-Streich-Vereinbarung

Natürlich wollen Sie Ihre Wohnung am Ende der Mietzeit wieder in einer **neutralen Farbe** zurückhaben. So, dass Sie diese gleich weitervermieten können. Am liebsten wäre Ihnen **alles in weiß** gestrichen zurückzubekommen. Das ist beliebter als ein kräftiges Rot, ein schillerndes Grün oder ein dezentes Blau.

Aber dürfen Sie diesen nachvollziehbaren Wunsch auch so in Ihren Mietvertrag hineinschreiben? Jedenfalls **nicht** per Klausel! So hat es der Bundesgerichtshof mittlerweile bereits mehrfach entschieden (BGH, Urteil v. 23.9.2009, VIII ZR 344/08 für das „Weißen der Wände"; BGH, Urteil v. 18.6.2008, VIII ZR 224/07).

Eine Formulierung wie: *„Die Schönheitsreparaturen sind in neutralen, deckenden, hellen Farben und Tapeten auszuführen"*, sollten Sie unbedingt **vermeiden**. Mit so einem „**Farbdiktat**" benachteiligen Sie Ihren Mieter unangemessen und Ihre gesamte Verpflichtung Ihres Mieters, die Schönheitsreparaturen durchzuführen, ist damit dahin (§ 307 Abs. 1 Satz 1, Abs. 2 Nr. 1 BGB)!

Der Grund ist schnell erklärt: Mit so einer Klausel würden Sie Ihrem Mieter schon **während** der Mietzeit vorschreiben, dass er seine Wohnung in hellen, deckenden und neutralen Farben streichen muss.

Zwar erkannten die Richter, dass Sie als Vermieter wegen der Anschlussvermietung ein Interesse daran haben, Ihre Wohnung möglichst in einer Farbe zurückhaben zu wollen, die von möglichst **vielen Mietinteressenten** akzeptiert wird.

Allerdings überwiege nun einmal das Interesse des Mieters, bereits während der **laufenden Mietzeit** seine Wohnung anders – nämlich vielleicht farbig oder auch nicht deckend – zu streichen.

Praxis-Tipp

Weiß-Streich-Wünsche sind nur zum Mietvertragsende möglich

Unterscheidet Ihre Farbwahlklausel **nicht** zwischen „während" und „am Ende der Mietzeit", haben Sie schlechte Karten.

Selbst **ohne** Farbwahlklausel im Mietvertrag ist es so: Ihr Mieter darf die Wohnung nicht in exzentrischen Farben verlassen. Hüten Sie sich deswegen davor, in Ihren Mietvertrag hineinzuschreiben, dass **alle Mieträume** bei Mietende **weiß** gestrichen zurückzugeben sind.

Besser: Begnügen Sie sich mit **neutralen Farben** bzw. lassen Sie künftig die Farbe völlig aus dem Spiel! Ansonsten riskieren Sie mit so einer Farbdiktatklausel, dass Ihre gesamte Renovierungsvereinbarung **unwirksam** ist (BGH, Urteil v. 18.6.2008, VIII ZR 224/07).

Werbungskosten

Anschaffungskosten für die Mietwohnung dürfen Sie als Werbungskosten in Ihrer Einkommensteuer-Erklärung (Anlage V) angeben. Je nachdem, wie viel Sie die Anschaffung kostet, dürfen Sie diese noch im Jahr der Anschaffung **komplett** absetzen oder müssen Sie **zeitanteilig** auf mehrere Jahre abschreiben.

Kaufen Sie für den Hausmeister ein Gartengerät und kostet es nicht mehr als 150 EUR netto ohne Umsatzsteuer, zählt es als **geringwertiges Wirtschaftsgut.** Die Kosten dafür dürfen Sie im Jahr der Anschaffung zu 100 % von der Steuer absetzen.

Aber: Kostet Sie ein Rasenmäher 500 EUR, überschreitet das die Grenze für geringwertiges Wirtschaftsgut. Bewegen sich die Anschaffungskosten zwischen 150 EUR und 1.000 EUR, sprechen die Steuerfachleuchte von einem „Sammelposten". Den Kaufpreis müssen Sie dann auf 5 Jahre verteilen.

Wohnfläche

Es gibt 3 Rechtsquellen, nach denen Sie messen können, von denen aber **keine** allgemeingültig ist:

- Die seit 1.1.2004 geltende **Wohnflächenverordnung**, die eigentlich nur für preisgebundenen Wohnraum gilt. Sie gilt als stillschweigend vereinbart, wenn sich **weder** aus dem Wohnungsmietvertrag etwas anderes ergibt noch in

Ihrer Stadt eine andere Berechnungsweise wie z.B. die nach der DIN 283 ortsüblich ist (BGH, Urteil v. 22.4.2009, VIII ZR 86/08; BGH, Urteil v. 23.5.2007, VIII ZR 231/06, GE 2007 S. 1023).

- Die **DIN 277**, die gerade im Neubaubereich größere Bedeutung hat.

- Die **DIN 283**, die bereits 1983 ersatzlos zurückgezogen wurde, um eine Überschneidung mit der DIN 277 zu vermeiden.

Der wesentliche Unterschied zwischen den einzelnen Berechnungsarten betrifft vor allem die Außenflächen wie Balkon oder Terrasse sowie den Hobbyraum.

Streiten Sie sich mit Ihrem Mieter darüber, **welche** Berechnungsart nun an Ihrem Ort ortsüblich ist, klärt das notfalls das Gericht oder ein Sachverständiger!

Zeitlich ist es so, dass immer die Berechnungsweise zum Zeitpunkt des **Vertragsabschlusses** maßgeblich ist (BGH, Urteil v. 22.4.2009, VIII ZR 86/08).

Vermieten Sie Ihre Wohnung, kommen Sie meist um die Flächenangabe nicht herum. Spätestens bei der ersten Betriebskostenabrechnung müssen Sie hier Farbe bekennen!

Messen Sie nach der Wohnflächenverordnung. Dabei dürfen Sie **voll mitzählen**: Die Grundfläche aller in der Wohnung liegenden Räume, die mindestens 2 m hoch sind.

Balkone, Loggien, Terrassen und Wintergärten dürfen Sie **maximal bis zur Hälfte,** grundsätzlich aber nur bis zu einem **Viertel** mitberechnen.

Räume, die zwischen 1 und 2 m hoch sind, dürfen Sie nur mit der Hälfte ihrer Fläche mitrechnen.

Zubehörräume wie Keller, Waschküche, Abstellräume außerhalb der Wohnung, Dachböden, Schuppen und Garagen müssen Sie leider links liegen lassen. Ebenso Räume, die **niedriger** als 1 m sind. Die dürfen Sie bei Ihren Wohnflächenberechnungen **nicht** mitzählen.

Wohnflächenabweichung

Wie entscheiden die Gerichte, wenn sich Ihre Wohnung als kleiner herausstellt als im Mietvertrag vereinbart?

Dazu gibt es eine klare Rechtsprechung des Bundesgerichtshofs: Ist die gemietete Wohnung mehr als **10 % kleiner** als im Mietvertrag angegeben, zählt das als Mangel im Sinne von § 536 Abs. 1 Satz 1 BGB. Deswegen darf der Mieter die Miete mindern. Auch dann, wenn die geringere Wohnfläche die Tauglichkeit der Wohnung zum vertragsgemäßen Gebrauch nicht mindert (BGH, Urteil v. 24.3.2004, VIII ZR 295/03, WM 2004 S. 336).

Haben Sie Ihrem Mieter nämlich keine bestimmte Wohnungsgröße zugesichert und liegt nur eine **unerhebliche** Flächenabweichung (weniger als 10 %) vor, darf Ihr Mieter also **nicht** mindern.

Die bittere Folge bei einer Wohnflächenabweichung **über 10 %**: Ihr Mieter muss Ihnen künftig nur die geminderte Miete zahlen. Zusätzlich kann er aber von Ihnen verlangen, dass Sie ihm die überzahlte Miete **zurückzahlen** (BGH, Urteil v. 7.7.2004, VIII ZR 192/03, NZM 2004 S. 699).

Aus dieser Misere hilft Ihnen dann nur noch die **Verjährung** raus, sodass Ihr Mieter maximal die Differenz der letzten 3 (bis zum 31.12.2003 noch 4) Jahre von Ihnen zurückverlangen kann.

Auch bei den **Betriebskosten** rächt sich eine falsche Flächenangabe: Der Mieter darf auch hier zu viel Bezahltes zurückfordern! Auch dann noch, wenn die Jahresfrist bereits abgelaufen ist, denn dass die Wohnfläche nicht korrekt ermittelt wurde, sei schließlich nicht seine Schuld (LG Berlin, Urteil v. 3.6.2005, 63 S 507/04, GE 2005 S. 993).

Bei einer **Mieterhöhung** ist es so: Solange Ihre Wohnflächenabweichung noch unter 10 % liegt, bleibt es bei der im Mietvertrag stehenden kleineren Fläche. Nur wenn Sie sich um **mindestens 10 %** verrechnet hätten, wäre Ihnen ein Festhalten an der vertraglich vereinbarten Wohnfläche nicht mehr zumutbar. Sie dürften dann bei Ihrer Mieterhöhung von der **tatsächlichen**, statt der im Mietvertrag eingetragenen geringeren Fläche ausgehen (BGH, Urteil v. 23.5.2007, VIII ZR 138/06, GE 2007 S. 1046).

Wichtig: Wenn Sie schon die Wohnfläche im Mietvertrag angeben, dann bitte immer mit einer Zirka-Angabe. Eine **Zirka-Wohnflächenangabe** im Mietvertrag stellt nämlich keine Zusicherung dar, sondern lediglich eine unverbindliche

Objektbeschreibung (LG Berlin, Urteil v. 31.3.2003, 62 S 12/03, GE 2003 S. 882).

Wohnflächenberechnung

Die Wohnflächenberechnung erfolgt bei preisgebundenem Wohnraum nach der Wohnflächenverordnung. Für Gewerberaum und preisfreien Wohnraum existieren **keine** verbindlichen Vorschriften zur Flächenberechnung.

Manchmal enthält der Mietspiegel Ihrer Stadt einen entsprechenden Hinweis, **wie** in Ihrer Region die Wohnfläche berechnet wird.

Der Bundesgerichtshof hat entschieden, dass Sie nach der Wohnflächenverordnung vorgehen müssen, sofern Sie sich nicht schon im Mietvertrag auf einen bestimmten Berechnungsmodus festgelegt haben (BGH, Urteil v. 23.5.2007, VIII ZR 231/06, GE 2007 S. 1023).

Berechnen Sie die Fläche in Ihrem Mietobjekt beispielsweise nach der Wohnflächenverordnung, achten Sie darauf, dass Sie diesen Maßstab **einheitlich** in allen Mietobjekten Ihres Gebäudes anlegen.

Was so selbstverständlich klingt, entpuppt sich in der Praxis als häufige Fehlerquelle.

Besonders wenn es um Balkone, Loggien oder Dachgärten geht, wird innerhalb eines Hauses **nicht einheitlich** vorgegangen. Mal wird diese Fläche zur Wohnfläche hinzugerechnet, mal nicht. Gerade bei gleich großen Wohnungen ziehen Sie damit den Unmut Ihrer Mieter auf sich.

Wohnflächenklausel

Wer einem Streit mit seinem Mieter um die Wohnfläche aus dem Weg gehen will, kann eine Wohnflächenklausel in seinen Mietvertrag aufnehmen. Ein Berliner Vermieter hat es vorgemacht, wie es geht. Er schrieb in seinen Mietvertrag die folgende Klausel hinein:

Die Wohnfläche ist mit 81,89 m² vereinbart. Sollte sich nachträglich herausstellen, dass die tatsächliche Wohnfläche von der vorstehend vereinbarten Fläche abweicht, so soll keine der Parteien berechtigt sein, aus dieser Tatsache eine Anpassung der Miete zu verlangen.

Die Folge: Als sich herausstellte, dass die tatsächliche Wohnfläche von der vereinbarten Fläche um **mehr als 10 %** abwich, wollte der Mieter weniger Miete zahlen.

Der Vermieter berief sich auf das Vereinbarte im Mietvertrag und verlangte weiterhin die volle Miete – zu Recht, wie ihm das Gericht bestätigte (LG Berlin, Urteil v. 10.5.2005, 63 S 170/04, GE 2005 S. 995): Vereinbart ist vereinbart, auch wenn die Wohnung tatsächlich kleiner ist!

Schließlich wollten ja gerade **beide Seiten** mit der Klausel erreichen, dass weder dem Mieter noch dem Vermieter ein Minderungs- bzw. Nachforderungsrecht zusteht, wenn die Wohnung tatsächlich größer oder kleiner ist. Deswegen beurteilte das Gericht die Wohnflächenvereinbarung als **wirksame Klausel**.

Gleiches gilt für diese beiden Klauseln:

1. *Die Wohnfläche ist mit ca. 105,26 m² vereinbart.*

2. *Änderungen der Wohnfläche von +/- 5 % bleiben ohne Auswirkungen auf die Miethöhe.*

Das Gericht sieht das so: Die Mietvertragsparteien seien sich einig gewesen, dass bestimmte Toleranzgrenzen, nämlich eine Abweichung der vereinbarten Wohnfläche von **weniger als 5 %** nach oben oder nach unten, außer Betracht bleiben sollen (KG Berlin, Urteil v. 28.11.2005, 8 U 125/05, GE 2006 S. 845). Ist dies der Fall, darf Ihr Mieter jetzt nicht kommen und die Miete mindern.

Wohngeld

Zögerlich schiebt Ihnen Ihr Mieter ein Formular rüber. Er wolle jetzt **Wohngeld beantragen** und brauche dafür Ihre Unterschrift. Klar füllen Sie alles sorgfältig aus: Schließlich wohnt der Mann schon jahrelang bei Ihnen. Hat immer **pünktlich und vollständig** seine Miete und die Nebenkosten bezahlt.

Insgeheim fragen Sie sich aber: *„Wird das auch künftig so sein?"* Rechtlich gesehen ist es **seit dem 1.1.2005** so: Die Leistungen für Unterkunft und Heizung dürfen nur noch an den Hilfebedürftigen direkt – also Ihren Mieter – ausgezahlt werden.

Ist allerdings nicht sichergestellt, dass Ihr Mieter das Geld **zweckentsprechend** verwendet, können Sie beantragen, dass die Kosten **direkt** an Sie als Vermieter bezahlt werden (§ 22 Abs. 4 SGB II). Nur mit einem ausdrücklichen **Antrag** an die Behörde kommen Sie also an das Geld!

Zudem gilt: „Wohngeld" gibt es nur für eine **angemessen** große Wohnung. Oder juristischer ausgedrückt: Ihr Mieter erhält „Leistungen für Unterkunft und Heizung".

Wie groß eine Wohnung allerdings sein darf, ist von Bundesland zu Bundesland unterschiedlich geregelt. Grundsätzlich stehen 1 Person 45 bis 50 m² zu, 2 Personen 60 m² bzw. 2 Zimmer, 3 Personen 75 m² bzw. 3 Zimmer und 4 Personen 85 bis 90 m² bzw. 4 Zimmer.

Wie viel Ihr Mieter für die Wohnung bekommt? Auch das ist unterschiedlich. In Berlin darf Ihr Mieter beispielsweise für einen 1-Personen-Haushalt 360 EUR ausgeben. Für einen 2-Personen-Haushalt 444 EUR, für einen 3-Personen-Haushalt 542 EUR, für einen 4-Personen-Haushalt 619 EUR und für einen 5-Personen-Haushalt 705 EUR. Für jede weitere Person gibt es 50 EUR extra.

Den Traum von der hübschen, großflächigen Penthauswohnung in der Schlossallee muss Ihr Mieter also erst einmal begraben.

Wohngeräusche

22 Uhr, und Ihr Mieter lässt sich ein Bad ein – so spät noch! Darf er das? Ja! Ein entsprechendes Verbot in Ihrer Hausordnung wäre **unwirksam**.

Natürlich darf er auch noch nach 22 Uhr die Toilettenspülung benutzen. Quietschende Garagentore dürfen allerdings von 22 Uhr bis 6 Uhr **nicht** betätigt werden.

Und auch bei **Kinderlärm** müssen Mitmieter ein Auge zudrücken: Den Lärm von spielenden Kindern müssen Mitmieter im Haus hinnehmen. Zwischen der Mittagszeit von 13 Uhr bis 15 Uhr und abends von 22 Uhr bis 7 Uhr früh müssen die Eltern allerdings darauf achten, dass die anderen Mitbewohner **nicht unzumutbar** gestört werden.

Sogar gelegentliches Türenknallen zählt noch zum vertragsgemäßen Gebrauch der Mietsache. Vermieten Sie Wohnungen in einem Mehrfamilienhaus, müssen Sie und die Mitmieter dies grundsätzlich **hinnehmen** (LG Berlin, Urteil v. 18.6.1999, 64 S 63/99, ZMR 2000 S. 532).

Sonntags darf natürlich **kein Rasen gemäht** werden. Das ist nur an Werktagen – und dazu zählt auch der Samstag – von 7 Uhr bis 19 Uhr erlaubt.

Auch beim **Staubsaugen** muss der Mieter auf die Mittagsruhe Rücksicht nehmen und die Nachtzeit (22 Uhr bis 7 Uhr) beachten. Gleiches gilt, wenn Ihr Mieter den Bohrer rausholt!

Wohnungsabnahme

Mit der Wohnungsabnahme setzen Sie den Schlusspunkt unter Ihr Mietverhältnis! Die will deswegen gut vorbereitet sein.

Denken Sie beim Terminieren Ihres Abnahmetermins daran, dass er auf jeden Fall **bei Tageslicht** stattfindet: Nur so können Sie z. B. einen wolkigen Deckenanstrich erkennen.

Teilen Sie Ihrem Mieter den Abnahmetermin **schriftlich** mit und erinnern Sie ihn daran, was alles bis dahin laut Mietvertrag von ihm zu tun ist. Am besten Sie nennen ihm gleich noch den entsprechenden Paragrafen aus dem Mietvertrag, wonach er renovieren muss.

Nehmen Sie unbedingt Ihren **Mietvertrag** zum Abnahmetermin mit. So können Sie Ihrem Mieter gleich schwarz auf weiß belegen, was alles zu den Schönheitsreparaturen zählt.

Führen Sie bitte **nie** eine Abnahme **allein** durch, sondern nehmen Sie eine zweite Person als Zeugen mit. Als Zeuge taugt nur, wer nicht im Mietvertrag als Vermieter aufgeführt ist.

Lassen Sie die Qualität der vom Mieter durchgeführten Schönheitsreparaturen eventuell von einem **Fachmann** überprüfen.

Notieren Sie sich exakt, **wann** die Abnahme stattfand, ebenso um welche Wohnung es ging (Adresse, Geschoss, Zimmeranzahl usw.).

Listen Sie alle bei der Abnahme teilnehmenden Personen auf.

Halten Sie fest, wie der dekorative Zustand der Wände, Decken, Türen/Zargen, Fenster und Heizkörper in sämtlichen Räumen ist. Ein Kratzer, ein wolkiger Anstrich, ein untapeziertes Zimmer, ein Stück Tapete, das nicht richtig verklebt wurde: Das alles muss **exakt** in Ihrem Protokoll stehen, wenn Sie deswegen Schadensersatz wollen.

Ganz wichtig: Was Sie jetzt nicht aufschreiben, können Sie später nicht mehr fordern! Die im Übergabeprotokoll aufgelisteten Mängel gelten als abschließend angegeben. Alles, was dort **nicht** drinsteht, war aus Gerichtssicht auch nicht vorhanden.

Nehmen Sie in Ihr Protokoll eventuelle Glasschäden oder Schäden an Fenstern und Türen auf.

Achten Sie auf Risse, Kratzer oder Emailleabsplitterungen an den sanitären Einrichtungen in Küche, Bad und WC.

Machen Sie Angaben **zum Zustand** von Einbaumöbeln (Schäden, übervertragsgemäße Abnutzung). Prüfen Sie, ob alles **vollständig** ist (auch das Zubehör!) und Elektrogeräte wie der Herd, der Kühlschrank oder die Dunstabzugshaube noch funktionieren. Ebenso ob sich die Schränke schließen lassen bzw. Schubladen noch „laufen".

Prüfen Sie alle **beweglichen Teile** wie Fenstergriffe, Wasserhähne, Klosettspülungen, Rollladengurte, Türschlösser usw.

Drehen Sie **Wasserhähne** kurz auf und schauen Sie, ob das Wasser abläuft.

Kontrollieren Sie Fußleisten auf Schäden bzw. auf fehlende Abschlussleisten.

Tragen Sie in Ihr Protokoll ein, falls Bodenbeläge bzw. geflieste Fußböden beschädigt sind.

Handeln Sie mit Ihrem Mieter aus, was mit seinen **baulichen Veränderungen** geschehen soll: Ob er sie entfernen soll oder ob Sie diese übernehmen. Falls Sie an eine Übernahme denken, legen Sie gleich den Preis fest.

Notieren Sie fehlende Schlüssel oder ausgetauschte **Schlösser.**

Vergessen Sie bitte nicht auch beispielsweise den Hausflur, Balkon oder die Terrasse auf vom Mieter verursachte Schäden zu untersuchen. Gleiches gilt natürlich für den Keller- oder Speicherraum, die Garage oder den mitvermieteten Garten.

Halten Sie gemeinsam mit dem Mieter die **Zählerstände** von Gas, Strom, Wasser fest bzw. notieren Sie sich eventuelle Heizölrückstände.

Vereinbaren Sie mit Ihrem Mieter, **wer bis wann** die Mängel bzw. Schäden beseitigen soll. Ebenso, inwieweit notwendige

Arbeiten mit der Kaution verrechnet werden sollen – besser jetzt gleich regeln als später darum streiten!

Wichtig: Bewahren Sie gegebenenfalls beschädigte Gegenstände zu Beweiszwecken auf.

Nehmen Sie einen Fotoapparat mit und machen Sie von den Beanstandungen zu Beweiszwecken entsprechende Fotos.

Weigert sich Ihr Mieter, das Abnahmeprotokoll zu unterschreiben, ist es gut, wenn Sie noch einen Zeugen dabei haben. Lassen Sie den Zeugen das Abnahmeprotokoll unterschreiben und schicken Sie es Ihrem Mieter zur Kenntnis zu.

Sie haben damit zwar kein Anerkenntnis vom Mieter, aber dafür ein gutes Beweismittel für die vorgefundenen Schäden an der Hand.

Zähler, abgelaufene

Ist die Eichfrist Ihres Wasserzählers **abgelaufen,** dürfen Sie die abgelesenen Messwerte nur zur Grundlage Ihrer Betriebskostenabrechnung machen, wenn Sie nachweisen können, dass Ihre Zähler dennoch korrekt messen (BGH, Urteil v. 17.11.2010, VIII ZR 112/10).

Können Sie das nicht, müssen Sie deswegen nicht gleich völlig auf Ihre Wasserkosten verzichten.

Es ist vielmehr so, dass Sie die Wasserkosten bei einer abgelaufenen Eichfrist nach dem **gesetzlichen Umlageschlüssel** auf die Mieter umlegen müssen.

Das bedeutet nach § 556a Abs. 1 Satz 1 BGB, dass Sie die Kosten für das Wasser nach der **Wohnfläche** auf die Mieter im Haus umlegen müssen (LG Kleve, Urteil v. 19.4.2007, 6 S 205/06, ZMR 2007 S. 621).

Einen Haken hat die Sache allerdings: Ihr Mieter darf Ihnen quasi als Strafe für das unterlassene Nacheichen 15 % der Wasserkosten **abziehen.**

Und die Kosten für das Ablesen der ungeeichten Wasseruhren müssen Sie natürlich auch von Ihrer Abrechnung streichen!

Zählerabweichung, Messdifferenzen

Sie dürfen die Messdifferenzen zwischen einem Haupt- und Nebenzähler auf Ihre Mieter umlegen. Jedenfalls wenn die

Differenz zwischen dem Hauptzähler und der Summe aus allen Zwischenzählern nicht mehr als 20 % beträgt.

Prüfen Sie also zuvor, ob die Abweichung **unter 20 %** liegt. Trifft dies zu, dürfen Sie den Mehrverbrauch gemäß des prozentualen Anteils des Einzelverbrauchs der einzelnen Mieter umlegen (LG Duisburg, Urteil v. 22.2.2006, 13 T 9/06, WM 2006 S. 199; LG Braunschweig, Urteil v. 22.12.1998, 6 S 163/98, WM 1999 S. 294).

Versuchen Sie dagegen nicht, die Messdifferenz dadurch auszugleichen, dass Sie dem Mieter einfach einen **höheren Kubikmeterpreis** anstatt des von Ihnen an das Wasserwerk gezahlten Einheitspreises berechnen.

Sie dürfen nämlich nur den tatsächlichen Verbrauch zu dem von Ihnen gezahlten Preis umlegen. Alles andere wäre **grob vertragswidrig** (AG Ibbenbüren, Urteil v. 14.1.2000, 3 C 374/99, WM 2000 S. 83).

Die „Zählermiete" oder „Zählergebühr" dürfen Sie Übrigens bei den Wasserkosten auf den Mieter umlegen.

Praxis-Tipp

Messdifferenzen sind teilweise sogar technisch bedingt. Erst wenn die Toleranzgrenze von 20 % überschritten ist, deutet das auf einen beachtlichen Wasserschwund hin, dem Sie nachgehen müssen (LG Duisburg, Beschluss v. 22.2.2006, 13 T 9/06, WM 2006 S. 199).

Ab wann Sie eine Messdifferenz zum Handeln zwingt

Einige Vermieter installieren eigens wegen der Messdifferenzen eine **extra Wasserzapfstelle** im Garten oder Keller. Dieser Zapfstelle ordnen Sie alle Wasserkosten zu, die über dem von den Einzelzählern gemessenen Verbrauch liegen. Die laufen dann einfach unter „Allgemeinkosten".

Zahlungsfrist, Betriebskosten

Ihr Mieter muss die Abrechnung mit dem übernächsten Monatsbeginn, nachdem ihm Ihre Abrechnung zugegangen ist, bezahlen.

Beispiel: Bis wann Ihr Mieter zahlen muss

Ihr Mieter erhält Ihre Abrechnung im September. Ab dem 1.11. ist damit der Nachzahlungsbetrag fällig.

Zahlt Ihr Mieter nicht rechtzeitig, gerät er in Zahlungsverzug, und Sie können von ihm Verzugszinsen fordern. Sind Sie sich Ihrer Sache sicher, können Sie Ihre Betriebskostennachzahlung sogar bereits einklagen (§ 286 Abs. 3 BGB).

Zeitmietvertrag

Als Wohnungsvermieter dürfen Sie seit dem 1.9.2001 einen Zeitmietvertrag nur noch **mit** Befristungsgrund abschließen. Erlaubt sind diese **3** laut § 575 BGB **gesetzlich anerkannten Befristungsgründe:**

1. Eigenbedarf,

2. wesentliche Umbaumaßnahmen, die eine Fortsetzung des Mietvertrags erheblich erschweren würden, und

3. Vermietung an einen Dienstleistungsverpflichteten.

Doch keine Angst: **Vor** dem 1.9.2001 abgeschlossene sogenannte einfache Zeitmietverträge **ohne** Befristungsgrund sind nach wie vor **wirksam!**

Wollen Sie dagegen jetzt einen neuen Mietvertrag abschließen, den Sie befristen wollen, empfehle ich Ihnen die folgende Klausel:

Qualifizierter Zeitmietvertrag

Der Mietvertrag wird auf die Dauer von .... Jahren abgeschlossen. Er beginnt am .... und endet mit Ablauf des ...., ohne dass es einer Kündigung bedarf.

Der Mieter kann nicht verlangen, dass das Mietverhältnis fortgesetzt wird, weil der Vermieter

1. *nach Mietvertragsende die Räume für sich bzw. die zu seinem Haushalt gehörende Person .... bzw. seinen Familienangehörigen .... nutzen will. Dem liegt folgender Lebenssachverhalt zugrunde: ....*

2. *in zulässiger Weise die Räume beseitigen oder so wesentlich verändern oder instand setzen will, dass die Maßnahmen durch die Fortsetzung des Mietverhältnisses erheblich erschwert würden. Im Einzelnen sind folgende Umbauarbeiten beabsichtigt:..................................*

3. *die Räume, an einen anderen zur Dienstleistung Verpflichteten vermieten will (Erläuterungen hinsichtlich des*

bestehenden Dienstverhältnisses und der Überlassung an einen anderen zur Dienstleistung Verpflichteten):
....

Der Mieter kann vom Vermieter **frühestens 4 Monate** vor Ablauf der Befristung verlangen, dass dieser ihm binnen eines Monats mitteilt, ob der Befristungsgrund noch besteht. Erfolgt die Mitteilung später, kann der Mieter verlangen, dass Sie Ihren Mietvertrag um den Verspätungszeitraum verlängern.

Schreiben Sie Ihren **Befristungsgrund** am besten gleich bei Mietvertragsabschluss in den Mietvertrag hinein. Beschränken Sie sich aber nicht darauf, lediglich den Gesetzeswortlaut zu wiederholen, sondern setzen Sie Ihren Mieter über Ihren konkreten Lebenssachverhalt in Kenntnis.

Beispielsweise, dass Sie die Räume **nach Ablauf** der Mietzeit für Ihren heranwachsenden Sohn Max benötigen, der studieren will. Oder Sie die Wohnung als Alterswohnsitz nutzen wollen und Ihnen Ihr momentanes Haus zu groß oder Ihre aktuelle, im 3. Stock gelegene Wohnung nicht altersgerecht erscheint.

Zeitmietvertrag wegen geplantem Verkauf

Zieht Ihr Mieter aus und spielen Sie mit dem Gedanken, Ihre Wohnung in nächster Zeit zu verkaufen, wäre ein **Zeitmietvertrag** mit dem nächsten Mieter ideal. Am besten noch so einer, der regelt, dass der Mieter zum Verkaufstermin ausziehen muss.

Allerdings: Wenn Sie Ihren Mietvertrag befristen wollen, geht das nur **mit Befristungsgrund.** Der Verkauf der Wohnung ist jedoch kein gesetzlich anerkannter Befristungsgrund.

Dass Ihr Mieter zum Tag X ausziehen muss, können Sie **ohne** Befristungsgrund rechtlich **nicht** verbindlich festlegen.

Zulässig ist es, das **Kündigungsrecht** des Mieters für eine gewisse Zeit **auszuschließen** – das löst Ihr Hauptproblem, den Mieter am Tag X aus der Wohnung zu bekommen, aber nicht. Dies können Sie nur mit einem qualifizierten Zeitmietvertrag – also so einem mit Befristungsgrund – erreichen.

Oder Sie warten **nicht** ab, bis Ihr Mieter kündigt, sondern bieten ihm bereits vorher den Abschluss eines Mietaufhebungsvertrags an.

Praxis-Tipp

Befristen wegen Verkauf: Das ist kein zulässiger Befristungsgrund

Leider gibt es also für das Problem, dass Sie den Mieter nach ein paar Jahren wieder aus der Wohnung raushaben wollen, weil Sie diese verkaufen wollen, keine gesetzliche Lösung.

Der Gesetzgeber wollte nämlich bewusst vermeiden, dass der Mieter **nur wegen des Verkaufs** der Wohnung ausziehen muss.

Zeitmietvertrag, Auflösung

Will Ihr Mieter **früher** aus seinem Zeitmietvertrag raus, weil er z. B. ein Haus gebaut hat, können Sie ihn, müssen Sie aber nicht, früher ziehen lassen.

Der Umzug ins Eigenheim gibt ihm noch **kein Kündigungsrecht**. Er ist also verpflichtet, bis zum Mietvertragsende die Miete an Sie fortzuzahlen.

Natürlich können Sie sich mit einer einvernehmlichen Mietvertragsaufhebung einverstanden erklären – müssen Sie aber nicht! Der Hausbau berechtigt den Mieter noch nicht einmal zur **Nachmietergestellung**. Jedenfalls gibt es bisher kein Urteil zu diesem Fall.

Typische Nachmieterfälle wären z. B. eine Familienvergrößerung, eine schwere Krankheit oder der Umzug in ein Altersheim.

Ihr Mieter könnte allenfalls auf die Idee kommen, die Wohnung bis zum eigentlichen Mietvertragsende **untervermieten** zu wollen. Auch dem müssen Sie nicht zustimmen, denn die Untervermietung der kompletten Wohnung kann Ihr Mieter nicht erzwingen.

Hüten Sie sich aber davor, eventuelle Untermieter gleich auf Anhieb abzulehnen, denn damit spielen Sie Ihrem Mieter ein Sonderkündigungsrecht für seinen Zeitmietvertrag zu. Dann kann er schon nach 3 Monaten ausziehen.

→ **Praxis-Tipp**

Untermieter nehmen oder nicht? Es kommt drauf an...

Sollen Sie sich bei einem Zeitmietvertrag mit einem Untermieter einverstanden erklären oder nicht? Wenn Ihnen nur an der Mietzahlung gelegen ist, können Sie einer Untervermietung **zustimmen**.

Dann behalten Sie Ihren Mieter bis zum Vertragsende noch als Ihren Vertragspartner und damit Mietschuldner. Sie können ihn aber auch einfach „ziehen" lassen und mit ihm eine Mietvertragsaufhebung vereinbaren.

Das muss **nicht** „kostenlos" sein, sondern Sie können mit dem Mieter auch eine „Abfindung" für das vorzeitige Entlassen aus dem Mietvertrag aushandeln.

Zeitmietvertrag, Befristungsdauer

Bis zum 30.8.2001 war es noch so: Da durften Sie Ihren Mietvertrag mit einem Wohnungsmieter **höchstens auf 5 Jahre** befristen. Nach der Mietrechtsreform ist dies nun anders: Sie dürfen jetzt Ihren Zeitmietvertrag so lange befristen, **wie Sie wollen** – sofern Sie einen Befristungsgrund parat haben, ist das kein Problem!

Allerdings: Kombinieren Sie Ihren Zeitmietvertrag mit einer Staffelmiete, ist Ihr schöner Zeitmietvertrag nach Ablauf von 4 Jahren kündbar (§ 557a Abs. 3 BGB)! Die Frist beginnt mit dem Zeitpunkt ab Mietvertragsabschluss – nicht mit dem Einzugstermin bzw. Invollzugsetzung – zu laufen (BGH, Urteil v. 29.6.2005, VIII ZR 344/04). Bedenken Sie dies bitte, bevor Sie sich für einen Zeitmietvertrag mit einer Staffelmiete entscheiden.

Vereinbaren Sie einen Zeitmietvertrag **ohne Staffelmiete** und erhöhen Sie während der Mietzeit Ihre Miete nach dem gesetzlichen Mieterhöhungsrecht des § 558 BGB auf die ortsübliche Miete, gilt: Auch dieses Mieterhöhungsbegehren macht Ihren Zeitmietvertrag nach § 561 BGB vorzeitig **kündbar!**

 Praxis-Tipp

Vorsicht: Jede Mieterhöhung löst ein Kündigungsrecht aus

Zentrale Brennstoffversorgungsanlage

Unabhängig davon, ob Sie mit Gas oder Öl heizen: Die Betriebskosten für Ihre Anlage können Sie auf Ihren Mieter **umlegen.**

Dazu gehören die verbrauchten Brennstoffe, deren Lieferkosten, der Betriebsstrom sowie die Kosten der Überwachung und Reinigung der Anlage und des Betriebsraums.

Überwiegend wird es sich bei diesen Kosten um zentrale Öllager- oder Flüssiggastanks handeln, von denen Versorgungsleitungen zu den im Haus befindlichen Einzelheizungen, wie z. B. Etagenheizungen, führen.

Wichtig zu wissen: Dazu gehören **nicht** die Kosten für das Überprüfen der Betriebssicherheit. Dies ist ein entscheidender Unterschied gegenüber der zentralen Heizungsanlage.

Ebenso gehören die Kosten für das eigenständig gewerbliche Liefern von Wärme dazu. Das sind die Kosten des Entgelts für die Wärmelieferung. Das gilt auch, wenn die Wärme aus einer **zentralen** Heizungsanlage geliefert wird.

Umlegen können Sie auch die Kosten des Betriebs der zugehörigen Hausanlage (Übergabestation, Absperrventile usw.), die Kosten der Einstellung und Wartung von Heizungen (zzgl. kleinerer Erneuerungsteile, Dichtungen usw.) und die Kaminkehrerkosten für den Heizungsschornstein.

Zentrale Heizungsanlage

Auch Zentralheizung genannt. So eine haben Sie, wenn an einer zentralen Stelle im Haus Wärme erzeugt und in die Räume Ihrer Mieter weitergeleitet wird.

Das Gegenteil von einer Zentralheizung sind Einzelfeuerstellen wie beispielsweise Einzelöfen oder eine Gasetagenheizung.

Als Betriebskosten der Zentralheizung dürfen Sie die folgenden Kostenpositionen umlegen:

– Kosten der Abgasanlage

– Brennstoffkosten

– Brennstofflieferungskosten

– Betriebsstrom

– Kosten der Heizungsbedienung (evtl. Mietreduzierungsbetrag des Mieters, der die Heizung bedient; wenn der Hausmeister die Heizung bedient, können diese Kosten im Rahmen der Hausmeisterkosten berücksichtigt werden)

– Kosten fürs Überwachen, die Pflege und das Warten der Anlage

– Kosten für das Prüfen der Betriebsbereitschaft und Sicherheit

– Kosten für das Einstellen der Heizung

– Kosten für das Reinigen der Anlage

- Kosten für das Reinigen des Betriebsraums
- Kosten für das Messen nach dem Bundesimmissions-schutzgesetz
- Miete oder andere Kosten, die für die Gebrauchsüber-lassung einer Ausstattung zur Verbrauchserfassung ent-stehen
- Kosten für das Verwenden einer Ausstattung zur Ver-brauchserfassung (Wärmezähler, Heizkostenverteiler, wobei die Anschaffung und der Einbau kostenmäßig über eine Modernisierungserhöhung nach § 559 BGB mit 11 % der Anschaffungskosten umgelegt werden)
- Kosten für das Berechnen und Aufteilen der Heizkosten (z. B. Servicegebühren des Wärmemessdienstes).

Zu den Geräten zur Verbrauchserfassung gehört der Aus-tausch der **Flüssigkeitsampullen** ebenso wie die Batterien bei den elektronischen Heizkostenverteilern.

Zurückbehaltungsrecht

Die Abrechnungsfrist ist längst verstrichen, dennoch pocht Ihr Mieter auf seine Abrechnung, weil er insgeheim mit einer kräftigen Rückzahlung rechnet.

Um Ihnen Druck beim Abrechnen der Betriebskosten zu machen, kann Ihr Mieter trotz abgelaufener Abrechnungs-frist auf die Abrechnung bestehen und die **laufenden** Betriebs-kostenvorauszahlungen so lange zurückbehalten, bis Sie ab-gerechnet haben.

Durch das zu späte Abrechnen verlieren Sie außer der Nach-zahlung (!) allerdings **keinen Cent**. Erstellen Sie nämlich noch eine formell wirksame Abrechnung, muss Ihr Mieter die laufenden Vorauszahlungen wieder auf Ihr Konto überweisen und die rückständigen Vorauszahlungen nachzahlen.

Fließt das Geld danach **nicht**, können Sie Ihrem Mieter sogar wegen Zahlungsrückstands **fristlos kündigen**, wenn der rück-ständige Betrag 2 Monatsmieten beträgt!

Zusatzvereinbarung

So ein standardisierter Formularmietvertrag wurde für mög-lichst viele Vertragssituationen gestaltet. Deswegen könnte es gut sein, dass Sie in Ihrem speziellen Fall etwas noch **zusätz-lich** vereinbaren wollten.

Handeln Sie gegebenenfalls mit Ihrem Mieter eine dafür geeignete **individuelle Vertragsgestaltung** aus. Besondere, durch die Eigenart des Hauses oder der Mietwohnung bedingte Regelungen sollten Sie dann unter „**besondere Vereinbarungen**" eintragen.

Aber aufgepasst: Durch die Änderungen oder Zusätze dürfen sich **keine Widersprüche** zum Vertragsinhalt ergeben.

Bevor Sie also zum Stift greifen und alle Ihre Sonderwünsche fein säuberlich in Ihr Mietvertragsformular eintragen, sollten Sie sich unbedingt Folgendes vor Augen führen: Die Regelungen, die Sie hier treffen, dürfen **nicht** im Widerspruch zum übrigen Mietvertrag stehen.

Widersprüchliche Klauseln werden zulasten des Verwenders ausgelegt. Und somit meist zu Ihren Lasten! Bevor Sie also Zusatzvereinbarungen z. B. zur Endrenovierung treffen, sollten Sie Ihren Mietvertrag sorgfältig danach durchlesen, ob dieser Sachverhalt nicht bereits an einem anderen Ort von einem Mietrechtsexperten anders – und zwar zulässig – geregelt wurde.

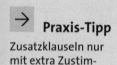 **Praxis-Tipp**

Zusatzklauseln nur mit extra Zustimmung

Zusatzklauseln können Sie auch **nachträglich** treffen. Allerdings gilt das dann als Vertragsänderung, der Ihr Mieter zustimmen muss.

Zuzug, Fremde

Davor, dass Ihr Mieter Verwandte in seine Wohnung aufnimmt, können Sie sich mit keiner Klausel schützen: Das darf Ihr Mieter nämlich. Allerdings ist die Grenze die **Überbelegung** und damit der vertragswidrige Gebrauch der Wohnung.

Überlässt Ihr Mieter Teile der Wohnung einem anderen, ist das ein klarer Fall der Untervermietung. Die können Sie zumindest bei der Wohnungsvermietung **nicht per Vertrag** ausschließen. Das wäre eine unwirksame Vereinbarung – bringt Ihnen also nichts.

Gegen eine **unberechtigte** Untervermietung an wildfremde Dritte müssen Sie sich auch **nicht** schon bei Mietvertragsabschluss per Klausel schützen. Zieht nämlich ein fremder, nicht nahe mit Ihrem Mieter verwandter Dritter ein, wäre das ohnehin ein **vertragswidriger Gebrauch** der Mietsache.

Ihren Mieter könnten Sie deswegen abmahnen und – wenn er dennoch beispielsweise Mitarbeiter seines Restaurants weiter bei sich wohnen lässt – ihm deswegen sogar **fristlos** kündigen.

Das gilt nicht, wenn es sich bei der aufgenommenen Person um den Lebenspartner des Mieters handelt!

Sie können als Zusatzvereinbarung in Ihren Mietvertrag hineinschreiben, dass eine Überlassung der Wohnung an Dritte ausdrücklich ausgeschlossen wird.

Dies ist zur Klarstellung sicherlich kein Fehler – ein „Muss" ist es jedoch nicht: Sie können selbstverständlich auch **ohne diesen Zusatz** in Ihrem Mietvertrag gegen den Zuzug von „Nichtmietern" vorgehen. Die Erfolgsaussichten mit bzw. ohne Zusatz im Mietvertrag sind die gleichen.

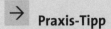

Praxis-Tipp

Wohnungsüberlassungsverbot: Ein Kann, aber kein Muss

Zuzug, nahe Angehörige

Nimmt Ihr Mieter nahe **Angehörige** in seine Wohnung auf, zählt das **nicht** als Untermiete. Dennoch muss Sie Ihr Mieter darüber informieren, um wen es sich dabei handelt.

Ablehnen können Sie die Aufnahme von nahen Angehörigen nur, wenn gravierende persönliche Animositäten bestehen oder Ihre Wohnung dadurch überbelegt wird.

Zweifamilienhaus

Wohnen Sie und Ihr Mieter zusammen in einem Zweifamilienhaus, hat das nicht nur Vorteile beim Kündigen, sondern auch bei der Heizkostenabrechnung: Sie müssen sich nämlich nicht an die strenge Heizkostenverordnung halten.

Sie können also im Mietvertrag beispielsweise eine andere Umlage der Heizkosten vereinbaren. **Ohne** eine solche Vereinbarung gilt allerdings die Heizkostenverordnung.

Praxis-Tipp

Wer nichts vereinbart, muss sich an die Heizkostenverordnung halten

Allein die Tatsache, dass es sich um ein Gebäude mit nicht mehr als 2 Einheiten handelt, von denen Sie eine selbst bewohnen, befreit Sie noch nicht von der Heizkostenverordnung!

Die müssen Sie dann schon extra im Mietvertrag vereinbaren!

Zwischenablesungskosten

Zieht Ihr Mieter aus, müssen Sie nach § 9b Abs. 1 HeizKV eine Zwischenablesung durchführen. Das gilt jedenfalls, sofern Sie in Ihrem Mietvertrag nichts anderes geregelt haben (§ 9 Abs. 5 HeizKV).

Wer die Kosten dafür trägt, steht leider **nicht** in dieser Regelung. Hier vertreten die Gerichte so ziemlich jeden vorstellbaren Standpunkt, sofern im Mietvertrag dazu **nichts** vereinbart wurde: Die einen schieben die Kosten dem Mieter, die anderen dem Vermieter zu. Wieder andere plädieren sogar für eine Kostenteilung.

Setzen Sie Ihrem Mieter die Kosten einfach als „Nutzerwechselgebühr" auf die Abrechnung, ist das **unzulässig** (BGH, Urteil v. 14.11.2007, VIII ZR 19/07).

Das Landgericht Berlin sieht es so: Die Kosten muss derjenige tragen, der die besonderen Betriebskosten **verursacht** hat. Hat der Vermieter gekündigt, bleiben die Kosten an ihm hängen (LG Berlin, Urteil v. 14.11.2002, 62 S 230/02, GE 2003 S. 121).

War ein Vertragsbruch des Mieters der Grund bzw. kündigt der Mieter von sich aus, muss **er** seine Geldbörse zücken.

Als Grundsatz legte das Gericht jedenfalls fest, dass Zwischenablesungskosten **umlagefähig** sind, da sie Teil der Heiz- und Warmwasserkosten sind.

→ **Praxis-Tipp**
Was Sie in Ihren Mietvertrag schreiben sollten

Gerade weil sich die Gerichte uneins darüber sind, wer die Zwischenablesungskosten tragen muss, sollten Sie in Ihrem Mietvertrag unbedingt etwas dazu regeln. Dazu genügt schon ein einziger Satz:

Die bei einem Wohnungswechsel entstehenden Kosten für die Zwischenabrechnung, einschließlich der Kosten für die Zwischenablesung, trägt der ausziehende Mieter.

Dass dies zulässig ist, klärte das Landgericht Berlin (Urteil v. 8.2.2005, 64 S 466/04, GE 2005 S. 433).

Stichwortverzeichnis

Die Zahlen hinter den Stichwörtern beziehen sich auf die Seiten dieser
Broschüre

A

Abdingbarkeit, Schönheitsreparatur 3
Abfluss, verstopfter 3
Abflussprinzip, Betriebskosten 4
Abflussrohr 280
Abgeltungsklausel, Schönheits-
reparaturen 247
– unwirksame 248
Abgeltungslast 237
Ablehnung, Untermieter 362
– Untervermietung 309
Ablesekosten 5
Ablesetermin, versäumter 6
Ablesetermine 7
– Ankündigungspflicht 6
– Mitteilung der Verbrauchswerte 6
– versäumte 6
Abmahnung 7
– Form 7
– Inhalt 7
– Mietrückstand 8
– unberechtigte 9
Abnahme, Wohnung 356
Abnutzung, Schadensersatz 10
Abrechnung, Inhalt 324
Abrechnungsbeispiel, Heizöl-
abrechnung 145
Abrechnungsfrist, Betriebskosten 47, 51
Abrechnungskosten, Betriebs-
kosten 10
Abrechnungsreife, Betriebskosten 11
Abrechnungssäumigkeit 11
Abrechnungszeitraum 12
– Dauer 12
– kürzerer 12
– maximaler 12
– unterschiedliche 12
Abschleifen, Parkett 241
Abschließen, Haustür 13, 140
Abschreibungskosten 14
Abstandszahlung 14

Abwasserkosten, Betriebskosten 15
Abwesenheit des Mieters 16
– Betriebskostenvorauszahlung 17
– Treppenhausreinigung 17
Abzug „neu für alt" 18, 265
Adressierung, Post an den Mieter 247
Aktenzeichen, Gerichtsurteil 19
Allgemeine Geschäftsbedingungen 20
Altersheim, Nachmietergestellungs-
recht 230
Amtsgericht 20
Änderung, Betriebskosten, Umlage-
schlüssel 50
– im Mietvertrag 211
– Verteilungsschlüssel 320
Änderungskündigung Gewerberaum 22
Anfechtung Mietvertrag 22, 202
Angehörigen-Mietvertrag 24
Angehöriger, Zuzug 367
Ankündigungsfrist, Modernisierung 222
Ankündigungspflicht, Ablesetermine 6
Anlage 3 zu § 27 II. Berechnungs-
verordnung 26
Anschaffungskosten 27
– Laubsauger 27
– Reinigungsgeräte 28
– Schneeräumgerät 27
Anschlussgebühren 28
Anschrift, Post an den Mieter 247
Anwaltssuche 28
Anzahl, Schlüssel 270
Anzeigepflicht, Besucher des Mieters 46
Aperiodische Kosten 29
Arglistige Täuschung, Mietvertrag 213
Aufbewahrungsfrist, Mietunterlagen 29
Aufkleber Briefkasten 69
Auflösungsvereinbarung, bei
Scheidung 268
Aufnahme eines Angehörigen, in
Wohnung 367
Aufnahme eines Fremden, in
Wohnung 366
Aufrechnung 29, 30

Aufzugskosten 31
– bei Betriebsstörung 31
– Erdgeschossmieter 31
– Stördienst 32
Aushändigungspflicht, Energieausweis . 98
Aushangpflicht, Energieausweis 98
Ausländer als Mieter 33
Ausscheidungsvertrag, Scheidung,
  Mieter 267
Außenanstrich 272
Auszug, Renovierung 257
– unvollständiger 254
– verspäteter 34

B

Bad, Dübellöcher 77
Baden, nach 22 Uhr 355
Badewanne, Beschaffenheit 35
– Schäden 34
– vertragsgemäße Abnutzung 35
Badewasser 36
Bagatellklausel, Modernisierungs-
  ankündigung 224
Balkon 36
Balkon, Markise 37
– Schönheitsreparaturen 261
– Sichtschutz 37
– Wäschetrockengestell 37
– Wohnfläche 38
Balkonbepflanzung 38
Bankgebühren 39, 280
Barrierefreiheit 39
– Mieterein- und -umbauten 194
Basisscore 277
Basiszinssatz, Verzugszinsen 329
Baumfällkosten, Betriebskosten 40
Bearbeitungsgebühr 326
Befristeter Mietvertrag, Kündigung 362
Befristung, wegen Verkauf 361
Befristungsdauer, Zeitmietvertrag 363
Befristungsgründe, Zeitmietvertrag 360
Begriff, Schönheitsreparaturen 272
Behindertengerechte Umbauten 39
Belegeinsichtsrecht 41
– Ort 41, 226
– Rechnungen Modernisierung 226
Belegprüfungsrecht 169
Beleuchtung 42

Berechnung, Indexmiete 148
– Kappungsgrenze 156
– Maklerprovision 189
– Mietermodernisierung 201
– Mietminderungshöhe 206
Berechnungsverordnung, Anlage 3 26
Berliner Räumung 255
Berufsfreiheit, Eigenbedarfskündigung .. 83
– gewerbliche Nutzung 121
– Kündigungsgrund 81
Beschwerde, Lärm 229
Beschwerdefrist, Betriebskosten 43
Besenrein, Definition 44
Besichtigungsrecht, Checkliste 45
Bestandsgebäude, EnEV 101
Bestätigung, Kündigung, Inhalt 172
Bestellerprinzip, Maklerprovision 190
Besuch des Mieters 46
– Hausrecht 138
– Personenanzahl, Betriebskosten 242
– Zustimmungspflicht 47
Betriebskosten, Abflussprinzip 4
– Abrechnungsfrist 47
– Abrechnungsfrist, Ausschlussfrist 48
– Abrechnungsfrist, formeller Fehler 48
– Abrechnungsfrist, getrennte Voraus-
  zahlung 48
– Abrechnungsfrist, Gewerberaum 48
– Abrechnungsfrist, inhaltlicher Fehler .. 48
– Abrechnungskosten 10
– Abrechnungsreife 11
– Abrechnungszeitraum 12
– Abwasserkosten 15
– Baumfällkosten 40
– Beschwerdefrist 43
– Birnenauswechslung 122
– Dachrinnenreinigung 72
– Definition 47
– Dichtigkeitsprüfung 75
– E-Check 78
– Eigenleistung 84
– Eigentumswohnung 321
– Erschließungsbeitrag 101
– Fensterscheibe, kaputte 105
– Feuerlöscher 106
– Feuerversicherung 107
– Garage 113
– Gartengeräte 115
– Gartenpflegekosten 116
– Gasleitung 118

– Gegensprechanlage 118
– Glasversicherung 122
– Grundsteuer 125
– Haus- und Gebäudehaftpflicht-
versicherung 127
– Hausreinigungskosten 139
– Heizpumpe 147
– Hoffläche erneuern 147
– Kontogebühren 169
– Laubsauger 186
– laufende Kosten 187
– Leasingkosten 188
– Leitungswasserversicherung 189
– Malerarbeiten 191
– Mieterwechsel 203
– Mieterwechselpauschale 204
– Nachforderungsfrist 233
– Nachzahlungsfrist 233
– neue 49, 317
– neue, Mehrbelastungsklausel 49, 192
– nicht umlagefähige 47
– öffentliche Lasten 237
– Personenanzahl 242
– Personenanzahl, Besuch 242
– Schlüssel, Änderung 50
– Sonstige 278
– Umlage nach Personen 243
– umlagefähige 47
– Umlageschlüssel 318
– Umlageschlüssel, Änderung 50
– vergessene 50, 311
– Verteilung nach Wohnfläche 325
– Verteilungsschlüssel 318
– Verteilungsschlüssel, Verbrauch 324
– Wohnflächenabweichung 352
– Zahlungsfrist 359
Betriebskostenabrechnung, Abrechnungs-
frist 51
– angeblich nicht erhaltene 245
– Belegeinsichtsrecht 41
– bezahlte 51
– deklaratorisches Schuldanerkenntnis 73
– Einwendungsausschluss 312
– Einwendungsfrist, Mieter 92
– Flächenabweichung 107
– formeller Fehler 243, 311
– Inhalt 51, 324
– jahrelang unterlassene 52
– Korrektur 51, 311
– Korrektur, Umlageschlüssel 319

– Meckerfrist 43, 303
– offene, Kautionsrückzahlung 161
– Prüffrist 57
– unterlassene, Folgen 365
– Verjährung 313
– Verspätungsgründe 53
– Zurückbehaltungsrecht 365
– Zustellung 244
Betriebskostenaufstellung, sonstige
Betriebskosten 54
– vergessene 55
Betriebskostenbelege, Belegeinsichts-
recht 41
– eingescannte 55
– Einsichtsrecht 41
Betriebskostenkatalog 26, 50, 85
Betriebskostenklausel 56
Betriebskostennachzahlung, Fälligkeit 101
– rückständige, Kündigung 172
– Rückzahlung 264
– vorbehaltlose 232
– Zahlungsfrist 57
Betriebskostenpauschale 234
– Erhöhung 57, 200
Betriebskostenumlage 58
– Gewerberaum 58
– nicht vereinbarte Kosten 303
– Vereinbarung 58
Betriebskostenvereinbarung, fehlende .. 59
Betriebskostenverordnung 60
– Inhalt 60
– Regelung .... 60 ff.
Betriebskostenvorauszahlung,
Erhöhung 65, 200
– Zahlungsrückstand nach Erhöhung ... 65
Betriebskostenvorauszahlungen 331
Betriebskostenzahlung, bei vorzeitigem
Auszug 66
– nach Fristablauf 333
Betriebsstörung, Aufzugskosten 31
Bewachungskosten 279
Beweispflicht 66
Bienenstock 307
Blitzschutzanlage 279
– Wartung 280
Blumengießwasser, Sprengwasser-
abzug 345
Blumenkasten 348
Bohren, Dübellöcher 262

Bonität, Mieter 277
Bonitätsprüfung 67
– Folgen, Falschauskunft 67
– Inhalt 67
– Mieter 277
– Mieterselbstauskunft 67
Bote, Zustellprotokoll 244
Breitbandkabelanschluss 68
Brennstoffversorgungsanlage, zentrale 363
Briefkasten, Aufkleber 69
– Größe 69
Brutto-Kaltmiete 192
Brutto-Miete 69
Brutto-Warmmiete 70, 192
Bürgschaft 70

C

Centermanager, Kosten 328
Checkliste, Besichtigungsrecht 45
Contracting 338

D

Dach- und Fachklausel 71
Dachrinnenbeheizung 279
Dachrinnenreinigung 279
– Betriebskosten 72
Dateneinsichtsrecht, Mieter 90
Dauer, Besuch des Mieters 46
DDR-Mietverträge, Grundmieten-
    verordnung 125
Deckenplatten 73
Deckenverkleidung 73
Definition, besenrein 44
– Betriebskosten 47
– energetische Modernisierung 94
– Gewerberaummiete 120
– gewerbliche Nutzung 120
– Hausmeister 136
– Klausel 163
– Modernisierungsvereinbarung 227
Deichabgabe 237
Deklaratorisches Schuldanerkenntnis,
    Betriebskostenabrechnung 73
Dichtigkeitsprüfung, Abwasserleitung 74
– Betriebskosten 75
– Gasleitung 118
Dichtung 75

Digitales Fernsehen 75
DIN 277, Wohnflächenberechnung 351
DIN 283, Wohnflächenberechnung 351
Dreifamilienhaus, Sonderkündigungs-
    recht 181
Dritter Werktag 329
– Mietzahlung 76
Druckerhöhungsanlage, Wasserdruck ... 76
Druckprüfung, Gasleitung 118
Druckstellen, Möbel 241
– Teppich 77
– Teppichboden 289
Dübellöcher 77, 262, 272
– Kunststofffenster 78
– übliches Maß 78
Duldung, Besichtigungsrecht 43
– energetische Modernisierung 95
Durchflussbegrenzer 280
Düse, Heizung 75

E

E-Check 279
– Betriebskosten 78
– Gasleitung 118
Ehefrau, Mietvertragskopf 218
Ehepaar, Adressierung der Post 247
– Scheidung 267
Eichfristen 78
Eichpflichten 78
Eigenbedarf, vorgetäuschter 80
Eigenbedarfskündigung 80, 84
– Begründung 80
– Begründung, Inhalt 80
– Ersatzwohnung, Anbieterpflicht 81
– Ersatzwohnung, Begründung 81
– Kündigungssperrfrist 84
– Personenkreis 82
– umgewandelte Wohnung 84
– wegen beruflicher Nutzung 83
Eigenleistung 84
– Betriebskosten 84
– Renovierung 86
– Renovierung, tatsächlich angefallene
    Kosten 86
– Schönheitsreparaturen 273
Eigenreparaturen, Stundenlohn 288
Eigentümerliste, Wohnungseigen-
    tümergemeinschaft 86

Eigentümerversammlung, Beschluss-
fähigkeit 87
– Einladungsfrist 89
– Stimmrecht 287
Eigentümerwechsel 314
Eigentumswohnung, Kündigungs-
sperrfrist 184
– Umlageschlüssel, Betriebskosten 88
– Verteilungsschlüssel 321
– Vorkaufsrecht 334
Einkommen, Mieter, Pfändbarkeit 243
Einladungsfrist, Eigentümerversamm-
lung 89
Einliegerwohnung, erleichterte
Kündigung 89
Einsichtnahme, Betriebskostenbelege ... 41
Einsichtsrecht, Mitmieterdaten 90
Einstweilige Verfügung 91
Eintrittsvereinbarung, Zuzug, Lebens-
partner 268
Einvernehmliche Mieterhöhung 196, 200
Einwendungen aus Mietverhältnis,
Bürgschaft 71
Einwendungsausschluss, Betriebs-
kostenabrechnung 311
Einwendungsfrist, Mieter 92
Einzug, Fremder 366
– Fremder 366
– Lebensgefährte 268
– naher Angehöriger 367
– Verwandter 367
Elektroanlage 93
Endrenovierungsklausel 257
– Gewerberaum 93
Energetische Modernisierung, Definiton 94
– Mietminderungsausschluss 94
Energie sparen 95
Energieausweis 97, 99
Energieeffizienzklassen, Energie-
ausweis 97
Energieeinsparverordnung (EnEV),
Energieausweis 99
– Konstanttemperaturheizkessel 100
– Neubauten 100
EnEV 2014, Nachtstromspeicher-
heizung 232
Entlassvertrag, bei Trennung 269
Erdgeschossmieter, Aufzugskosten 31
Erhöhung, Betriebskostenpauschale 57
– Betriebskostenvorauszahlung 65

Erhöhungsschreiben, Indexmiete 150
Ersatzvornahme, Treppenhaus-
reinigung 300
Ersatzwohnung, Eigenbedarfs-
kündigung 81
Erschließungsbeitrag, Betriebs-
kosten 101

F

Fachmännisch, Renovierung 260
Fälligkeit, Betriebskostennachzahlung 101
– Betriebskostennachzahlung, Frist 101
– Betriebskostennachzahlung,
Teilfälligkeit 102
– Miete 103
Fälligkeit, Renovierung 258
– Schönheitsreparaturen 260
Falschauskunft, Bonitätsprüfung 67
Falschparker 240
Familienzuwachs, Nachmieter-
gestellungsrecht 230
Farbe, ungewöhnliche 272
Farbwahlklausel 349
Farbwunschklauseln 273
Fassadenreinigung, Hausreinigungs-
kosten 140
Fehlende Betriebskostenvereinbarung .. 59
Fenster, streichen 261
Fensteraustausch, Instandhaltungs-
kostenanteil 104
– Modernisierungsmieterhöhung 104
Fensterbank, Schäden 104
Fensterscheibe, kaputte 105
Fernwärmelieferung 338
Feuchte Wohnung 106
Feuerlöscher, Betriebskosten 106
Feuerlöscherwartung 279
Feuerversicherung, Betriebskosten 107
Fiktive Instandhaltungskosten,
Modernisierungsmieterhöhung 225
Fiktive Person 323
Filter, Heizung 75
Flächenabweichung 351
Flächenabweichung, Betriebskosten-
abrechnung 107
Forderung gegenüber Mieter,
Aufrechnung 30
Form, Einwendungsfrist Mieter 92
– Kündigungsschreiben 183

Formeller Fehler, Abrechnung 311
– Betriebskostenabrechnung 243
Formulierungsbeispiel, Klein-
reparaturenklausel 167
Fortsetzungswiderspruch, Miet-
vertragsende 108
Fotografieren 109
Fremde, Zuzug 366
– Einzug 366
Freund, Zuzug 268
Frierender Mieter, Heizpflicht 110
– Sommer 110
Frist, Abmahnung 8
– Ankündigung, Ablesung 6
– Aufbewahrung, Belege 29
– Beschwerde, Betriebskosten-
abrechnung 43, 92
– Betriebskosten 12, 47, 50, 51, 53, 73
– Betriebskosten-
abrechnung 12, 47, 56, 101, 107
– Betriebskostennach-
zahlung 57, 233, 359
– Eichfrist 79
– Einladungsfrist Eigentümer-
versammlung 89
– Kaution 158, 149, 160
– Kautionsrückzahlung 160
– Kündigung ... 80, 89, 110, 113, 119, 171,
177, 182, 221
– Kündigungssperrfrist 184
– Mieterhöhung 196, 198, 224
– Mietzahlung 76
– Modernisierung, Ankündigung 222
– Modernisierungsvereinbarung 228
– Renovierung 93, 219
Fristen, Schönheitsreparaturen 274
– übliche, Schönheitsreparaturen 274
Fristlose Kündigung, Ziehfrist 110
Füllzeit Badewasser 36
Funktionsprüfung, Rauchmelder 250
Fußabtreter 111
Fußboden, Schadensersatz 112, 265
Fußboden, Wertersatz, Abschreibungs-
sätze 112
Fußbodenbeschichtung, Haus-
reinigungskosten 141
Fußmatten 113

G

Garage, Betriebskosten 113
– erlaubte Nutzung 115
– Kündigungsverbot, getrennte
Vermietung 113
Garagenmiete 114
– Gewerberaummietrecht 114
Garagenmietvertrag 113
Garagennutzung, Duldung 114
Garagentor, quietschendes 355
Gartengeräte, Betriebskosten 115
– Laubsauger 115
Gartenpflege, vom Mieter über-
nommene 115
Gartenpflegekosten 116
– Betriebskosten 116
Gartenteich 117
Gasleistung 279
– Betriebskosten 118
– Dichtigkeitsprüfung 118, 279
– Druckprüfung 118
Gegensprechanlage, Betriebskosten ... 118
Gemeindeabgabe 118
Gemischt genutztes Gebäude 119
– Haustür abschließen 140
– Vorwegabzugspflicht 119
Genehmigung, Tierhaltung 295
Gerichtsgebühren, Amtsgericht 21
Gerichtsurteil, Aktenzeichen 19
Gerichtsvollzieher, Räumungsauftrag .. 255
Gesetzliches Mieterhöhungsrecht 200
Gewässerschadenshaftpflicht-
versicherung 238
Gewerberaum, Änderungskündigung 22
– Betriebskostenumlage 58
– Bürgschaft 71
– deklaratorisches Schuldanerkenntnis 73
– Endrenovierungsklausel 93
– Kündigungsfrist 178
– Renovierungsfristen 285
– Staffelmiete 283
– starre Fristen 285
– Umsatzsteuer 304
– Untervermietung 309
– Vorwegabzug 336
Gewerberaummiete, Definition 120
– Fälligkeit 193
Gewerberaummietrecht, Garagenmiete 114
Gewerberaummietvertrag, Indexmiete 147
– Kündigungsgrund 120

Gewerbesteuer 238
Gewerbliche Nutzung 120
– Berufsfreiheit 121
– Gewerbezuschlag 122
Gießwasser, Wasser sparen 344
Glasversicherung, Betriebskosten 122
– kaputte Fensterscheibe 105
Glühbirnen, Betriebskosten 122
Gradtageszahlentabelle 122
Grillen 123
Größe, Briefkasten 69
Grundbesitzabgaben 125
Grunderwerbsteuer 238
Grundmiete 192
Grundmietenverordnung, DDR-Miet-
verträge 125
Grundsteuer 125
– nachträgliche Erhöhung 126
– Vorwegabzug 126

H

Haftung, Sturz des Mieters 127
Handschriftliche Einfügung, Klausel 163
Handwerkerauftrag 129
Härteklausel 129
Häufigkeit, Renovierung 260
Haus- und Gebäudehaftpflicht-
versicherung 127
Hausflur, abgestellte Gegenstände 131
– Kinderwagen 132, 163
– Licht 127
Haushaltsnahe Dienstleistung 132
Haushaltsnahe Handwerkerleistung 133
Hausmeister, Instandhaltungs- und
Verwaltungskostenabzug 135
– umlegbare Tätigkeiten 135
Hausmeisterkosten, Höhe 136
Hausordnung, Einbeziehung in Miet-
vertrag 137
– Fußabtreter 111
– Grillen 123
– Hausflur 131
– Haustür abschließen 140
– nachträgliche Vereinbarung 137
– Urlaubszeit 138
Hausrecht 138
Hausreinigungskosten 139
– Selbstreinigungsrecht 139
Haustür, abschließen 13, 140

– Fluchtweg 140
– gemischt genutztes Gebäude 14, 141
– Hausordnung 14, 140
Haustürgeschäft, mit Mieter 140
Hausverbot 138
Hausverwaltungskosten 328
Hauswart, Definition 142
– Instandsetzungsarbeiten 142
– Verwaltungsarbeiten 142
Hauszinssteuer 237
Heizkörper streichen 261
Heizkosten, frierender Mieter 110
– Kürzungsrecht 143
– Verteilung 143
Heizkostenabrechnung, Gradtages-
zahlentabelle 122
– Kürzungsrecht 186
Heizkostenmessgerät, Ausfall,
Vergleichsberechnung 143
Heizkostenverteiler, Eichpflichten 78
Heizölabrechnung, Abrechnungs-
beispiel 144
Heizöltank, bei Auszug 145
Heizperiode, Heizpflicht 146
Heizpumpe, Betriebskosten 147
Heizrohre, streichen 261
Heiztemperatur, Empfehlungen 146
Heizung, Kleinteile, Kosten 75
Heizungsanlage, zentrale 364
Hoffläche erneuern, Betriebskosten 147
Höhe, Kaution 157
Holzbockbekämpfung 307
Hypothekengewinnabgabe 238

I

Indexmiete 147
– Berechnung 148
– Erhöhung 199
– Erhöhungsschreiben 150
– Gewerberaummietvertrag 147
– Indexklausel 147
– Verbraucherpreisindex für
Deutschland 151
Individualvereinbarung 164
Inhalt, Abmahnschreiben 7
– Betriebskostenabrechnung 51, 324
– Betriebskostenverordnung 60
– Dach- und Fachklausel 71
Inklusivmiete, Betriebskosten 152, 192

Insolvenz, Kündigungsrecht 153
Instandhaltungsklausel, Dach und Fach 71
Instandhaltungskosten 154
– Kleinreparaturenklausel 156
Instandhaltungskostenanteil, Fenster-
austausch 104
Instandhaltungsrücklage 156

K

Kampfhund 292
Kanzlei in Wohnung, Kündigungs-
recht 80
Kappungsgrenze 156
– einvernehmliche Mieterhöhung 197
Katzenklappe 156, 302
Kaution, Barrierefreiheit 40
– Fälligkeit 157
– Höhe 157
Kautionskündigung 158
– Beispiel 159
Kautionsrückzahlung 160
– Frist 160
– Sozialmieter 281
Keller, streichen 261
Kellersanierung 161
Kinderlärm 355
Kinderwagen, im Hausflur 132, 162
Klausel, Betriebskosten 56
– Dach und Fach 71
– Definition 163
– Individualvereinbarung 164
– Kleinreparaturen 167
– Rauchverbot 249
– Renovierung 259
– Renovierung bei Auszug 257
– Schönheitsreparaturen 259, 276
– Tierhaltung 294, 297
– zur Farbe bei Auszug 349
– zur Wohnfläche 353
– zusätzliche 365
Klauseln, widersprüchliche 366
Kleinkinder, Personenanzahl 242
Kleinreparatur, Gegenstände 165
– Hausmeister 136
– Höhe 165
Kleinreparaturen 262
Kleinreparaturenklausel 167
– doppelte Begrenzung 156
– Formulierungsbeispiel 167

– Instandhaltungskosten 155
– unwirksame 167
Kleinteile, Heizung, Kosten 75
Kleintiere 292
Kleinunternehmerregelung 306
Klingelanlage 280
Konkurrenzschutz 168
Konstanttemperaturheizkessel, EnEV . 100
Kontogebühren, Betriebskosten ... 169, 280
Kopfprinzip, Eigentümerversammlung . 288
Kopiekosten 169
Korrektur, Betriebskosten-
abrechnung 51, 311
– Betriebskostenabrechnung, falscher
Umlageschlüssel 319
Kosten der Verwaltung 328
Kosten, vergessene 311
Kostenbegrenzung, Kleinreparaturen .. 166
Kostenvoranschlag, Mehrwertsteuer ... 273
– Renovierung 273, 277
– Schönheitsreparaturen 247, 273, 277
Krankheit, Nachmietergestellungs-
recht 230
Kündigung, wegen Hinderung wirtschaft-
liche Verwertung 175
– wegen Verkauf 174, 176
Kündigung, Bestätigung 171
– Bestätigungsschreiben 171
– erleichterte, Einliegerwohnung 89
– Härteklausel 129
– mehrere Mieter 173
– Mietrückstand 177
– möblierte Wohnung 222
– Nichtzahlung der Kaution 158
– per Fax 173
– Rücknahme 174
– stillschweigende Vertragsfort-
setzung 287
– unpünktliche Mietzahlung 307
– Untervermietung, unerlaubte 309
– Vertretung 327
– wegen Eigenbedarf 80
– wegen rückständiger Betriebskostennachzahlung 172
– wegen Umzug ins Eigenheim 362
– Widerspruchsbelehrung 183, 184
– Zahlungsrückstand 177
– Zeitmietvertrag 309, 362
– Zweifamilienhaus 182

Kündigungsfrist, Gewerberaum 178
– Samstag 180
– Wohnraum 178
Kündigungsgründe 180
– Gewerberaummietvertrag 120
Kündigungsrecht, Dreifamilienhaus 181
– Insolvenz 153
– Mieterhöhung 182
– Zweifamilienhaus 182
Kündigungsschreiben 183
– Form 183
– Widerspruchsbelehrung 184
Kündigungssperrfrist 184
Kündigungsverbot, Garage 114
Kündigungsverzicht 185
Kunststofffenster, Löcher 77
Kürzung, Wärmekosten 341
Kürzungsrecht, Heizkosten 186
– Heizkostenverordnung 142, 186

L

Lärm, Nachbarbeschwerde 229
– Wohngeräusche 355
Lasten, öffentliche 237
Laub vom Nachbarn 186
Laubsauger, Anschaffungskosten .. 27, 115
– Betriebskosten 187
Laufstraßen, Teppichboden 289
Leasingkosten, Betriebskosten 188
Lebensgefährte, Zuzug 188, 268
Lebenspartner, Zuzug 268
Leerstand, Verteilungsschlüssel 322
Leitungswasserversicherung,
  Betriebskosten 189
Licht, Treppenhaus 127
Lüften, Zumutbarkeit 189
Lüftungsanlage, Wartung 280

M

Mahnbescheid 190
– Ablauf 191
– Hemmung der Verjährung 190
Mahnverfahren, Ablauf 191
Maklerprovision 189
– Bestellerprinzip 190
Malerarbeiten, Betriebskosten 191
Mängelanzeige, Mietminderung 205
Markise, Balkon 37

Materieller Fehler, Umlageschlüssel,
  Betriebskosten 88
Meckerfrist, Betriebskosten-
  abrechnung 43, 303
Mehrbelastungsklausel, Betriebs-
  kosten 49
– neue Betriebskosten 192
– Rauchmelder 251
Mehrere Mieter, Kündigung 173
Mehrwertsteuer 304
– Kostenvoranschlag, Renovierung 273
Messdifferenz, Wasserzähler 358
Mietarten 192
Mietdatenbank 239
Miete, Fälligkeit 103
– Gewerberaum, Fälligkeit 193
– nach Umsatz 304
– unpünktliche 307
– Vorbehalt 332
Mieten von Verbraucherfassungs-
  geräten 194
Mieter, ausländischer 33
– Sozialhilfeberechtigter 280
– verschwundener 315
Mieterauswahl, Mietnomaden 209
Mieterauszug, Kautionsrückzahlung 161
– verspäteter 34
– Wohnungsabnahme 356
– Zwischenablesungskosten 368
Mietereinbauten 194
– Barrierefreiheit 195
– Deckenverkleidung 73
Mietereinkommen, Pfändung 243
Mieterhöhung, einvernehmliche 196
– einvernehmliche Mieterhöhung 200
– energetische Modernisierung 94
– Erhöhung Betriebskostenpauschale 200
– Erhöhung Betriebskostenvoraus-
  zahlung 200
– gesetzliches Mieterhöhungsrecht 200
– Indexmiete 150
– Kündigungsrecht 182
– ortübliche Vergleichsmiete, Fristen . 198
– Vergleichswohnung 312
Mieterhöhungsmöglichkeit 199
– Indexmiete 199
– Staffelmiete 199
Mieterhöhungsregelung, vergessene .. 200
Mietermodernisierung 201
– Berechnungsbeispiel 202

Mieterselbstauskunft 202
– Bonitätsprüfung 67
Mietertrennung 203
Mieterumbauten 194
– Rückbau 195
Mieterwechsel, Betriebskosten 203
Mieterwechsel-Pauschale, Betriebs-
kosten 204
Miethöhe, Staffelmiete 284
Mietminderung 205
– Mängelanzeige 205
– Mieterrechte 206
– Verschulden 205
Mietminderungsausschluss, ener-
getische Modernisierung 94
Mietminderungshöhe 206
– Berechnungsbeispiel 207
Mietnomaden 209
Mietrückstand 210
– Abmahnung 8
Mietschulden, Verzugszinsen 329
Mietschuldenfreiheitsbescheinigung 335
Mietspiegel, fehlender 239
– Mieterhöhung 312
Mietunterlagen, Aufbewahrungsfrist 29
Mietvertrag ausfüllen 210
– widersprüchliche Klausel 211
Mietvertrag, Änderung, nachträgliche .. 211
– Anfechtung 22
– befristeter 360
– befristeter, Staffelmiete 282
– befristeter, vorzeitige Auflösung 309
– Befristungsdauer 363
– handschriftliche Einfügung 163
– Konkurrenzschutz 168
– nachträglich Änderung 211
– nicht unterschriebener 212
– Rauchverbot 249
– Rücktritt 213
– stillschweigend fortgesetzter 214
– unbefristeter 215
– unbestimmte Zeit 215
– Wohnflächenklausel 353
– Zusatzvereinbarung 365
Mietvertragsabschluss, Postweg 215
– Staffelmiete 282
– Übergabeprotokoll 302
– Vermieterbescheinigung 216
– Vertragsabschlussgebühr 326

– Vorvermieterbescheinigung 335
– Zeitmietvertrag, Befristungsgründe .. 360
Mietvertragsende, Fortsetzungs-
widerspruch 108
Mietvertragskopf ausfüllen, Ehefrau 218
Mietvertragsübernahme 218
Mietvorvertrag 220
Mietzahlung, dritter Werktag 76
– unpünktliche 307
– verspätete, Verzugszinsen 329
Minderjährige 220
Minderungsrecht, ausgeschlossenes .. 208
– ausgeschlossenes, energetische
Modernisierung 209
Mindestens, bei Renovierungsfristen ... 260
Mischmietverhältnis, Schwerpunkt-
setzung 221
Mitmieterdaten, Einsichtsrecht 90
Möbel, Druckstellen 241
Möblierte Wohnung, Kündigung 222
– Kündigungsfrist 222
Modernisierung, Ankündigungsfrist 222
– Ankündigungsfrist, Bagatellklausel .. 224
– Ankündigungsfrist, Berechnungs-
beispiel 223
– Definition 224
– energetische 94
– Rauchwarnmelder 250
Modernisierungsankündigung,
fehlende 223
Modernisierungserhöhung,
Berechnung 225
Modernisierungsmieterhöhung,
Berechnungsbeispiel 225
– energetische Modernisierung 224
– Fensteraustausch 104
– fiktive Instandhaltungskosten 225
– Rechnungen, Belegeinsichtsrecht ... 226
Modernisierungsvereinbarung 227
– Fristen 228
– Sonderkündigungsrecht 227
Mülltonne, zusätzliche 229

N

Nachbar, Lärmbeschwerde 229
Nachforderungsfrist, Betriebskosten ... 233
Nachmietergestellung 230
– Altersheim 230
– Familienzuwachs 230

– Krankheit 230
– Versetzung 230
Nachträgliche Änderung, Mietvertrag .. 211
Nachtstromspeicherheizung 232
Nachtstromspeicheröfen 232
Nachzahlung, vorbehaltlose 232
Nachzahlungsfrist, Betriebskosten 233
Nebenkosten 233
Nebenkostenpauschale 234
Netto-Kaltmiete 234
Neue Betriebskosten, Mehrbelastungs-
klausel 49
– Vorbehalt 49
– Zustimmung 49
Nicht umlagefähige Betriebskosten 47
Nichtraucherklausel 249
Niederschlagswasser 235
Notfallschlüssel 16, 235
Notfallschlüsselvereinbarung 236
Nutzerwechselgebühr 368

O

Objektprinzip, Eigentümerver-
sammlung 288
Öffentliche Lasten 237
Öltank 238
Originalvollmacht 327
Ortsübliche Vergleichsmiete 238
– Mieterhöhung nach 199
– vergessene Mieterhöhungsregelung 201
Parabolantenne 348
Parken 239
– stillschweigende Zustimmung 240
Parkett, Kratzer 241
Parkettfußboden 240, 259
Parkettklausel 241
Parkettschäden, Pfennigabsätze 242
Pauschale, Betriebskosten 234
Personen, Verteilungsschlüssel 323
Personenanzahl 242
Personenkreis, Eigenbedarfs-
kündigung 82
Pfändbarkeit, Mietereinkommen 243
Pfändung, Mietereinkommen 243
Pfennigabsatz, Parkettschäden 242
Post an den Mieter, Adressierung 247
Post, verschwundene 245
Postweg 244
– Mietvertragsabschluss 215

Protokoll, Übergabe 302
– Wohnungsabnahme 356
Prozessrecht, Urkundenklage 309
Prüffrist, Betriebskostenabrechnung 57
PVC-Boden, Schadensersatz 266

Q

Qualifizierter Zeitmietvertrag 360
Quotenabgeltungsklausel 247, 277

R

Rasen mähen 355
Rasenmäher 248
Ratenzahlung, Kaution 158
– Mietrückstand 210
Raucher 249
Rauchmelder 250
– Wartungskosten 250
Rauchverbot, im Mietvertrag 249
Rauchwarnmelder 250, 279
Räum- und Streukosten 251
Räum- und Streupflicht 253
Raumüberlassung, vor Mietvertrags-
abschluss 253
Räumung, Berliner 255
– teilweise 254
Räumungsklage, Fortsetzungswider-
spruch 109
Räumungskosten 254
Rauputz, Renovierung 256
Realkirchensteuer 237
Rechtliche Einheit, Garagenmiete 114
Rechtsschutzversicherung 256
Reinigung, Vordach 333
Reinigungsgeräte, Anschaffungskosten 28
Renovierung, bei Auszug 257
– Eigenleistung, Schadensersatz 86
– fachmännische 260
– Fälligkeit 258
– Häufigkeit 260
– Kostenvoranschlag 247
– nach Mieterwechsel 204
– Rauputz 256
– schlecht ausgeführte 275
– übliche Fristen 286
– unnötige 259
– Weiß-Streich-Vereinbarung 349

Renovierungsarbeiten, Umfang 258, 260
Renovierungsfrist, zu kurze 274
Renovierungsfristen, Gewerberaum 285
– übliche 260, 274
– Wohnraum 285
Renovierungsklausel 259, 276
– handschriftliche 259
Renovierungskosten, Kostenvor-
anschlag 273, 277
Renovierungspflicht, Umfang 261
Reparaturkosten 262
Reparaturkostenabzug, Wartungs-
kosten 330
Reparaturkostenanteil, Wartungs-
kosten 330
Rohrreinigung 262
Rohrverstopfung 262
Rollator 263
Rollladenkasten 264
Rollstuhl 264
Rolltor, Wartungskosten 280, 342
Rostflecken, Fensterbank 104
Rücknahme, Kündigung 174
Rückstausicherung 279
Rücktritt, Mietvertrag 213
Rückzahlung, Betriebskostennach-
zahlung 264

S

Samstag, bei Kündigungsfrist 180
Schäden, Fensterbank 104
– Tierhaltung 296
Schadensersatz, Abnutzung 10
– Abzug „neu für alt" 265
– Fußboden 112, 265
– PVC-Boden 266
– Teppichboden 289
– Tierhaltung 296
– Toilettenschüssel 266
– Treppenhausreinigung 300
– Tür 301
Scheidung, Auflösungsverein-
barung 268
– Mieterehepaar 266
Schirmständer, Hausflur 131
Schließanlage 280
– Austausch 269
– Reparatur und Wartung 269
Schlossaustausch 270

Schlüssel, Anzahl 270
– Einbehalt eines Schlüssels 271
– Notfall 235
– verlorener 269
Schlüsselverlust, Schlossaustausch 270
Schneeräumgerät, Anschaffungs-
kosten 27
Schneeräumkosten 251
Schönheitsreparaturen, Abdingbarkeit 3
– Begriff 272
– Eigenleistung 273
– Fälligkeit 260
– Fristen 260, 274
– Fristen, übliche 274
– Kostenvoranschlag 247, 273, 277
– Parkett 241
– Quotenabgeltungsklausel 247
– Räume 272
– schlecht ausgeführte 275
– starre Fristen 285
– starre Quoten 248
– Umfang 258, 260
– Weiß-Streich-Vereinbarung 349
Schönheitsreparaturenklausel 276
Schraubenlöcher 272
SCHUFA 278
Schuhregal, Hausflur 131
Schuldzinsen berechnen 329
Scorewert 278
Scoring 277
Selbstreinigungsrecht, Haus-
reinigungskosten 139
Sicherheit, Höhe, Bürgschaft 71
Sichtschutz, Balkon 37
Sielgebühren 237
Sommer, frierender Mieter 110
– Heizpflicht 110
Sonderkündigungsrecht, Moderni-
sierungsvereinbarung 227
– Untervermietung, unerlaubte 309
– Zeitmietvertrag 309
Sonstige Betriebskosten 278
– Betriebskostenaufstellung 54
Sozialhilfeberechtigter Mieter 280
Sozialmieter, Kautionsrückzahlung 281
Spätestens, bei Renovierungs-
fristen 286
Sperrmüll 281
Sprengwasserabzug 345
Spülbecken, Schadensersatz 266

Staffelmiete vereinbaren 282
– ausgelaufene 283
– Erhöhung 199
– Höhe 284
Staffelmietvertrag, Kündigung 282
Starre Fristen, Gewerberaum 285
– Renovierung 260
– Wohnraum 285
Starre Quoten, Schönheitsreparaturen 248
Staubsagen 355
Stellplatz 239
Steuer, haushaltnahe Handwerker-
leistung 133
– haushaltnahe Dienstleistung 132
– Werbungskosten 350
Stillschweigend fortgesetzter Miet-
vertrag 214
Stillschweigende Vertragsfortsetzung .. 287
Stimmrecht, Eigentümerver-
sammlung 287
Stördienst, Aufzugskosten 32
Störer, Abwehransprüche 327
Streichen 261
Stundenlohn 288
Sturz des Mieters 127

T

Tankreinigung 279
Tapezieren 261
Teilinklusivmiete 192
Teilweise Räumung 254
Temperatur Badewasser 36
– Räume 146
Teppich, Druckstellen 77
Teppichboden, Schadensersatz ... 266, 289
Teppichbodenreinigung 290
Terrasse, Wohnfläche 291
Terrorversicherung 291
Tiere, gefährliche 291
Tierhaltung 292
– Genehmigung 295
– Kleintiere 292
– nicht artgerechte 295, 296
– Schäden 296
Tierhaltungsklausel, unwirksame 297
Tierverbotsklauseln 294
Titel, vollstreckbarer 243
Toilettenschüssel, Schaden 347
– Schadensersatz 266

Trennung, Entlassvertrag 269
Treppenhaus, abgestellte Gegen-
stände 263
– Dekoration 131
– Hausordnung 131
– Schirmständer 131
– Schuhregal 131
Treppenhausbeleuchtung 298
Treppenhausfenster 299
Treppenhausreinigung 299
– Ersatzvornahme 300
– Schadensersatz 300
– unterlassene 300
– während Urlaubzeit 17
Treppenlift 301
Treppenlifteinbau 39
Tür, Beschädigung 301
– kürzen 302
Türenknallen 355

U

Übergabeprotokoll 302
Überlassung, Wohnung, vor Miet-
vertragsabschluss 253
Übernahme, Mietvertrag durch
anderen Mieter 203, 218
Übliche Fristen, Renovierung 286
Umbauten, behindertengerechte 39
Umfang, Renovierungsarbeiten 258, 260
– Renovierungspflicht 261
– Schönheitsreparaturen 258
Umgewandelte Wohnung, Eigen-
bedarfskündigung 84, 184
– Vorkaufsrecht 334
Umlage nach Personen, Betriebs-
kosten 243
Umlage, nicht vereinbarter Kosten 303
Umlagefähige Betriebskosten 47
Umlageschlüssel, Änderung 320
– Arten 320
– Betriebskosten 318
– Betriebskosten, Änderung 50
– Betriebskosten, Eigentums-
wohnung 88
– Personen 323
Umsatzmiete 304
Umsatzsteuer 304
Unberechtigte Abmahnung 9
Ungezieferbekämpfung 306

Unpünktliche Mietzahlung 307
Unterlassene Betriebskosten-
abrechnung, jahrelange 52
Unterlassungsanspruch, Lärm 229
Unterlassungsklage, vertragswidriger
Gebrauch 326
Untermieter, Ablehnung 362
Unterschrift 308
– fehlende, Mietvertrag 212
Untervermietung, Ablehnung 309
– unberechtigte 366
Unverschuldete Verspätung, Ein-
wendungsfrist, Mieter 92
Urkundenklage 309
Urlaub des Mieters 16
Urlaub, Pflichten 310
Urlaubszeit, Hausordnung,
Vertretung 138

V

Verbrauch, Verteilungsschlüssel 324
Verbrauchsabhängige Erfassung,
Heizkosten 143
Verbrauchsgeräte, mieten 194
Vereinbarung Betriebskostenumlage 58
Vergessene Betriebskosten 50, 55
Vergleichsmiete, ortsübliche 238
Vergleichswohnungen 312
Verjährung, Betriebskostenabrechnung 313
– Handwerkerauftrag 129
– Mahnbescheid 190
Verjährungsfrist, Betriebskostennach-
zahlung 265
Verkauf, Befristungsgrund 361
Verkehrssicherungspflicht, Hausflur 127
Vermieterbescheinigung 216
Vermieterpfandrecht 314
Vermieterwechsel 314
Versäumter Ablesetermin 6
Verschulden, Mietminderung 205
Verschwundener Mieter 315
Versetzung, Nachmietergestellungs-
recht 230
Versicherungen, umlegbare 317
Versicherungskosten, neue 317
Versiegeln, Parkett 241
Verspäteter Auszug 34
Verspätungsgründe, Betriebskosten-
abrechnung 53

Verstopfter Abfluss 3
Verteilungsschlüssel, Änderung 320
– Arten 320
– Betriebskosten 318
– Leerstand 322
– Personen 323
– Verbrauch 324
– Wohnfläche 325
Vertragsabschlussgebühr 326
Vertragsfortsetzung, stillschweigende . 287
Vertragsgemäße Abnutzung, Bade-
wanne 35
Vertragswidriger Gebrauch 326
Vertretung 327
Verwalterabrechnung, Eigentums-
wohnung 321
Verwaltungskosten 328
Verwandter, Einzug 367
Verwirkung 328
Verzug 329
Verzugszinsen 329
– berechnen 329
Vollwartungsvertrag 330
Vorauszahlungen 331
Vorbehalt 332
Vorbehaltlose Betriebskostennach-
zahlung 232
Vorbehaltlose Zahlung 332
Vordach, Reinigung 333
Vorgetäuschter Eigenbedarf 80
Vorkaufsrecht 333
Vorlaufkosten, Warmwasser 342
Vorvermieterbescheinigung 335
Vorwegabzug 336
– gemischt genutztes Gebäude 119
– Grundsteuer 126
Vorzeitiger Auszug, Betriebskosten-
zahlung 66

W

Wärmecontracting 338
Wärmemengenzähler 340
– Austausch 340
Wärmezähler 340
Warmwasser, Vorlaufkosten 342
– Wartezeit 342
Warmwasserkosten 341
Wartungskosten 342
– Lüftungsanlage 280

- Rauchmelder 250
- Reparaturkostenanteil 330
- Rolltor 280, 342
Waschbecken, Schadensersatz 266
Wäschetrockengestell, Balkon 37
Waschküche 343
Waschmaschine 343
Wasser sparen, Gießwasser 344
Wasserdruck, Druckerhöhungs-
anlage 76
Wasserkosten 345
- Gießwasserabzug 345
Wassermengenregler 346
Wasserränder, Fensterbank 104
Wasserschadenversicherung 346
Wasseruhr 346, 347
Wasserverbrauchskosten 346
Wasserzähler 346, 347
- abgelaufener 358
WC, Schaden 347
Weihnachtsdekoration 348
Weiß-Streich-Pflicht 273
Weiß-Streich-Vereinbarung 349
Werbungskosten 350
- Angehörigen-Mietvertrag 24
Werktag, Dritter 75, 329
Wertersatz, Fußboden 112
Wesentlichkeitsgrenze § 5 WiStG . 198, 201
Wespennest 307
Widerruf, Kündigung 174
Widerrufsrecht, Härteklausel 129
Widerspruchsbelehrung,
Kündigung 183, 184
Winter, Räum- und Streukosten 251
Wirtschaftliche Verwertung, Kündigung
wegen Verkauf 175
Wohnfläche, Balkon 37
- Berechnung 353
- Terrasse 291
- Verteilungsschlüssel 325
Wohnflächenabweichung 351
Wohnflächenabweichung, Betriebs-
kostenabrechnung 107
Wohnflächenklausel 353
Wohnflächenverordnung 350
Wohngeld 354
Wohngeräusche 355
Wohnraum, Kündigungsfrist 179
- starre Fristen 285

Wohnungs- und Garagenmiete,
rechtliche Einheit 114
Wohnungsabnahme 356
Wohnungsabnahmeprotokoll 356
Wohnungseigentümergemeinschaft,
Eigentümerliste 86
Wohnungstür, Schäden 301
Wohnungsübergabeprotokoll 302
Wohnungsüberlassung, an Fremde 366
- vor Mietvertragsabschluss 253
Wohnwert der Räume, Mietminderungs-
höhe 207

Z

Zähler, abgelaufener 358
- Abrechnung 325
Zählerabweichung, Messdifferenz 358
Zahlung unter Vorbehalt 332
Zahlung, vorbehaltlose 332
Zahlungsfrist, Betriebskosten 57, 359
Zahlungsrückstand, Kündigung 177
- nach Erhöhung Betriebskostenvoraus-
zahlung 65
Zeitmietvertrag 360
- Auflösung 362
- Befristungsdauer 363
- Befristungsgründe 360
- Kündigung 309, 362
- Nachmietergestellungsrecht 230
- qualifizierter 360
- Sonderkündigungsrecht 309
- Staffelmiete 282
- vorzeitige Auflösung 309
- wegen geplantem Verkauf 361
Zentrale Brennstoffversorgungs-
anlage 363
Zentrale Heizungsanlage 363
Zentralheizung 364
Ziehfrist, fristlose Kündigung 110
Zumutbarkeit, Lüften 189
Zurückbehaltungsrecht 365
Zusätzliche Mülltonne 229
Zusatzvereinbarung, Mietvertrag 365
Zusendung, Betriebskostenbelege 41
Zustellprotokoll, Bote 244
Zustellung, per Post 244
- während Urlaubszeit 16
Zustimmung, Besuche des Mieters 46
- stillschweigende, Parken 240

Zuzug, Lebensgefährte 188
– Fremde 366
– nahe Angehöriger 367
– neuer Lebenspartner 268

Zweifamilienhaus 367
– Kündigung, Einliegerwohnung 89
Zweitwohnungssteuer 237
Zwischenablesungskosten 368